2020年第1辑　总第306辑

上海审判实践

上海市高级人民法院　主办

主编 陈昶　　副主编 顾全 陈树森

上海人民出版社

《上海审判实践》编辑委员会名单

《上海审判实践》责任编辑团队

（按姓氏笔画排序）

王　茜，法律硕士，上海市高级人民法院三级高级法官
王　静，法学硕士，上海市高级人民法院三级高级法官
沙　洵，法学硕士，上海金融法院四级高级法官
张　俊，法学博士，上海市高级人民法院四级高级法官
张心全，法学博士，上海市高级人民法院四级高级法官
陈　克，法律硕士，上海市高级人民法院三级高级法官
林俊华，法学硕士，上海市高级人民法院四级高级法官
金殿军，法学博士，上海市高级人民法院三级高级法官
孟　猛，法律硕士，上海市高级人民法院三级高级法官
俞小海，法学硕士，上海市高级人民法院研究室副科长
娄正涛，法学硕士，上海市高级人民法院三级高级法官
洪　波，法律硕士，上海市高级人民法院三级高级法官
徐　川，法学硕士，上海市高级人民法院三级高级法官
徐卓斌，法学博士，上海市高级人民法院四级高级法官
徐晨平，法律硕士，上海市高级人民法院四级高级法官
高明生，法学硕士，上海市高级人民法院三级高级法官
彭　浩，法学硕士，上海市高级人民法院四级高级法官
董　敏，法学硕士，上海市高级人民法院三级高级法官
董　庶，法律硕士，上海市高级人民法院四级高级法官
董　燕，法学博士，上海市高级人民法院三级高级法官
潘庸鲁，法学博士，上海市高级人民法院四级高级法官
戴　曙，博士研究生，上海市高级人民法院四级高级法官

目录

专稿

专题策划（《民法典分编》）

司法实务

改革前沿

司法大数据分析

案例精解

审判业务文件

金融专业化审判新机制的探索与实践

赵　红*

随着中国金融法律体系和金融审判体制的不断完善，中国法院金融专业化审判经历了从无到有，从金融专业合议庭到金融专业审判庭，再到金融专门法院的发展历程。2018年8月20日，上海金融法院正式成立，这是中国第一家也是目前唯一一家金融专门法院。设立上海金融法院，是以习近平同志为核心的党中央作出的重大决策部署，是深化司法体制改革、推进全面依法治国的重要实践成果，对于完善金融审判体系，提高金融审判专业化水平，营造良好金融法治环境具有重要意义，标志着中国金融专业化审判进入新阶段。上海金融法院成立一年多来，充分发挥专门法院的专业化资源和制度优势，不断创新专业化审判机制，积极构建与实现金融专业化审判新格局。

一、金融专业化审判是金融市场法治化的需要

金融行业具有鲜明的指标性、集聚性、高风险性、高负债经营性等特征，金融案件具有专业化、涉众性、重大影响性的特点。金融行业、金融案件的特殊性与专业性，需要建立金融专业化审判机制，高效高质解决纠纷，促进金融审判法律适用统一，提升金融司法的公信力，树立符合金融案件特点和金融市场发展内在需求的价值取向，更好地维护金融市场秩序，提升金融市场法治化水平。

（一）金融专业化审判需要平衡金融创新与风险防范

随着社会经济的发展，金融业演化出了三种不同的金融结构：银行导向

---

* 赵红，上海金融法院党组书记、院长。

型、市场导向型和金融证券化型金融结构。[①]当前，国内金融科技和赋能金融的新态势以及金融创新的大众化趋势中蕴含的风险，决定了金融专业化审判需要平衡好金融创新与风险防范的关系，应对不断创新发展的金融市场。要合理引导和依法规范金融创新，在审查金融创新交易的合法性时，要准确把握金融创新的立足点和创新目的，对以金融创新为名掩盖金融风险、规避金融监管、进行制度套利的金融违规行为，要以其实际构成的法律关系确定其效力和各方权利义务；对不符合金融监管法规禁止性规则的金融创新交易模式，要及时否定其法律效力；对于法律、行政法规未明确规定的，应当遵循商事交易的特点、理念和惯例，深度把握金融市场的规律性，以维护社会公众利益为原则，既不能简单否定金融创新工具的有效性，又要敏锐洞察金融创新的风险点，与监管形成有效协同，防范化解金融风险，以法治来促进金融市场健康良性发展，服务实体经济。

（二）金融专业化审判需要平衡投资者、金融消费者与金融机构利益

保护投资者和金融消费者的合法权益是金融市场法治化的必然要求。法和金融学派的实证分析认为，法律、司法制度、执法机制支配着金融交易，保护投资者和合同履行的司法体系能更好地激励金融的发展。[②]在金融业务中，金融机构在信息披露、风险分配和行为能力等方面具有天然优势，相较于投资者和金融消费者处于强势地位，投资者和金融消费者的知情权、隐私权、公平交易权等合法权益容易遭受侵害，涉及投资者和金融消费者保护的纠纷大量涌现，大多集中在涉众性较强的证券、银行、理财、期货、保险等领域，这些纠纷不仅涉及适格投资者和金融消费者的认定标准问题，还涉及金融监管规定的效力层级以及与相关法律法规的衔接问题。金融专业化审判需要通过司法裁判厘清市场规则，规范和引导金融交易行为，切实保障投资者和金融消费者合法权益，依法平等保护各类金融主体，促进金融市场法治化发展，推动金融市场更好地满足实体经济多样化的发展需求。

① 巴曙松、吴博、刘睿：《金融结构、风险结构和我国金融监管改革》，载《新金融》2013年第5期。

② R La Porta，et al.，“Legal Determinants of External Finance”，52（3）The Journal of Finance 1131（1997）.

（三）金融专业化审判需要平衡金融交易效率与市场稳定

金融市场发展具有相当的公共性，金融市场参与主体的多样化催生了金融体系中的多元利益诉求。[③]金融纠纷除当事人利益外还涉及第三人利益及社会公共利益。金融交易的有效性不仅事关契约安排和商业惯例，而且关系到市场行为稳定性、市场规律可塑性和金融交易结构有效性。安全、高效的金融市场对经济全局的稳定发展至关重要，一旦金融市场出现危机，很容易在整个国民经济体系中引发全局性、系统性的金融风险，严重影响经济社会健康发展。金融专业化审判在发挥对于金融市场交易行为的规则导向作用时，不仅应基于法律视角，也要充分考量金融维度，实现促进金融市场稳定的目标。金融司法还需要与监管有机协调，既要立足于解决金融纠纷，又要考虑整个金融市场的稳定发展，共同维护市场机制高效运转、经济社会稳定发展。

（四）金融专业化审判需要助力国内市场与国际规则有效接轨

随着我国持续更高水平的对外开放，金融纠纷的诉讼主体、法律适用、判决执行等方面越来越多地呈现跨境化特点，这些发展变化需要中国的金融运行机制、金融监管体制、金融纠纷解决机制、规则适用更加深度地与国际接轨，涉外金融专业化审判工作需要进一步加强，增强金融司法服务保障国家更高水平对外开放和经济社会发展的主动性、自觉性、创造性。金融专业化审判需要具有国际视野和世界眼光，立足中国国情和实践，以更加开放的心态，广泛吸收借鉴域外司法经验和法治文明成果，不断完善国内金融交易制度与规则，平等保护中外金融主体合法权益，提升中国金融裁判的权威性、可预期性和在国际金融市场的话语权，进一步增强上海国际金融中心对全球金融资本的吸引力。

二、金融专业化审判是法治营商环境的需要

随着我国经济由高速增长转向高质量发展，一些结构性矛盾和体制性问题

③ 冯果：《资本市场为谁而存在？关于我国资本市场功能定位的反思》，载《公民与法》2013 年第 6 期。

逐渐显示，国内外经济金融形势更加复杂，我国金融业发展所面临的不确定因素在增多，法院受理的金融纠纷案件数量、种类以及复杂程度也在不断增长。新形势下，金融专门法院需要充分发挥专业化审判职能作用，依法全面履行金融审判职责，努力形成解决金融纠纷的“中国标准”“上海规则”，使上海成为国际金融纠纷解决优选地，为上海国际金融中心建设营造良好的金融法治环境。

（一）金融专业化审判是服务保障国家金融战略实施的重要前提

党的十九大报告提出要深化金融体制改革，增强金融服务实体经济能力。中央经济工作会议提出抓好决胜全面建成小康社会三大攻坚战中的打好防范化解重大风险攻坚战，重点是防控金融风险。全国金融工作会议确定了服务实体经济、防控金融风险、深化金融改革三项重大任务。习总书记交给上海增设上海自由贸易试验区新片区、在上海证券交易所设立科创板并试点注册制、实施长江三角洲区域一体化发展三项新的重大任务。在服务保障国家金融战略实施过程中，不仅需要增强金融立法的及时性、针对性，加强金融监管，同时需要公正、高效、专业、权威的金融司法保障。加强金融审判专业化建设，创新金融专业化审判机制有利于金融司法服务保障国家金融战略实施、维护国家金融安全、促进经济平稳健康发展职能作用的发挥。

（二）金融专业化审判是助力上海国际金融中心建设的迫切需要

2020 年上海要基本建成与我国经济实力以及人民币国际地位相适应的国际金融中心。近年来，上海国际金融中心建设成绩显著，金融机构集聚，外资机构占比高，金融要素市场齐全，金融市场交易额逐年大幅上升。随着上海国际金融中心建设进入最后冲刺阶段，金融市场对完善的金融法治体系的需求日益迫切。加强金融审判专业化建设，创新金融专业化审判机制，有利于营造与国际金融中心地位相适应的金融法治环境，对服务保障上海国际金融中心建设，服务保障金融市场稳定、有序运行，既具有十分重要的战略意义，又具有现实的紧迫性。

（三）金融专业化审判是提升金融司法国际影响力的有效途径

金融法治环境已经成为衡量金融中心是否具备足够竞争力的基本要素。

伦敦、纽约、东京一些主要国际金融中心形成发展的过程充分表明，法治环境已经成为国际金融中心的软实力，甚至是核心竞争力。一个国家和地区法院的专业审判能力是法治环境的重要内容。目前世界这些主要的国际金融中心均建立了与其金融体系特点相适应的专业化金融纠纷解决体制机制。因此，加强金融审判专业化建设，创新金融专业化审判机制，确立权威的裁判规则，树立中国金融司法标准，提升国际公信力和影响力，有利于营造良好的金融法治环境。

三、金融专业化审判新机制的探索与实践

作为全国首家金融专门法院，上海金融法院充分发挥集中管辖、专业审判、专业队伍的制度和资源优势，加强工作机制、审判执行机制、防范预警机制、人才培养机制、保障机制建设，大力推进金融审判体制机制改革创新，不断提高金融审判专业化水平，为建立体制健全、机制完备、专业权威的金融审判体制机制破冰探路。

（一）创新专业化工作机制

充分利用专业审判资源优势，重点构建 1+3+3 的专业化金融审判工作机制，即以审判委员会为指导，在院庭层面分设法官专业委员会、专业法官会议和新型审判团队，辅以专家陪审、专家咨询和专家辅助等专家支持工作机制，完善专业化审判模式。

1．建立“大统小分、一专多能”随机分案机制

根据内设机构精简、扁平化的特点，创新“大统小分、一专多能”随机分案机制，即除特定类型案件如行政、破产等由专项合议庭审理外，其他案件全部采用立案庭电脑系统随机分配至具体法官名下的模式。该分案机制既可均衡法官工作量，实现公平合理绩效考核，也可使法官熟悉掌握所有类型案件，提升审理各类金融案件的能力，并有助于规避固定人员办理专门类型案件可能带来的廉政风险。

2．建立法官专业委员会工作机制

成立了银行业案件、证券业案件、保险业案件三个法官专业委员会，由全体法官根据专业领域跨庭室组成，定期对重大、复杂、新颖案件进行集中

研判，就金融审判热点难点问题形成倾向性参考意见，对基层法院进行业务指导，强化与金融监管机构、金融机构的信息互通，有效发挥对内适法统一，对下业务指导，对外沟通协调三项职能，为全方位提升金融审判的专业化水平发挥了积极作用。

3．建立新型审判团队运行机制

按照法官、法官助理、书记员 3∶3∶3 的比例，根据审判工作实际需要，分别组建了 8 个新型专业化审判团队和 1 个涉科创板案件、1 个简案快审专门审判团队，对重大案件组建临时专项审判团队，实现以法官为核心，以审判需求为导向的自主管理模式，优化审判资源配置。根据审判工作的需要，还将增设金融破产案件审判团队。

4．建立专家支持工作机制

针对金融案件专业性强的特点，建立专家陪审、专家咨询和专家辅助三合一的专家支持工作机制，借脑借力，发挥专家智力支持作用，完善专业化审判模式，提升金融司法裁判的公信力。

（二）创新专业化审判执行机制

遵循金融商事审判规律，根据金融商事案件特点，创新了一系列审判执行工作新机制，提高审判执行工作质效。这些机制的创新为上海国际金融中心建设、党中央交给上海新的三项重大任务、优化法治化营商环境等国家战略提供了有力的司法服务和保障，得到世界银行营商环境咨询团队专家的高度评价。

1．首创证券示范判决机制

随着证券监管机构对证券虚假陈述、内幕交易、操纵市场等违法行为的处罚力度不断加大，中小投资者维权意识和能力增强，群体性证券侵权损害赔偿案件持续增长。为妥善化解群体性证券纠纷，切实保护投资者合法权益，优化法治化营商环境，上海金融法院制定了全国首个关于证券纠纷示范判决机制的规定，创建“示范判决＋专业调解＋司法确认”全链条纠纷多元化解机制，选取具有代表性的案件先行审理、先行判决，通过发挥示范案件的引领作用，妥善化解平行案件的纠纷解决。该机制依法公正高效化解涉群体性证券纠纷，切实保护了中小投资者合法权益，在统一类案裁判标准、提高审判效率、节约司法资源、降低诉讼成本等方面发挥了积极作用，得到最高人民法院和中国证监会的高度肯定，形成了可复制可推广的审判经验，取得了积极的改革示范效果，被评为2019年度上海法治建设十大优秀案例。

2．创新科创板并试点注册制改革司法保障机制

作为试点集中管辖涉科创板案件的专门法院，积极回应设立科创板并试点注册制的司法需求，制定发布《关于服务保障设立科创板并试点注册制改革的实施意见》，围绕涉科创板相关案件集中管辖，聚焦审判执行工作，从完善专业化的审判机制、健全证券群体性诉讼机制、依法加强投资者保护、强化证券侵权责任落实、加大涉科创板案件执行力度、依法保障证券监管机构行使职权等多方面创新机制。针对证券案件中的难点、热点问题，如证券集体诉讼法律制度，在完善代表人诉讼制度，探索建立公益诉讼制度，发挥证券投资者保护机构的专家作用，建立民事赔偿优先机制，探索建立行政罚款、刑事罚金优先用于证券民事赔偿的工作衔接与配合机制等方面，进行了有益的探索和尝试。强化涉科创板上市公司纠纷集中管辖司法应对，组建涉科创板案件专门审判团队，发挥专业审判优势，统一司法裁判标准，为构建公开透明规范的资本市场法治环境，服务保障资本市场改革创新提供坚实的司法支撑。

3．首创大宗股票司法协助执行方式

针对金融案件执行标的额大，易引发金融市场动荡的情况，在全国率先探索人民法院处置上市公司股票的全新路径，制定出台了《上海金融法院关于执行程序中处置上市公司股票的规定（试行）》，创新构建了在证券交易所协助下的大宗股票全新处置模式——大宗股票司法协助执行方式，充分利用证券交易所大宗股票执行协作平台进行股票处置，减少执行对股票价格的冲击，防止大标的额案件执行引发金融市场动荡，维护市场交易秩序，防范金融风险，切实保护投资者和上市公司的合法权益。

（三）创新金融风险司法防范预警机制

随着金融改革开放步伐的不断加快以及新的重大改革任务的逐项落实，金融领域内的风险也在不断集聚并传导至司法领域。金融纠纷常涉及多重法律关系，利益相关方众多，易引发连锁诉讼或群体纠纷，可能危及金融机构金融资金安全、企业生存发展甚至社会稳定。为建立健全科学防范、早期识别、依法处置的金融风险防范机制，更加及时地反映诉讼中暴露出的金融市场风险，上海金融法院主动采取措施构建金融风险防范化解预警机制，服务保障中心工作。

1．建立重大案件处置机制

依法妥善处理对金融市场具有重大影响、事关金融安全与社会稳定的重大、敏感金融案件，增强金融风险防控主动性，将个案风险化解与国家经济政策、金融市场监管和社会影响等因素相结合，全面排查重大敏感金融案件并定期通报，有效防止案件风险的扩散衍生；建立健全审查甄别工作机制，加强对刑民交叉案件的全面排查，与金融监管部门、公安、检察机关形成工作合力，严密防范突出风险点，严格依法处理。

2．建立金融风险大数据监测预警机制

建设金融案件大数据智能分析系统，密切注意金融案件的主体、数量、标的、类型等重要指标的动态变化，全方位、智能化分析金融纠纷态势和所涉行业发展情况，对金融市场可能出现的金融风险提供在线智能预测，形成金融风险预警报告，与金融监管部门加强合力，共同防范金融风险、维护金融安全。

3．建立金融风险信息反馈机制

对案件中暴露的金融风险问题采用审判白皮书、司法建议、专题分析等形式强化预警，特别针对金融案件审理中发现的问题，积极运用司法建议促进有关单位科学决策、完善管理、消除隐患、改进工作、规范行为，预防和减少矛盾纠纷，防范和化解金融风险。自建院以来已有多份涉及防范金融风险、规范金融秩序等方面的司法建议被采纳，发挥了良好的预警效果。

（四）创新专业化人才培养机制

按照革命化、正规化、专业化、职业化的要求，创新集法律、金融、外语为一体的高端法律人才培养机制，着力培养一支知识能力专业化、审判思维现代化、司法视野国际化的金融审判队伍。

1．打造高端法律人才培养模式

与国内顶尖金融学院——上海交通大学中国金融研究院签署战略合作协议，在金融法律复合性高端人才培养、金融法律决策咨询、联合开展金融风险防范专题研究等领域开展全方位合作，打造灵活多样、优势互补的复合型高端金融法律人才联合培养模式。选送法官出境培训，满足金融审判专业化、国际化发展需求。开设“金融大讲堂”，举办“智荟融法”沙龙活动，邀请国内、国际金融、法律专家开展专项培训，加强金融、法律知识储备和技能培养。组建金融审判翻译员团队，公开招录优秀学生担任实习法律助理等，构建丰富多元的应用型审判业务培训机制和综合素养养成机制。

2．发挥院庭长办案示范引领作用推动精品案件战略实施

实现院庭长带头审理重大疑难复杂案件常态化，加大典型案件审理力度，通过司法裁判厘清市场规则，规范和引导金融交易行为。发布十大典型案例，为同类案件提供裁判标准。6件案件分别入选2019年度人民法院十大民事行政及国家赔偿案件、十大执行案件、金融纠纷多元化解十大典型案例、全国法院系统年度优秀案例等。此外，还入选上海市高级人民法院参考性案例2个，上海法院十大典型案例1个，上海法院十大优秀裁判文书1篇；在上海市高级人民法院“四个一百”评选中，入选精品案例6个、优秀裁判文书4篇和示范庭审4个。

3．强化金融审判理论应用型研究

围绕审判中的新情况新问题，科创板与注册制相关法律问题、金融风险防范化解、投资者保护、侵权民事责任完善等实务难点问题分别举办“优化法治化营商环境下的金融审判与投资者保护”金融司法国际研讨会、“金融司法与金融改革开放”学术研讨会，面向全国发布年度研究课题13项，承担或中标上海市高级人民法院课题6项，2篇学术论文分别在全国和上海法院系统学术讨论会获奖，3项课题被评为优秀课题，为解决金融审判疑难问题提供理论支撑。

（五）创新专业化信息保障机制

主动顺应新一轮科技革命浪潮，强化审判科技支撑，充分运用科技手段提升服务审判综合保障能级和精细化水平，建设信息基础设施完善、司法数据资源汇聚、运维保障能力先进、审判与科技深度融合的智能化法院。

1．打造四位一体大数据平台

建设“智源平台、智审平台、智管平台、智慧法庭”大数据平台，实现现代科技与金融审判的深度融合，研发具有创新性的金融审判数据分析及风险预警、智能辅助办案等系统，创建全国首个人工智能庭审同步传译系统，借助信息化再造办案流程，建设“智汇多元纠纷解决平台”，研发匹配示范判决机制下涉科创板案件智能辅助系统，开发群体性证券纠纷标准化审判模块，突出实际应用，为法官依法裁判提供大数据和智能化辅助，提高办案效率。

2．运用信息化手段优化管理

综合运用人工智能、区块链、云计算、大数据等现代科技，打通诉讼服务、审判管理、科技法庭、网络庭审以及归档管理等系统之间的边界，加快推进全流程无纸化的网上办公、网上办案，运行文书智能纠错、关联案件检索等应用，在服务法官办案、促进法院管理、便利群众诉讼、协力金融监管等方面发挥综合效能，努力把智慧法院建设提升到新水平。

随着我国金融市场进一步改革开放，良好的法治环境是吸引国际金融资本和市场参与者的基本条件和有力保障，金融专业化审判机制建设对于法治营商环境的营造愈发重要。上海金融法院以高标准、高水平加快推进“专业化、国际化、智能化”世界一流金融法院建设，充分发挥金融审判职能作用，不断创新金融专业化审判机制，为中外当事人提供更加便利高效、公正权威的司法保护，为上海国际金融中心建设营造一流的法治化营商环境。

（责任编辑：顾　全）

民间借贷主体与利息疑难问题法律规制研究
——兼评《民法典（草案）》三审稿相关条款

张娜娜*

主体和利息是民间借贷的两个最基本问题。一方面，民间借贷主体的开放与否决定着民间借贷资金的供给量大小，从而影响利率的水平高低；另一方面，不同的借贷类型或借贷主体对利率有不同的市场预期，从而形成不同的利率类型或水平。①所以，在谈及民间借贷法律规制问题时，应首要关注主体和利息的问题。2015年9月1日实施的《最高人民法院关于审理民间借贷案件适用法律若干问题的规定》(以下简称《民间借贷规定》)首次对“民间借贷”概念予以阐述，是目前民间借贷案件审理的主要依据。《民间借贷规定》基本解决了《合同法》对民间借贷的规定过于笼统、陈旧，不能适应社会经济发展的问题。经过几年的实践检验，该规定基本能满足司法实践需求，但仍存在一些争议，尤其是针对主体和利息方面的问题。如今，适逢《民法典》编撰，针对《民法典》分则借款合同一章，学者们的主要争议也集中在民间借贷的主体、分类，以及利率规制等方面。②民间借贷近年来发展迅速，《民法典》借款合同一章应吸收司法实践中的经验，上升为法律规定，与《民

* 张娜娜，上海市徐汇区人民法院民事审判庭审判员，法学硕士。

① 袁春湘：《民间借贷法律规制研究：以利率为中心》，法律出版社2015年2月版，第2页。

② 引自新浪网：《委员呼吁民法典合同编规制借款利率上限》，其中陈军委员提议按照行为和目的的不同，对借款合同进行分类，建议将借款合同分为经营性借款合同和一般性借款合同。李康委员认为，借款合同的分类应以出借人从事的行为作为区分标准，“无论出借人是自然人还是法人，只要从事了以营利为目的、具有营业性质的放贷就是经营性借贷”，多名委员提议在民法典（合同编）草案中明确区分经营性借贷和其他借贷行为，并规定经营性借贷必须由国家依法批准牌照。另外，针对借款利息问题，多名委员提议对利率实行上限。

间借贷规定》等相关法律法规、司法解释相辅相成，形成民间借贷法律规制体系。

一、现状概述：民间借贷主体与利息的立法概况

（一）民间借贷的主体立法概述

1．关于民间借贷主体范围

我国学界对民间借贷并无确定的概念描述，学者们基本认为民间借贷就是民间金融，有的甚至认为民间借贷是“地下金融”“民间投资”，不仅包括违法、犯罪的金融而且还包括未被正规金融或法律法规所认可的金融创新。③有学者认为，从参与借贷的主体看，参与民间借贷的主体具有非官方性，尤其是作为放贷的主体一般是非国有性质的机构、公司、企业或其他组织。④

1991 年 8 月 13 日发布实施的《最高人民法院关于人民法院审理借贷案件的若干意见》以及 1999 年颁布的《合同法》，对民间借贷概念均未涉及，这与当时民间借贷形式较为传统，且不认可企业间借贷的立法背景直接相关。2015 年颁布的《民间借贷规定》对民间借贷阐述为：“本规定所称的民间借贷，是指自然人、法人、其他组织之间及其相互之间进行资金融通的行为。经金融监管部门批准设立的从事贷款业务的金融机构及其分支机构，因发放贷款等相关金融业务引发的纠纷，不适用本规定。”这一规定包含了三层信息：首先，将民间借贷的主体从自然人扩展到企业法人和其他组织，其实是认可了企业间借贷的合法性。其次，确定了资金融通的性质，不仅包括生活消费的资金融通，也包含生产性资金融通。最后，该规定第二款将金融贷款业务引发的纠纷排除在外。但司法实践中，关于民间借贷的主体类型、地位，仍存在模糊矛盾之处。

2．关于与套路贷主体和非法放贷主体的区分

因民间借贷游离于正规金融体系之外，在逐利动机的驱使下容易产生混乱和无序的负面效应，并进而滋生各类犯罪。为了应对近几年民间借贷市场

③ 前引①，袁春湘书，第 3 页。

④ 张书清：《民间借贷的制度性压制及其解决途径》，载《法学》2008 年第 9 期。

失范，犯罪行为频发的现象，政府出台了大量法规和司法解释：（1）《最高人民法院关于依法妥善审理民间借贷案件的通知》，⑤ 该规定于 2018 年 8 月 1 日由最高人民法院发布，提出“加大对借贷事实和证据的审查力度；严格区分民间借贷行为与诈骗等犯罪行为；依法严守法定利率红线；建立民间借贷纠纷防范和解决机制”等审理要求；（2）最高人民法院、最高人民检察院、公安部、司法部联合发布《关于办理“套路贷”刑事案件若干问题的意见》，⑥ 该规定于 2019 年 4 月 9 日施行，明确提出“套路贷”概念，要求区分“套路贷”与民间借贷，严惩“套路贷”犯罪行为；（3）上述四部委联合发布《关于办理非法放贷刑事案件若干问题的意见》，⑦ 该规定于 2019 年 10 月 21 日施行，明确对“违反国家规定，未经监管部门批准，或者超越经营范围，以营利为目的，经常性地向社会不特定对象发放贷款，扰乱金融市场秩序，情节严重的，依照刑法第二百二十五条第（四）项的规定，以非法经营罪定罪处罚”，并具体规定认定非法放贷主体的要件。此外，2019 年 11 月 8 日发布的《全国法院民商事审判工作会议纪要》对禁止民间借贷中“高利转贷”行为，以及“职业放贷人的民间借贷行为依法应认定为无效”等也给出意见。

（二）民间借贷利息立法概述

1．“两线三区”的债务类型划分

《民间借贷规定》第二十六条规定了借贷双方的年利率未超过 24%，出借人可以主张按照约定利率支付利息；并且规定超过年利率 36% 的，超过部分的利息无效，借款人有权请求返还超过部分的利息；第三十一条明确：“没有约定利息但借款人自愿支付，或者超过约定的利率自愿支付利息或违约金，且没有损害国家、集体和第三人利益，借款人又以不当得利为由要求出借人返还的，人民法院不予支持，但借款人要求返还超过年利率 36% 部分的利息除外。”这两条规定确定我国“两线三区”利息管制规则：两条线是年利率 24% 和 36%；三个区分别是合法债务区，自然债务区，违法债务区。即，利率最高限额为 24%，在该限额以下的，为合法债务；利率在 24% 至 36% 之

⑤ 以下简称《妥善审理民间借贷案件的通知》。
⑥ 以下简称《办理“套路贷”刑事案件的意见》。
⑦ 以下简称《办理非法放贷刑事案件的意见》。

间的，为自然债务；利率在36%以上的，属于违法债务，不受法律保护。

2．关于利息约定不明的规定

所谓法定利率，是与约定利率相对应的概念，指当事人双方没有约定利率时，法律规定可以计息的利率，具体又可分为借期内法定利率和逾期法定利率。《民间借贷规定》对逾期法定利率有规定：借贷双方如果未约定逾期利率，或者约定不明的，法院可按区分情况处理：（1）未约定借期利率，也未约定逾期利率，出借人可以主张年利率6%的逾期利息；（2）未约定逾期利率，但约定了借期内利率，出借人可以主张按照借期内利率计算逾期利息。这一规定，一方面对出借人的违约行为有惩戒作用，另一方面对债权人的利益有所保护。但我国法律对期内法定利率并无规定。《合同法》第二百一十一条第二款⑧和《民间借贷规定》第二十五条⑨均规定，自然人之间对利率没有约定或者约定不明的，出借人主张利息不予支持。对非自然人之间的借贷没有约定利息，或者约定不明的，由法院结合具体情况酌定。

3．关于预扣利息和复利的规定

《合同法》和《民间借贷规定》均规定了借款利息不得预先在本金中扣除。但对于复利的规定，《合同法》没有涉及，《民间借贷规定》第二十八条明确了复利的合法地位，同时以年利率24%予以限制，规定“借款人在借款期间届满后应当支付的本息之和，不能超过最初借款本金与以最初借款本金为基数，以年利率24%计算的整个借款期间的利息之和”。

4．关于超额还款的抵扣问题

《合同法司法解释二》中第二十一条对冲抵顺序作出了规定，对债务人支付的款项不足以清偿全部债务时，当事人又没有约定，抵扣顺序为：（1）实现债权的有关费用；（2）利息；（3）主债务。关于借款人超出还款金额的多余款项的冲抵顺序，《民间借贷规定》没有具体规定，从法律位阶上来说，适用《合同法》规定的抵扣顺序没有问题。但民间借贷司法实践中出现的问题在于，超出年利率36%的超额利息（本文以下均简称超额利息）的抵扣问

⑧《合同法》第二百一十一条第二款规定：“自然人之间的借款合同对支付利率没有约定或者约定不明确的，视为不支付利息。”

⑨《民间借贷规定》第二十五条规定：“借贷双方没有约定利息，出借人主张期内利息，不予支持。”

题，在存在多笔超额利息的情况下，处理程序和抵扣顺序容易出现争议，而且在司法实务中也存在类案异判的情况。

（三）对《民法典（草案）》三审稿借款合同一章的评述

对比现行《合同法》中借款合同一章的规定，目前《民法典（草案）》三审稿借款合同一章，最大的亮点是在第六百八十条第一款规定“禁止高利放贷，借贷的利率不得违反国家有关规定”，该条明确提出“禁止高利放贷”以及“严格利率限制”，指明了民间借贷法律规制的方向，但除此之外，其余基本没有变化。对民间借贷学界及实务界均非常关注的问题，包括营利性与非营利性民间借贷的区分、职业放贷人的规制、利率规避行为的规制等问题，仍涉及较少。但《合同法》是在1999年颁布的，且主要是以金融借款合同为蓝本进行规定的。从很多方面可以发现这个特点：（1）全篇使用“贷款人”的字眼表述。虽然“借贷”一词中“借”和“贷”系对应的词汇，但日常生活使用中，一般人会将贷款认为是向金融机构借款的概念，贷款人往往指代的也是金融机构。相对而言，出借人是更为通俗普遍的概念。（2）大部分条文都是针对金融借款规定的。《合同法》借款合同一章从第一百九十六条至第二百一十一条规定，除第二百一十条、第二百一十一条对自然人之间的借款合同自借款交付生效以及自然人之间借款合同的利息有所规定外，其他条文随处可见针对金融借款的痕迹。如第一百九十九条对借款人提供业务活动和财务状况要求的规定；第二百零二条对贷款人检查、监督借款使用情况，借款人定期提供财务会计报表的规定；第二百零三条对借款人借款用途的规定等；均系金融机构放贷的基本要求。而《民法典（草案）》三审稿借款合同一章沿袭了这一特点，对民间借贷针对性规定较少。

事实上，民间借贷纠纷较之于金融借款纠纷，在审判实务中争议更多。因为金融机构，尤其是各商业银行，出于对央行以及银监会监管的回应，以及对自身利益的维护，加之有专业法务团队合规，对借款合同条款审查、借款人征信审查均较为严格，有效减少了争议。而民间借贷已经从传统意义上的个人之间为满足生活需要而发生的借贷关系扩展至生产需要而发生的借贷关系，在主体方面，其更多地体现为发生在企业之间或企业与个人之间的借贷关系。[10] 这类主体对借款合同的约定、借款人的资质审查、事后争议的处理等各方面均不够专业，更易出现争议。

现行《合同法》借款合同通篇对民间借贷的规定较少，导致司法实践中出现金融借款纠纷审判适用《合同法》，民间借贷纠纷审判主要适用《民间借贷规定》的现象。但仅有司法解释，缺乏上位法支撑，必然存在空白，难以形成完备的法律体系，对民间借贷的法律规制力所不逮。这也是民间借贷发展失范，以及司法认定存在诸多争议的重要原因。

二、民间借贷司法实践中主体与利息相关疑难问题

（一）关于主体的疑难问题

1. 主体涉及犯罪行为的“刑民交叉”案件处理

司法实践中最为常见的就是借款人涉及非法吸收公众存款类犯罪，此时民间借贷合同的效力如何判定，“刑民交叉”的民间借贷案件如何处理一直存在不同意见。有的法院认为民间借贷行为一旦构成非法吸收公众存款罪的犯罪事实，则合同无效[11]；故此时民间借贷案件的审理，应“先刑后民”中止审理，待刑事案件处理完毕再行审理；也有法院认为，即便涉及犯罪，对于善意的出借人而言，民间借贷合同的效力仍应予以肯定，出借人可以选择通过民事案件主张权利，但具体本金和利息的数额，需要具体分析。

2. 非法放贷主体识别及处理存疑

司法实践对于以借贷为常业的民间借贷合同效力持否定意见，如最高人民法院曾在判决中明确：某公司贷款对象主体众多，通过向社会不特定对象提供资金以赚取高额利息，出借行为具有反复性、经常性、借款目的也具有营业性，未经批准，擅自从事经常性的贷款业务，属于从事非法金融业务活动，违反《银行业监督管理法》强制性规定，[12] 所以涉案借款合同无效。[13] 但

---

⑩ 罗东川、吴兆祥、陈龙业：《〈关于依法妥善处理民间借贷纠纷案件促进经济发展维护社会稳定的通知〉的理解》，载《人民司法》2012年第7期。

⑪ 韩彦斌主编：《民间借贷案件裁判要点与观点》，法律出版社2016年版，第322页。

⑫ 《银行业监督管理法》第十九条规定：未经国务院银行业监督管理机构批准，任何单位或者个人不得设立银行金融机构或者从事银行业金融机构的业务活动。

⑬ 该案案号：（2017）最高法民终647号案件。

这仅是个案判决，对于民间借贷中职业放贷的认定，并无明确规定。法律的缺位导致不少职业放贷人多次涉案，制造高额利息，但因无法可依，法院只能按照普通民间借贷纠纷进行审理。

前述四部委联合发布的《办理非法放贷刑事案件的意见》出台后，这种情况应有所改观。该意见对于“经常性”作出“2 年内出借资金 10 次以上”的定量规定，对“不特定对象”也进行了解释，对“情节严重”的一般标准和特别标准均有表述。这对刑事案件定罪量刑有直接而准确的指导意义，但对民事案件中识别非法放贷主体仍力所不逮。

首先，因涉嫌非法放贷行为而移送公安处理的条件难以确定或查明。具体而言，在民间借贷案件中，需要调查非法放贷行为到何种程度，可以移送公安机关处理，是必须满足非法放贷的所有认定条件，还是只要满足一项条件即可移送，情节严重的裁量标准如何把握等；因为民事案件审判主要在于双方当事人的诉称、抗辩和举证，案件审理的调查手段和调查程度有限，如果非法放贷主体以多人名义，在 10 次以内的定量范围内进行放贷，民事案件中如何识别？再如，如果非法放贷主体事实上已经超过 10 次放贷行为，民事案件中又如何发现？

其次，对于民、刑案件的程序交接如何处理。若前案中尚未累计到定量的放贷次数；或者情节尚不足以认定非法放贷，法院作出的民事判决已经生效，后续刑事案件认定非法放贷主体构成非法经营罪，此前已经生效的民事判决又当如何处理？这些问题均为实践中最为棘手的问题。

（二）关于利息的疑难问题

1．超额利息的处理问题存有争议

实践中，对于债务人已支付的超出年利率 36% 的利息的处理程序和冲抵方式均存在争议。

（1）超额利息的处理程序

《民间借贷规定》第二十六条规定了“借款人请求出借人返还已支付的超过年利率 36% 部分的利息的，人民法院应予支持”，但该条未明确超额利息的具体处理程序，导致实践中存在不同处理方式。有的法院直接将超额还款部分用于冲抵本金或利息；有的法院认为应依据借款人选择是否在一案中予

以处理，还有法院认为按照第二十六条的文义，超出部分利息属于借款人不当得利，应另案处理。

（2）超额利息的冲抵方式

实践中，存在几种不同的计算方式，一种是冲抵超额利息产生时的剩余本金；另一种是冲抵超额利息产生之后的利息。第一种冲抵本金的方式，是指将借款人支付的超额利息直接冲抵本金，如果借款人有多笔超额利息，还牵涉到逐笔冲抵本金，还是合并先冲抵已产生的利息后，多出部分再冲抵本金。如果逐笔冲抵本金，显然对借款人比较有利，因为后期计息的本金减少，利息自然减少。但如果借款人有多次支付超额利息的行为，且多笔借款、还款交织，就难以逐笔进行计算。而合并冲抵，是计算借款人支付的多笔利息之和，扣除该期间的法定最高利息后，一次性冲抵本金。这种方式对出借人相对有利，而且计算相对简单，不易出错，对审判效率有所助益。另一种超额利息冲抵利息的方式，即从借款人支付超额利息开始，往后顺延计算利息，计算出将超额利息冲抵完毕的日期，作为新的利息起算点。

2．多种形式规避利率限制的情况频发

《民间借贷规定》对利率进行了限制，包括24%和36%两种限制标准线，但实践中却频发规避利率限制的情形，其中最为突出的形式有三种：

（1）通过预扣高额利息计收高息

《合同法》及《民间借贷规定》对预扣利息有明确约定，但实践中遇到的难题并非是法律适用问题，而是事实认定问题。出借人并非以银行转账方式预扣利息，而是通常由银行转账足额支付本金，由借款人再以现金方式转交出借方。或者，出借人直接少支付部分本金，要求借款人另外出具剩余部分以现金形式交付的收据，以此达到预扣利息的目的。但因借款人难以证明，法院对预扣利息的事实认定较难。

（2）以收取中介费、服务费等名义收取高息

有些民间借贷不仅有借贷双方，还存在居间的第三方，第三方或为企业法人，或为个人。通常而言，第三方收取一定服务费用符合法律规定，不涉及利息的问题，但实践中有些中介人与出借人有关联关系，比如有些中介公司与出借公司系关联公司，有些中介个人与出借人有亲属关系或合作关系等，中介方名义上收取服务费用，其实是变相收取高额利息的一种形式，但借款

人举证非常困难，而且法律上对于关联方收取服务费用，是否应抵扣借款本息也未明确，导致不同法院的裁判思路有所差别。

（3）通过复利计收高息

《民间借贷规定》第二十八条规定了将之前利息重新出具债权凭证计入本金的情形，本质是对复利的规定，法律保护的本息之和限度是以最初的本金为基数，以年利率24%计算整个期间的利息和最初的本金之和。通常而言，在只是重新出具一次债权凭证，或者几次的情况下，按照该条规范，尚容易认定本金和利息；如果当事人多次结算重新出具债权凭证，应如何认定本息？如果债务人偿还部分款项后，又重新出具债权凭证，本息又如何认定？这些问题均在实践中存在不少争议。

3．利息约定不明时，“一刀切”认定不存在利息情况普遍

利息约定不明的处理，在《民间借贷规定》实施之前，主要依据是《合同法》第二百一十一条规定。[⑭] 当时的司法实践对于“约定不明”的理解尚较为灵活，对“约定不明”和“约定不规范”有一定区分，司法审判倾向于通过合同解释的方法，探寻当事人真实意思表示，进而确定是否存在利息约定。但《民间借贷规定》实施之后，对于“利息约定不明”司法认定明显存在一刀切的倾向，只要当事人对于借款利息的约定存在争议，不论事实如何，即一刀切“不支持”借款利息。

比如，双方约定“支付借款数额利息20%”，法院认为，双方未明确20%是年利率或月利率，约定不明，利息不予支持。或者双方对利率表述不准确，约定“借款月息X”，但未在数字后明确货币单位是“分”还是“厘”或“元”，约定“借款利息按照银行同期利率计算”，未明确具体何种银行利率等，多被认定为约定不明，不予支持利息。[⑮]

笔者以为，之所以产生这种“简单处理”的审判倾向，一方面是由于目前的立法价值取向仍然以鼓励和保持民间借贷的非盈利性为导向，故而

⑭ 《合同法》第二百一十一条：“自然人之间的借款合同对支付利息没有约定或者约定不明确的，视为不支付利息。自然人之间的借款合同约定支付利息的，借款的利率不得违反国家有关限制借款利率的规定。”

⑮ 余文唐：《利率约定不规范的司法处置——以自然人之间借贷为视角》，载《山东审判》第34卷。

倾向于认定为没有利息。然而，民间借贷已远超出传统"亲缘借贷"范畴，即便是双方都是以自然人名义而发生的借贷，其背后也经常牵涉到企业组织、其他投资人等各种主体，与商行为相去不远，需被重新定义；另一方面是存在对于相关规定的误读：（1）对于自然人借贷和非自然人借贷不作区分，只要利息约定不明，即视为没有利息。（2）对于自然人借贷关系中的利息"约定不规范"与"约定不明"不作区分，条款上存在瑕疵，即视为没有利息。

三、比较借鉴：其他国家及地区对主体和利息法律规制的经验

法律的生命一直是经验。⑯ 各国虽然经济发展模式和速度差异明显，但在不同阶段所经历的问题却有一定共性。司法实践领域存在一些普遍性问题和普适性解决方案。对于民间借贷的规制，其他国家和我国香港、台湾地区的法律规定也均针对主体和利率有相应规定，互相之间既有共性，又有个性。

（一）不同国家和地区的法律规制情况

（1）美国存在许多与我国民间借贷相似的非正式金融活动，如轮转储蓄、⑰ 小额贷款组织、合作银行、储蓄银行和信用社等。美国对于设立民间借贷机构实行注册制，并对民间借贷机构的资金来源和用途作出限制。但美国对民间金融组织的监管没有统一的监管主体。⑱

关于利率，美国针对借贷利率没有统一的规定，由各州自行规定，但大部分州对利率仍然设定上限。多数州对消费型借贷和非消费型借贷设定不同的利率限制，如加利福尼亚州消费型借贷的最高利率为10%，非消费型借贷的最高利率不超过联邦储备利率的5%。美国对于违反法定利率管制标准的行为，通常有两种惩罚措施：一是超过法定利率标准的放贷者会丧失本金及利息的返还请求权，也就是借款人可以不偿还本金及利息；二是借款人只需

---

⑯ ［美］本杰明·卡多佐：《司法过程的性质》，苏力译，商务印书馆1998年版，第17页。

⑰ 轮转储蓄和贷款协会（Rotating saving and credit association，ROSCA）是美国互助性质的民间借贷组织形式；小额贷款组织也是美国常见的民间金融组织形式，例如芝加哥的河岸银行（Shore Bank）和蒙大拿州的妇女经济发展中心等，它们向穷人提供金融服务。

⑱ 同前引①，袁春湘书，第206页。

偿还本金和法定利息，但是放贷人要缴纳借款合同利息 2 倍的罚款。[19]

（2）德国民间借贷主体主要是合作银行，德国合作银行和商业银行具有同等地位，其在组织结构方面受合作社法的规制。《德国民法典》对法定利率有明确的规定，第二百四十六条法定利率规定：一项债务依法律或者法律行为应当支付利息的，以无其他规定为限，应当支付 4% 的年息。[20] 但对于最高利率限制，《德国民法典》并未明确，主要由法官个案确定。比如联邦最高法院在计算利息时要将其他名称表现的信贷费用，尤其是“邀请费”、中介费等也一并计算。确定该利息后，法院再将该利息和德意志联邦银行在月报告中给出的重点利息作比较。

（3）日本最有名的民间借贷形式是 MUJIN，属于日本互助金融的一种，日本法律将 MUJIN 分为营利性和非营利性两种。对于营利性的，通过制定《MUJIN》法案进行规制，包括行政许可准入、公司组织形式必须是股份有限公司以及资金运用范围限制等。对于非营利性的 MUJIN，规定成立前也必须通过行政许可，会息最高不得超过 30% 等。

《日本民法典》规定了法定利率的条款，在债权编总则第四百零四条规定对于应产生利息之债，法定利率每年为 3%。[21]《商法典》第五百一十四条规定，因商事行为而形成的债，其法定利率为年利率 6%。关于最高利率限制，2006 年，日本最高法院出台新规，消费贷款公司的年利率以后不得超过 20%，2007 年立法将放贷年利率上限由 29.2% 下降至 20%。

（4）在我国台湾地区，民间借贷形式多样，主要的民间借贷形式是合会，也是法律重点规制对象。从 20 世纪 60 年代的禁止取缔，到后来逐渐承认其合法地位，并在 1999 年对不具备转化为地区性银行条件的合会，通过《民法债编》将其列为民事法律规范的对象。

对于利率，台湾地区“民法典”第二百零三条规定“应付利息之债务，其利率未经约定，亦无法律可据者，周年利率为 5%”，即法定利率为年 5%；第二百零五条规定：“约定利率，超过周年 20% 者，债权人对于超过部分之

[19] 同前引①，袁春湘书，第 208 页。
[20] 杜景林、卢谌译：《德国民法典》，中国政法大学出版社 2014 年版，第 54 页。
[21] 刘士国、牟宪魁、杨瑞贺译：《日本民法典》，中国法制出版社 2018 年版，第 87 页。

利息，无请求权。”即最高利率限制在年利率20%以内。

（5）我国香港地区民间借贷形式也较为多样化，主要通过《放债人条例》进行规制。该条例将正规金融机构之外的贷款人称为“放贷人”，包括自然人、公司等各类主体。实行牌照制度，《放债人条例》不但对放贷人牌照的申请和领取，还对无照经营的后果进行了规定。

《放债人条例》明禁过高利率，规定任何人（不论放债人与否）贷款或提供贷款，实际利率小于48%是合法，如超过年息6分属于违法，即放贷年利率不得超过60%。在利率48%和60%之间的部分是否合法，取决于法官的自由裁量权。并且该条例规定了“香港立法会可通过决议案修订上述利率规定”。

（二）特点及经验总结

从各国及各地区针对主体和利率的不同规定来看，主要有三个方面的特点：（1）立法承认民间借贷的合法性，并规制市场准入。在“合法化”的基础上，通过不同方式对民间借贷的主体准入有所限制，保证了市场平稳发展。（2）多层次法律相辅相成，规制民间借贷。虽然不同的国家和地区采用了不同的模式对民间借贷予以规制，有的主要在民法典中予以规定，有的通过修改金融法，有的通过专门的立法进行规定，但均通过不同立法形式进行了规制，并且多半都通过上位法和下位法，一般法和特别法结合的形式形成相应体系。（3）对利率均有限制，但模式不同。有的直接硬性规定最高利率数值，有的通过司法审判具体个案确定利率限制；有的区分了消费型信贷和普通民间借贷，有的区分了营利性借贷和非营利性借贷。

他山之石，可以攻玉。我国对民间借贷也应以疏导和规制为思路，结合发展现状，对主体和利率等内容，通过不同的立法形式，对民间借贷行为进行合理的界定、分类、引导和促进其合法平稳的发展。

四、民间借贷主体和利息相关疑难问题立法回应及司法应对

民法典分则修订我国《合同法》上既有的15类有名合同，一个首要问题是如何吸收司法解释的成果。[22] 民法典编纂如何吸收多年来司法解释的丰富

[22] 李建伟：《我国民法典合同编分则的重大立法问题研究》，载《政治与法律》2017年第7期。

成果，是民法典编纂面临的一个整体性问题。[23] 从出台的《民法总则》不难看出，我国民法典编纂的主要任务不是大规模地创制新规范，而是对现有的民事法律规范进行整理汇编，消除彼此之间的矛盾冲突。据此，有人建议分四步处置司法解释规范：一是分类清理现行有效的司法解释文件，废止该废止的，抽象总结出的有效规则作为纳入民法典的备选内容；二是对入选的部分，厘清重复、矛盾与冲突之处，统一法律内部的规范设计，形成统一和谐的民法规范体系；三是将上述系统整理的规范内容纳入民法典，四是将无需纳入民法典的过于技术化、细致化的规定仍保留在司法解释文件之中。[24]

这里的观点考虑了立法的前后连贯，以及法典整体性、体系化的问题，笔者予以认同，按照该思路，针对民间借贷的主体和利息疑难问题，在立法和司法中如何回应，试分析如下：

（一）关于民间借贷主体

1．民间借贷主体分类的立法应对

主体不明确，分类不合理，导致监管存在疏漏，市场诸多乱象。但对于主体和分类在立法中如何回应，学界有多种观点。呼声最高的是区分营利性民间借贷和一般民间借贷，针对不同类别的借贷在市场准入、利率限制等方面作出区分。关于营利性借贷或一般性借贷的标准，有两种意见：一种是以目的为标准进行分类，有学者建议只要是具有营利性质的民间借贷，不论主体是自然人还是法人等，均视为营利性质的民间借贷；还有一种是以主体为标准进行分类，比如小额贷款公司发放贷款、企业间借贷等均属于营利性借贷。

但这两种分类模式，均存在一定缺陷。如果依照目的进行分类，“凡是营利性目的”这个表述好像一揽子包括所有，司法实践却较难认定。比如，自然人约定高利率出借款项，是否属于营利性；单次出借还是数次出借属于营利性？出借金额多少属于营利性？但是，如果依照主体进行分类，同样存在缺陷，企业主体出借款项属于营利性借贷，那么以自然人名义放贷，收取高

㉓ 薛军：《民法典编纂如何对待司法解释》，载《中国法律评论》2015 年第 4 期。

㉔ 同前引 ①。

额利率是否属于营利性？事实上，目前出现问题最多的就是自然人名义放贷，而主体标准分类模式，很容易遗漏自然人放贷的情况。

笔者以为，上述两种意见均有疏漏的症结在于没有注重上位法与下位法相互补充，也没有考虑到民间借贷司法实践的现状。民间借贷的发展是动态的，其分类标准也会随之变动，但民法典却不能轻易修订，试图在民法典分则中将民间借贷分类问题全部解决并不现实。对于民间借贷的规制，在立法层面上，应一方面在民法典借款合同中有原则性体现，作为特别法的基础；另一方面应在特别法中考虑具体的规制，这样动静结合，可以适应不断发展的市场需要。

具体而言，民法典分则借款合同中应拓宽民间借贷范围。现行借款合同一章对民间借贷定义的范围过窄，已不适应民间借贷的发展境况。《民间借贷规定》对于民间借贷的定义已远超出现行《合同法》对于民间借贷规定的范畴。“民间借贷”这个概念本身在民间和司法实务界均有一定认知基础，并经过近几年的实践检验，基本适应目前的民间借贷发展情况。至于营利性民间借贷和一般性民间借贷，本质上还是民间借贷这个类别下细分的子类别。所以，笔者建议：

首先，在借款合同一章增加“金融借贷”和“民间借贷”的分类规定。具体定义参照《民间借贷规定》第一条，可规定为：本法所称借款合同，包括金融借贷产生的借款合同和民间借贷产生的借款合同；金融借贷是指经金融监管部门批准设立的从事贷款业务的金融机构及其分支机构所进行的发放贷款等相关金融业务行为；民间借贷是指自然人、法人、其他组织之间及其相互之间进行资金融通的行为。

其次，制定《放贷人条例》对民间借贷主体和分类予以明确。

职业放贷人的立法历时已久，2008 年央行就制定过《放贷人条例》提交国务院法制办，2014 年，国务院法制办对外宣布原定的《放贷人条例》更名为《非存款类放贷组织条例》。2015 年 8 月国务院法制办正式发布《非存款类放贷组织条例（征求意见稿）》，该《征求意见稿》中将非存款类放贷组织界定为“在工商行政管理部门注册登记，并经省级人民政府监督管理部门批准取得经营放贷业务许可，经营放贷业务但不吸收公众存款的机构”，对非存款类放贷组织的设立与终止、业务经营规则、法律责任等问题进行了详细规定，并且明确对经营放贷业务实行许可制度，也就是颁发牌照制度，除了获得监管部门放贷许可的组织外，其他任何组织和个人不得从事放贷业务。[25]

目前《民法典(草案)》中明确了“不得高利放贷”，旨在限制一些非法放贷行为，《办理非法放贷刑事案件的意见》也对部分牟取高利的职业放贷主体予以刑事规制，但仍不能从源头解决问题，甚至会出现职业放贷人针对规定，采取新的伪装形式，继续实施高利放贷的行为。比如，放贷主体借用多个自然人的名义发放高利贷，但每个主体的次数及金额均不至于达到刑事案件的标准。笔者认为，可以借鉴我国香港地区的经验，不论自然人还是其他组织，均可以作为放贷人主体，并设置严格的准入条件和经营规则，对解决目前民间借贷中的乱象有直接作用。至于民间借贷的类型，在放贷主体准入规制，最高利率法定限制的情况下，也无须专门区分营利性或非营利性。目前的小额贷款公司的利率是市场化利率，但不超过《民间借贷规定》的利率限制，也运行良好。所以，对主体分类设置准入条件和监管之后，直接针对放贷人设定最高利率限制即可。至于最传统的偶发性借贷，市场存量较小，争议较少，无须特别规制。

2. 对“刑民交叉”民间借贷案件的司法处理

笔者认为，最高人民法院公报2011年第11期公报案例(吴某某诉陈某某等民间借贷纠纷)的处理思路具有示范意义，应通过司法解释形式予以明确，以解决类案异判的问题。首先，涉嫌或构成非法吸收公众存款罪的民间借贷合同并不一定无效，其效力判断仍应以法律规定的合同无效条件进行判断。单个的借款行为并不构成非法吸收公众存款的刑事法律事实，因为非法吸收公众存款的刑事法律事实是数个“向不特定人借款”行为的总和，从而从量变到质变。当事人在订立民间借贷合同时，不存在违反法律、法规的强制性规定或以合法形式掩盖非法目的。善意的出借人对犯罪事实并不清楚，不能因为借款人的犯罪行为，而侵害出借人的正当权益，犯罪行为与合同行为不重合，故民间借贷合同依然有效，其从合同担保合同也同样有效。其次，涉嫌犯罪的民间借贷民事案件的审理，并不必须“先刑后民”。既然如前文分

㉕ 黎洋:《职业放贷人法律规制研究——兼评〈非存款类放贷组织条例(征求意见稿)〉》，载《北京建筑大学学报》2017年第2期。

析，即便涉嫌犯罪行为，民间借贷合同的效力也不受影响，那么“先刑后民”就不是必须的处理方式。

有观点认为，如此处理出借人会有在刑事案件以及民事案件中双重获利的可能性，笔者认为，这种顾虑可以在审理中予以解决，通过向出借人查明在刑事案件中是否已获退赔，要求出借人确认“后续如果双重获赔，应予以返还”的意思表示，并在判决中予以明确，完全可以技术性解决这个问题。还有观点认为，如果刑事案件已经通过退赔方式处理了被害人的损失，被害人又通过民事案件处理，浪费司法资源。但事实上，通常债权人提起民事诉讼并非针对涉嫌或构成犯罪的主体，而是其他负有还款义务的主体，比如，民间借贷的实际借款人、担保人，其他向债权人承诺债务加入的主体等。因为，如果实施犯罪的主体负有返还款项的义务，那么直接通过刑事案件的处理，最终也可以达到退赔的结果，出借人无须再另外提起民事诉讼。只有同时还存在其他义务人的情况下，一方面涉嫌犯罪的主体在刑事追诉程序中予以处理；另一方面，出借人希望通过民事诉讼起诉其他义务人承担义务，归还款项，这种情形才是民间借贷司法实践中经常遇到的情况。

（二）关于民间借贷的利率限制和利息计算

关于利率的规定，同时存在技术性的内容和稳定性的内容，因为一方面利率的具体数值，利息的计算方式等细节，都属于技术性细节，内容随社会发展波动变化，不宜放在民法典中直接规定；但另一方面关于最高利率限制的原则、法定利率的确定以及复利是否可以支持等问题，又是借款合同中最为基本的问题，相对较为稳定，而且这些原则的设立，对于下位法具体确认相关细节问题是一种法律依据，因此要在借款合同一章予以明确。

1．关于最高利率的规制

关于是否设置最高利率限制，学界一直有争论，有观点认为资金市场也应市场化、自由化，尽量让市场决定利率，国家不宜设置最高利率限制，而且即便设置最高利率限制，也可以通过多种方式予以规避，故而意义不大；另有观点认为，资本的逐利性有可能引起市场混乱，如果没有最高利率限制，极易引起金融市场混乱，引发诸多社会矛盾。但从不同国家和地区的实践来看，基本都设置了最高利率限制，只是设置的方式不同。我国借贷民间借贷利率应有最高利率限制，如前文所述，《民法典（草案）》明确了“借贷的利率不得违反国家有关规定”，即确定了“最高利率限制”前提，并为下位法确定利率上限提供了依据。目前这个利率司法保护上限是通过《民间借贷规定》明确的年利率24%。有观点认为，最高人民法院规定利率上限的数值并不合适，应由中国人民银行予以规定，但笔者以为，民间借贷的最高利率限制并非是一种指导性规定，本质上是对法院审理民间借贷纠纷的需求满足。从这个角度而言，最高人民法院规定利率限制责无旁贷，也合情合理。但24%的固定数值若一成不变可能存在不适应经济和市场变化的情况，笔者建议，应结合贷款市场报价利率的变动，在《民间借贷规定》中进一步采用更为灵活的利率上限数值规定。

2．关于利息约定不明的处理

对于“利息约定不明”司法实践中“一刀切”的问题，首先是改变“不支持民间借贷营利”的价值倾向，探求当事人的真实意思表示。此处的“约定不明”并不排斥合同解释的适用，应该是在运用合同解释方法仍无法确定的利息的，方可认定为“约定不明”。如果仅仅是条款约定不甚规范，但通过合同解释可以推导出利息计算方式的，应支持利息诉请。而针对非自然人之间的借贷，如果借贷双方确实利息约定不明确，更应首先运用合同解释的方法，探求当事人的真实意思表示，若合同解释无法确定利息，尚可以按照规定以“交易习惯、交易方式、市场利率等因素”确定利息。

3．关于超额利息的处理

如前文所述，超额利息的处理有两方面争议。针对超额利息的处理程序，应赋予法院主动在案件中将超额利息直接抵扣的权力。首先，如果通过借款人提起反诉或者另案提起不当得利诉讼去追索超额利息，对于借款人是一种诉累，对出借人也有失公允。出借人已经因为借款人逾期还款违约而诉至法院，作为守约方，非但不能及时获偿，还要将之前多收取的利息返还，极不合理。其次，在一案中将超额利息予以抵扣，符合现行法规定。借贷双方等于互负同类型债务，按照合同法关于债务抵消的规定，完全可以在一案中直接抵扣。最后，应由法院决定是否在一案中予以处理。有观点认为，应按照借款人的意愿确定是否在一案中处理，但借款人一旦涉诉，往往都是违约方，若故意不要求一并处理超额利息，又将出借人陷于不利境地，甚不公平。所以应在相关法律规定中进一步明确，法院可以主动对超额利息予以抵扣，绝大多数法院也确实是这样处理的。

针对超额利息的抵扣方式，笔者认为，超额利息应用于冲抵本金。首先，超额利息直接用于冲抵当时尚未产生的利息，有预扣利息之嫌，不符合法律规定；而且，出借人提前收取的超额利息，不论后期用于抵扣本金或是利息，这部分款项都有一定时间收益，对于债权人也相对公平。

但因为超额利息冲抵，涉及的问题过于具体，且个案有所不同，笔者不建议在立法层面予以明确，可通过各地高院发布指导意见，或者最高人民法院发布指导案例的方式，给予一种方向性指导，这样在具体个案适用时，法官有一定方向，有利于适法统一，并且同时存在一定灵活性，避免为追求简单化而有失公平的情况发生。

4．关于利率规避的处理

如前所述，利率规避有几种主要形式，其中预扣利息在现行合同法中有规定，民法典分则草案中也有体现，应予坚持。但对于复利，仅在《民间借贷规定》中有明确规定。从古代“利滚利”的表述到如今“复利”的称谓，复利一直存在于民间借贷之中，具有稳定性，所以应吸收《民间借贷规定》的内容，将复利在民法典分则借款合同一章中予以明确。而对于通过“中介费”等形式规避利率限制的现象，因具有特殊性，可在《民间借贷规定》中进一步明确，若收取中介费的第三方与债权人有关联关系，中介人名义上收取服务费用，其实是变相收取高额利息的，应严格按照总计不超过年利率24%的规定来处理。

关于利率规避，《民间借贷规定》已规定较为详细，但难点在于事实认定问题。若要从源头解决问题，需要民间借贷主体准入制度、利率规制制度，包括行政、刑事处罚等协同起效。故而，笔者认为，在各项立法较为完备的情况下，法院应注重刺破利率规避的表面形式，认定和衡量实际利率的高低，若超出《放贷人条例》对于刑事欺诈规定的利率标准，可以直接移送公安机关处理，通过刑事案件处理的震慑等方式，对利率规避行为从源头上进行控制。

结语

按照前文所述，通过《民法典》分则借款合同确定民间借贷的原则性条款，通过《放贷人条例》专门针对职业放贷人进行市场准入规制，并设定民事案件与行政处罚和刑事处罚的链接规则，再通过完善《民间借贷规定》，对民间借贷实务中较为具体的问题予以规制，如此形成三位一体，动静结合的民间借贷法律规制体系，将民间借贷“去灰色化”，促进其成为多层次金融体系的重要组成部分。

（责任编辑：张心全）

个人信息保护条文与实践的契合问题研究

——兼评《民法典（草案）》的相关规定

蔡一博*

在人工智能等现代科技迅猛发展的时代，万物互联、信息科技、生物医学重构背景下的个人信息产生的渠道（算法算力）、收集存储的方式（网络爬虫、Cookie技术、电子探针技术、各种传感器）、利用的形态（定向推送、行踪轨迹跟踪）、类型模式（个人生物基因信息、网络交易信息）发生巨大变化，立法者和行业标准制定者应密切关注大数据、人工智能等现代科技发展的变化对个人尊严、自由的影响，其中个人信息作为喂养数据经济的重要养料正被大规模地不当采集与盗用，数以亿计的数据被规模化分析与使用，导致了诸多社会问题，要全面加强个人信息的民法保护已经成为学界共识。① 为此，《民法总则》第一百一十一条从民事基本法的高度赋予自然人个人信息保护的权利（权益），为《民法典（草案）》细化个人信息保护规则提供了依据和基础。②《民法典（草案）》不仅在人格权编第一章"一般规定"中就个人信息的合理使用（第九百九十九条之一）和第五章"名誉权"中就信用信息的收集（第一千零三十条）等作出了规定，还专门在第六章"隐私权与个人信息保护"中规定了六个条文（第一千零三十四条至第一千零三十九条），对个人信息保护的范围、权能（收集、使用、删除、更正等）、责任承担方式（合法性豁免）、匿名化处理等作出了详细的规定。③ 但是从司法实践总体情况来看，个人信息实践案例的数量和质量尚未达到可以对个人信息保护进

* 蔡一博，上海市高级人民法院研究室法官助理，华东政法大学博士研究生。

① 丁晓东：《个人信息私法保护的困境与出路》，载《法学研究》2018年第6期。

② 张新宝：《〈民法总则〉个人信息保护条文研究》，载《中外法学》2019年第1期。

③ 程啸：《民法典编纂视野下的个人信息保护》，载《中国法学》2019年第4期。

行准确分类的程度，这就要求我们在不破坏既有的立法体例框架下展开研究，通过检视现有规定下个人信息保护的司法实践情况，发现问题并对立法提出参考意见，在今后的工作中加强司法实践的类型化整理，细化操作指引规则，为个人信息保护的综合性立法提供充足素材，有助于指导司法实践并妥善平衡民事基本法律规范与综合性的个人信息保护的立法、适法问题，既更好地保护自然人合法权益，又全面促进数据经济的发展与繁荣。

一、问题的提出

《民法总则》第一百一十一条首次将个人信息保护纳入民事基本法律规范，其重要意义值得高度肯定，但在司法实践中暴露出法律规范指引不到位，欠缺操作细则等问题。本文先就《民法总则》第一百一十一条的实践情况进行简要分析，再就学界关注的《民法典（草案）》相关规范制定中存在的争议进行简要归纳，为《民法典（草案）》相关的内容完善及个人信息保护综合性立法聚焦关键问题提供指引和参考。

（一）《民法总则》第一百一十一条援引率不高

从近年的司法实践来看，国内的个人信息受保护的权利往往被视为是一般人格权或是具体人格权的一种。由于立法上欠缺个人信息保护的专门规定，消费者的个人信息保护通常借助于隐私侵权方式实现权利救济，④或者通过一般人格权来保护。⑤首先，从全国法院涉个人信息保护诉讼案件情况看，在《民法总则》实施前，涉及侵害个人敏感性信息案件，一般通过隐私侵权规则予以救济；涉及侵害个人的一般性信息案件，裁判规则通常根据隐私权及其他权利来对个人信息予以保护。⑥《民法总则》实施后，鉴于第一百一十一条的规定存在局限和不完整表达等问题，只有个别案件援引该条文对相关主体进行司法救济。涉及个人信息保护的大部分案件的司法救济路径仍主要通

④ 参见“夏某与北京电视台隐私权纠纷一审民事判决书”，北京市朝阳区人民法院（2014）朝民初字28219号案；“赵某某与新丽传媒股份有限公司、山东影视传媒集团有限公司等隐私权一审民事判决书”，山东省淄博市临淄区人民法院（2014）临民初字2429号案。

⑤ 参见上海市浦东新区人民法院（2010）浦民一（民）初字第22483号案。

⑥ 叶名怡：《个人信息的侵权法保护》，载《法学研究》2018年第4期。

过隐私权来救济，甚至一些案件将“个人信息”限缩至隐私权范畴来保护，导致《民法总则》第一百一十一条规定的自然人个人信息权（权益）保护落空。⑦其次，从上海法院审理情况来看，据不完全统计，2010年至2017年《民法总则》施行之前，上海法院以隐私权案由受理的个人信息保护的案件94件，其中涉及“告知—选择”模式的案件占比80%，且败诉率较高。其他以肖像权、姓名权、名誉权等具体人格权保护个人信息的案件36件。2017年《民法总则》实施以来，上海法院受理个人信息保护案件20余件。《民法总则》第一百一十一条受制于定义不清晰、权利内涵不完整、列举式的立法技术不周延等问题，导致个人信息保护缺乏完整请求权基础。⑧

（二）《民法典（草案）》中相关内容适法存在较大难度

历时近两年的涉个人信息保护的条文在制定过程中各方就相关焦点问题争论已产生百家争鸣之效，本文主要从目前民法学者、司法实务者对于民法典编纂下的个人信息保护体系安排和规则制定角度，整理、选取、列举《民法典（草案）》人格权编制定争议的焦点问题供参考：一是个人信息私权保护在民事基本法律规范中制定路径的挑战，即涉个人信息保护的条文在有限的篇幅中如何确权和定位的问题，且在保护的范围上如何做好同公法规范、未来综合性立法保护的区别和衔接。二是个人信息保护利益模式的确定存在争议。个人信息到底是多项受法律保护的民事利益的集合体还是仅仅为一项独立的“个人信息权”意义重大。⑨关系到防御性利益救济的时候，个人信息作为绝对权的人格权请求权的保护效力与非绝对权保护的效力有所区别。⑩但这种争议只限于理论层面的讨论，就如何具体保护个人信息相关权利（权

⑦ 陈晨、李思頔：《个人信息的司法救济——以1383份“APP越界索权”裁判文书为分析样本》，载《财经法学》2018年第6期。

⑧ 杨翱宇：《我国个人信息保护的立法实践与路径走向》，载《重庆邮电大学学报（社会科学版）》2017年第6期。

⑨ 高富平：《个人信息使用的合法性基础——数据上利益分析视角》，载《比较法研究》2019年第2期。

⑩ 自然人对个人信息的权利属于绝对权的代表性论文，参见王利明：《人格权研究》，中国人民大学出版社2005年版，第636页以下；谢远扬：《个人信息的私法保护》，中国法制出版社2016年版，第209页。自然人享有民法上个人信息的权利，不必然享有绝对权与支配权，参见程啸：《民法典编纂视野下的个人信息保护》，载《中国法学》2019年第4期。

益）影响不大。[11] 三是个人信息的属性到底是纯粹的人格权，[12] 还是单纯的财产权，[13] 还是两者兼而有之，对于个人信息保护的立法定位及司法实践中的损害赔偿具有重要影响。目前有些观点过于强调其具有财产权性质，可能是因将个人信息与企业的信息类财产属性相混淆所致，这样的认识不利于个人信息保护制度作为人格权编的重要组成部分在民法领域的确立和完善。[14] 四是探讨应否明确区分个人信息保护与隐私权之间界限，应否将个人信息保护与隐私权分章规定。[15] 并通过个人信息分类，破解个人信息保护相关司法实践较多援引肖像权、名誉权和隐私权等相关规定进行裁决的窘境。[16] 五是《民法典（草案）》中涉及的条文较原则，缺乏具体规则的设计。如“告知—选择”模式的同意规则表述较原则，此类规范、科学、有效的操作规则如何设计有待商榷。六是《民法典（草案）》中就个人信息保护的条文规范缺乏对民事责任承担方式的规定。[17] 有学者认为人格权编是权利法，侵权责任编是救济法，[18] 两者存在立法体例安排上和功能定位上的冲突和重复，不宜在权利法中设置较多责任规范，并建议删掉人格权编中所有承担民事责任或不承担民事责任的条文，使人格权编变成纯粹的“人格权宣示法”。[19] 这些不完全归纳的焦点问题既有宏观层面科学立法的理论问题，又涉及微观层面的实操规则应用问题，对这些问题的研究有助于从体系上完善对个人信息的保护，为司法全面的兜底性保护提供法理依据。

二、相关条款的规范构成、理解适用及问题分析

《民法典（草案）》人格权编第六章“隐私权与个人信息”从个人信息定

---

⑪ 张新宝：《〈民法总则〉个人信息保护条文研究》，载《中外法学》2019 年第 1 期。

⑫ 代表性的论述参见罗坤：《个人信息权的私权属性与民法保护模式》，载《广西大学学报（哲学社会科学版）》2015 年第 3 期。

⑬ 代表性的论述参见刘德良：《个人信息的财产权保护》，载《法学研究》2007 年第 3 期。

⑭ 张新宝：《〈民法总则〉个人信息保护条文研究》，载《中外法学》2019 年第 1 期。

⑮ 赞同分章规范的代表性论述参见程啸：《民法典编纂视野下的个人信息保护》，载《中国法学》2019 年第 4 期。

⑯ 张里安、韩旭至：《大数据时代下个人信息权的私法属性》，载《法学论坛》2016 年第 3 期。

⑰ 程啸：《民法典编纂视野下的个人信息保护》，载《中国法学》2019 年第 4 期。

⑱ 王利明：《论人格权请求权与侵权损害赔偿请求权的分离》，载《中国法学》2019 年第 1 期。

⑲ 梁慧星：《关于民法典分则草案的若干问题》，载《法治研究》2019 年第 4 期。

义、合法性、删除权、责任承担方式等搭建其个人信息司法保护的原则性框架，为后续制定《个人信息保护法》提供纲领性指引和参考，本文主要从解释论角度具体分析相关条款的含义及内容，并适当提出合理性建议，确保遵循立法规范与法理的有机契合。

（一）规范构成的法理基础

《民法典（草案）》涉个人信息的相关条款在立法基础、权利性质等方面的法理基础理解非常重要，关乎具体条款的理解与适用，所以选取三个视角分析相关法理有助于理解规范的构成，具体如下：

一是个人信息保护确立在民事基本法律规范非常重要，奠定了个人信息私法保护的正当性基础。这充分说明最高立法机关关注个人信息与数据权属的区分，积极就自然人的个人信息民事权益保护与数据流动自由的价值权衡进行回应，并与公法的管制性规定形成一体两翼的保护模式，支撑起未来个人信息保护综合性立法。这种定位和愿景是美好的，但是目前《民法典（草案）》涉个人信息保护的条文是否完备，能否支撑起个人信息保护，这就需要逐渐完善对个人信息保护的司法指引功能，破局现在的隐私权保护效果优于个人信息保护救济的困境。也要厘定民法典中个人信息保护的规定在未来综合性立法中的地位。目前采用民事基本法律规范确权 + 侵权法律规范指引保护的路径暂时具有可行性，起到权利属性宣示，方便民事救济方法固定请求权等作用。

二是个人信息保护应采权益论。个人信息保护是由一系列受法律保护的法益所组成的新型权利，在科技时代相关的权利或权益的性质与边界暂不清晰的情况下，选择哪种模式保护更优暂不宜简单用传统权利观念裁剪。[20] 否则可能会陷入无休止、毫无意义的理论争议之中，耗费大量精力。[21] 仅就立法技术而言，《民法典（草案）》第一百一十一条规定“自然人的个人信息受法律保护”，第一百零九条规定的是一般人格尊严的相关内容，第一百一十条规定的是具体人格权：名誉权、荣誉权、隐私权等，第一百一十二条规定的

[20] See Sinai Deutch, *Are Consumer Rights Human Rights*, Osgoode Hall I.J. 32, 1994, p.537.
[21] 周汉华：《探索激励相容的个人数据治理之道》，载《法学研究》2018 年第 2 期。

是人身权内容，根据这样的条文逻辑安排和体例结构来看，个人信息是否属于一项权利，该权利与人格权的关系，均存在很大的不确定性。[22] 这种立法定位倾向于将个人信息纳入人格利益保护，以具有人格权性质的个人信息构建私法保护规范体系，并在此基础上通过侵权法律规范对侵害个人信息权益行为导致的各类损害赔偿作出具体规定。总之本文同意现行立法所采的态度，即采纳一般人格权的法益保护路径，在有限范围内保护个人信息上的法益，未将个人信息列为具体人格权，更符合我国目前个人信息保护的基本国情。[23] 能够更加全面地保护个人信息，符合数据经济发展下加强个人信息保护的趋势，目前涉个人信息保护规则的主要救济对象是人身权益，限于人格权益，这样可以为侵害个人信息的权利人、受害人提供精神损害赔偿的依据。

三是个人信息为独立的人格权属性，暂不兼顾财产属性。[24] 这一观点仍然存在较大争议，有些学者认为个人信息财产化理论的前提是人格权与财产权的交互发展，实际上个人信息之上的财产价值依附于人格权，[25] 或者两者并存，根据权利群理论择一，[26] 甚至有学者过分强调个人信息的财产性质，个人对其个人信息所享有的权利在性质上应当属于信息财产权。[27] 但个人信息保护条文被安排在《民法总则》第一百一十条具体人格权规则之后的第一百一十一条，并没有将个人信息保护条文放在第一百一十二条身份权和第一百一十三条以后的财产权之中，实际上明确了个人信息为独立的人格权属性，[28] 与《民法典（草案）》第一百二十八条规定的数据定位为财产权进行区分。从《民法典（草案）》第一千零三十六条的规定内容看，规定的均是人

㉒ 周汉华：《探索激励相容的个人数据治理之道》，载《法学研究》2018 年第 2 期。

㉓ 高富平、王苑：《被遗忘权在我国移植的法律障碍——以任甲玉与百度公司被遗忘权案为例》，载《法律适用》2017 年第 16 期。

㉔ 王利明：《论个人信息权在人格权法中的地位》，载《苏州大学学报（哲学社会科学版）》2012 年第 6 期。

㉕ 代表性论述参见洪海林：《个人信息的民法保护》，法律出版社 2010 年版。

㉖ 代表性论述参见郭明龙：《个人信息权利的侵权法保护》，中国法制出版社 2012 年版；刘金瑞：《个人信息与权利配置——个人信息自决权的反思与出路》，法律出版社 2018 年版。

㉗ 代表性论述参见刘德良：《论个人信息的财产权保护》，人民法院出版社 2008 年版；孔令杰：《个人资料隐私的法律保护》，武汉大学出版社 2009 年版。

㉘ 王叶刚：《人格权确权与人格权法独立成编——以个人信息权为例》，载《东方法学》2017 年第 6 期。

格权请求事项，而不涉及财产利益。目前，从体系统一性看，个人信息为单独的人格权属性符合立法本意，而且不影响司法实践的赔偿请求权。但随着个人信息市场交易成本的大小可能随着社会经济技术条件的发展而有所变化，立法政策也可能会发生变化。[29]

（二）规范内容的理解与评析

《民法典（草案）》第一千零三十四条第一款明确了个人信息受法律保护，第二款对个人信息的概念进行界定，第三款明确了个人信息中的私密信息适用隐私权的保护规则。具体言之，第二款从正面角度规定了个人信息保护的规则，并通过三个维度判断个人信息，完善个人信息的范围：一是采用描述性的方式，通过具体列举（三审稿新增电子邮箱和行踪信息）和抽象概括相结合的折中方式界定个人信息，可能更有利于司法实践的裁判。[30] 二是个人信息的范围采用“以电子或者其他方式记录”的表述方式，参考域外立法例较多将个人信息界定为能够“电子化、自动化处理”的信息，同时通过“其他方式记录”的宽泛表述将未来可能出现的新的技术记录手段予以兜底保护，符合技术快速发展的特征及数据时代个人信息的特点。三是以识别性作为判断个人信息的核心要件，是个人信息区别于非个人信息、数据的主要特征，具体包括直接识别和间接识别。前者通过单一信息即可识别，后者要与其他信息结合识别，条文表述具有严谨性。个人信息的权源基础与人格尊严、自由、平等有密切关系，识别性这个特征将作为信息且能识别个人身份的数据作为个人信息进行保护，与《民法典（草案）》第一百二十八条规定的数据定位为财产权进行区别。所以在个人信息保护方面确定识别性规则非常重要，并在以后的立法中增加可识别性判断标准和强化内容的伸缩性，如《欧盟一般数据保护条例》增加“基因”等可识别性的判断要素来体现社会发展变化的需求，并在立法和实践发展中不断丰富“可识别性”的判断要件。但

[29] 参见刘金瑞：《个人信息与权利配置——个人信息自决权的反思与出路》，法律出版社2018年版，第198页。

[30] 《全国人民代表大会常务委员会关于加强网络信息保护的决定》《最高人民法院、最高人民检察院关于办理侵犯公民个人信息刑事案件适用法律若干问题的解释》（法释〔2017〕10号）和《最高人民法院关于审理利用信息网络侵害人身权益民事纠纷案件适用法律若干问题的规定》（法释〔2014〕11号）分别采用“定义＋列举式”或“定义＋兜底式”规定。

是该条并未对个人信息作出进一步的分类分级保护不无遗憾。

《民法典（草案）》第一千零三十五条就个人信息的源头收集、使用行为进行了正面的规定，并明确了合法、正当、必要三个适用原则。[31] 其第一款涉及合法、正当、必要的理解和判断标准，目前国内关于个人信息保护的规范除了高位阶的法律，亦有诸多低位阶的行政法规和规章，鉴于个人信息的保护架构上通过制定诸多的行业性法规和规章来分类分层保护，具体到司法实务中，涉及“合法”的理解与适用范围，建议将“合法”的范围理解为符合法律及行政法规的规范。建议将“正当”理解为目的正当、方式正当，或者个人信息收集、使用的目的符合民法的诚实信用、公序良俗等基本原则。建议将“必要”理解为采取穷尽的“不得不”方式的严格标准，即不收集该信息就影响其他功能应用的情况下才能进行个人信息的收集或使用。同时，必要性的判断必然涉及尺度的把握，在民商事领域的必要性判断上引入行政法中比例原则的讨论是近年的重要话题，其所追求的目的是“禁止过度”，[32] 即采取最小成本收集个人信息即可完成使用服务等行为，更有利于自然人个人信息利益的保护。[33] 在确定收集、使用的基本原则后，又在该条第二款明确个人信息的处理是一项重要权能并对其作出规范。具体言之，要求“征得该自然人或者其监护人同意，但是法律、行政法规另有规定的除外”（第一项）。该项确立了个人信息收集、使用的“告知—选择”规则。鉴于未成年人并不具备完全行为能力，其个人信息允诺受到限制的情况下，增设了监护人同意的规定。告知同意作为个人信息保护的“帝王原则”在立法予以确立的同时，通过条文规定了告知事项要更明确，具体包括公开收集、处理信息的规则（第二项），明示收集、处理信息的目的、方式和范围（第三项）。这两项规则需要司法实践不断进行类型化总结和探索，后文也进行了初步研究。但“不违反法律、行政法规的规定”（第四项前段）与第一款合法性原则置于同一条文中，应否予以删除值得商榷，建议保留“不违反双方的约定”。

《民法典（草案）》第一千零三十六条规定了个人信息权利人具有人格

---

[31] 《全国人民代表大会常务委员会关于加强网络信息保护的决定》第二条、《消费者权益保护法》第二十九条等均有规定个人信息收集、使用三原则。

[32] 郑晓剑：《比例原则在民法上的适用及展开》，载《中国法学》2016 年第 2 期。

[33] 张红：《民法典之隐私权立法论》，载《社会科学家》2019 年第 1 期。

权请求权，其第一款明确了自然人作为信息主体依据规定可以行使的权能体系，如依法享有查阅、抄录或者复制其个人信息的权利。有学者认为此处将信息主体限定为自然人没有对未来将法人等作为个人信息权主体预留空间，㉞ 但本文认为《民法典（草案）》第一百一十条规定法人、非法人组织享有有限的人格权，且第一百一十一条明确将信息主体限定为自然人，为了保持体系的完整性，暂无必要将此条款的自然人更改为信息主体，此处作狭义理解。第一款后段规定了权利的行使方式，即只要发现有错误就可以提出异议，第二款规定了删除权，即有权要求信息持有者及时删除其个人信息。这也说明被遗忘权作为删除权的一种情形被立法确定下来，但是被遗忘权具体的类型种类较多，不同的主体行为及信息类型会产生不同的处理效果，无法在民法典中全面列举，需要通过日后实践不断丰富和完善，并补充到未来的相关法律解释、行业规范和个人信息综合性立法中。㉟ 上述两款均不需要证明有损害，所以更有利于强化对个人信息权利的保护，不过这里的请求权与一般的人格权请求权应有所区别。当人格权的权利人对人格利益的状态受到不当影响的时候，权利人可以提出人格权请求权来排除相关妨碍或者是消除危险。

《民法典（草案）》第一千零三十七条主要是对合法利益豁免规则的条文表达，规定了侵害个人信息权益的除外情形，即不承担民事责任的情形。本文认为该条要结合第一千零三十五条共同分析，两个条文分别从抗辩事由、责任豁免和合法性、正当性的角度对《民法典（草案）》第一百一十一条中“不得非法”的规定进行细化，两个条文相结合便于判断合法和非法的界限，但是这条规定有待进一步细化和完善。如“为维护公共利益或者该自然人合法权益，合理实施的其他行为”（第三项）中的“公共利益”在法律解释上是不确定性概念，它的内涵射程存在不确定性，如果公共利益不作准确界定，可能会使得例外情况存在较大变数，如企业擅自利用数据服务国家行业发展或者社会经济建设，能否界定为公共利益是亟待解决的问题，此处的公共利益的界定可参考其他相关法律意见。

㉞ 余筱兰：《民法典编纂视角下信息删除权建构》，载《政治与法律》2018 年第 4 期。
㉟ 张红：《民法典之隐私权立法论》，载《社会科学家》2019 年第 1 期。

《民法典（草案）》第一千零三十八条第一款延续了《网络安全法》第四十二条，划定了信息控制者对其所控制的他人信息的行为边界，要求除经过不可恢复性的去个人化处理的信息之外，所有买卖、提供个人信息的行为均要得到被收集者的同意。但没有明确“经被收集者同意”的时间点是指需要“事前同意”还是严格限定在“事后同意”，本文认为原则上的时间点应为事前确需征求被收集者同意，再次转让时如有必要仍需征求，例外情况下可以事后追认同意。该条第一款后半段规定了匿名化处理方式，肯定了信息控制者对其所控制信息的“匿名化和模糊化”的权利，如果个人信息经过匿名化的脱敏处理，个人信息无法识别个人身份后转化为匿名化数据，但需要注意的是，因信息技术的快速更迭导致以往的信息匿名化处理可能无法达到目标，这时候就要求立法者关注技术手段的应用效果应符合《网络安全法》及未来《个人信息保护法》确立的标准，排除逆还原的过程。[36] 同时司法裁判者也要询问清楚新技术在该条款适用的可能性，确保正当性利益豁免的科学性和有效性。该条第二款规定了信息收集人和控制人的安全保护义务，对于信息控制人的义务性规范，世界各国立法主要体现在两个方面。第一，要求信息控制人确保所收集的个人信息的安全，防止未经授权的公开、使用或泄露等。第二，要求信息控制人确保个人信息收集和使用符合法律规范，以保证个人信息收集和使用行为不侵犯个人权益。例如，《欧盟一般数据保护条例》的基本逻辑是通过对数据控制者（及数据处理者）课以复杂保护义务，以实现对数据主体基本权利和自由的保护。

《民法典（草案）》第一千零三十九条规定了国家机关及其工作人员对于履行职责过程中涉及自然人的隐私和个人信息的保密义务，该条款能否作为请求赔偿的基础性规范条款值得商榷，正如有的学者所讲，在履行职务过程中的保密义务，常常出现在公法中，如将民事责任制度引入国家责任之中，并在侵害隐私权和个人信息保护时产生责任的竞合，应如何适用，亟待立法者作进一步的说明。[37]

㊱ 肖建华、柴芳墨：《论数据权利与交易规则》，载《中国高校社会科学》2019年第1期。
㊲ 谢远扬：《〈民法典人格权编（草案）〉中“个人信息自觉”的规范建构及其反思》，载《现代法学》2019年第6期。

三、个人信息司法保护的应对方法

目前，个人信息保护存在“重刑、轻民”“重隐私、轻其他”“重立法、轻实践”“重精神、轻财产”“重条文、轻体系”等问题。特别是个人信息的民事立法保护起步晚，法律适用上较难，在具体的司法实践处理上要认真处理好以下三个问题。

一是区分个人信息保护与隐私权，并将信息进行分类处理在司法实践中意义较大。《民法典（草案）》人格权编在隐私权中的私密性描述与个人信息识别性表述将两者进行基本区分，又因为两者部分客体确实存在重合，所以传统的隐私权保护有时将两者统一对待，如个人信息保护项下的敏感信息与隐私权存在交叉。《民法典（草案）》第一千零三十四条增加第三款，解决私密信息既受隐私权保护又作为个人信息保护的问题。基本思路是双重“加重”保护，即对自然人私密信息的保护，不仅要符合个人信息保护的一般要求，也应当遵循隐私保护的原则和规则。[38] 传统意义上的个人信息呈现放射状扇形结构，从最核心的隐私信息（敏感信息）到大数据意义上的非敏感信息导致隐私权与个人信息始终交织在一起。所以个人信息的分类保护和界定，使个人信息保护与隐私权保护适度剥离非常必要。根据不同类别，采用不同尺度的保护标准和区分性保护机制，对明确个人信息控制者（政府、网络平台等民事主体）的区分性责任具有实践意义。同时，技术性手段可以解决一般信息和敏感信息的区分性保护，而且分散性个人信息单独来看，一般不会产生损害责任，但一旦与其他相关的个人信息（金融、医疗）相结合，可能会精确画像个人生活的全貌，使得一般信息的集合异常敏感。因此，在法律适用上坚持领域理论的同时，要仔细评估应用场景对信息敏感性的影响，确定合理的隐私期待，并从技术手段完善一般信息与敏感信息的组合分类情形。

二是个人信息人格权属性不影响损害赔偿的请求权，具有完整的请求权基础。法律将个人信息确定为自然人的人身非财产性质的人格权且具有对

㊳ 参见张新宝:《关于〈民法典人格权编（草案）〉第六章部分条文的修改意见（条文及简要说明）》，载中国法学杂志社微信公众号，最后访问日期: 2019 年 8 月 17 日。

个人信息项下的权益的控制权。《民法总则》第一百一十一条实施以来，其作为保护个人信息的帝王条款和民事法律依据具有基础性指引作用，但是请求权尚不完整，难以适用到司法实践。《民法典（草案）》的相关规定为个人信息保护的司法救济提供了完整的请求权基础，并结合《民法典（草案）》第一千一百六十五条第二款、第一千一百八十三条的规定，自然人除了可以提起行为请求外（删除、屏蔽、断开链接等），可以在个人信息受到侵害后提出损害赔偿请求，包括精神损害赔偿和附带的财产损失赔偿［《民法典（草案）》第一千一百八十三条］。[39] 具体而言，《民法典（草案）》第一千一百八十三条规定了侵害人身权益的财产损害赔偿责任。第一千一百八十四条规定了侵害财产权益的赔偿责任，其规则简单明了，司法实践操作较为直接，通过按照损害发生时的市场价格进行赔偿，采用传统的差额法来计算损失。假设个人信息兼顾财产权益属性，按照差额法就很难计算具体的损失，如因泄露个人信息被欺骗而遭受现金损失。[40] 否则在仅是个人信息非法利用或泄露的场合下，照搬传统民法理论中的损害差额计算方式，受害人可能无法证明所遭受的损害具体是什么。假设按照人格权益保护模式，适用《侵权责任法》第二十条以及《民法典（草案）》第九百五十九条规定，实际上规定了不同于侵害财产权益的财产损害赔偿计算规则，包括按照实际损失赔偿、获利赔偿和法院酌定等多种财产损失赔偿作为计算方式，更有利于个人信息损害赔偿的救济。

三是要研究好侵权责任法与个人信息保护条文的衔接问题，防止破坏人格权编和侵权责任编的固有体系，并准确认定责任承担方式。从体系上看，人格权编和侵权责任编功能定位不同，前者是权利法，后者是救济法。从具体内容看，《民法典（草案）》人格权编只有两条免责事由的规定（第一千条之一、第一千零三十七条），且我国的个人信息保护的相关规定最大的法律漏洞就是对信息控制者和处理者的责任义务规则不足。[41] 由于《侵权责任法》和《民法典（草案）》侵权责任编均没有采取民事权利与利益

[39] 张新宝：《〈民法总则〉个人信息保护条文研究》，载《中外法学》2019年第1期。
[40] 参见北京市第一中级人民法院（2017）京01民终509号判决书。
[41] 刘云：《欧洲个人信息保护法的发展历程及其改革创新》，载《暨南学报（哲学社会科学版）》2017年2月版。

区分的侵权责任规则，故此无法通过侵权责任编引致性规范予以保护。但可以采取以下路径，《民法典（草案）》第一千一百六十五条为个人信息权益属性的保护留下开放接入口，原则上通过侵权规则救济个人信息不存在法律适用上的障碍。㊷ 最高人民法院也遵循了权益保护的思路。㊸ 在此基础上，通过《民法典（草案）》第一千一百九十四条至一千一百九十七条结合《最高人民法院关于审理侵害信息网络传播权民事纠纷案件适用法律若干问题的规定》规定的路径或者《民法总则》第一百一十一条结合《民法典（草案）》第一千一百六十五条的一般路径来救济相关权益。也就是说个人信息的法益保护不是直接借助侵害救济来实现的（一般的法益保护并不需要立法），而是先通过立法将法益转化为具体的法律规范，赋予信息主体要求个人信息使用人履行或不履行特定义务来实现的。但是在大数据背景下的个人信息侵权存在特殊性，侵害个人信息的民事责任无法完全适用于侵权责任编的一般规定，如收集与使用等不同情况下的归责原则不同；因果关系证明比较复杂；损害赔偿范围难以认定等都是值得细致考虑的。

总而言之，具体到司法实践的应对方式，首先，个人信息的保护要通过“可识别性”来界定个人信息保护的范围，司法实践中要注意从微观上具体甄别、提炼可识别性的标准。其次，个人信息的保护规则应采法益模式，通过一般人格权的保护方式，转借《民法典（草案）》侵权责任编的责任条款进行保护。同时实务处理中应注意与姓名权、隐私权等纠纷之间的关系，应准确理解数据、个人信息、隐私的客体分别为利益、法益、权利，从而准确适用法律规范。再次，如何判断敏感性和非敏感性信息、破解同意规则的滥用依然是个难题，前者建议采取个人信息是否直接涉及个人隐私核心领域、具有高度私密性、公开或利用会造成重大影响的标准，后者通过不同层级的动态场景理论来具体分析同意规则的适用。最后，关于损害赔偿的问题，建议综合参考实际损失赔偿、获利赔偿和法院酌定等多种财产损失赔偿

㊷ 张新宝：《〈民法总则〉个人信息保护条文研究》，载《中外法学》2019年第1期。

㊸ 例如《最高人民法院关于审理利用信息网络侵害人身权益民事纠纷案件适用法律若干问题的规定》（法释〔2014〕11号）第十二条规定了利用信息网络非法公开自然人个人信息的侵权责任。

计算方式作为依据，更有利于个人信息损害赔偿的救济。总体来看，个人信息实践案例的数量和质量尚未达到可以对个人信息保护进行准确分类的程度，这就要求我们体系化地理解立法本意，在今后的工作中加强司法实践的类型化整理，细化操作指引规则，为个人信息保护的综合性立法提供充足素材。

代结语：为衔接个人信息保护立法奠定基础

数据资产时代面临“数据污染”的隐患，要立足于中国信息社会、数字经济和数据产业的长远发展，充分考虑个人权利保护、数据流通自由、市场经济发展、规制科技必要性等内容，分阶段实现个人信息法益项下的各项子权利的法定化与精细化，注重从民事基本法律和综合性立法两个层面实现个人信息保护的法制体系化，即“两头强化、三方平衡”思考下的体系，[44] 并以统一的执法方式实现个人信息保护行政监管专门化、职业化。《民法典（草案）》弥补了个人信息保护私法上的不足，有力地坚持了保有某些公法特征的个人信息保护法亦不能掩盖肇端于人格权法的私法本质属性的观点，为个人信息保护的综合性立法奠定坚实的民事规范基础。但应当认识到既有研究成果未完全上升到立法层面，相互的对应关系并不明显，[45] 现有条文规定难以从民事实体和程序制度上全面保护个人信息，需要制定《个人信息保护法》综合立法对此专门规定。[46] 建议在《个人信息保护法》或者相关配套法规补缺外在规范和操作指引，实现个人信息保护的体系化。《个人信息保护法》应根据《民法典（草案）》中确立的基本理念，及时总结实践中的新情况新问题，针对不同类型的个人信息、不同的场景以及不同信息收集者和持有者的行为义务作出更为具体的规范。[47] 面对国家公权力对个人信息权利的威胁，且具有公法特征的个人信息通过民法并不能提供全面的保护，要通过公法与

[44] 张新宝：《从隐私到个人信息：利益再衡量的理论与制度安排》，载《中国法学》2015 年第 3 期。

[45] 张里安、韩旭至：《大数据时代下个人信息权的私法属性》，载《法学论坛》2016 年第 3 期。

[46] 张新宝：《我国个人信息保护法立法主要矛盾研讨》，载《吉林大学社会科学学报》2018 年第 5 期。

[47] 程啸：《民法典编纂视野下的个人信息保护》，载《中国法学》2019 年第 4 期。

私法中的管制性规范相结合予以规范，确定各种法定的个人信息保护义务，亟待从法律保留、正当程序和比例原则出发。[48] 特别是对技术规范下的收集、存储、分析、使用个人信息的行为予以充分理解和详细严格的管理，甚至通过科技手段将相关规定流程嵌入收集个人信息的程序之中。[49] 我国个人信息保护新征途刚起步，如要行稳致远，在数据经济全球化的背景下个人信息保护原则实质趋同，要善于借鉴和参考国际成文规则，对接国际标准做好相关法案的起草工作。要坚持探索激励相容的个人信息立法与治理之道，坚持突出重点、循序渐进、把握主线，以个人信息风险管理与防控为切入点，探寻个人信息保护与数据流通的最大公约数，梯度前进。[50] 唯有如此，才能在新一轮数据经济、现代科技的洪流中保持勇立潮头的态势。

（责任编辑：张　俊）

---

[48] 张新宝:《我国个人信息保护法立法主要矛盾研讨》，载《吉林大学社会科学学报》2018 年第 5 期。

[49] 参见［美］劳伦斯·莱斯格:《代码 2.0：网络空间中的法律》，李旭、沈伟伟译，清华大学出版社 2009 年版，第 6 页。

[50] 周汉华:《探索激励相容的个人数据治理之道》，载《法学研究》2018 年第 2 期。

遗嘱形式拓展的立法路径

——兼评《民法典（草案）》关于打印遗嘱的设立

李迎昌　潘　喆*

遗嘱，是公民对个人财产分配的临终表达，是个人意思自治的重要体现。立法为防止遗嘱成为侵害遗嘱人意思自治的手段，普遍对遗嘱形式的法律要件进行了规定，借以从形式上保障遗嘱能够承载遗嘱人真实意思表示。随着信息化技术的发展及现代社会民众对遗产处置的多样化，目前《中华人民共和国继承法》(以下简称《继承法》) 规定的遗嘱形式①并不能涵盖实践中新生的遗嘱类型，导致继承纠纷中因遗嘱形式引发的遗嘱效力问题频繁发生。为了调和立法与实践之间的“供需矛盾”，回应公众对司法保护的需求和期待，《民法典（草案）》遗嘱继承和遗赠篇规定了打印遗嘱、录像遗嘱等遗嘱形式，但增设的遗嘱形式是否能够切实满足实践的需求尚有待验证，且上述立法建议也并未完全得到社会的认可。② 因此，立法技术对遗嘱形式作何设计及完善，实践中有需求，理论上仍有讨论必要。

一、遗嘱形式立法的现实困境

《继承法》规定的遗嘱类型自该法 1985 年实施后沿用至今，随着信息化

---

* 李迎昌，上海市第二中级人民法院民事审判庭审判员，法学硕士。潘喆，上海市第二中级人民法院民事审判庭法官助理，法律硕士。

① 我国的遗嘱形式可以分为两类，一类是特殊遗嘱，即仅能在特定情形下适用的遗嘱形式，口头遗嘱即为此类。另一类是普通遗嘱，即通常情形下任何人都能使用的遗嘱类型，自书遗嘱、代书遗嘱、录音遗嘱和公证遗嘱属于此类。由于特殊遗嘱的设立思路与普通遗嘱有所差别，故本文仅讨论普通遗嘱的遗嘱形式。以下如无特别说明，所称遗嘱均为普通遗嘱。

② 例如，梁慧星教授认为遗嘱的形式不应作过多增加，而仅应当在原先的基础上略作修改。参见梁慧星：《中国民法典草案建议稿附理由》，法律出版社 2013 年版，第 80 页。

技术的高速发展，一些在当年立法过程中没有料想到的遗嘱形式不断出现，造成了审判实践中对遗嘱效力判断的困难。其中最为典型的是近年来涉及案件数量不断增多的打印遗嘱（参见图1）。

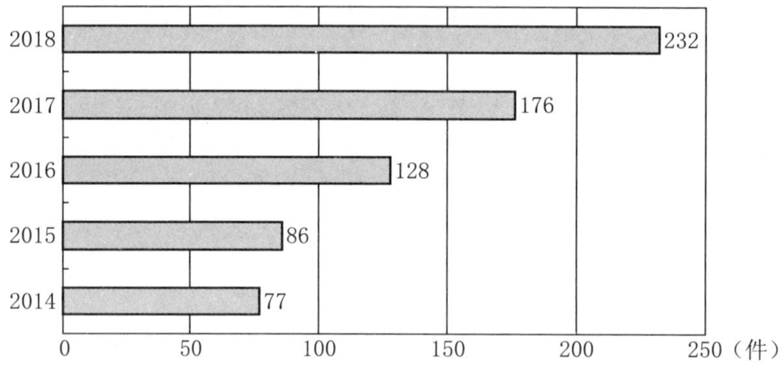

图1　2014—2018年全国涉打印遗嘱案件数量统计③

对于打印遗嘱的性质问题，理论上存在不同的观点。有观点认为应当以操作电脑的主体作为划分打印遗嘱性质的依据。“遗嘱人亲自操作电脑打印的遗嘱属于自书遗嘱，他人代打的则为代书遗嘱。”④有观点认为电脑即为智能化的“人”，因而无论是遗嘱人亲自打印还是他人打印，都应视作由电脑代为打印的代书遗嘱。⑤还有观点认为对打印遗嘱性质的界定应以探寻遗嘱人的真实意思为目标，因此对于有遗嘱人签名的打印遗嘱可以认为是自书遗嘱，而对于遗嘱人以盖章或按手印方式形成的打印遗嘱，由于较为容易造假，故而应当以代书遗嘱的形式进行认定。⑥

与理论上将打印遗嘱归类为自书遗嘱或代书遗嘱不同，法院的判决则呈现出更为多样的审理思路。一种思路将打印遗嘱划分入自书遗嘱或代书遗嘱的范围之内，通过举证责任的分配最终认定打印遗嘱的效力。若有证据可以证明是遗嘱人亲自打印或口述，则认为是自书遗嘱。⑦一种思路将打印遗嘱

③　数据来源于中国裁判文书网的统计。

④　参见张萱、陶海荣：《打印遗嘱的法律性质和效力》，载《法学》2007年第9期。

⑤　参见梁分、刘文革：《打印遗嘱效力探究》，载《人民司法·应用》2010年第11期。

⑥　参见郭明瑞：《论遗嘱形式瑕疵对遗嘱效力的影响——兼论遗嘱形式的立法完善》，载《求是学刊》2013年第2期。

⑦　参见湖北省高级人民法院（2018）鄂民申3039号民事裁定书。

视为新型遗嘱，由于不具备法定遗嘱的形式而无效。⑧ 另有一种思路虽也将打印遗嘱作为新型遗嘱类型对待，但却并非一味否定其效力，该类判决认为应当探求当事人真实的意思表示从而判断遗嘱是否有效。⑨

笔者认为，打印遗嘱不属于原有的任何一种遗嘱形式。不少学者希望通过扩大自书遗嘱或代书遗嘱的语义将新问题纳入原有规范之中。有学者指出“打印只不过是书写的另一种形式，与手写并没有本质上的差别”。⑩ 然而法律明确规定自书遗嘱或代书遗嘱应当满足“用笔书写”的要求，⑪ 因此打印的方式在一般情况下难以通过扩张解释纳入自书遗嘱或代书遗嘱的文意范畴。审判实践中以当事人真意为确认遗嘱是否有效的思路虽然与遗嘱形式法定的立法原意相契合但缺乏现行法作支撑。且该思路仅适用于特殊案件，例如在打印遗嘱的产生有录音录像全程见证的情况下，遗嘱内容可以保证是遗嘱人真实的意思表示。但若失去了能够印证真实意思表示的相关证据，则对遗嘱人意思表示的探究将会陷入困境。

同样的问题亦出现在录像遗嘱、电子数据遗嘱 ⑫ 等新型遗嘱形式中。这些遗嘱形式随着科技的进步而产生，但却难以为目前的遗嘱形式所包含，这不仅限制了当事人的遗嘱自由也影响了审判实践中关于遗嘱形式效力问题的统一裁判。因此，遗嘱形式的问题亟须在将来的《民法典》中予以解决。

二、遗嘱形式的立法不足

《民法典（草案）》也注意到了遗嘱形式立法现状与社会现实之间的脱节，其中增设的打印遗嘱和录像遗嘱正是对这一现实问题的回应。但笔者认为《民法典（草案）》所提供的立法建议尚存在不足，并不能完全解决已出现的问题，比如打印遗嘱概念认定、打印遗嘱与代书遗嘱的形式重叠等，也

⑧ 参见重庆市第五中级人民法院（2018）渝 05 民终 5878 号民事判决书。

⑨ 参见山东省潍坊市中级人民法院（2017）鲁 07 民终 6409 号民事判决书。

⑩ 参见房绍坤：《遗嘱形式完善三题》，载《苏州大学学报》2014 年第 4 期。

⑪ 《继承法》第十七条：“自书遗嘱由遗嘱人亲笔书写，签名，注明年、月、日。代书遗嘱应当有两个以上见证人在场见证，由其中一人代书，注明年、月、日，并由代书人、其他见证人和遗嘱人签名。”代书遗嘱虽未明确规定代书人代书的方式，但基于上下文规范的一致性，代书人代书的方式应当为代书人亲笔书写。

⑫ 本文所称电子数据遗嘱指的是遗嘱人将遗嘱以数据的形式保存在电子设备中的遗嘱形式。

无法涵盖目前已出现及日后可能出现的新遗嘱类型，比如电子数据遗嘱，立法之后很有可能仍然面临目前的困局，甚至仍大幅滞后于社会发展。

（一）遗嘱形式的概念存在交集

《民法典（草案）》所规定的五种遗嘱形式虽各有一定的辨识度但在某些特征上却存在重合的情形（参见表 1），因而当得以区分其他遗嘱形式的标准因社会的进步而逐渐模糊时，遗嘱的形式容易被混淆从而影响法律适用。

表 1 《民法典（草案）》遗嘱形式特征一览表

	形成方式	遗嘱形成主体	是否涉及其他程序
自书遗嘱	用笔书写形成	遗嘱人自行完成	无
代书遗嘱	用笔书写形成	遗嘱人委托他人代为完成	见证程序
打印遗嘱	用机器打印形成	遗嘱人可自行或委托他人完成	见证程序
录音、录像遗嘱	以录音或录像方式形成	遗嘱人自行完成	见证程序
公证遗嘱	用笔、打印、录音等各种方式形成	遗嘱人可自行或委托他人完成	公证程序

以打印遗嘱与自书遗嘱为例。《民法典（草案）》对这两类遗嘱形式的划分依据并不相同，自书遗嘱依据在于遗嘱形成主体，而打印遗嘱的设立依据在于遗嘱形成的方式。一般情形下，由于自书遗嘱需用笔书写，而打印遗嘱则通过电脑或打字机等媒介形成，两者的区分并不困难。但是当打印遗嘱是通过电子笔在电脑上书写并打印，相关字迹能够检测是否为本人亲笔书写时，究竟应当按打印遗嘱还是自书遗嘱的规则对遗嘱的效力进行判定仍然会发生争议。因而《民法典（草案）》的立法建议难以保证各遗嘱形式概念上的独立性，这不仅无法很好地解决现阶段各遗嘱形式的区分问题，也难以处理日后新增加的遗嘱形式与现有遗嘱形式之间的混淆问题，因此该种立法模式不应当为最终的《民法典》所采用。

（二）遗嘱形式的内涵狭窄

在本轮关于遗嘱形式的立法过程中，遗嘱形式多元化的呼声不绝于耳，其不仅被视为是对社会生活的满足，亦被看作是对个人所享有的遗嘱自由的保障，[13]然而《民法典（草案）》立法方案下各类遗嘱形式过于狭窄的内涵难以真正满足上述两点期许。

一方面，《民法典（草案）》立法方案无法及时应对社会生活的变化。立法方案的本质是对遗嘱形式的点状许可，换言之，遗嘱形式的内涵是封闭式的而非开放式的。因此，不仅自书遗嘱或代书遗嘱难以包含打印遗嘱，打印遗嘱在日后也同样无法将更具多样性的其他遗嘱形式包含在内。当再一次面对社会的新需求时，只能是增加遗嘱的类型而无法通过扩大解释某一现有的遗嘱形式概念以满足现实的需要。但立法的滞后性导致增加遗嘱形式的过程相对较为缓慢。诚如上文所述，以打印遗嘱为代表的新型遗嘱形式在2014年之前就已存在，然而直至最近编纂的《民法典（草案）》对相关问题方有所回应。若实践中遗嘱人采用的遗嘱形式相对较稳定，则法律较慢的更新速度尚有应付的余地，但随着我国人口老龄化趋势、财富增加和民众遗嘱意愿的多样化以及电子科技产品的日新月异，多种因素的叠加必然使立法面临一个遗嘱形式不断更新的时代，如此背景下，《民法典（草案）》立法方案恐难以应对新遗嘱形式给司法实践带来的挑战。[14]

另一方面，《民法典（草案）》立法方案在一定程度上限制了遗嘱自由。遗嘱自由不仅包括遗嘱内容确定的自由也涉及遗嘱形式选择的自由，虽然出于保证遗嘱真实的目的需要对遗嘱的形式作一定限制，但对于遗嘱形式的列举显然过于狭窄。目前，区块链技术正在蓬勃发展，其不可篡改的特性对保证遗嘱的真实性而言作用显著，因而遗嘱与区块链技术的融合前景广阔。然而，在区块链上保存的遗嘱属于电子数据，其无法与《民法典（草案）》立法方案中确定的遗嘱形式相对应，因而在区块链遗嘱效力的认定上将会产生一定的法律争议，不利于保证当事人的遗嘱自由。而域外立法则相对具有开放性，例如法国民法典就指出遗嘱人可以在设立密封遗嘱时指定书写的方式，由此赋予了该类遗嘱更具开放性的内涵。实际上，在能够保证遗嘱是遗嘱人

⑬ 参见王歌雅：《论继承法的修正》，载《中国法学》2013年第6期。

⑭ 人口老龄化的加剧及居民可支配收入的增加使得民众对于设立遗嘱越发重视，遗嘱数量将逐年增加。科技的迅猛发展使得民众在设立遗嘱时可以有更多新的尝试。以上三个因素叠加，将会导致遗嘱形式的剧烈变动。

真实意思表示的情况下，遗嘱人选择用笔、打印或者储存在云端等方式设立遗嘱都应当得到认可。

综上，《民法典（草案）》立法方案所设立的几种遗嘱形式不具有开放性，社会变迁催生出新的遗嘱形式难以被现有遗嘱形式所接纳，因而该立法模式不仅无法及时应对社会生活的变化，也难以充分保障遗嘱人的遗嘱自由。

（三）遗嘱形式的立法例不具典型性

科技的进步是全球性现象，但面对社会变迁对遗嘱形式问题带来的挑战，域外国家的立法方式却与《民法典（草案）》立法方案呈现出了不同的特点。不论是大陆法系国家还是英美法系国家，遗嘱形式的种类均少于《民法典（草案）》立法方案（参见表2、表3⑮）。

表2　大陆法系国家遗嘱形式一览表

法国	公证遗嘱	自书遗嘱	密封遗嘱
德国	公证遗嘱	自书遗嘱	
瑞士	公证遗嘱	自书遗嘱	
日本	公证遗嘱	自书遗嘱	密封遗嘱
意大利	公证遗嘱	自书遗嘱	
俄罗斯	公证遗嘱	密封遗嘱	

表3　英美法系国家遗嘱形式一览表

<table>
<tr><td>英　国</td><td colspan="3">在两名证人的见证下，凡是以书面形式订立的遗嘱均有效。而通过打字、印刷和其他可视的表现文字的方式都可以称为书写。</td></tr>
<tr><td>美　国</td><td>自书遗嘱</td><td>见证遗嘱</td><td></td></tr>
<tr><td>澳大利亚</td><td colspan="3">遗嘱需要符合以下条件方有效：（1）必须采用书面形式；（2）必须由遗嘱人在遗嘱的结尾处或底部签字；（3）必须由两名或两名以上的见证人同时在场见证；（4）每位见证人必须在遗嘱人在场的情况下证实并签名。</td></tr>
</table>

⑮　两表内容来源参见陈苇主编：《外国继承法比较与中国民法典继承编制定研究》，北京大学出版社2011年版，第261—331页。

虽然各国对遗嘱形式的规定各具特色，但各国的遗嘱形式均不超过三种，而且与《民法典（草案）》立法方案相比更具开放性。不仅大陆法系国家中公证遗嘱和密封遗嘱对遗嘱通过何种方式呈现没有要求，英美法系国家对遗嘱形式的关注点也侧重于是否有人见证而非遗嘱本身是否由当事人书写等因素。正因如此，域外国家关于遗嘱形式的立法得以在保持法律条文稳定的同时应对实践中不断丰富的技术手段对遗嘱效力带来的挑战。

可见《民法典（草案）》立法方案在世界范围内并非通例，且在面对科技进步所带来的挑战时较之域外立法方式而言稍逊一筹。

三、遗嘱形式的立法模式探索

（一）立法思路

为了应对打印遗嘱、录像遗嘱、电子数据遗嘱等新遗嘱形式对遗嘱效力的挑战，不少学者认为增加遗嘱形式并无必要，在现有遗嘱形式的基础上作适当修改即可满足实践的需求。[16]但这类关于遗嘱形式的立法在思路上仍未摆脱《民法典（草案）》立法方案的影响，同样面临着上文所述及的三个问题，因此只有先改变立法思路方能对遗嘱形式的最终确定提供帮助。笔者认为在遗嘱形式的立法思路上，应当确立如下三个观念：第一，保证遗嘱形式严格性下的遗嘱开放性；第二，保证遗嘱形式周延性下的遗嘱自由性；第三，保证遗嘱形式有效性下的遗嘱便利性。

1．保证遗嘱形式严格性下的遗嘱开放性

从古罗马时代凡遗嘱人在公民大会或军团面前宣布的遗嘱方为有效的“民会遗嘱”和“武装遗嘱”开始，遗嘱形式的开放性与遗嘱方式的严格性之间如何协调的问题就一直是遗嘱形式立法的关键。若为遗嘱开放而缓和方式要求，则有可能影响遗嘱内容的真实性，但若为确保遗嘱内容真实而采取严

⑯ 例如对于代书或自书遗嘱，应当删去亲笔书写这一限定条件从而将打印遗嘱纳入自书或代书遗嘱范围。对于录像遗嘱，应当与原有的录音遗嘱合并称为录音、录像遗嘱。具体内容参见赵莉：《我国遗嘱形式要件的认定及完善——中日比较法的视野》，载《北方法学》2012 年第 5 期。

格的遗嘱形式，则遗嘱开放又成为空谈。[17]

从时空角度纵向观察遗嘱形式的变迁过程，可以发现遗嘱的形式变得越来越多样。古罗马逐渐放弃了对形式要求极为严格的“民会遗嘱”和“武装遗嘱”，而“铜衡遗嘱”“裁判官遗嘱”[18]等较为简便的遗嘱形式日渐为民众所接受。中世纪以降，宗教的影响使得遗嘱的形式更加灵活便捷，不但遗嘱人对神父所作的临终之言被视为有效的遗嘱形式。在需要见证人的场合，见证人的数量也从罗马法原先规定的七人精简为一名教士及两到三名见证人。[19]近代以来，公证遗嘱、密封遗嘱的出现对于遗嘱如何订立的要求则更为宽松。

然而，不论遗嘱形式的开放程度如何，保证遗嘱形式最终能真实反映遗嘱人对财产的处分意思的底线始终没变。公民大会、武装军团、裁判官、神父及专门的公证员等在当时的时空环境中均可被视为可靠的见证人，当这些群体参与遗嘱的见证时，遗嘱在形式方面才有更大的选择空间。因此，诸如见证人等关于确保遗嘱真实的规定应当被严格遵守，不能以遗嘱形式开放性的理由而任意改变。

综上所述，由于遗嘱在遗嘱人死后方能生效，只有严格遵守立法中关于保证遗嘱真实的形式要件才能确保遗嘱的真实性。在此基础上，遗嘱形式的严格性可对遗嘱形式的开放性作出一定让步。

2．保证遗嘱形式周延性下的遗嘱自由性

遗嘱方式严格性对遗嘱形式开放性的让步被称为遗嘱方式的缓和主义趋势，[20]但有关学者在论述如何通过立法顺应这一趋势的问题时，仍然主张将打印遗嘱、电子数据遗嘱、录音遗嘱、秘密遗嘱等遗嘱形式全部以立法形式确立起来以实现遗嘱形式的自由化。

划分自书遗嘱、代书遗嘱、打印遗嘱、电子数据遗嘱、录音遗嘱等遗嘱

---

⑰ 参见孙毅：《继承法修正中的理论变革与制度创新——对〈《继承法》修正草案建议稿〉的展开》，载《北方法学》2012年第5期。

⑱ 铜衡遗嘱即在五个证人面前，将财产通过假装买卖转移给家庭买主的遗嘱形式。裁判官遗嘱即有七个证人见证的书面遗嘱。

⑲ 参见［美］哈罗德·J. 伯尔曼：《法律与革命——西方法律传统的形成》，贺卫方等译，中国大百科全书出版社1993年版，第287—288页。

⑳ 参见孙毅：《论遗嘱方式的缓和主义进路——以〈继承法〉修改的相关理念变革为中心》，载《求是学刊》2012年第4期。

形式的标准在于遗嘱的形成方式，但以该标准为划分依据在逻辑上并不周延，由此形成的立法模式从长远而言将导致法律的频繁变动。一方面，随着社会的变迁新的遗嘱形式总会产生。目前视为新兴的打印遗嘱、电子数据遗嘱等形式终将被更具科技性、便利性的形式所取代。另一方面，旧有某些遗嘱形式总会面临无人使用的局面。一项数据显示，十年之中日本的公证遗嘱数量增加了1.32倍，自书遗嘱的数量增加了1.36倍，而秘密遗嘱一年的使用量则只有数十件。[21] 为了防止遗嘱形式的无限叠加，立法者只有不停地修改相应的法律。而立法更新过程中所耗费的人力和时间成本是对司法资源不必要的浪费。

检视目前涉及遗嘱继承的相关案件，无效遗嘱的产生并非源于遗嘱人对设立遗嘱形式要件的疏忽，而是遗嘱人不知道自己设立的遗嘱属于哪一类遗嘱形式，因此其无法根据要求采取法定形式。例如在一起继承纠纷案件中，遗嘱人生前为了证明打印遗嘱是其自身真实的意思表示，邀请了四名见证人对遗嘱内容进行见证并以录像形式重新口述了自己的遗嘱。法院的判决绕开了遗嘱形式的问题，而是从意思表示真实性上支持了继承人的诉讼请求。[22] 事实上，如果我国法律所规定的遗嘱形式能够涵盖所有的可能性，使得遗嘱人能够将自己设立的遗嘱进行归类，则类似的纠纷将会大幅度减少。

综上所述，遗嘱形式的自由性应当建立在遗嘱形式的周延性之上，只有所有的遗嘱形式均能在立法上得到反映，遗嘱形式多元化带来的问题方有解决的可能。

3．保证遗嘱形式有效性下的遗嘱便利性

“人们的喜爱‘立遗嘱’是由于‘无遗嘱’继承所产生的某种道德上的不公正而产生的”，[23] 为了保证遗嘱能发挥人们所期待的功能，各国立法均对遗嘱的形式有严格的要求。公证遗嘱在形式上最为严格，其在确保遗嘱人意愿高效，准确固定和隐私保护，文件安全性方面的作用不可替代，但我国公证遗嘱的使用率却并不高。据统计，2016年日本每10万人中就有300人办理

㉑ 参见前引⑯。

㉒ 参见吉林省松原市中级人民法院（2018）吉07民终1685号民事判决书。

㉓ 参见［英］梅因：《古代法》，沈景一译，商务印书馆1984年版，第126—127页。

公证遗嘱，而我国每10万人中仅有7人。[24]

公证遗嘱在我国的不温不火与该种遗嘱形式过于繁琐有关。首先，办理公证遗嘱所需材料多、时间长。与自书遗嘱仅要求自书人亲笔书写不同，遗嘱人在向公证处提交遗嘱申请时，需提交身份证明、遗嘱涉及财产的产权证明以及其他相关材料。与此同时，公证人员为防止材料缺漏而导致公证事项的错误，往往会趋向于要求当事人提交更为详细的材料，容易造成遗嘱人需要多次前往公证机构才能完成公证遗嘱申请的情况。其次，上门公证遗嘱的规定不够灵活。《遗嘱公证细则》规定遗嘱人亲自到公证处有困难的，可以要求公证人员到其住所或者临时处所办理。这一便民举措在实践中却存在一定的问题，《公证程序规则》规定公证遗嘱需要采用打印形式，但当事人家中往往没有打印机，从而给上门公证遗嘱造成了不必要的麻烦。最后，公证遗嘱的变更与撤销形式严格。遗嘱人在生前变更遗嘱内容是遗嘱自由的重要体现，然而公证遗嘱的变更与撤销却同样需要以公证的形式作出，由此出现的问题在于当遗嘱人发现继承人未能如遗嘱人所愿，转而希望变更公证遗嘱内容时，身体、精力所限以及现实程序困难往往导致遗嘱人难以最终实现自己的意旨。

因此，遗嘱形式的有效性应当与遗嘱形式的便利性相协调，在保证遗嘱有效的前提下，尽可能采用便利当事人的遗嘱形式。

（二）遗嘱形式的具体设计

为贯彻上述立法思路，应当对《民法典（草案）》关于遗嘱形式的立法作出一定的修改，将自书遗嘱、代书遗嘱、打印遗嘱、录音录像遗嘱和公证遗嘱修改为自书遗嘱、见证遗嘱以及公证遗嘱三类。首先，以所涉程序为划分标准，无需其他程序的为自书遗嘱，需要他人见证的为见证遗嘱，需要特殊机构见证的为公证遗嘱。三种遗嘱类型保证了遗嘱形式逻辑上的周延性，同时除自书遗嘱外的另外两种遗嘱形式可以由遗嘱人选择通过打印、录音或其他方式形成，兼顾了遗嘱形式的自由性。其次，自书遗嘱通过遗嘱人的笔迹，见证遗嘱以及公证遗嘱通过见证人见证的方式确保遗嘱人意思表示的真实性，严格坚持三种遗嘱的形式要件符合遗嘱形式严格性的要求。在此基础

[24] 参见袁钢、李建亮：《中日公证遗嘱制度的比较研究》，载《中国公证》2019年第1期。

上，遗嘱的类型可以由当事人进行选择以确保遗嘱形式的开放性。最后，自书遗嘱、见证遗嘱以及公证遗嘱三分法下，遗嘱形式的多样性有助于遗嘱人在选择相对便利的遗嘱形式的同时确保遗嘱的有效性，从而保障遗嘱人的遗嘱自由。

1．自书遗嘱

（1）法条设计。自书遗嘱应当由遗嘱人亲笔书写遗嘱的全部内容并签名，注明年、月、日。

（2）法条解读。自书遗嘱应当仅允许当事人以亲笔书写的方式设立。一方面，由于自书遗嘱无需他人见证，因此遗嘱的真实性在实践中是双方争议的重点也是法院认定案件事实的难点，故对该类遗嘱的形成方式应当作严格限制。当事人仅在打印件后签名、按手印或盖章的打印遗嘱不能认定为自书遗嘱，因为当纸面上仅有遗嘱人名字时，笔迹鉴定有可能存在偏差从而给他人模仿遗嘱人的笔迹进而篡改遗嘱留下空间。另一方面，对遗嘱人亲笔书写遗嘱的形式单独作出规定也符合国际立法惯例。法国法律中的自书遗嘱虽然对书写的工具和材料没有限制，但要求遗嘱人必须亲笔书写遗嘱的全部内容，用打字机打印或复写纸复写均无效。[25]

2．见证遗嘱

（1）法条设计。遗嘱人可以在两个以上见证人的见证下，设立遗嘱。见证人见证遗嘱设立全过程的，遗嘱人及见证人应当在遗嘱中记录姓名及年、月、日。见证人未见证遗嘱设立全过程，但遗嘱人向其告知遗嘱为遗嘱人真实意思表示的，遗嘱人应当将遗嘱封存，并与见证人共同在封缝处记录姓名及年、月、日。

（2）法条解读。见证遗嘱包括两种类型。第一种是有实质见证的见证遗嘱。见证人应当在场见证遗嘱人设立遗嘱的全过程并确保遗嘱内容是遗嘱人真实的意思表示，此种形式对见证人见证遗嘱的形成有“时空一致性”的要求，强调的是见证人全程、当场见证遗嘱的形成；第二种是有形式见证的见证遗嘱。见证人仅见证遗嘱人向其表示某份遗嘱是其真实的意思表示，而不对遗嘱的内容作见证。

㉕ 参见罗结珍：《法国民法典》，北京大学出版社 2010 年版，第 969 页。

两种类型的见证遗嘱对遗嘱的形成方式无特殊要求，不论是传统的用笔书写、打印、录音还是通过其他新技术形成的遗嘱，只要是在有资格的见证人的见证下设立的遗嘱均属有效。由于担心遗嘱人或遗嘱的利害关系人会偷换遗嘱内容，因此对遗嘱的见证要求见证人必须见证遗嘱形成的全过程。然而遗嘱涉及财产分配，因此在有多位继承人的情况下，遗嘱人在生前公开遗嘱内容容易引发家庭矛盾和道德冲突，考虑到上述情况，应当允许遗嘱人在他人不在场的情况下订立遗嘱并进行密封处理。通过这种方式设立的遗嘱在国外称为密封遗嘱，为了保证该遗嘱是遗嘱人真实的意思表示且遗嘱内容未被他人调换，应当由见证人和遗嘱人共同在封口处进行记录。

关于遗嘱人和见证人记录姓名及日期的方式问题。针对书面形式的遗嘱，最通常的记录方式是由遗嘱人和见证人在遗嘱中签名并注明年、月、日，但这种常规方式无法满足遗嘱多样性的要求，因此记录的方式并不具有单一性。例如录音遗嘱可以通过语音记录，而电子数据遗嘱可以通过电子签名等方式进行记录。

3．公证遗嘱

（1）法条设计。公证遗嘱由遗嘱人经公证机关办理。办理公证遗嘱的公证机关包括专门从事公证业务的机构、人民法院以及法律规定的其他有权部门。

（2）法条解读。由国家有权部门对遗嘱效力予以认证或者背书在我国历史上早有先例，例如，宋代就已要求遗嘱在程序上必须“经官给据，班班可考”，强调只有“经官授印”方“可谓合法”。[26] 从目前立法对于公证遗嘱效力优先的规定来看，立法部门以及社会公众对有权机关形成或者认证的遗嘱具有优先确信的情愫。因此，笔者认为对于办理、保存或者认证公证遗嘱的机构及部门范围可予以扩大。首先，目前已有的公证机关仍是办理公证遗嘱的主要主体。但根据《中华人民共和国公证法》及《公证程序规则》的规定，公证机关所从事的公证范围超过十项，相较于其他项目，进行遗嘱公证的收费相对较低，但遗嘱公证所花费的时间精力及程序要求并不低，应采取措施

㉖ 参见中国社会科学院历史研究所宋辽金元研究室编著：《名公书判清明集（卷七）》，中华书局 1987 年版，第 304 页。

鼓励公证员开展公证遗嘱业务，提高效率。其次，从司法权威性和司法便利性的角度，法院可以成为公证遗嘱的认证备案部门。一方面，法院有其他部门所不具备的专业知识积累和司法经验，可以在认证公证遗嘱过程中有效避免遗嘱可能出现的内容违法及遗嘱形式瑕疵。另一方面，法院因其专业性和权威性，经法院认证留存的公证遗嘱，必然会减少继承人对遗嘱效力存疑而产生的潜在纠纷。即使产生继承纠纷，法院已有的对公证遗嘱的认证功用，将会很大程度上减少法院对遗嘱真实性进行司法审查的工作量，有利于提高司法效率，快捷高效解决继承纠纷。当然，法院需要按照何种程序及以何种认证标准办理公证遗嘱，还有待于具体规定。最后，各地专门设立的遗嘱存储机构应当作为公证机关和法院的补充。2013 年设立的中华遗嘱库不仅受到了民众的欢迎，而且在该遗嘱库登记的遗嘱也得到了各部门机构的广泛认可，相关案例显示人民法院在审判中也会结合中华遗嘱库出具的证明，认定在中华遗嘱库登记的遗嘱真实合法有效。㉗ 由于专门从事遗嘱存储业务，这类机构在遗嘱形式的创新方面也有较大的优势。例如中华遗嘱库已经开始探索区块链遗嘱的新形式，遗嘱人在中华遗嘱库订立遗嘱后，相关内容将同步生成一系列加密的数据并上传至司法电子证据平台当中，法官在审理过程中既可以从该平台下载遗嘱内容也可以直接从系统中调出，极大地提高了办案的效率。㉘ 因此对于遗嘱存储机构，有关部门应当在加强监管的基础上赋予遗嘱存储机构办理公证遗嘱的权限，从而便利遗嘱的设立。

结语

《民法典（草案）》在原有遗嘱形式的基础上增设了打印遗嘱以及录像遗嘱，在一定程度上有助于缓解因技术进步而造成的新型遗嘱效力难以认定的问题。然而仍有不足之处：首先，遗嘱形式在概念上存在交集，导致实践中对遗嘱形式的认定困难。其次，遗嘱形式在内涵上过于狭窄，随着科技进步而产生的新类型的遗嘱形式在效力认定上存在困难。最后，该种立法方案并

㉗ 参见北京市第二中级人民法院（2019）京 02 民终 6250 号民事判决书。

㉘ 参见蒋若静：《司法区块链为遗嘱加上“安全锁”》，载新华网：http: //www.xinhuanet.com/tech/2018-10/04/c_1123518291.htm，最后访问日期：2019 年 12 月 11 日。

非国际遗嘱形式立法的主流，与域外相比《民法典（草案）》在遗嘱形式的开放性上稍显逊色。因此，笔者建议对此进行修改。关于遗嘱形式的立法应当遵循如下思路：第一，保证遗嘱形式严格性下的遗嘱开放性；第二，保证遗嘱形式周延性下的遗嘱自由性；第三，保证遗嘱形式有效性下的遗嘱便利性。在上述思路下，建议将原先的自书遗嘱、代书遗嘱、录音遗嘱和公证遗嘱变更为自书遗嘱、见证遗嘱以及公证遗嘱。此三种法定遗嘱类型，使得立法在概念上更具有周延性，在遗嘱的形成方式上更具有开放性，也更符合国际遗嘱立法的趋势。

（责任编辑：洪　波）

派遣用工下雇主内外责任统一承担体系的构建

——兼评《民法典（草案）》第一千一百九十一条第二款

孟高飞*

雇主责任又称用人者责任，狭义的是指雇员因执行工作任务造成他人损害而由雇主依法承担的侵权责任（即对外责任），广义的是除包括对外责任外，还包括雇员因执行工作任务导致自身遭受损害而由雇主承担的侵权责任（即对内责任）①。在直接用工的标准劳动关系中，雇主的对外、对内责任虽然关涉不同性质的法律关系和不同的权利义务主体，分别交由侵权法律和劳动法律进行规范和调整，但雇主与雇员之间为直线型关系，雇用与使用的主体合一，学理与实践中很少产生分歧。在劳务派遣这一间接的非标准劳动关系中，劳务派遣单位、用工单位、被派遣劳动者组成三角形关系，名义关系与实然关系割裂，雇用与使用的主体分离，无论是雇主的对外责任还是对内责任，均存在派遣单位与用工单位如何对外承担以及承担后如何内部分摊的问题。对此，侵权法律与劳动法律按照各自的原则和逻辑，作出迥异的认定和分配，并且在各自认定与分配的内部，仍持续存在争议，而《民法典（草案）》第一千一百九十一条未能很好地回应上述争议。本文拟从劳务派遣关系的特殊构造角度，对构建统一的雇主内外责任体系进行探讨。

* 孟高飞，上海市浦东新区人民法院民事审判庭审判员，法学博士。

① 参见程啸：《未来民法典侵权责任编中用人者责任制度的完善》，载《四川大学学报（哲学社会科学版）》2018年第5期。如A劳务公司将甲派遣至B汽车公司工程师岗位工作，甲展示制动装置模型时操作不当，致其手部和顾客乙的手部受伤。对乙受伤的赔偿，属雇主对外责任；对甲受伤的赔偿，属雇主对内责任。

一、雇主内外责任区分承担的现状

（一）对外责任由用工单位负责，派遣单位承担过错补充责任

我国立法对雇主对外责任的确立，经历一个逐步扩充又不断修正的演进过程（参见表1）。最早可追溯至1986年《中华人民共和国民法通则》（以下简称《民法通则》）第一百二十一条，规定机关法人作为雇主的对外责任。之后1988年《最高人民法院关于贯彻执行〈中华人民共和国民法通则〉若干问题的意见（试行）》（以下简称《民通意见》）第五十八条扩张解释《民法通则》第四十三条规定，确立企业法人作为雇主的对外责任。1992年《最高人民法院关于适用〈中华人民共和国民事诉讼法〉若干问题的意见》（以下简称《民诉意见》）第四十二条、第四十五条，从程序法角度明确法人、其他组织、个人雇主的对外责任。2003年《最高人民法院关于审理人身损害赔偿案件适用法律若干问题的解释》（以下简称《人身损害赔偿解释》）第八条、第九条、第十三条全面规定各类雇主的对外责任。2009年《中华人民共和国侵权责任法》（以下简称《侵权责任法》）第三十四条、第三十五条分别规定单位雇主和个人雇主的对外责任，并首次明确劳务派遣用工下的雇主对外责任。《民法典（草案）》第一千一百九十一条、第一千一百九十二条分别涉及单位雇主与个人雇主的对外责任，但将派遣单位的对外过错补充责任调整为过错按份责任。

表1　雇主对外责任规定简史

文　件	主　体	责　任	规　范　内　容
《民法通则》	机关法人	无过错责任	国家机关或者国家机关工作人员在执行职务中，侵犯公民、法人的合法权益造成损害的，应当承担民事责任（第一百二十一条）
《民通意见》	企业法人	无过错责任	企业法人的法定代表人和其他工作人员，以法人名义从事的经营活动，给他人造成经济损失的，企业法人应当承担民事责任（第五十八条）
《民诉意见》	法人、其他组织、个人雇主	无过错责任	法人或者其他组织的工作人员因职务行为或者授权行为发生的诉讼，该法人或其他组织为当事人（第四十二条） 个体工商户、农村承包经营户、合伙组织雇佣的人员在进行雇佣合同规定的生产经营活动中造成他人损害的，其雇主是当事人（第四十五条）

续表

文件	主体	责任	规范内容
《人身损害赔偿解释》	各类主体	无过错责任	法人或者其他组织的法定代表人、负责人以及工作人员，在执行职务中致人损害的，依照民法通则第一百二十一条的规定，由该法人或者其他组织承担民事责任（第八条） 雇员在从事雇佣活动中致人损害的，雇主应当承担赔偿责任（第九条）为他人无偿提供劳务的帮工人，在从事帮工活动中致人损害的，被帮工人应当承担赔偿责任（第十三条）
《侵权责任法》	用人单位、接受劳务一方	无过错责任（用工单位无过错责任、派遣单位过错补充责任）	用人单位的工作人员因执行工作任务造成他人损害的，由用人单位承担侵权责任。劳务派遣期间，被派遣的工作人员因执行工作任务造成他人损害的，由接受劳务派遣的用工单位承担侵权责任；劳务派遣单位有过错的，承担相应的补充责任（第三十四条） 个人之间形成劳务关系，提供劳务一方因劳务造成他人损害的，由接受劳务一方承担侵权责任（第三十五条）
《民法典（草案）》	用人单位、接受劳务一方	无过错责任（用工单位无过错责任、派遣单位过错按份责任）	用人单位的工作人员因执行工作任务造成他人损害的，由用人单位承担侵权责任。用人单位承担侵权责任后，可以向有故意或者重大过失的工作人员追偿。劳务派遣期间，被派遣的工作人员因执行工作任务造成他人损害的，由接受劳务派遣的用工单位承担侵权责任；劳务派遣单位有过错的，承担相应的责任（第一千一百九十一条） 个人之间形成劳务关系，提供劳务一方因劳务造成他人损害的，由接受劳务一方承担侵权责任。接受劳务一方承担侵权责任后，可以向有故意或者重大过失的提供劳务一方追偿。提供劳务一方因劳务自己受到损害的，根据双方各自的过错承担相应的责任。提供劳务期间，因第三人的行为造成提供劳务一方损害的，提供劳务一方有权请求第三人承担侵权责任，也有权请求接受劳务一方承担侵权责任。接受劳务一方承担侵权责任后，可以向第三人追偿（第一千一百九十二条）

（二）对内责任由派遣单位负责，用工单位负责协助工伤认定

直接用工下，雇员因执行工作任务导致自身遭受损害一般属于工伤，适用无过错归责原则，工伤保险待遇由用人单位负担。派遣用工下，雇员发生工伤也适用无过错归责原则，但工伤保险待遇由何方承担，法律规定持续演变（参见表2）。依2006年《最高人民法院关于审理劳动争议案件适用法律若干问题的解释（二）》（以下简称《劳动争议司法解释（二）》）第十条，将派遣单位和用工单位列为共同被告，一般可判承担连带责任。②2007年《中华人民共和国劳动合同法》（以下简称《劳动合同法（2007）》）第五十八条规定派遣单位履行该法规定的用人单位义务，隐含工伤保险责任由派遣单位承担之意。后在第九十二条规定由用工单位对派遣单位给劳动者造成的损害负连带赔偿责任，据此可认为用工单位对派遣单位的工伤保险责任负有连带义务。《劳动合同法（2007）》第五十九条规定社会保险费用由用工单位支付、第六十二条规定用工单位提供劳动条件和劳动保护，当用工单位未履行这些义务，给劳动者造成损害时，依2008年《中华人民共和国劳动合同法实施条例》（以下简称《劳动合同法实施条例》）第三十五条，劳务派遣单位对此承担连带赔偿责任。前述第九十二条用工单位对派遣单位支付义务承担连带责任的规定遭致了抨击，③2012年修改的《中华人民共和国劳动合同法》（以下简称《劳动合同法（2012）》）第九十二条第二款将原《劳动合同法（2007）》第九十二条反向修改为用工单位给劳动者造成损害时由派遣单位承担连带责任，确认《劳动合同法实施条例》第三十五条内容。经此修改，工伤保险待遇由派遣单位负担，要求用工单位承担连带责任已无法律依据。随后，2013年《劳务派遣暂行规定》第十条直接规定派遣单位承担工伤保险责任，用工单位负责工伤认定、职业病诊断等的协助工作，并为2014年《最高人民法院关于审理工伤保险行政案件若干问题的规定》第三条第一款第（二）项所确认。

② 参见最高人民法院民事审判第一庭编著：《最高人民法院劳动争议司法解释的理解与适用》，人民法院出版社2006年版，第273页。

③ 参见谢增毅：《美国劳务派遣的法律规制及对我国立法的启示——兼评我国〈劳动合同法〉的相关规定》，载《比较法研究》2007年第6期。

表 2　派遣用工下雇主对内责任规定简史

文　件	机　构	责　任	规范内容
《劳动争议司法解释（二）》	最高法院	派遣单位与用工单位的共同责任	劳动者因履行劳动力派遣合同产生劳动争议而起诉，以派遣单位为被告；争议内容涉及接受单位的，以派遣单位和接受单位为共同被告（第十条）
《劳动合同法（2007）》	全国人大常委会	用工单位对派遣单位的连带责任	劳务派遣单位违反本法规定，给被派遣劳动者造成损害的，劳务派遣单位与用工单位承担连带赔偿责任（第九十二条）
《劳动合同法实施条例》	国务院	派遣单位对用工单位的连带责任	用工单位违反劳动合同法和本条例有关劳务派遣规定，给被派遣劳动者造成损害的，劳务派遣单位和用工单位承担连带赔偿责任（第三十五条）
《劳动合同法（2012）》	全国人大常委会	派遣单位对用工单位的连带责任	用工单位给被派遣劳动者造成损害的，劳务派遣单位与用工单位承担连带赔偿责任（第九十二条）
《劳务派遣暂行规定》	人社部	派遣单位承担工伤保险责任	劳务派遣单位承担工伤保险责任，但可以与用工单位约定补偿办法（第十条）
《关于审理工伤保险行政案件若干问题的规定》	最高法院	派遣单位承担工伤保险责任	劳务派遣单位派遣的职工在用工单位工作期间因工伤亡的，派遣单位为承担工伤保险责任的单位（第三条）
《民法典（草案）》	未涉及		

二、雇主内外责任区分承担的逻辑

劳务派遣中雇主内外责任交由不同主体承担，必然存在各自的归责因由。雇主对外责任包括两个层次，即为何由用工单位承担责任、派遣单位为何仅承担过错补充责任；对内责任也包括两个层次，即为何由派遣单位承担、用工单位为何不承担任何责任。

（一）对外责任的理论解释

1．对用工单位的归责：控制力

自己责任是现代侵权法的基本原则，但雇主责任是雇主就他人实施的侵权行为承担侵权责任，属替代责任，是基本原则的例外。基于何种理由要求某人为他人所受损害承担责任，是责任的归责基础问题。学理上，危险论、报偿论、深口袋论等学说提出了不同的归责基础，均有一定解释力，可以作为阐释雇主责任的辅助理由或确定责任范围的参照因素，但还均不足以支撑雇主责任归责基础的全部。④ 根据学者的梳理，在两大法系中，替代责任均与古老的“责归于上”伦理相关。⑤ 其中，法国法中，在父母对未成年子女、主人对佣人、雇主对受雇人、手艺人对学徒等所造成损害的责任承担中，双方之间存在着不平等的关系，让前者承担责任符合“责归于上”的伦理。⑥ 主人要对其明确命令实施的侵权行为对他人承担侵权责任，也要对其默示命令实施的侵权行为承担侵权责任，这种默示命令源于他们对其仆人、佣人或者雇员的一般授权。⑦ 在“责归于上”伦理基础上，控制论提出雇主责任在于雇主能够支配或对他人的行为施加重大影响，他人在雇主的监督、管理与支配下采取行为，行为的后果当然应当由雇主承担。这种控制之力源自双方之间存在的隶属关系、客观上的人格不平等以及个人自由意志的被削弱等。⑧ 雇主责任的归责基础，主要不在于雇主开启了危险活动、从中获得了报偿或者自身拥有更强的经济实力等，而在于雇主对雇员行为的控制权或支配力。⑨

劳务派遣用工中，劳动者与派遣单位签订劳动合同，派遣单位通过支付作为对价的工资报酬等，取得对劳动者劳动力的支配权或劳动过程的控制权。

④ 本文对此不作展开，可参见沈肖伟、孟高飞：《用人者责任制度的体系构建——评侵权责任编草案第967—968条》，载《上海审判实践（2018年第4辑）》，第24—26页。另有观点认为，雇主责任的归责基础中，控制力说具有主导性，深口袋说具有辅助性，危险论、报偿论具有补充性。参见王竹、张恒：《论我国侵权法上使用人替代责任的谱系化建构——兼论对“雇佣关系”概念的改造》，载《四川师范大学学报（社会科学版）》2013年第5期。

⑤ 参见尹飞：《为他人行为侵权责任之归责基础》，载《法学研究》2009年第5期。

⑥ 参见史尚宽：《债法总论》，中国政法大学出版社2000年版，第187页。

⑦ 参见张民安：《雇主替代责任在我国未来侵权法中的地位》，载《中国法学》2009年第3期。

⑧ 参见尹飞：《为他人行为侵权责任之归责基础》，载《法学研究》2009年第5期。

⑨ 有观点认为，控制说背后的可归责性是过错，与无过错原则在逻辑上不兼容。参见邬砚：《派遣劳动者致人损害的用人单位责任——对〈侵权责任法〉第34条第2款的检讨》，载《法律适用》2014年第9期。一般认为，危险责任为无过错责任的下位概念，通常也不考虑过错，仅考虑持有、控制危险物本身，故控制说与过错责任并不必然对应。

同时，派遣单位通过劳务派遣协议等合约的安排，将上述支配权或控制权转移给用工单位，劳动者纳入用工单位的组织体系，服从用工单位的指挥、监督和管理，用工单位取得并行使实质意义上的用工控制权。用工单位取得对劳动力支配权的同时，也负担起监督、培训、提供劳动条件和劳动保护等义务，以预防、制止职务侵权行为的发生。从对劳动者控制力、对职务侵权风险防范角度，用工单位被定位为实际的雇主，劳动者发生职务侵权后，应当由其承担损害赔偿责任。《侵权责任法》第三十四条第二款前半句即秉承这种思路。⑩

2．对派遣单位的归责：过错

派遣单位招聘人员后将劳动过程控制权通过合约安排，转移给用工单位，劳动者完全交由用工单位指挥、监督和管理，派遣单位失去对劳动者的直接控制力，按雇主责任的控制力归责理论，派遣单位无需也不能再对劳动者职务侵权承担雇主责任。但是劳动者系经派遣单位招聘、雇用，派遣单位作为专门的人力资源服务机构，应在雇员选任上尽到必要的注意义务，否则承担相应的过错补充责任。⑪

换个角度来看，在直接用工下，雇用与使用合一，对雇员的选任主体与监督主体也合一，或者说以使用吸收了雇用，故使用主体基于监督（控制力）因素而直接承担雇主责任，无需再考量雇用、选任因素，如《侵权责任法》第三十四条第一款规定。但在劳务派遣的间接用工下，雇用与使用分离，选任与监督主体分立，雇用无法再为使用吸收或替代，在用工单位基于监督因素而承担雇主责任的同时，需要考量派遣单位的选任因素。若雇用主体存在过错，则承担相应的责任。⑫据此，《侵权责任法》第三十四条第二款后半句规定的派遣单位责任的归责基础是过错，将派遣单位的责任定位于过错归责原则下的一般侵权，淡化了劳务派遣用工的社会法色彩。在此意义上，《侵权责任法》是把用工单位定位为承担替代责任的雇主，把派遣单位定位为承担

⑩ 参见王胜明主编：《中华人民共和国侵权责任法释义》，法律出版社2010年版，第173—174页。

⑪ 参见最高人民法院侵权责任法研究小组编著：《〈中华人民共和国侵权责任法〉条文理解与适用》，人民法院出版社2010年版，第253页。

⑫ 参见张玲、朱冬：《论劳务派遣中的雇主责任》，载《法学家》2007年第4期。

自己责任的非雇主，⑬而非把派遣单位与用工单位设定为共同雇主。⑭

（二）对内责任的深层因由

1. 对派遣单位的归责：合意

在直接用工下，雇用与使用合一，用人单位既是签订劳动合同的主体，又是履行劳动合同的主体，是劳动者当然的、唯一的雇主。但在劳务派遣的间接用工下，存在雇用与使用两个主体，这两个主体是构成一个雇主还是两个雇主，换言之，是存在一重劳动关系还是双重劳动关系，一直存在争议。

持一重劳动关系说的观点认为，派遣单位、用工单位与被派遣劳动者三者之间只存在一个劳动关系，派遣单位是当然的雇主。在大陆法系国家，劳务派遣大体存在雇用型派遣与登录型派遣两种模式，它们在劳动合同的期限上存在差异，但均认为派遣单位是雇主，对劳动者承担劳动法上的雇主义务，而用工单位作为实际使用主体，在直接指挥命令中承担提供劳动条件和劳动保护的义务。《劳动合同法（2012）》第五十八条规定“劳务派遣单位是本法所称用人单位，应当履行用人单位对劳动者的义务”。该处所谓的用人单位义务是指用人单位对劳动者的全部义务，⑮当然包括缴纳社会保险、支付工伤保险待遇义务，⑯以致《劳务派遣暂行规定》第十条直接规定“劳务派遣单位承担工伤保险责任”。对用工单位的地位，或认为“两个半个雇主合并成一个完整雇主”中的半个雇主，或认为“一个劳动关系两层运行”中的第二层，或认为是劳动合同作为利他合同中的第三人，或认为是劳务派遣协议中的受让人等，⑰但无论怎样定性用工单位的地位，均不影响派遣单位的雇主地位。持

---

⑬ 参见郑志峰：《劳务派遣中雇主替代责任之检讨——兼评“不真正补充责任”》，载《法学》2015年第9期。

⑭ 有观点认为，《侵权责任法》第三十四条第二款引入了共同雇主的立法思想。参见张帆：《劳务派遣的法律规制模式、理念与规则——基于〈侵权责任法〉对劳务派遣雇主责任规定的考量》，载《北方法学》2011年第5期。

⑮ 参见信春鹰、阚珂主编：《中华人民共和国劳动合同法释义》（第2版），法律出版社2013年版，第228页。

⑯ 依《社会保险法》《工伤保险条例》等的规定，工伤保险待遇分为由工伤保险基金支付的项目和由用人单位支付的项目，若用人单位未依法缴纳工伤保险，则工伤保险基金支付部分仍由用人单位负担。

⑰ 分别对应一重劳动关系两个（半个）雇主说、一重劳动关系双层运行说、真正利他契约说、劳动给付请求权转让与说。

双重劳动关系说的观点认为，劳动者与派遣单位、用工单位之间分别存在特殊劳动关系或半个劳动关系，后两者分别以一个完整主体承担部分义务，或者后两者是共同雇主，但均未否认派遣单位的雇主身份与承担雇主责任的地位。

无论是一重劳动关系说还是双重劳动关系说，无论在该两种学说下对用工单位如何定位，均确认派遣单位的雇主地位。相关法律确认派遣单位的雇主地位只是作为派遣单位应当承担雇主责任的一个实在法例证，还需要追问法律如此规定的深层次根由。虽然在西方劳动法经历“私法公法化”的过程，而我国劳动法经过的是“公法私法化”，⑱ 但均认为在将劳动力与生产资料相结合的过程中，除存在人身性与从属性外，还存在着财产性与平等性，劳动关系只能基于劳动合同而建立，当事人的合意是建立劳动关系不可或缺的要素。⑲ 虽然派遣单位并不实际用工，但其与劳动者签订劳动合同，与劳动者存在建立劳动关系并以派遣方式开展实际用工的合意，该合意是派遣单位承担雇主责任的深层因由。

2．对用工单位的免责：无合意

一般认为，《劳动合同法（2012）》规制的劳务派遣下三方主体之间成立一重劳动关系。既然是一重劳动关系，派遣单位是当然的雇主，《劳动合同法（2007）》第九十二条却规定“劳务派遣单位违反本法规定……给被派遣劳动者造成损害的，劳务派遣单位与用工单位承担连带赔偿责任”，让用工单位在劳动力使用范围之外对派遣单位的雇用行为承担连带责任，形式上看完全违反权利义务对等原则。对此，一种学理解释认为，在一重劳动关系共同雇主理论下，劳动关系虽然只有一个，但雇主却为复数，即派遣单位与用工单位为共同雇主。当派遣单位违法损害劳动者权益时，用工单位应当承担连带责任。⑳ 另一种学理解释认为，上述第九十二条与逻辑相悖，系立法者有意为之，可以给劳动者双重保障，扩大用工单位的风险成本，减少对劳务派

⑱ 对该两个不同演变路径的解析，可参见董保华等：《社会法原论》，中国政法大学出版社2001年版，第38页以下。

⑲ 对劳动关系中合意要求的剖析，可参见张帆：《劳动合同中的合意问题研究》，华东政法大学2012年博士学位论文。

⑳ 参见董保华：《劳动合同立法的争鸣与思考》，上海人民出版社2011年版，第772页。

遣的市场需要，从而实现《劳动合同法（2007）》第一条确立的保护劳动者合法权益、构建和谐稳定劳动关系的立法目的。[21]但是，上述第九十二条规定的用工单位对派遣单位赔偿责任的单向连带，很快被认为是一个制度漏洞，2008年《劳动合同法实施条例》第三十五条对此作了弥补，规定派遣单位对用工单位赔偿义务的连带责任，从而完成双向连带的制度构建。

上述双向连带责任中用工单位对派遣单位的连带遭致批评，《劳动合同法（2012）》作出回应，将原第九十二条调整为“用工单位给被派遣劳动者造成损害的，劳务派遣单位与用工单位承担连带赔偿责任”。学者们对该种调整从传统私法角度作了解说，认为派遣单位是合同当事人，负有更重的履行义务，对用工单位的赔偿义务负连带责任；[22]而用工单位与劳动者无直接合同关系，对劳动力的控制权系从派遣单位受让而来，不具有承担连带责任的基础。[23]按上述解说，用工单位不对派遣单位的工伤保险责任承担连带责任，背后的因由在于其与劳动者之间不存在基于合同的合意。

三、雇主内外责任区分承担的批判

上文结合相关法律规定和理论学说，对劳务派遣下雇主对外责任由用工单位承担、对内责任由派遣单位承担的区分设置现状及学理逻辑作了阐释，但站在统一的法律体系角度，侵权法与劳动法对雇主内外责任的承担设置相异的责任规则，造成了法律体系内部的冲突与失衡。

（一）区分承担割裂劳动关系的合意与从属属性

应当说，基于用工单位对派遣劳动者的实际控制力，雇主对外责任由用工单位承担，完全符合侵权法替代责任的法理，而基于派遣单位与劳动者的建立劳动关系合意，雇主对内责任由派遣单位承担，也完全符合劳动法对劳

[21] 参见侯玲玲：《我国劳动派遣连带责任规定之法理分析——评〈劳动合同法〉第92条规定》，载《法学》2008年第5期。

[22] 参见石娟、黎建飞：《劳务派遣的雇主连带责任研究》，载《河南财经政法大学学报》2013年第6期。

[23] 参见徐增鹏、林恩伟：《劳务派遣连带责任制度反思——评修改后的劳动合同法第九十二条》，载《首届江浙沪劳动法论坛论文集》，会议时间2014年7月4日。

动合同的规定。但跳出部门法视角的限制，则发现它们各执一端，割裂了劳动关系本身固有的合意与从属性的质的规定性。

雇主内外责任均发生在劳动过程当中，是劳动关系的下位概念。劳动关系，从主体角度看，是劳动力所有者与生产资料所有者之间的结合；从内容角度来看，是在劳动过程中劳动力与生产资料的结合。“不论生产的社会形式如何，劳动者和生产资料始终是生产的因素……凡是要进行生产，就必须使它们结合起来。”[24]劳动力与生产资料结合，要求将劳动力的所有与使用分离开来，将劳动者安排在生产资料所有者的劳动组织内；支配、运用劳动力的过程，就是人与物、劳动力与生产资料相结合的生产过程。[25]

其一，劳动力与生产资料归属于不同的所有者，它们之间不会自动结合，需要各自的所有者达成一致的意思表示。这个合意的达成过程，是在自由市场中、在平等地位基础上完成的，在达成合意之后，对合意内容的调整与变更，原则上也需以新的合意方式。[26]它们之间结合的目的在于活劳动与物化劳动的交换，通过出让劳动力使用权而交换生活资料。劳动关系的建立阶段（流通领域）体现出劳动关系的平等性与财产性，中间蕴含着两个主体的合意。[27]这是从主观上、内在地审视劳动关系。

其二，劳动关系一经建立，劳动者必须根据社会化大生产的要求，将劳动力归用人单位支配，纳入用人单位的生产组织体系，二者之间建立一种以指挥和服从为特征的管理关系。同时，劳动力仍然存在于劳动者肌体之中，劳动力的使用、消耗过程也是劳动者的生存实现过程。劳动关系建立后的运行过程（生产领域）体现出来的组织隶属与人身依附，彰显出劳动关系的从属性特征。这是从客观上、外在地看待劳动关系。合意与从属性均为劳动关系的实质属性，成为审查、判断是否属于劳动关系的基本参考。[28]

㉔《马克思恩格斯全集》第24卷，人民出版社1972年版，第44页。

㉕ 参见董保华等：《社会法原论》，中国政法大学出版社2001年版，第88页以下。

㉖ 参见《劳动合同法》第三条、第四条、第三十五条等。

㉗ 对劳动关系合意要素的简要梳理，可参见钱伟兰、孟高飞：《隐蔽用工背景下劳动关系建立合意的甄别》，载《人民司法》2013年第22期。

㉘ 近年来学界与实务部门对劳动关系的建立合意均越来越重视。参见劳动和社会保障部《关于确立劳动关系有关事项的通知》（劳社部发〔2005〕12号）第一条；郭文龙：《合意：确认劳动关系核心要件之一》，载《中国劳动》2010年第8期。

合意、从属性均为劳动法术语，前者侧重于劳动关系的建立，后者侧重于劳动关系的履行。转换成私法术语，合意即为合同，从属性即为控制力。在一个劳动关系中，合意与从属性均为本质要素，二者同时并存，不存在先后阶段性的绝对区分。直接用工下，合意的主体与从属关系的主体相同，雇主对外、对内责任由同样的主体承担。但是，在劳务派遣间接用工下，表面上看，合意的主体为派遣单位，从属关系的主体为用工单位，《侵权责任法》中对外责任侧重于控制力（从属性）因素而忽略合同（合意），故规定仅由用工单位负责；《劳动合同法（2012）》中对内责任偏向于合意（合同）因素而无视从属性（控制力），故规定仅由派遣单位负责。两部法律的立法者将劳动关系的合意与从属性这两个本质属性割裂开来，而各执一端，导致雇主对外、对内责任的承担主体分离、分立乃至对立，进而导致法律体系内部的规则失调、失衡、失序。

（二）区分承担分离劳动关系的雇用与使用内容

论者多提到劳务派遣用工下雇用与使用的分离，视之为根本特征，并据此讨论相关制度的设置、权利义务的分配等。《侵权责任法》设定雇主对外责任时，基于用工单位是实际上的使用主体，拥有对劳动者的控制力，确立用工单位的单独雇主责任；虽然也规定派遣单位承担选任过错的补充责任，但该补充责任的归责基础是对劳动者选任上的过错，而非基于雇用主体的身份，故可称雇主对外责任的设立只考虑使用因素而忽略雇用因素。与此相反，《劳动合同法（2012）》设定雇主对内责任时，基于派遣单位是雇用主体，与劳动者存在建立劳动关系的合意，即确立派遣单位的单独雇主责任，而完全忽视用工单位的使用因素。这种设定雇主对外、对内责任时的雇用与使用的区分，逻辑上泾渭分明、一目了然，但社会生活的运行并非完全按照形式逻辑，法律的生命更在于归纳逻辑基础之上的生活经验。劳务派遣法律关系中，雇用与使用的主体确实分立，但雇用与使用的内容并非是完全的截然分离。

用工单位是劳务派遣中的使用主体，但并非与劳动者不存在各式合意。其一，从《劳动合同法（2012）》第八十一条来看，第十七条关于劳动合同必备条款的规定仅为管理性强制性规定，实践中许多派遣单位与劳动者签订的劳动合同仅载明一些基本的信息，对录用条件、工资待遇（尤其是加班工资、绩效资金、福利待遇）、教育培训、保密义务、竞业限制、规章制度等均未作载明，或者以准据性条款的方式指向其他协议。常见的其他协议就是用工单位与劳动者签订的上岗协议书、薪资协议书、保密与知识产权或竞业限制协议书等。该些协议则详细载明双方具体的权利义务，为双方的明示合意。其二，劳动合同是典型的继续性合同、关系性契约，书面劳动合同只是劳动关系的触发器，劳动权利义务的内容需要在劳动合同履行过程中不断地填充、更新与修正。劳动者与派遣单位签订的一纸书面劳动合同无法涵盖之后的长期发展变化，需要用工单位与劳动者不断达成新的合意，共同推动劳动关系向前发展。“协商往往不存在或者无法被感知，但是合意的客观存在却无法否认，并且通过当事人的实际履行表现出来，这是事实存在的契约和合意。”[29]劳动者与用工单位之间存在的一系列默示合意，构成完整劳动关系的一部分。其三，依据《劳动合同法（2012）》第六十二条，用工单位负有提供劳动条件、劳动保护、在岗培训，支付加班工资、绩效资金、福利待遇，正常调整工资报酬等义务。这可视为是法律拟制的关于该部分权利义务的合意。其四，从劳务派遣用工的起源来看，我国劳务派遣发轫于20世纪70年代外国驻华机构和企业不能直接雇用中国公民的问题，后于90年代末在解决下岗职工、进城务工人员就业问题中获得发展，[30]与西方国家劳务派遣的性质存在差异，隐含着较多的人事代理与职业介绍的职能和成分。实践中不时出现“先招聘后派遣”的逆向派遣下，派遣单位仅为形式上的签约主体，劳动权利义务内容的磋商、确定主要在用工单位与劳动者之间完成。以整体的、历史的视角来看，劳动者与派遣单位、用工单位存在一系列的合约安排，或者说存在合约群，这些合约的签订主体多数是用工单位。在此意义上说，用工单位并非单纯的使用主体，也是一种范围内的雇用主体。

派遣单位是雇用主体，但在劳动关系运行过程中，也行使着一定的控制权。[31]其一，依据《劳务派遣暂行规定》第七条和第八条，工资报酬的确定与支付、社会保险的缴纳与办理、上岗知识与安全教育的培训、劳动保护与

㉙ 参见前引⑳，董保华书，第444页。

㉚ 参见李雄：《我国劳务派遣制度改革的误区与矫正》，载《法学家》2014年第3期。

㉛ 当然，这种控制远弱于用工单位对劳动过程的控制。

劳动安全卫生条件提供的督促、工伤事宜的申报与待遇的领取、劳动关系建立与解除手续的办理等，均由派遣单位负责。该些多是雇用中的事项，但也涉及劳动力的使用。其二，在传统民法理论看来，用工单位的控制权来源于劳务派遣协议，系从派遣单位处转移而来。派遣单位以劳务派遣为业，将劳动者派遣出去本身，是在执行其意志，实现其经营目的。其三，劳动者由派遣单位选任，而选任本身就是对劳动者的重要控制，派遣至新单位是其支配权的重要表现。

完整的劳动关系可以划分成雇用与使用两部分，但该两部分的内容并不完全对应于派遣单位和用工单位，人为地夸大或虚构雇用与使用内容的分离，导致将派遣单位简单化为雇用主体、将用工单位约等同于使用主体，进而在确定雇主对外责任上偏重“谁使用”的外观、对内责任上偏重“谁雇用”的主观，带来雇主内外责任区分承担的偏废。

四、雇主内外责任统一承担的根据

雇主内外责任区分承担，背离主观（合意 / 雇用）与客观（从属 / 使用）相一致的原则，减弱对侵权受害人和派遣劳动者的权益救济，应予重构。

（一）内外责任统一连带承担的法理

1. 派遣用工内在机理决定统一连带承担

从内部看，劳动关系的属性与内容均不可分。前文重点分析劳动关系的合意与从属属性、劳动关系的雇用与使用内容，二者似有形式上的对应关系，但由于可能发生在同一个对象上、同一个劳动过程中，上述两大属性与两大内容并不能完全从时间阶段或主体角度进行截然两分。前文的分析也表明，它们交织、交融在一起，组成劳务派遣法律关系这一完整的有机体，不能只执一端、进行割裂。从外部看，派遣单位与用工单位为一个整体。在劳务派遣法律关系内部，派遣单位主要承担与劳动力雇用相联系的义务，用工单位主要承担与劳动力使用相联系的义务，两者承担的义务相加，等同于标准劳动关系下一个用人单位对劳动者应尽的义务，但雇主的对外、对内责任涉及侵权受害人和劳动者，溢出了派遣与用工这两个主体的范围，从外部看，它们是一个整体。从目的上看，派遣的目的在于用工。当事人通过合同缔结劳动关系这种劳动力使用的静态形式，就是为了保证在生产过程中劳动力使用的动态内容，劳动关系的静态形式是动态内容的前提和基础，动态内容也须通过静态形式来实现，二者不应分离、缺一不可。㉜上述劳务派遣用工的三层机理决定着对外、对内责任应当建立统一的承担体系。

2. 连带责任自身机理决定可以连带承担

其一，派遣单位与用工单位共同承担雇主职责，可适用主体关联的连带责任。《劳动合同法（2012）》第五十八条规定派遣单位是劳动者的用人单位，但从第六十二条规定的用工单位提供劳动条件、劳动保护、在岗培训，支付加班工资、绩效资金、福利待遇，正常调整工资报酬等义务来看，从前文论及的劳务派遣用工的内在机理尤其是用工单位与劳动者之间存在的一系列合意及用工管理来看，立法者并未排斥或否定用工单位的实际雇主地位。以致有观点认为，我国现行法律规定采纳的是双重劳动关系说，派遣单位与用工单位应当被界定为共同雇主。㉝笔者认为，“共同雇主”是由美国判例法所衍生出的一项制度，有其特定内涵，不宜直接借用。它针对的是不诚实的雇主利用劳务派遣这种用工形式下雇主身份的模糊性，来逃避劳工法规制的现象，在认可派遣机构与劳动者存在劳动关系同时，以“共同雇主”法则，认定通过商事合同实际使用劳动者的用工单位在特定情形下须与派遣机构承担连带责任。㉞在我国现行法律框架下，似不能认定派遣单位与用工单位构成共同雇主，但可以认定二者共同承担着雇主的职责。二者基于共同承担雇主职责，在内外责任统一承担体系中，可承担主体关联的连带责任。㉟

其二，实践对立法规定的“超越”，要求派遣单位与用工单位承担基于价

㉜ 参见前引⑳，董保华书，第766页。

㉝ 参见前引⑬，郑志峰文。

㉞ 参见郑津津：《从美国劳动派遣法制看我国劳动派遣法案》，载《中正法学集刊》2003年第10期。

㉟ 为保护善意第三人、实现交易安全，或为降低特定关系主体之间的监督成本、防范损害发生，立法宜要求特定关联主体承担连带责任，比如董事与公司的连带责任、挂靠关系的连带责任、合伙关系的连带责任等。参见阳雪雅：《连带责任研究》，西南政法大学2010年博士学位论文。

值与政策特别考量的连带责任。前述梳理的由派遣单位承担工伤保险责任、用工单位不承担连带责任的立法规定，在实践中遭到一定的“超越”。如上海市人力资源和社会保障局《关于规范本市劳务派遣用工若干问题的意见》（沪人社关发〔2014〕27号）第五条将“跑腿”的手续性责任分配给派遣单位，将“掏钱”的支付性责任分配给用工单位，并明确派遣单位对用工单位的支付义务承担连带责任。从各地法院的裁判来看，多有判令派遣单位支付并由用工单位承担连带责任，或者判令二者共同支付的例子。㊱ 实务部门选择“逃离”立法规定，或是顾虑到劳务派遣用工的自身机理和裁决的社会效果。基于价值与政策上的特别考量，㊲ 也可由派遣单位与用工单位统一连带承担内外责任。

（二）内外责任统一连带承担的效果

1. 契合侵权法的损害填补目标

填补损害是侵权法的目标，㊳ 在此目标下，应当给予受害人充分、及时的救济。由派遣与用工单位连带承担责任，是以“对受益方的不公平”换取“对受损方的公平”，符合保护受害人的公平理念。由他们承担连带责任，也能防止相互推诿、扯皮，提升对受害人救济的效率。派遣单位与用工单位共同开启用工这一社会活动，均从劳务派遣用工中获取了相关收益，应当由他们承担由此所生的风险。《侵权责任法》第三十四条第二款规定“劳务派遣单位有过错的，承担相应的补充责任”，即先由用工单位承担赔偿责任，当其财产不足以赔偿受害人全部损失时，由派遣单位承担与其过错相对应的补充责任。㊴ 这种过错补充责任的设定，未让派遣单位承担与其收益相应的风险，影响到受害人损害填补的充分与及时，进而影响到激励作用

㊱ 参见（2013）沪一中民三（民）终字第1808号、（2016）粤05民终232号、（2015）渝一中法民终字第03859号民事判决书等。

㊲ 基于法价值或政策性的考量，立法宜要求某些主体承担连带责任，如共同危险行为的连带责任、广告代言人的连带责任等。参见前引㉟，阳雪雅文。

㊳ 参见程啸：《侵权责任法》（第二版），法律出版社2015年版，第20页以下。

㊴ 有观点认为，派遣单位承担过错推定责任，承担用工单位无力承担部分的全部责任。参见张帆：《〈侵权责任法〉视角下的劳务派遣雇主责任探析》，载《中国劳动关系学院学报》2011年第1期。

的发挥。《民法典（草案）》第一千一百九十一条规定的过错按份责任，减轻用工单位责任的同时，也在特定情形下减轻了派遣单位的义务。让派遣与用工单位承担连带责任，更能契合侵权法保护受害人、填补损害的立法目标。

2．达到规范劳务派遣用工的目的

《劳动合同法（2012）》第九十二条等以加重派遣单位的责任方式，进一步限制劳务派遣，[40] 但颠倒了事物的因果关联。通过取消用工单位的连带责任，减轻派遣用工的风险与成本，必将激发派遣用工的需求，进而引发更多的供给。只有让用工单位承担连带责任，增加派遣用工的成本，才可能降低派遣用工的需求，达到限制、规范不正当派遣用工的目的。同时，由于存在为他人行为承担连带责任的可能，趋利避害的经营理性，必将驱使派遣单位选择合格、优质的合作对象，并激励他们监督对方及时履行法定或约定的义务，促进安全、规范的生产经营，减少工伤事故的发生。即使发生了工伤事故，由两家单位承担连带责任，也能给予工伤劳动者充分的救济。

五、雇主内外责任统一承担的方式

（一）对外责任的外部连带承担

《民法典（草案）》第一千一百九十一条将《侵权责任法》规定的过错补充责任调整为过错按份责任，即“劳务派遣单位有过错的，承担相应的责任”。其一，根据上文分析，民法典草案应当沿着共同承担雇主责任、加重派遣单位义务的思路，确立二者的无过错连带责任，而不应朝着用工单位作为单一雇主并且减轻用工单位责任的方向进行调整。其二，派遣用工下的对外侵权，不符合草案第一千一百七十二条无意思联络侵权按份责任的构成要件。主体上，派遣单位与用工单位作为一个整体，行使着对劳动者的全部权利，二者之间关联性较强，而无意思联络侵权中的侵权人之间往往不存在关联。

[40] 参见乌日图：《关于〈中华人民共和国劳动合同法修正案（草案）〉的说明——2012年6月26日在第十一届全国人民代表大会常务委员会第二十七次会议上》，载《全国人民代表大会常务委员会公报》2013年第1期。

原因力上，派遣单位存在过错的行为往往只是劳动者致人损害的条件，而非原因，但无意思联络侵权要求每个侵权人的行为都造成了损害，均有因果关系。㊶ 份额上，用工单位承担的是无过错的全额的雇主责任，不能因派遣单位的过错而减轻。故草案第一千一百九十一条应调整为“劳务派遣期间，被派遣的工作人员因执行工作任务造成他人损害的，由劳务派遣单位、接受劳务派遣的用工单位连带承担侵权责任”。

（二）对外责任的内部按约分摊

派遣单位与用工单位对外承担连带责任后，结合草案第一百七十八条“连带责任人的责任份额根据各自责任大小确定；难以确定责任大小的，平均承担责任。实际承担责任超过自己责任份额的连带责任人，有权向其他连带责任人追偿”，内部分摊可分三步：第一步看约定。两者为平等的民事主体，根据意思自治原则，他们对对外责任内部分担的约定，只要不存在法律规定的无效情形，应该予以尊重。第二步看责任大小。若未对分担作出约定，则根据各自过错程度和原因力比例分担责任。支付超出自己应当负担的赔偿数额的一方，可以向另一方追偿。第三步平均承担。若根据现有证据难以划清双方的责任大小，则由两者平均分担。㊷

（三）对内责任的外部连带承担

派遣用工下对内责任主要是雇主的工伤保险责任。根据前文梳理，立法层面上的派遣单位承担工伤保险责任，在实践中受到一定范围的修正，该修正完全符合前文关于统一连带承担的论证。应当修改《劳动合同法》或《社会保险法》等法律，明确派遣单位与用工单位对劳动者的工伤保险待遇承担连带责任。㊸

㊶ 参见前引㊳，程啸书，第383页。

㊷ 参见前引⑬，郑志峰文。另有观点认为，内部无分摊约定的，则由派遣单位承担选任的过错推定责任，用工单位承担无过错责任。参见章亮明：《派遣劳动者职务侵权时的雇主责任》，载《法学论坛》2009年第4期。

㊸ 有观点认为，派遣单位与用工单位应当对“工资、工作时间、休息休假、职业安全卫生、社会保险等劳动条件和劳动保护方面给被派遣劳动者造成损害”承担连带责任。参见钱叶芳：《劳务派遣规则修改建议》，载《中国劳动》2016年第10期。

（四）对内责任的内部按约分摊

《劳务派遣暂行规定》第七条规定劳务派遣协议应当载有“被派遣劳动者工伤、生育或者患病期间的相关待遇”，第十条规定劳务派遣单位承担工伤保险责任后“可以与用工单位约定补偿办法”。据此，派遣单位或用工单位实际支付工伤保险待遇后的内部分担，可参照前文“对外责任的内部按约分摊”的规则处理，此处不再赘述。

（责任编辑：徐卓斌）

“套路贷”案件刑事审理思路研究

杨　坤*

近年来，小额贷款公司等职业放贷人假借民间借贷的幌子，通过“虚增债务”“制造资金流转痕迹”“恶意制造或者肆意认定违约”“转单平账”“软硬兼施催讨”等手段，骗取借款人巨额财物，甚至造成借款人卖房卖车、以房抵债等严重后果，并且带来社会诚信缺失、交易秩序混乱等一系列侵蚀社会综合治理体系问题。实践中，对于“套路贷”行为是否构成犯罪、数额如何认定、犯罪未完成形态认定、罪名确定等问题，还存在一定争议。为了准确把握一般民间借贷、高利贷、“套路贷”之间的区别，有力打击“套路贷”刑事犯罪，保护被害人合法的人身财产权益，笔者将围绕“套路贷”的概念、特点、常见手法，与普通民间借贷、高利贷的区别、刑事违法性、社会危害性、处罚必要性，证据收集审查判断标准，罪名确定，非法占有目的的查明与推定，未完成形态，数额认定等几个方面进行深入探讨。

一、“套路贷”的概念、特点及常见手法

（一）“套路贷”的概念

“套路贷”，是对以非法占有为目的，假借民间借贷之名，诱使或迫使被害人签订“借贷”或变相“借贷”“抵押”“担保”等相关协议，通过虚增借贷金额、恶意制造违约、肆意认定违约、毁匿还款证据等方式形成虚假债权债务，并借助诉讼、仲裁、公证或者采用暴力、威胁以及其他手段非法占有被害人财物的相关违法犯罪活动的概括性称谓。

* 杨坤，上海市静安区人民法院刑事审判庭审判员，法学硕士。

由此可见，“套路”并不必然就是诈骗，“套路贷”并不必然构成诈骗罪。换句话说，“套路贷”不是某个犯罪或者某类犯罪的简称，而是违法、犯罪活动的概括性称谓。采用“套路贷”手法的借贷行为，可能触犯民事、行政法律构成民事违法、行政违法行为，但不能据此认为采用“套路贷”手法的借贷行为必然构成犯罪，只有其行为符合刑法关于各罪的构成要件，且具有实质的刑事违法性及社会危害性时才能作为犯罪论处。①

（二）“套路贷”违法犯罪的特点

（1）犯罪集团化——行为人多以成立融资、咨询、借贷、担保、网络平台等各种形式的公司，吸引潜在借款人，并借民间借贷名义，向借款人出借钱款，其实质是从事贷款业务。

（2）分工明确化——有组织、策划、实施，分工明确、密切协作。有的负责出资，有的负责招揽客户，有的负责到银行打印交易明细，有的负责办理抵押查询、登记，还有的专门负责制作借款合同、收条、收据等格式合同、书面材料，有的专业法律人士提供法律咨询、教授催讨手法，制作格式规范文本。在催讨形式上，不拘一格，多种措施兼而有之，有的通过打电话、发送短信息、寄送信函催讨；有的采取暴力（殴打）、威胁（包括泼油漆、堵门、堵锁眼、贴大字报等软暴力威胁）等不法手段催讨，有的使用“全委公证（俗称，即特别授权委托代理公证）”处置车辆房产，有的提交仲裁机构，由仲裁机构出具裁决书，处分借款人财物；还有的提起民事诉讼、采取诉讼保全，直至强制执行到被害人及其亲属财产。

（3）配合精细化——有的与公安、房地、社保等可能获取公民个人信息的政府机关工作人员相互勾结，也有的与银行、公证、仲裁等机构相互配合，让其提供银行交易明细、转账取现监控视频、出具虚假的公证债权、委托文书或者裁决；更有房地产中介人员参与其中，诱骗、迫使借款人在签订借款合同、出具借条、收据的同时，与出借人签订虚假的房屋租赁、房屋买卖合同，即通过“买卖不破租赁”威胁房屋产权人，更可以在司法拍卖及强制执

① 参见张明楷：《不能以“套路贷”概念取代犯罪构成》，载《人民法院报》2019年10月10日版。

行时顺利将房屋变卖套现，或者采用买卖房屋不得对抗善意第三人的“善意取得”规则，致使房产多次转手无法追回。

（三）“套路贷”的常见违法犯罪手法和步骤

“套路贷”的常见手法和步骤包括但不限于以下情形：

（1）签订金额虚高的“借贷”协议制造民间借贷假象。出借人以“小额贷款公司”“投资公司”“咨询公司”“担保公司”“网络借贷平台”等名义对外宣传，以低息、无抵押、无担保、快速放款为诱饵，继而以“保证金”“行规”等虚假理由诱使借款人签订金额虚高的“借贷”协议。出借人利用借款人急需资金周转，诱使或迫使借款人在空白借款合同上签字，或者签订“阴阳合同”，或者一笔借款出具多份借条，从而形成金额虚高的“借贷”协议。出借人以借款人先前借贷构成违约为由，迫使借款人在重新借款时签订金额虚高的“借贷”协议。出借人出借款项时不与借款人签订借款合同或不要求借款人出具借条，而与借款人签订买卖合同、租赁合同等，再由借款人出具金额虚高的欠条。

（2）制造资金虚假给付事实。出借人制造已将全部借款交付借款人的银行流水痕迹，随后采取各种方式将全部或部分资金收回。出借人出借款项未实际交付，但通过迫使借款人出具收条、让借款人捧着现金拍照等方式制造款项以现金交付的假象。出借人将出借款项交付借款人后，又迫使借款人将款项交付出借人的关联关系人，而借款人与出借人的关联关系人并无债权债务关系。

（3）故意制造违约或者肆意认定违约。行为人往往会以设置违约陷阱、制造还款障碍等方式，故意造成被害人违约，或者通过肆意认定违约，强行要求被害人偿还虚增本金及高额利息、违约金等虚假债务。

（4）恶意垒高“债务”数额。出借人在借款人还款后不出具凭证、不归还借据，并以借据再次主张“权利”。出借人在借款人归还部分款项后，迫使借款人重新签订“借贷”协议或者出具“借条”，但对已归还款项不予扣除。出借人在借款人无力偿还“借款”时，安排关联关系人为借款人“偿还借款”，继而与借款人签订金额更大的“借贷”协议。出借人故意设置违约陷阱、制造还款障碍，恶意制造借款人违约，或者肆意认定违约，收取高额违约金。

（5）通过各种方式非法讨债。在借款人未偿还虚高本金及所谓利息、违约金等虚假“借款”的情况下，行为人借助诉讼、仲裁、公证或者采用暴力、威胁以及其他手段向被害人或者被害人的特定关系人索取“债务”。

二、“套路贷”与民间借贷、高利贷的区别及其刑事违法性、社会危害性、处罚必要性

（一）“套路贷”与民间借贷、高利贷的区别

1．“套路贷”与民间借贷的区别

“套路贷”与平等主体之间基于意思自治而形成的民间借贷关系存在本质区别，民间借贷的出借人是为了到期按照协议约定的内容收回本金并获取利息，不具有非法占有他人财物的目的，也不会在签订、履行借贷协议过程中实施虚增借贷金额、制造虚假给付痕迹、恶意制造违约、肆意认定违约、毁匿还款证据等行为。

2．“套路贷”与高利贷的区别

在解释“高利贷”之前，我们必须查找相关法律、司法解释渊源。纵观全部法律法规、司法解释，并未使用“高利贷”这一称谓，但在2015年9月1日起施行的《最高人民法院关于审理民间借贷案件适用法律若干问题的规定》(以下简称《民间借贷规定》)中对于民间借贷的利率作出明确性规定。《民间借贷规定》第二十六条规定，民间借贷年利率不超过年利率24%的，法律予以保护；年利率超过36%的部分约定无效，法律不予保护；年利率超过24%、但尚未超过36%的，不具有强制支付或者返还的效力，适用“不法原因给付”规则。

高利贷因其借贷双方约定的利息、还款期限及方式对于借款人较为苛刻，催讨过程多数伴随着暴力、威胁等非法手段，一般民众很难将“套路贷”与高利贷区别开来，但高利贷并不虚增借款本金，也不制造转账痕迹，一般也不会毁匿还款凭证，本质上还是民间借贷，借贷双方仍可以通过协商、调解、诉讼、仲裁等方式解决纠纷，仍属民事法律关系范畴。人民法院在审理此类案件时查明借贷关系、本金、利息、还款期限、还款方式等事实，对约

定过高的利息调整至合法合理的幅度，如果出借人通过软硬兼施手段催讨债务，甚至触犯刑事法律，在发生暴力、胁迫等严重危害人身财产安全的情况下，则具有刑事违法性及社会危害性、处罚必要性，依照刑法分则的相关规定定罪处罚。

综上，可以将高利贷比作生长于民间借贷之上的“良性肿瘤”，对身体具有一定的危害性，而“套路贷”则是在高利贷基础上突变出的“恶性肿瘤”，对身体具有严重的破坏力。虽然二者都是“肿瘤”，但高利贷是良性，一定程度上缓解了民间融资需求，其借贷双方约定的高额利率超过年利率36%的部分无效，仅系一般民事违法行为，完全可以通过和解、调解、诉讼、仲裁等民事法律予以调整。② 而“套路贷”极易引发违法犯罪活动，尤其是诱发黑恶势力参与其中，严重侵害他人人身、财产权益，扰乱社会管理秩序。

（二）“套路贷”的刑事违法性、社会危害性及处罚必要性

1.“套路贷”具有严重的民事违法性、刑事违法性

首先，“套路贷”违反诚实信用原则。《民法总则》第七条、《合同法》第六条均规定民事主体在从事民事行为时必须遵守诚实信用原则。借贷双方在签订借款合同、出具欠条、收据时并未如实反映实际借款金额，且出借人往往要求借款人将本金翻倍（包括倍比翻番或者将本金绝对值加大），违反诚实信用原则。

其次，“套路贷”虚增本金、制造虚假转账痕迹，违背实践性合同订立

② 如果行为人违反国家规定，未经监管部门批准，或者超越经营范围，以营利为目的，经常性地向社会不特定对象发放贷款，扰乱金融市场秩序，情节严重的，依照刑法第二百二十五条第四项的规定，以非法经营罪定罪处罚，参见最高人民法院、最高人民检察院、公安部、司法部2019年10月21日印发的《关于办理非法放贷刑事案件若干问题的意见》第一条。笔者认为，人民法院在审理非法经营犯罪案件时，必须严格把握刑法第二百二十五条第四项的适用范围，即必须由司法解释明确规定，才能认定为“其他严重扰乱市场秩序的非法经营行为”，否则必须作为法律适用问题，逐级向最高人民法院请示。遗憾的是，“两高两部”发布的该意见，至少要符合《最高人民法院关于司法解释工作的规定》中规定的司法解释形式要件，即制订“解释、规定、批复、决定”其中之一。虽然，该意见严密了刑事法网，有效地防堵了社会乱象，但“高利贷入刑”可能会导致社会治理面临巨大的风险，参见何荣功：《社会治理“过度刑法化”的法哲学批判》，载《中外法学》2015年第2期。

的初衷。《合同法》将金融机构借款合同和自然人之间的借款合同作了不同规定，其中金融机构借款合同系诺成合同，自然人之间的借款合同系实践合同。[③]《合同法》第二百一十条、《民间借贷规定》第九条，均规定民间借贷合同的生效要件，即自然人之间的借款合同，自出借人（贷款人）提供借款时生效。

另外，《合同法》第二百条规定，借款利息不得预先在本金中扣除，即不能将“砍头息”“手续费”“中介费”“劳务费”等以各种名义预先扣除的钱款计入本金。如果利息预先在本金中扣除的，应当按照实际借款数额返还借款并计算利息。这条规定也彰显民间借款合同为要物合同，民间借贷合同自出借人提供借款时生效，进一步说，必须以实际交付的钱款作为借款本金。

再次，“套路贷”混淆民事法律关系。“套路贷”行为人为了占有借款人及其特定关系人的财物，往往将其终极“猎物”设定为房屋、土地、汽车、股权等大额资产，诱骗、诱惑或者胁迫借款人与之签订阴阳合同、多重合同，比如签订租期超长的房屋租赁合同、虚假的房屋买卖合同，制造已经支付房屋或者土地租金、购房（土地）款的假象，以此锁定借款人及其特定关系人房屋、土地，有时还会让借款人与出借人对借款合同以及房屋处分进行公证，让公证机构出具借款合同、特别授权委托公证文书，甚至为了提早实现债权，诱骗或者强迫借款人与之约定争议解决方式为通过仲裁机构裁决，让其自由选择实现债权的程序。笔者认为，《民间借贷规定》第二十四条已作出明确规

③ 通常认为，实践合同具有如下特征：第一，实践合同的成立需完成标的物的交付或其他现实给付。实践合同与诺成合同的区别，并不在于一方是否应当交付标的物或完成其他现实给付，而在于交付标的物或完成其他现实给付的行为是否影响合同成立。对于诺成合同而言，双方当事人意思表示达成一致，合同即告成立；对于实践合同而言，除需双方当事人达成合意外，尚需由当事人交付标的物或完成其他现实给付，合同方能成立。第二，实践合同成立的时间为标的物交付或完成其他给付的时间。实践合同的成立，除需双方当事人达成合意外，尚需由当事人交付标的物或完成其他给付，相应地，实践合同的成立时间亦为当事人交付标的物或完成其他给付之时。相反，诺成合同的成立时间为双方当事人意思表示达成一致之时。第三，实践合同中当事人交付标的物或完成其他现实给付的义务是先合同义务。实践合同中交付与完成其他现实给付行为的意义与诺成合同中相应行为的意义完全不同：诺成合同中交付标的物或完成其他现实给付的义务系当事人的给付义务，不履行该义务会产生违约责任；而在实践合同中，交付标的物或完成其他现实给付的义务并非当事人的给付义务，而是先合同义务，违反它不产生违约责任，但可构成缔约过失责任。参见马俊驹、余延满：《民法原论》，法律出版社 2010 年版，第 505 页；崔建远：《合同法》，北京大学出版社 2016 年版，第 491 页。

定，对于“名为买卖，实为借贷”或者“名为租赁，实为借贷”的民事纠纷，人民法院应当按照民间借贷法律关系审理，并向当事人释明变更诉讼请求，当事人拒绝变更的，人民法院裁定驳回起诉，该规定再一次重申民事合同为合同订立双方真实意思表示的载体及本体。

2．“套路贷”违法犯罪活动具有严重的社会危害性

行为人在实施“套路贷”过程中，签订、履行借贷协议过程中，虚增借贷金额、制造虚假给付痕迹、恶意制造违约、肆意认定违约、毁匿还款证据等行为，让借款人无法举证证明实际借款数额，实施“套路贷”的行为人通过暴力、软暴力以及诉讼、仲裁、公证等方式，直接占有或者通过隐瞒真相、欺瞒司法、公证、仲裁人员，骗取胜诉判决、裁决等方式间接占有借款人实得本金之外的超额财物的非法目的，严重侵害被害人财产或者人身权益，甚至破坏公证、仲裁、司法权威。

换言之，“套路贷”打着民间借贷的幌子，制造两个“事实”——客观事实、法律事实，制造虚假的两幅面孔，导致“良性肿瘤”突变为“恶性肿瘤”，容易诱发涉黑涉恶以及其他违法犯罪活动，侵害公民、法人和其他组织合法权益，严重扰乱社会秩序，详述如下：

所谓“客观事实”，就是出借人向借款人谎称或者与借款人达成合意，如借款人按期足额偿还借款的，借款人只需向出借人偿还实际借得钱款④及相应高额利息，不需要按照借款合同、借条、收据、转账凭证等证据材料所载偿还虚高本金，并且以“行规”“仅仅让出借人放心”等理由诱骗借款人签订虚高本金借款合同。

所谓“法律事实”，就是出借人通过诱骗借款人签订虚高本金的借款合同，出借人不仅持有“白纸黑字”的借款合同，而且还有证明效力更高的银行转账凭证、交易明细，使得一般民众、公证员甚至仲裁员、法官，都无法否定或者推翻借款合同、借条、收据所载借贷关系及相应借款本金这一“事实”。即使借款人“明知”出借人使用“套路”让其签订借款合同、出具欠条、收据，也会因出借人早已制造虚假转账痕迹，⑤而在应对催讨、仲裁、诉

④ 此处出借人索要的本金，包括预先扣除的利息。
⑤ 转账痕迹，包括银行转账凭证、交易明细、获得现金照片等。

讼时，难以举证证明实际借款本金。

在诈骗罪构成要件中最重要的是欺骗行为，而行为人既可以虚构、隐瞒过去的事实或者现在的事实，也可能虚构、隐瞒将来的事实或者虚构将来事实。况且，欺骗的手段、方法没有限制，既可以是言语欺骗，也可以是文字欺骗，“套路贷”行为人所采取的欺骗手法有时择其一，有时是二者兼有，甚至交替使用。另外，欺骗行为既可以是在他人没有任何认识错误的情况下使之产生处分财产的认识错误，也可以是在他人已经由于某种原因陷入认识错误的情况下，使他人继续维持或者强化其处分财产的认识错误。实践中，采用“套路贷”手法的行为人在与借款人签订虚高本金合同时，大多隐瞒了将来索要虚增本金的主观目的这一心理事实。⑥

3.“套路贷”引发案件有刑事处罚必要性

在“套路贷”案件中，出借人多采取软硬兼施的催讨手段，既包括暴力、威胁或者软暴力⑦等手段，也包括采用公证委托、仲裁、诉讼等手段，获得具有强制执行力的法律文书，通过民事诉讼执行程序“合法”转移占有借款人及特定关系人的合法财产，最终实现占有差额本金及相应利息的非法目的。值得注意的是，在“诉讼诈骗”⑧中，法官⑨是受骗者，不是被害人，但法官具有作出财产处分的权力，即依照原被告提交的证据材料，遵循民事证据规则，“查明”案件事实；被害人（借款人）并未受骗，但因其无法举证证明实际的借款本金、还款金额等民间借贷的关键事实，只能“听候发落”，被迫履行生效裁决“确认”的偿还借款的法定义务。

⑥ 最典型的欺骗行为是就事实进行欺骗。其中的事实不仅包括自然事实，而且包括行为人或他人已经实施的行为、行为人的身份、能力，还包括内心的确信认知、主观目的等心理事实。参见张明楷:《刑法学》，法律出版社2016年版，第1001页。

⑦ 关于“软暴力”，最高人民法院、最高人民检察院、公安部、司法部于2019年4月9日印发《关于办理实施“软暴力”的刑事案件若干问题的意见》，就“软暴力”的概念、表现形式等作出规定。

⑧ 为表述便利，统一简称为“诉讼诈骗”，因“全权委托公证”（实为出借人或者特定关系人，利用其在民间借贷市场中的优势地位，或者直接使用虚构事实、隐瞒真相的欺骗手段、方法，从出借人处取得处分房屋、汽车、钱款等巨额价值财物的特别授权）、仲裁裁决，当事人应当履行。一方当事人不履行的，另一方当事人可以依照民事诉讼法的有关规定向人民法院申请执行，受申请的人民法院应当按照民事诉讼法的有关规定执行，此类执行的法定性、强制性等同于人民法院执行生效判决、裁定。

⑨ 此处的法官，包括公证员、仲裁员等广义上的裁判人员，理由同⑧。

实践中，借款人、出借人之间的口头约定的“客观事实”接近于案件真相，但在出借人采取“套路贷”手法人为编造的“法律事实”面前不堪一击，在市场经济中注重契约精神，一般不会否定合同的效力，出借人手中握有虚高本金的借款合同、银行转账痕迹等虚假的证据材料，一旦启动诉讼程序，法官也会被蒙在鼓里。

三、“套路贷”刑事案件证据收集标准及审查判断方法

一般而言，在收集“套路贷”刑事案件证据时，一方面要重点收集虚增借款本金、制造银行转账痕迹等较难获取的证据，比如被害人陈述、监控录像、证人证言、转账凭证、银行交易明细、报警记录等。另一方面，要注重收集出借人所在的小额贷款公司业务模式、人员组织架构、职责分工等方面的证据，尤其是手机通话、通信、转账等电子数据，明确犯罪集团以及一般团伙中的组织、策划、指挥者、积极参与者、被指使、直接实施之一般参与者，同时关注中间介绍人。

在多名行为人分工明细、隐藏对借款人有利证据的情况下，可以从两方面收集证据。第一，从不同行为人之间的组织架构、亲疏关系以及资金往来情况着手，认定行为人之间，以及行为人与利害关系人之间的分工协作，特别是审查不同借贷公司之间的串联关系，有时候可以借助司法统计资料。第二，围绕借款人与出借人之间的钱款往来，如出现多笔转账的，可以累积认定借款金额及归还金额，对于超出《民间借贷案件解释》规定的36%利率部分一概不予认定，注重收集书证、银行交易明细、转账凭证、收条，结合被害人陈述、证人证言，依法作出审计鉴定意见。

在无借条、收据，或者相关证据对被害人不利的情况下，注重收集和审查以下证据：（1）被害人、证人、被告人的征信记录；（2）出借人从业经历及涉诉记录（办公场所是否有大量格式借贷、租赁合同、收据，借款人结婚证、身份证、户口簿、结婚证、房产证等证件，手铐、甩棍、现金，起诉事由及判决、执行情况）；（3）借款理由、用途；（4）有无抵押、保证等担保措施；（5）借款人有无能力归还；（6）借款人是否有归还的意思表示及能力；（7）未能归还的原因；（8）借款合同、收条约定的本金是否与借款人主张的实际获得的借款相差甚远，借款归还时间是否合理，违约事由的约定是否有

利于出借人，违法责任是否明显加重借款人责任。

在滋扰、恐吓、故意损毁、寻衅滋事等追债行为未造成实害结果的情况下，可以根据违法行为情节、造成后果，给予违法行为人治安处罚（警告、罚款、拘留，至少批评教育，存档备案，便于事后调查取证），做到严密刑事法网，宽严相济。

另外，合理利用“刑事推定”证据规则，对于“占有”这一难以证明的主观事实，可以结合客观证据进行推定——明知他人实施“套路贷”犯罪的，具有以下情形之一的，以共同犯罪论处，但法律和司法解释另有规定的除外：（1）协助制造银行转账记录的；（2）协助办理司法公证的；（3）提供资金、场所、交通等帮助的；（4）协助以虚假事实提起民事诉讼的；（5）非法获取、出售、提供公民个人信息的；（6）帮助转移犯罪所得及其产生收益，套现、取现的；（7）其他符合共同犯罪的情形。上述规定的明知他人实施“套路贷”犯罪，应当结合行为人的认知能力、既往经历、行为次数和手段、与他人关系、获利情况、是否因“套路贷”犯罪受过处罚、是否故意规避调查等主客观因素进行综合分析认定。

四、“套路贷”犯罪的罪名认定

不同罪名的证明标准有所不同，主要围绕构成要件认定：如果能够证明非法占有目的，则按照诈骗罪定罪处罚。如果不能证明非法占有目的的，可以按照手段行为定罪处罚，比如非法拘禁罪、敲诈勒索罪、抢劫罪、寻衅滋事罪。

对“套路贷”刑事案件的定性，要结合案件的本质特征从整体把握，“套路贷”犯罪的主观目的是非法侵占被害人或其近亲属的财产，一般情况下应当以侵财类犯罪定罪处罚。

行为人以“违约金”“保证金”“行业规矩”等各种名义骗取被害人签订虚高借款合同、阴阳借款合同或者房产抵押合同等明显不利于被害人的各类合同，制造银行流水痕迹，制造各种借口单方面认定被害人“违约”并要求“偿还”虚高借款，在被害人无力“偿还”的情况下，进而通过讨债或者利用其制造的明显不利于被害人的证据向法院提起民事诉讼等各种手段向被害人或其近亲属施压，以实现侵占被害人或其近亲属合法财产的目的。对实施上述“套路贷”行为的，可参照以下情形加以认定：

（1）行为人实施“套路贷”犯罪时，未采用明显暴力或者威胁手段，则其行为特征从整体上属于以非法占有为目的，虚构事实、隐瞒真相骗取被害人财产的诈骗行为，一般可以诈骗罪追究刑事责任。

（2）行为人实施“套路贷”犯罪时，既采用了虚构事实、隐瞒真相的诈骗手段，又采用了暴力、威胁、虚假诉讼等手段，同时构成诈骗、抢劫、敲诈勒索、非法拘禁、虚假诉讼等多种犯罪的，依据刑法的规定数罪并罚或者按照处罚较重的定罪处罚。具体而言，虚假诉讼罪、（诉讼）诈骗罪，法条竞合，属于特别法条与特殊法条之交叉竞合；其余以实施的行为符合犯罪构成，分别触犯不同罪名，数罪并罚。手段行为与目的行为具有紧密联系的，才以牵连犯论处，即以处罚较重罪名论处。

在“套路贷”犯罪案件中，部分行为人不明真实借贷情况，帮助实施故意伤害、非法拘禁或者滋扰被害人及其近亲属正常生活行为，或者帮助捏造事实提起民事诉讼，符合故意伤害罪、非法拘禁罪、寻衅滋事罪、非法侵入他人住宅罪、虚假诉讼罪的构成要件的，对该部分行为人以相关罪名追究刑事责任。

五、“套路贷”刑事案件未完成形态的认定

（一）诈骗罪的逻辑结构

诈骗罪可以分为两种类型，一是普通诈骗，二是三角诈骗，二者逻辑机构不同，为了论述完整及更深入剖析“套路贷”刑事案件未完成形态，先将二者的逻辑机构分述如下：

普通诈骗：行为人虚构事实、隐瞒真相（包括隐瞒心理事实）——被害人陷入错误认识——被害人基于错误认识自愿交付财物——行为人或者行为人指定的第三人获得财物。

三角诈骗：行为虚构事实、隐瞒真相——有处分权的第三人陷入错误认识——有处分权的第三人基于错误认识作出处分决定——被害人被迫交付财物——行为人或者第三人获得财物。

（二）“扩张的单行为犯”概念引入之必要性[⑩]

“套路贷”案件在违法犯罪手法及结果导向上存在可变性，即按照事先约定的高额借贷履行口头约定，实现占有高额利息的“非法占有目的”；如果该目的不能实现，则变本加厉地索要差额本金及相应利息、违约金等违法犯罪的“非法占有目的”。因此，其实行行为如何认定即如何认定着手，以及如何认定行为产生非法占有的目的，需要通过刑事推定的证据规定来认定。笔者认为，行为人主观上产生非法占有目的时即可认定其开始实施诈骗实行行为。

诈骗罪中非法占有目的的实施、实现需要通过具体实行行为完成，但实行行为的实施节点最早可推定为诱骗或者逼迫被害人签订虚高借条时，最晚推迟至持有虚高借条、借据向被害人或者特定关系人以“软硬兼施”方式索要超额钱款时。

（三）“套路贷”具体刑事案件的未完成形态认定

非法拘禁、寻衅滋事（恐吓、跟踪）、虚假诉讼，行为实施完成即既遂；故意伤害、寻衅滋事（随意殴打他人）、敲诈勒索、抢劫、诈骗，造成实害结果即既遂。

敲诈勒索、诈骗、抢劫等未得逞，如以数额巨大财物为目标的，可以未遂处理。

六、“套路贷”刑事案件犯罪金额的认定

在“套路贷”犯罪数额的认定上，要把握“套路贷”行为的犯罪本质，将其与民间借贷区别开来，从整体上对其予以否定性评价。行为人在借贷过

⑩ 日本刑法理论中有“短缩的二行为犯”这一概念，是指以实施第二个行为为目的的犯罪，但只有第一个行为是构成要件行为，第二个行为不是构成要件行为，典型罪名为走私淫秽物品牟利罪，只要实施了走私淫秽物品行为，即构成本罪，不必要求走私后再牟利，参见张明楷:《论短缩的二行为犯》，载《中国法学》2004 年第 3 期。笔者借鉴刑法理论就该罪构成要件的论证方法，反其道而行，首次提出“扩张的单行为犯”这一概念，便于对“套路贷”这一特殊的违法犯罪活动的实行行为过程进行解析，进而更好地认定此类违法犯罪的未完成形态，敬请批评指正。

程中以“违约金”“保证金”“中介费”“服务费”等各种名义收取的费用，均应纳入犯罪数额予以认定。除了借款人实际收到的本金外，双方约定的利息不受法律保护，应当计入犯罪数额，不应当从犯罪数额中扣除。计算公式如下：

行为人索要财物金额（本金＋利息＋违约金）－被害人获取财物金额（实际借得款）＝犯罪金额。

如系非典型“套路贷”案件，则需要按照《民间借贷案件解释》的规定处理利息，保护民事交易秩序，确保社会危害性较小的高利贷存在之必要。在此情况下，借款人向出借人借高利贷，应当按照 24%—36% 自愿履行，不得索回，超过 36% 不予保护，但只能将超过部分利息作为违法所得予以追缴或者返还被害人。

另外，既有既遂，又有未遂，犯罪既遂部分与未遂部分分别对应不同法定刑幅度的，应当先决定对未遂部分是否减轻处罚，确定未遂部分对应的法定刑幅度，再与既遂部分对应的法定刑幅度进行比较，选择处罚较重的法定刑幅度，并酌情从重处罚；二者在同一量刑幅度的，以犯罪既遂酌情从重处罚。

（责任编辑：潘庸鲁）

刑事裁判权在法官与陪审员之间的分配模式及路径选择

——兼论刑事七人合议庭中事实问题与法律问题的区分

余　剑　吴亚安*

《中华人民共和国人民陪审员法》(下文简称为《陪审员法》)将我国的刑事陪审方式区分为普通合议庭与七人合议庭。七人合议庭将参审制下陪审员与法官“同职同权”职权分配方式调整为陪审员与法官共同裁决事实问题和法官独享法律适用权限的“分职分权”模式。相关改革举措的确强化了陪审员在刑事案件事实认定上的关键作用，但《陪审员法》及《最高人民法院关于适用〈中华人民共和国人民陪审员法〉若干问题的解释》(下文简称《陪审员法司法解释》)的相关规定较为原则，作为刑事裁判权分配基准的事实问题与法律问题的区分标准并不明确，导致实务部门在实践中的具体做法多种多样，削弱了刑事陪审员在审判中的实质作用。① 因此需进一步对七人合议庭的运行规则及其机理进行探讨。

一、问题的提出

《陪审员法》及其司法解释虽然确定七人合议庭以事实和法律为标准在陪

* 余剑，上海市第一中级人民法院刑事审判庭庭长、三级高级法官，法学博士。吴亚安，上海市第一中级人民法院刑事审判庭法官助理，法学博士。

① 改革进程中陪审员参审案件数量在急速增加，但陪审员在相关案件事实审理中是否发挥了机制所预设的实质作用仍然存在疑问。参见施鹏鹏：《人民陪审员制度的改革历程及后续发展》，载《中国应用法学》2018 年第 4 期。

审员与法官之间分配裁判权，但其规定具有原则性和抽象性，在刑事审判中仍然存在三个突出问题：

（一）事实问题与法律问题的区分标准不明确

既有规定并未明确事实问题与法律问题的区分标准。《陪审员法》规定“人民陪审员参加七人合议庭审判案件，对事实认定，独立发表意见，并与法官共同表决；对法律适用，可以发表意见，但不参加表决”。②《陪审员法司法解释》进一步规定“七人合议庭开庭前应当制作事实认定问题清单，根据案件具体情况，区分事实认定问题与法律适用问题，对争议事实问题逐项列举，供人民陪审员在庭审时参考。事实认定问题和法律适用问题难以区分的，视为事实认定问题”。③上述规定均将事实问题与法律问题的区分作为适用前提，单纯将事实与法律的区分职责赋予法官，通过由法官根据案件具体情况及司法经验制作问题清单的立法方式，回避了如何对事实问题与法律问题进行区分的法律适用基础，无法形成规范化的区分标准。

其一，欠缺区分标准易导致问题清单的制作具有随意性。问题清单制度在之前的改革试点中，曾经由多个地区进行过积极探索，但《陪审员法》立法中并没有收入该规定，原因在于“理论界尚未提供足够成熟的智力支撑，且各试点单位的做法又大相径庭，实施效果一般”。④《陪审员法司法解释》重新收入事实问题清单制度，但未明确问题清单应包含的内容、清单问题的形成过程、清单问题产生争议时的处理方式等内容，这些问题仍需在实践中进行探索。⑤在缺乏事实问题与法律问题区分的规范性标准时，事实问题的选定会高度依赖主审法官的经验判断，欠缺对事实问题选定的规范性和指导性。

② 《陪审员法》第二十二条。
③ 《陪审员法司法解释》第九条。
④ 徐昕、黄艳好：《中国司法改革年度报告（2018）》，载《上海大学学报（社会科学版）》2019 年第 2 期。
⑤ 表 1 中不同类型分别提炼于北京市密云法院、上海市二中院和学者的观点。

表 1 问题清单在实践和理论中的主要类型

主要的问题清单模式	问 题 类 型
类型一：事实问题 + 综合认定	**事实认定：**依照法律规定和犯罪构成理论，将案件细化分解成一定数量的具体问题，如主观形态故意还是过失，犯罪时间、地点，被害人人数、伤情，赃款物名称、数量、价值，既遂还是未遂等。 **综合评价：**要求陪审员对被告人是否构成犯罪以及应否予以刑事处罚等问题进行回答。
类型二：事实问题 + 量刑问题	**犯罪事实：**指控行为是否成立，指控该行为的具体证据是否可以采纳（如不采纳是因为真实性、合法性、关联性中何种要素不足），事实应全部认定、部分认定、不予认定。 **量刑事实：**以自首为例，认定自主投案和如实供述主要罪行的事实是否存在，相关证据是否可被采纳（如不采纳是因为真实性、合法性、关联性中何种要素不足），事实应全部认定、部分认定、不予认定。
类型三：事实问题 + 证据清单	**事实问题：**被告人身份、犯罪构成要件、罪责要件、犯罪形态、共同犯罪、免责事由、特殊构成要件等事实要素均应包含在内。 **证据清单：**列明证明上述要素的证据清单供陪审员选择是否采信。

其二，将存疑问题均视为事实问题易突破陪审员的裁判能力。《陪审员法司法解释》将存在争议的问题统一规定为事实问题，会导致突破陪审员的认知限度造成事实认定错误。刑事案件存在诸多规范性构成要件要素，虽然该类要素的用语来自生活用语，但其内涵经过规范性限定后突破了生活用语的内涵范围，对其评判需要以规范性认知为前提，该类要素的含义与事实性认知相比会根据罪名的立法目的进行扩大、缩小、重构等，例如刑法中的“枪支”“信用卡”等要素与生活用语相比进行了扩大解释，财产犯罪中“他人”等要素进行了缩小解释，“非法占有目的”等要素进行了“排他意思 + 利用意思”的规范性重构，当该类要素存在争议时，一律作为事实问题进行处理会造成规范性构成要件要素概念的解体，削弱构成要件的罪刑法定保障机能。

（二）刑事审判权在陪审员与法官之间的分配标准不明确

《陪审员法》及其司法解释尚未明确刑事裁判权在陪审员与法官之间的具体分配标准。

其一，刑事裁判权的分配标准需进一步细化。实践中容易导致两种不合理的司法倾向：一是事实与法律的区分被转化为认定能力的区分。即将刑事裁判权的分配模式异化为该事项更符合哪一主体进行裁判的判断和分配。⑥在重视实体真实的司法传统下，欠缺规范标准制约的实用主义分配模式将会导致诸多存在争议的事项被法官独占，陪审员的参审范围会被不当限缩。二是事实与法律的区分被简化为定罪问题和量刑问题的区分，将与定罪有关的事项交由陪审员和法官共同处理，将与量刑有关的事项交由法官处理。但事实问题、法律问题与定罪、量刑并非完全对应，在定罪中存在规范认定的事项（如违法阻却事由等），在量刑过程中同样存在事实问题的认定（如自首、坦白等量刑事实是否存在等）。

其二，刑事审判中陪审员的程序权易被忽视。事实问题与法律问题均为实体事项。强调以事实和法律为分权依据意味着刑事裁判权中的程序性权力由法官独占。程序性权力是“对庭审进程的控制权，包含宣布开庭，宣布法庭调查程序、法庭辩论阶段的开始、结束，宣布休庭等”。⑦该权力是查明事实的程序性保障，制度设计在将该项权力赋予审判长的同时，也应重视陪审员的权利保障，否则在陪审员尚未消除对事实问题的疑惑即转入下一阶段时，将无法实现对事实问题的正确查明和认定。

表2　特殊事项的分配问题

七人合议庭典型案例	个案争议问题	裁判权分配中的问题	
（2019）川1826刑初29号	被告称所销售的药品外包装包含了所有合法药品的要素，且发现本案药品为假药的不是普通患者，而是医务工作者，被告没有认知确为假药的能力。	假药的认定	规范的构成要件要素能否由陪审员认定。
（2019）湘1281刑初23号	被告作为专业人员，其对利用职务便利私自截留并销售爆炸物行为的结果具有高度认识，主观恶性是否更大。	主观恶性的认定	需以行为人行业标准为基准确定的要素能否由陪审员认定。
（2018）沪01刑初47号	案发时间与被告人归案时间间隔较长，身份证明材料较少，被告人拒不承认自己系指控对象。	被告人身份的认定	证据证明力的认定能否由陪审员独自完成。

⑥ 参见高翔：《陪审员参审民事案件中事实问题与法律问题的区分》，载《法律科学》2018年第3期。

⑦ 刘奕君：《模式、依据与冲突：人民陪审员参审职权研究》，载《法学杂志》2018年第9期。

（三）陪审员与法官之间权力的运行规则不明确

目前相关规定对事实审与法律审进行区分后，尚未对分权后的权力运行规则进行明确，具体表现出以下几个问题。

其一，需明确陪审员和法官分权后如何进行共同评议和表决。《陪审员法司法解释》将事实问题清单制度纳入规定，但未明确对清单问题的回答与评议、表决的关系，最终导致无法确定陪审员和法官之间共同履行职权的具体方式。如陪审员对清单问题的回答是否等同于评议，在清单问题之外陪审员是否还需说明其他事实问题，法官是否需对清单问题作出回答，评议与表决是否分阶段、分条件进行，陪审员对清单问题的结论是否对法官后续表决具有拘束力等，对这些问题的回答离不开陪审员与法官共同行权的具体规则。

其二，需明确陪审员作出事实认定结论对法官的效力。在陪审员全体意见与法官意见发生冲突时，是否均可以“合议庭组成人员意见有重大分歧”为由提交审委会讨论。上级法院是否可以对陪审员作出的事实认定进行审查。这些问题也需在理论上予以澄清。

表 3　裁判权行权方式的争议

<table>
<tr><td>理论模型</td><td colspan="2">具体行权模式</td></tr>
<tr><td rowspan="2">连续合议</td><td>共同合议</td><td>事实问题：采用法官与陪审员共同表决的多数意见
法律问题：采用法官表决的多数意见</td></tr>
<tr><td>共同合议（例外规定）</td><td>事实问题：采用法官与陪审员共同表决的多数意见
（法官意见与陪审员意见冲突时提交审委会讨论决定）
法律问题：采用法官表决的多数意见</td></tr>
<tr><td rowspan="3">分段合议</td><td rowspan="2">事实问题分段合议</td><td>事实问题：陪审员先表决清单问题
法律问题：清单问题全部得到肯定回答后方启动法官对法律问题的表决</td></tr>
<tr><td>事实问题：陪审员表决清单上的问题
陪审和法官以上述表决为基础共同表决是否构成犯罪
法律问题：采用法官表决的多数意见</td></tr>
<tr><td>法律问题分段合议</td><td>事实问题：采用法官与陪审员共同表决的多数意见
法律问题：陪审员先表决形成多数意见
陪审员的多数意见与法官意见共同表决后形成最终的多数意见</td></tr>
<tr><td>分组合议</td><td>事实问题分组合议</td><td>事实问题：法官分为一组表决、陪审员分为一组表决
形成各组多数意见后交换意见再表决，采用绝对多数意见
法律问题：采用法官表决的多数意见</td></tr>
</table>

二、刑事裁判中事实问题与法律问题的区分标准

确定规范性、明确性和可操作性的事实问题与法律问题的区分标准是在案件中配置刑事裁判权的基础。下文将尝试对二者区分的具体标准进行探讨。

（一）既有分类标准及评析：规范主义与实用主义的区分

目前对事实问题与法律问题区分标准的讨论可以归纳为两种类型。其一为规范标准。该类观点认为应当构建具有逻辑性和明确性的区分标准，以此为司法实践中事实审与法律审的区分作出具体指导。论者以三段论的逻辑推理为基准，将司法裁判作出过程中的小前提作为事实问题，将大前提和结论作为法律问题。⑧具体而言，将“探寻案件中发生过或将要发生的行为、事件、行为人的主观意愿或其他心理状态时所产生的问题”视为事实问题；将“对已认定的事实按照法律规范作出何种评价的问题”视为法律问题。⑨其二为实用标准。该观点认为事实问题具有法律性，法律问题也兼具事实性，因此难以在理论上寻找清晰、明确的区分二者的规范性标准，合理的选择是以满足司法实践需求为目标，通过程序机制设定（一般裁定或问题清单机制）区分陪审员和法官各自的职责。⑩有观点认为在概念分析难以引出二者区分标准之时，应当以履行司法任务为目标，借鉴域外实践经验构建经验性标准，从裁判者能力、司法政策偏好、法律价值实现时点、司法控制案件符合需求等视角对相关事项进行判断。

规范标准试图在本体概念上对事实问题与法律问题作出区分，这种欲构建清晰明确标准的意图具有高度合理性，但以三段论要素为依据对事实问题和法律问题进行的本体区分通常难以在具体案件中精确适用，核心原因在于事实问题与法律问题具有高度交融性，单纯从本体上进行区分无法得出合理结论。规范标准的缺陷主要表现在两个方面：一是会肯定程序

---

⑧ 舒志喜：《陪审制度中法律审与事实审分离机制分析——以“要件审判九步法”的嵌入为视角》，载《山东法官培训学院学报（山东审判）》2016年第2期。

⑨ 参见陈杭平：《论“事实问题”与“法律问题”的区分》，载《中外法学》2011年第2期。

⑩ 参见陈学权：《刑事陪审中法律问题与事实问题的区分》，载《中国法学》2017年第1期。

事实属于事实问题。程序事实作为程序法的评价对象理应被视为程序法适用的小前提，该标准将回避事由等程序事项作为事实问题并应由陪审员确定的结论既与实践不符，也不具可操作性。二是无法对证据规则进行合理定位。如果认为证据规则不是法律规范，那么法官对证据规则的指引将是丧失中立性的指引应被禁止，在缺乏证据规则指引下的事实认定将丧失正确性。如果认为证据规则属于法律规范，那么就无法回答为何经过证据规则评价的事实认定属于事实问题，如果肯定从证据推导事实的法律性便会否定陪审员对事实认定的核心职权，从根本上否定了陪审制度的合理性。

实用标准正视了“法律向下滋生进事实的根部，而事实持续不断地向上延伸进法律”[11]的现状，这一现状决定了事实与法律无法在本体上实现完全分离，论者试图在二者混同问题上从实用主义视角为难以辨别之要素贴上事实问题或法律问题的标签，论者所选取的诸多分类标准之中的核心依据仍是法之目的，裁判者能力等其他标准在与法律目的相冲突时仍会以法律目的为标准。事实问题与法律问题的区分完全倚重法之目的时，在欠缺规范指引的前提下，更易滋生为达目的不择手段的司法擅断弊端：一方面刑法规范目的具有多元性，对某一罪名立法价值的不同选择会导致对同一要素进行完全不同的解读，形式违法性与实质违法性的争论导致对同一构成要件要素作相反解释的情形便是例证；另一方面完全放弃从本体概念上对事实和法律问题进行区分，以立法目的为基准对刑事案件各要素进行评价的结论是，可在法益保护和犯罪预防的目的下，根据司法经验和认知能力来分配相关要素的认定主体和识别标准，这无疑会对构成要件所预设的违法行为类型造成极大冲击，瓦解其罪刑法定保障功能。

（二）三段式分配标准的倡导：本体、认识、方法

在我国采用以法规、概念、逻辑为核心的愈发精密的刑事立法和司法的趋势下，完全放弃从本体上对事实问题和法律问题进行区分，并不符合当前司法实践的需求；单纯采用实用主义的区分标准也易导致事实问题与法律问

⑪ 同前引⑨，陈杭平文。

题的区分走向不确定性，致使司法者侵入立法者之权限，即本该由立法者进行的法益价值评估被司法者所普遍适用。笔者认为应当采用“本体+认识+方法”的三段式区分标准，在本体论区分的基础上首先析出刑事案件中最基本的法律问题，再通过事实的认知规律排除不属于事实问题的事项，最后通过方法论识别出基本事实问题。

刑事案件的裁判过程可以归纳为以下流程：

在定罪阶段体现为，生活事实经证据规则评价后转化为证据事实，证据事实经刑法规范（假定规范）评价后转化为构成要件事实，构成要件事实经刑法规范（制裁规范）评价后，确定具体罪名，具体包含构成犯罪或排除犯罪，构成此罪或彼罪，构成一罪或数罪。

在量刑阶段体现为，生活事实经证据规则评价后转化为证据事实，证据事实经刑罚规范（假定规范）评价后转化为量刑事实，量刑事实经过量刑规则（制裁规范）评价后确定具体的刑罚适用，包括法定刑确定、是否适用数罪并罚等。

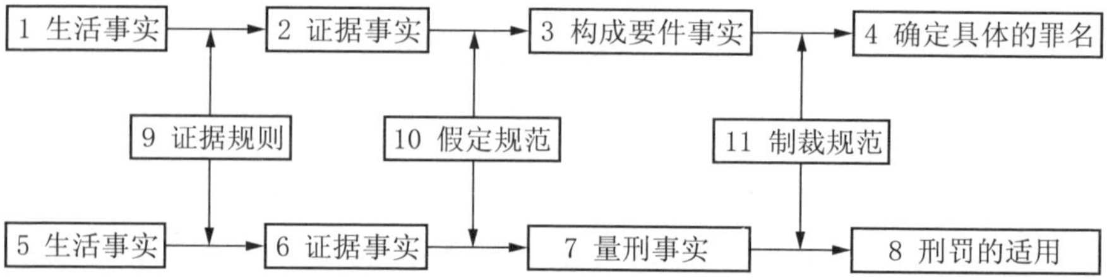

图1　刑事案件裁判过程

结合上述裁判过程和裁判要素，可根据以下步骤确定法律问题和事实问题的范围。

其一，从本体上首先析出基础法律问题。法律问题与事实问题在本体上体现为评价依据、评价结论同评价对象的区别。首先析出法律问题的原因在于，在制定法中作为裁判依据的大前提和裁判追求的结论相对明确，即相关法律依据和定罪、量刑问题，这些问题属于法律问题。法律问题本质是针对个案所确定的事实应当基于何种实体法律规范对其进行评价的问题，评价结论体现为具有价值导向的“对或错”，因此法律问题的内容应当同时包含选定实体法律规范和基于该法律规范作出价值性评价。基于此，图1中作为裁判前提的证据规则、假定规范和制裁规范均属于法律问题；被内含价值选择的制裁规范所评价后形成的确定罪名和确定刑罚的结论也属法律问题。需明确的是证据事实和构成要件事实虽然也是经证据规则和假定规范评价后形成的结论，但该种评价并非对或错的价值性评价：证据事实是在证据规则的指导下，裁判者凭借自由心证和一般经验作出的存在与否的事实性评价；构成要件事实是裁判者根据构成要件指示对证据事实作出取舍、排序的类型化过程，也未作出对或错的评价，因此二者均不属于法律问题。

其二，事实问题的认识规律决定了生活事实不属于事实问题。裁判过程中的事实问题是确定法律评价的对象，即三段论推理中的小前提，本质是对相关事实作出存在与否的评价后构建完整的待评价事实，裁判者凭借司法资源之外的一般经验和理性把个别偶然的自然事实裁剪修正为由类型化要素组成的待评价事实，[12] 即法律中的事实问题不是自然形成的，而是人为造成的。未经一般经验和理性筛选的生活事实，只是客观事实的初始载体，不是法律评价的对象和小前提，不能视为事实问题。另外，在事实问题中也应排除程序性事实，该类事实存在与否只影响程序进程，且其判断并非凭借一般经验和理性，故不应视为单纯的事实问题。

其三，事实认定的逆向叙事性决定了证据事实也非事实问题。刑事案件中的事实问题认定应经过证据规则和假定规则双重检验。事实的认定过程是对客观事实进行的逆向复盘，一方面根据双方提供的在案证据复原人、时、事、地、物、原因、结果等要素，另一方面在假定规范的指引下将确定的支离破碎的证据事实复原为类型化事实。因此作为法律评价对象的事实问题是裁判者对客观事实作出的双层选择，在证据规则指导下筛选生活事实形成证据事实，再在假定规范的指引下将证据事实进行取舍和排列，此时形成的事实拼图才是法律评价对象。故而单纯经过证据规则筛选的证据事实并非法律评价的对象，只有经过构成要件规则和量刑规则还原的构成要件事实和量刑事实才是刑事法律评价的对象。

---

⑫ See Geoffrey C.Harzard, Jr., Preclusion as to Issues of Law: the Legal System's Interest. *70 Iowa Law Review* 88 (1984)，转引⑨陈杭平文。

<table>
<tr><td rowspan="6">待决事项</td><td colspan="2">评价结论</td><td colspan="2"></td><td colspan="2"></td></tr>
<tr><td colspan="2">评价依据</td><td colspan="2"></td><td colspan="2"></td></tr>
<tr><td colspan="2" rowspan="4">评价对象</td><td colspan="2">生活事实</td><td colspan="2"></td></tr>
<tr><td colspan="2" rowspan="3">法律事实</td><td colspan="2">证据事实</td></tr>
<tr><td colspan="2">构成事实</td></tr>
<tr><td colspan="2">量刑事实</td></tr>
<tr><td>区分方法</td><td>本体论</td><td>评价依据、评价结论属于法律问题。</td><td>认识论</td><td>是否经一般经验和理性筛选。</td><td>方法论</td><td>是否经由证据规则和假定规范双层检验。</td></tr>
<tr><td>结论</td><td colspan="2">• 证据规则、假定规范、制裁规范、定罪量刑属于法律问题
• 其他要素需进一步识别</td><td colspan="2">• 事实问题排除程序事实
• 事实问题排除生活事实</td><td colspan="2">• 事实问题排除证据事实
• 事实问题包括构成事实和量刑事实</td></tr>
</table>

图 2　事实与法律问题的区分流程

综上，“裁判过程是根据生活事实探求与之最为接近的法律规范并剖析要件，来回穿梭于规范与事实之间，当要件事实完全该当于所有实体法构成要件时，方可适用法律”。⑬ 这一过程中作为实体性价值评价对象的事项是事实问题，作为实体依据和价值评价结论的事项是法律问题，在“本体 + 认识 + 方法”的界定标准下，刑事审判中事实问题的内涵只能是实体法律评价的对象，且应当限定为构成要件事实和量刑事实 ⑭；法律问题应当同时包含实体法评价依据和具有价值内涵的评价结论，即上述证据规则、假定规范、制裁规范、确定具体的罪名和刑罚的适用等。

（三）法律与事实混合问题的界定规则：应视为事实问题

《陪审员法司法解释》规定“事实认定问题和法律适用问题难以区分的，视为事实认定问题”。⑮ 对这一规定的理解应当作限缩解释，即事实问题与法律问题难以区分应当指相关事项的事实特征和规范特征难以明确的情形，对

⑬ 高翔：《陪审员参与民事案件事实认定研究》，西南政法大学 2017 年博士学位论文。

⑭ 实践中构成要件事实的认定会表现为证据事实的认定，如问题列表由法官根据构成要件制定，对其回答表面是认定证据事实，本质是认定构成要件事实；一般裁定中陪审团最终回答罪或非罪，实际仍是对是否符合犯罪构成作出判断。

⑮ 《陪审员法司法解释》第九条。

事实特征明显或规范特征明显的事项，即使存在争议，也应当按照其核心特征进行分类。以下对存在争议的若干要素进行探讨。

1．规范的构成要件要素

规范的构成要件要素虽属于构成要件要素的范畴，但其认定应当视为法律问题。规范的构成要件要素具有极强的规范属性，裁判者对其进行判断时，仅凭法律规定尚无法得出明确结论，仍需就具体的事实关系进行判断和评价，通常作为参考的规范性依据包含行政法规、交易习惯、道德礼仪等。⑯ 对该类要素的评价主要凭借的依据并非一般经验和理性，而是杂糅的规范标准，因此宜作为法律问题，例如在气枪打气球案中，相关涉案“气枪”是否构成刑法上的“枪支”应当根据相关行政法概念予以确定，难以凭一般经验作出正确回答。

2．修正的构成要件要素

修正的构成要件要素也应视为法律问题。犯罪的未完成形态与共犯的处罚分别是对构成要件预设行为类型所作的横向和纵向修正，在本质上是对处罚范围的规范性扩张。在既未遂的判断中，着手、不能犯及未得逞等要素的认定高度依赖规范性的危险概念；在正犯与共犯的判断中，犯罪整体性及共同引起（共同正犯的情况）或间接引起（教唆、帮助的情况）结果的事实判断也无法凭借一般经验作出认定，因此也需将其作为法律问题进行认定，不应将其纳入事实清单的范围。

3．客观的处罚条件

客观处罚条件如“多次”“首要分子”“违法所得数额”等要素通常被视为与违法和责任无关的中立性要素，即该类要素与违法不存在正负相关性，相关要素的减少不意味违法性必然减小，其也非行为人的主观认识对象，只需对其客观存在与否进行判断即可，鉴于此，有学者认为该类要素的认定应为事实问题。笔者认为上述客观处罚条件所涵盖要素属于法律问题。客观处罚条件的判断并非单纯的是否存在问题，其蕴含着“实质可罚性”的规范性判断，在消极责任主义观念下，无责任则无刑罚，但有责任并非一定有刑罚，即不法和责任不是刑罚的充分条件，立法者在设定该类要素时存在着对实质

⑯ 参见张明楷：《刑法学》，法律出版社2007年版，第110—111页。

可罚性的衡量，相关要素的含义也被赋予了规范内涵（如多次通常被认定为特定时间段内三次以上），因此裁判者仍需凭借规范内涵对相关要素进行认定。

三、刑事裁判权在法官与陪审员之间的分配规则

在确定刑事裁判中的事实问题与法律问题的内容之后，尚需进一步明确相关问题应当如何在陪审员和法官之间分配，以及不同职权主体间的具体行权规则。

（一）理论模型与司法实践的抵牾

通常认为采取陪审制国家中刑事裁判权在陪审员和法官之间依据事实问题与法律问题的区分进行分配，即陪审员处理事实问题，法官处理法律问题，基本逻辑在于陪审员在一般经验的运用上较之于专业化的法官具有优势，因此较宜处理依凭一般经验与理性作出判断的事实问题；法官对法律规范的熟稔使其具有较强的逻辑思维，更宜处理法律问题。

但各国的具体实践与上述理论模型之间存在较大差异。在以美国为代表的分权模式中既体现出陪审团的权力从事实认定向法律适用扩张，也体现出法官的权力向事实扩张。⑰ 如陪审团对事实问题的回答采用一般裁定的方式进行时，实际上是通过认可是否有罪来确定法律适用方式，以此完成事实认定过程且不需对该过程进行说明；同时部分州的陪审团也具有死刑或重罪的适用权；法官对于陪审团作出的有罪裁决，也有权审查证据的充分性，使有罪裁决改变为无罪。⑱ 在从参审制转向陪审制的俄罗斯和西班牙，事实问题和法律问题也不必然是法官和陪审员区分职权的标准。在俄罗斯，当陪审团作出有罪裁定后，如果法官认为存在明显错误可以直接改变结论或解散陪审团；⑲ 在西班牙，陪审团的事实认定权被进一步限缩，即法官认为陪审团作出

⑰ 即法官和陪审员分别负责事实与法律问题是一种假象，参见周长军、马勇：《人民陪审员制度改革与犯罪构成体系的修正》，载《政治与法律》2016第7期。

⑱ 同前引⑩，陈学权文。

⑲ 俄罗斯相关规定参见米铁男：《俄罗斯刑事陪审团制度刍议》，载《中国刑事法杂志》2011年第5期。

的裁决与事实明显违背时，不论其是有罪还是无罪裁决，法官均可以要求陪审团予以纠正。[20]

（二）刑事裁判权在分配中发生偏移的主要考量因素

从上述实行参审制国家的具体实践可知，刑事裁判权的分配虽然以事实和法律的区分为基准，但在实践中对具体的权限分配作出了符合各自实践的调整，在调整中主要考量以下因素：

其一，考量各国固有的司法传统。追求极致的程序正义是英美国家历来的司法传统，通常认为只要正当程序原则得以遵守，那么裁判得出的结论也具有正当性。在该种理念之下，陪审制度体现出的司法民主和制约裁判权的功能将会得到极大重视，陪审员权力会呈现出极端扩张的情形，且陪审员与法官之间会存在互相制约的行权模式，司法效率不是制度追求的主要目标。在重视实体正义的俄罗斯和西班牙，追求事实认定的准确性是制度设计的主要价值目标，陪审员与法官之间虽然存在分权，但以共同正确认定事实为核心目的并实行合作行权，因此两国普遍赋予和适时扩大法官对陪审员错误裁定的修正权。

其二，考量不同主体的裁判能力。在英美模式中对事实问题和法律问题的区分标准主要采用实用标准，其中不同裁判者司法能力的比较是其重要考量因素，事实问题与法律问题的区别通常被转化为这一问题更适合陪审员审理还是法官审理，例如对过失的认定的标准被转化为如果其主要依赖于日常经验和社区共识，那么将其视为事实问题，如果需对过失的界定牵涉行业标准等因素，则属于法律问题。[21] 在俄罗斯和西班牙的规定中，鉴于法官对构成要件事实具备精确的认知，通常会在双方参与下由法官主导形成事实问题清单，且根据案情决定是否需要增加问题。裁判者的能力是刑事裁判权分配的关键考量因素。

其三，考量陪审机制设立的主要目的。不同国家选取陪审制时侧重的机制目标也存在差异。美国最初选用陪审制的原因在于对英国设置法庭的不信

---

⑳ 西班牙相关规定参见施鹏鹏：《陪审制研究》，西南政法大学2007年博士学位论文。

㉑ 参见陈杭平：《论“事实问题”与“法律问题”的区分》，载《中外法学》2011年第2期。

任，为了制约法官权力，最初的陪审团不仅具有事实认定权，也具有广泛的法律适用权；在法官职业性和中立性得到信赖时，联邦最高法院虽然限制了陪审团的法律适用权，但分权制约观念依旧决定着刑事裁判权的分配。在俄罗斯和西班牙等传统大陆法系国家，公民对法官的信任度较高，陪审机制设立的目标主要在于正确查证事实，因此对被告的定罪权普遍归于法官所有，陪审团仅需对事实问题作答即可。

（三）刑事裁判权分配的一般规则

上述各国的实践为我国构建刑事裁判权的分配模式提供了核心思路，即以事实问题和法律问题的区分为基准，将事实问题赋予陪审员和法官共同认定，将法律问题赋予法官行使，同时根据各自裁判能力和制度目标作修正，具体分工如下：

其一，以事实问题与法律问题作为分工的一般规则。陪审员负责基础构成要件事实和量刑事实的认定；在认定中采用以实体公正为导向的事实问题清单模式，该种模式相较于英美式的一般裁定模式具有心证公开完整、逻辑推理明确等特征，更易于正确认定案件事实。主审法官在争点整理完毕、证据清单制定后制作事实问题清单，并在庭审时公布，清单包含主体、行为、结果、责任等基础构成要件事实，量刑情节事实及对应证据等；陪审员通过自由心证判断是否采信证据认定相关事实；并可对非死刑及其他法律适用提出建议。

法官负责庭审主持、程序事实认定和实体法律适用等问题。法官在庭审主持中转换庭审程序时应征求陪审员意见；对程序事实独立作出决定；对非法证据进行排除；对证据规则和法律问题作出指引；对规范性构成要件要素、修正构成要件要素和客观处罚条件独立作出认定；对定罪和非死刑的量刑问题作出判断等。

其二，以裁判能力为基准对陪审员职权作适度扩张。应当赋予陪审员对死刑的表决权，是否适用死刑的评价与一般社会认知和经验判断有着紧密联系，具有极强的事实要素，完全排除陪审员对死刑适用的表决权并不合适，尤其在社会对死刑判决提出极高抗压性的同时，应当赋予陪审员决定是否适用死刑的法律适用权。在对是否适用死刑进行判断时，并不要求对行为作出精确的量刑建议，而是对量刑轻重作出的盖然性评估，其本质是对结果与刑罚是否匹配作出的事实判断，这一判断离不开社会共识和一般经验，陪审员可以根据社会经验独立作出判断。

其三，陪审员与法官应采用分权合作的行权规则。我国对陪审制的改革方向为“拓宽人民群众有序参与司法的渠道”，其制度目标为“推进司法为民和公正司法”。正确认定案件事实是中国特色陪审制度的核心追求，因此陪审员与法官之间的权力分配应当为分权合作模式，在事实认定问题上陪审员和法官共同作出决定，在法律适用问题上由法官作出决定，陪审员可提出参考意见。在事实认定中，分权的目的在于保障陪审员积极独立行使职权，合作的目的在于确保共同正确查明案件事实。基于此，事实认定中的评议和表决不应割裂，不应构建将陪审员评议和表决达到特定条件后方启动共同表决程序的分阶段事实评议模式，在这种分离模式下，法官对事实的认定权限会被架空。陪审员回答法官制定的事实问题清单就是对事实问题的表决，陪审员与法官一起对清单各问题进行回答，在形成多数意见的基础上，法官独立进行定罪和量刑。

（责任编辑　徐晨平）

实践与规范：环境修复责任的绿色价值与实现进路

——基于中国裁判文书网497份裁判文书的样本分析

王亚萌*

环境修复责任并非传统的民事责任承担方式，我国目前仅在最高人民法院关于环境民事公益诉讼的司法解释中作出概括规定，而对环境修复方式、修复标准、实效保障等问题则付诸阙如。近年来将其纳入法律的呼声高涨，2016年6月全国人大常委会初次审议后公开征求意见的《民法总则（草案）》将"修复生态环境"作为一种新型民事责任承担方式，与传统的"恢复原状"并列；但最终通过的《民法总则》未将"修复生态环境"纳入民事责任的承担方式之中，展现了立法者对法律制定的谨慎，也显示司法实践和理论研究不足，需要总结实践经验，加强理论研究。笔者通过实证分析，对司法实践中适用环境修复责任的经验进行梳理归纳并加以论证，对反映出的问题加以检视，提出环境修复责任的实现进路。

一、实践检视：环境修复责任的适用现状与司法表达

环境修复责任作为环境损害责任人承担责任的方式，其在司法裁判中的表达是否充分、明确、具有可执行性，直接影响环境诉讼功能作用的发挥。通过中国裁判文书网，以"裁判结果"中包含"环境"与"修复"为检

* 王亚萌，上海铁路运输法院破产案件审判庭法官助理，法律硕士。

索条件，对497份有效样本进行分析，检视司法裁判中环境修复责任适用现状。

（一）环境修复责任的基本情况

1．数量逐年增长

2013年起，司法裁判中开始出现适用环境修复责任的案件，此后适用环境修复责任的案件数量逐年增长（图1）。一方面源于环境保护理念不断加强，近年来环境司法解释、环保政策、环保公益诉讼制度不断完善，环境诉讼数量不断增加；另一方面，环境修复责任作为环境损害责任承担方式逐渐为司法机关所重视，反映了“用最严格制度最严密法治保护生态环境”① 的司法职能。

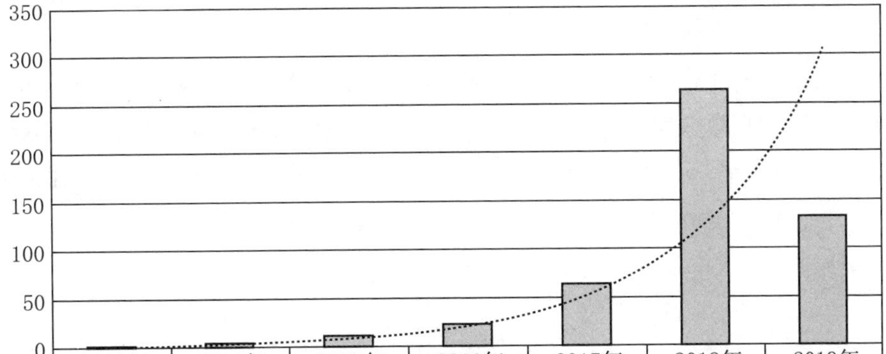

	2013年	2014年	2015年	2016年	2017年	2018年	2019年前8月
案件量	1	4	11	22	63	264	132

图1　案件数量增长情况

2．案件类型广泛

从诉讼类型来看，适用环境修复责任的案件涵盖民事、刑事、行政三大诉讼类型；从细分类型来看，涉及公益诉讼的案件占97%（其中刑事附带民事公益诉讼案件占71%、民事公益诉讼占21%、行政公益诉讼占5%），而传统的民事诉讼和普通刑事诉讼仅占3%，这主要源于环境诉讼的公共利益属性（图2）。

① 习近平：《推动我国生态文明建设迈上新台阶》，载《求是》2019年第3期。

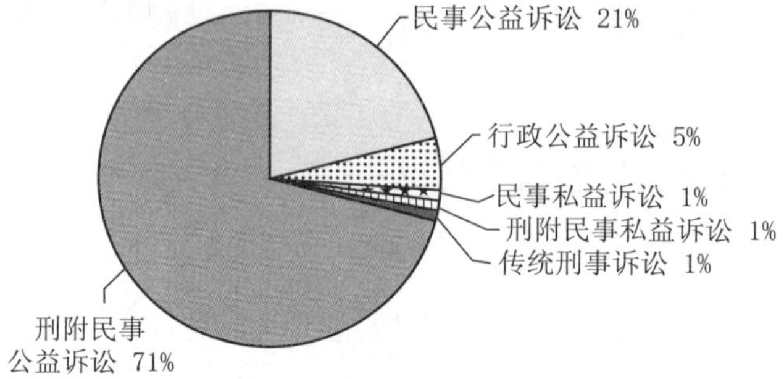

图2　案件类型分布

（二）环境修复责任的司法表达

立法对环境修复责任的内涵没有明确规定，从样本来看，裁判文书对环境修复责任的司法表达主要包含以下四个要素。

1. 修复方式

环境修复方式包括责任人以身体行为直接针对受损环境进行修复（直接修复）和责任人支付环境修复费用、由第三方实施环境修复行为（替代修复）的方式。样本中，单独适用直接修复方式的案件占20%，单独适用替代修复方式的案件占59%，两者并用的占21%（图3）。

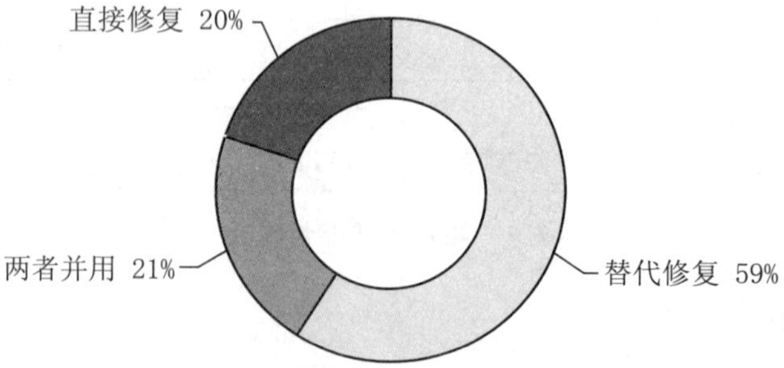

图3　修复方式适用情况

2. 修复费用

单独或并用替代修复方式的398份裁判文书中，仅75件列明了修复费用的用途，其余323件案件没有列明用途（图4）；仅96件案件列明了修复费用支付的对象，其中38件支付至法院指定账户，17件支付至政府财政账户，20件支付至环境公益基金，21件支付至检察机关环境修复账户（图5）。

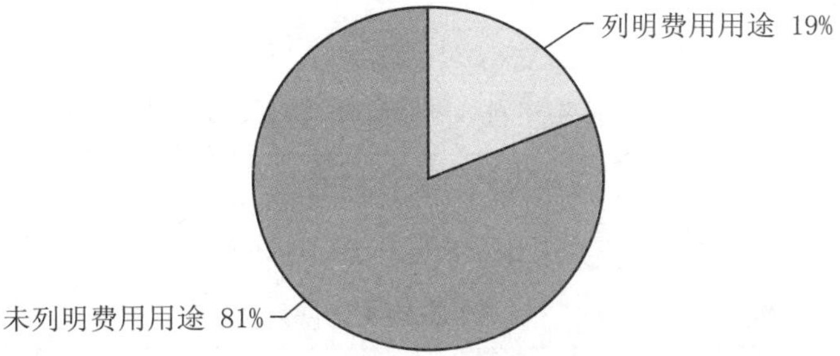

图 4　修复费用用途列明情况

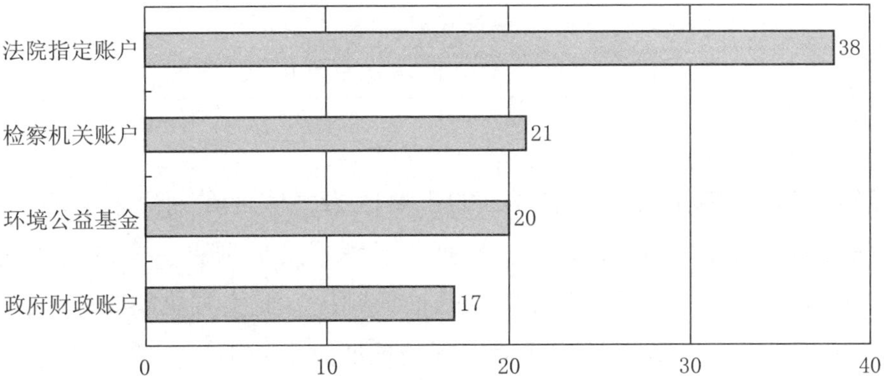

图 5　修复费用支付对象分布情况

3．修复标准

样本中，大多数案件并未对修复标准进行裁判，仅 109 份文书明确了环境修复标准（占 21.9%），作出了有益的探索。裁判文书提及的修复标准可归纳为三种类型（表 1）：

一是概括标准，即概括表述修复行为所应达到的标准，如恢复涉案土地的种植功能、达到国家规定的水质要求等。

二是规范标准，即修复行为应达到具体的国家行业标准、强制标准、修复方案确定的标准等，如将水质修复至《地表水环境质量标准》（GB3838-2002）Ⅱ类标准，按照《地质环境保护与土地复垦方案》对涉案土地进行恢复治理和复垦等。

三是量化标准，即按照裁判确定的具体行为、数量及质量要求履行修复义务，如在盗伐区域内补种冷杉树木 180 株并确保三年成活率达 80%，在特定内陆河流以放流本地鲫鱼幼鱼（体长≥ 3cm）15130 尾的方式修复渔业水生生态环境等。

表 1　样本中对环境修复标准的裁判情况

标准类型	具体标准	案件数
概括标准 (30 件)	达到法定、环保、环评要求	4
	恢复生态功能、恢复原状	14
规范标准（20 件）	达到修复方案、协议要求	8
	达到国家或行业标准	4
量化标准（59 件）	履行定量的修复行为	28
	支付确定金额修复费用	51

4. 实效保障

修复实效保障是防止“空判”的重要因素，体现在判决主文的可执行性和对修复结果的验收程序两个方面。第一，关于判决主文的可执行性，47.5% 样本仅作出“修复生态环境”的抽象判决，此类判决很难执行，对责任人的威慑力不足，难以达到环境审判的预期效果。第二，关于修复结果的验收程序，仅有 9% 的案件在裁判文书中对环境修复实效的验收程序进行了裁判，其中验收主体分为三类：行政机关验收（23 件）、第三方专业机构验收（13 件）、法院验收（8 件）(图 6)。

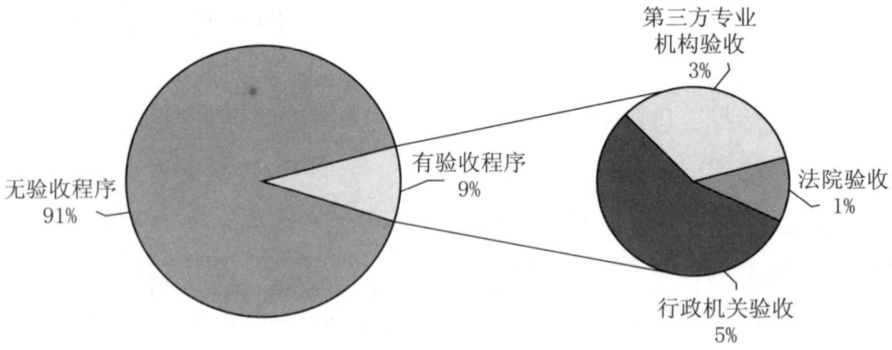

图 6　环境修复实效的验收情况

二、智慧经验：环境修复责任的绿色价值与裁判方法

虽然立法没有关于环境修复责任详细具体的规定，但司法实践对环境修

复责任的探索展现了司法智慧、积累了司法经验，将其进行提炼升华有利于为立法提供有益实践样本。

（一）绿色价值：环境修复责任的生态理念

虽然生态环境具有自动修复的自然特征，然而面对大规模的生态破坏或者严重的环境污染，如果不开展人工修复，生态环境自身的修复周期将会非常漫长，二者关系如下图（图 7）。②

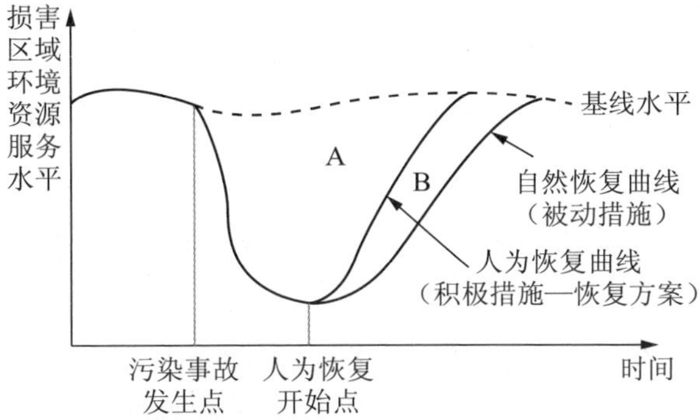

图 7　环境的恢复过程

环境损害的责任承担方式主要有：停止侵害、修复生态环境、赔偿损失、赔礼道歉等。由于环境损害与一般民事侵权不同，环境损害发生后的救济制度，应该与生态环境服务功能相适应。环境遭受损害，首要任务是修复受损害的生态环境。有鉴于此，修复环境被称为环境损害的最佳救济方式。环境修复，既可以从根本上消除既有损害，也可以避免新生损害。③

通过样本分析发现，司法实践中已经有不少环境损害案件中适用了环境修复的侵权责任承担方式。其中，有通过直接修复行为开展生态环境恢复的判决，有利于责任人认识错误，改正行为，提升绿色理念；有责令提升技术，发展环境友好型经济的判决；也有缴纳环境修复费，由第三方专业机构开展环境修复工作的案件；还有判决赔礼道歉的案件，将环境保护的理念予以宣

② 参见环境保护部环境规划院：《环境损害鉴定评估推荐方法（第Ⅱ版）》（环办〔2014〕90 号），载 http：//192.0.100.105/lib/Zyfl/ZyflContent.aspx?gid=A197622&userinput，2019 年 8 月 30 日访问。

③ 参见王立新等：《环境资源案件中恢复原状的责任方式》，载《人民司法》2015 年第 9 期。

传和推广。司法实践坚持和发展了环境诉讼的绿色价值和理念，通过发挥司法能动性维护“绿水青山”的生态状态，助力打赢环境污染攻坚战。

（二）裁判方法：环境修复责任的利益衡平

最高人民法院2017年发布的典型案例“江苏省泰州市环保联合会诉泰兴锦汇化工有限公司等水污染民事公益诉讼案”，被媒体称为天价环境公益诉讼案。该案中，除了赔偿高达1.6亿元的环境修复费用外，还对修复费用的履行方式进行了创新，确立了担保延期支付赔偿款和技术改造抵扣判决，促进企业技术改造，提升环境修复效果的可持续性。

作出这一具有开创性和探索性的判决，是司法机关在严格法律责任和现实困境之间所作的权衡。一方面，对侵害环境的行为要严厉制裁，采取最严格的赔偿制度，以求恢复环境。另一方面，企业粗放发展，是我国经济转型升级过程中一定阶段存在的客观现实，如果苛以过于严格的责任，企业将会因此破产倒闭，最终很可能是环境难以修复而企业难以为继的双输结局。上述泰州水污染公益诉讼案中，探索担保延期支付赔偿规则，让企业有喘息的机会；技术改造款抵扣规则，则将企业发展与环境保护相结合，实现司法效果、社会效果与环境效果的统一，体现了司法智慧。④

（三）体系效应：环境修复责任的功能发挥

分析样本发现，环境修复责任承担方式分布在刑事诉讼、刑事附带民事公益诉讼、民事公益诉讼、传统民事和刑事诉讼等不同诉讼程序中，逐渐形成了三位一体的环境修复体系和综合运用民事、行政、刑事责任多管齐下的责任追究机制。⑤

就刑事诉讼程序而言，《最高人民法院、最高人民检察院关于办理环境污染刑事案件适用法律若干问题的解释》第五条中规定了行为人及时采取措施，防止损失扩大、消除污染，全部赔偿损失，积极修复生态环境可以减轻或者

④ 吕忠梅:《环境司法理性不能止于“天价”赔偿：泰州环境公益诉讼案评析》，载《中国法学》2016年第3期。

⑤ 张新宝、庄超:《扩张与强化：环境侵权责任的综合适用》，载《中国社会科学》2014年第3期。

免除刑事处罚的情形。样本中，多个刑事诉讼或者刑事附带民事公益诉讼案件，被告人积极履行修复责任，法院在量刑时依据本条规定予以从轻处罚，有利于引导被告人积极修复环境。

就民事私益诉讼而言，《最高人民法院关于审理环境侵权责任纠纷案件适用法律若干问题的解释》第十四条中规定了普通诉讼环境修复责任的承担方式，在样本中，有3件传统民事诉讼案件中判决了承担环境修复责任，可谓意义重大。《民法总则》第九条规定，民事主体从事民事活动，应当有利于节约资源、保护生态环境。这一绿色原则贯彻宪法关于保护环境的要求，将环境资源保护上升至民法基本原则的地位，开启了环境资源保护的民法通道。司法实践中积极通过民法责任的方式促进环境保护，完善了环境保护的规则体系。

就行政诉讼而言，也出现了较多以行政机关怠于履行环境保护职能为由提起的行政公益诉讼，诉讼的原告主要是检察机关。从行政诉讼角度对环境修复责任的实现展开诉讼，是检察体系和诉讼体系的完善，将加强环境公权保护的力度。

三、突出问题：环境修复责任裁判的模糊与不足

司法实践对环境修复责任的内涵作了有益的探索实践，为立法提供了经验，但不难发现对环境修复的裁判存在内容模糊和实效不足的问题，可能导致责任人无从操作或拖延履行，影响司法公信力及环境审判功能发挥。

（一）修复方式笼统概括

在适用直接修复的案件中，通过分析样本发现，对直接修复的表述，一般案件在裁判主文中表述为责任人环境修复的行为种类（如植被种植、种植红豆杉），更为明确的则对修复的地点和数量作出要求。对比分析以后可以发现，司法实践中大量案件对直接修复的表述较为笼统概括，缺乏明确的执行标准。

样　本	评　价
责令被告人张某通过补种红豆杉树苗的方式对受损的生态环境进行修复	× 未说明种植的棵数、成活率、种植区域、养护年限等，不具操作性
被告人春某在本判决执行之日起三十日内在盗伐区域内补种冷杉树木180株，并确保三年成活率达80%	√ 说明了种植棵数、种植区域、成活率，有可操作性

（二）修复费用项目不明

替代修复中高达81.2%的样本只是笼统地作出了“支付环境修复费用”“用于生态环境修复”的裁判项，而没有具体细分修复费用的项目，可能导致环境修复费用用途不明的困境，还可能导致修复费用的使用缺乏监管，阻碍修复费用的作用发挥。

样　　本	评　　价
被告安徽海德化工科技有限公司赔偿环境修复费用3637.90万元	× 未明确支付对象、费用组成、用途
本案环境污染所致应急处置费人民币148576元、生态环境损害修复费用人民币745020元、事务性费用人民币398000元、过渡性费用人民币32000元……上述款项均缴纳至公益诉讼起诉人如皋市人民检察院	√ 列明了修复费用组成项目、支付对象

（三）修复标准模糊不清

环境修复作为一项系统工程，具有复杂性、长期性，决定了裁判文书中要对这一复杂的修复工作作出明确、具体的标准，指导环境修复责任主体履行义务，以确保环境修复责任落到实处。分析样本发现，实践中大量的判决仅仅简单判决责任人履行环境修复责任，究竟达到什么标准却并没有明确，这也会带来责任人不履行时难以强制执行的问题。前文归纳了实践中出现的概括标准、规范标准、量化标准，概括标准缺乏可操作性，规范标准和量化标准更为明确具体，应在裁判中予以适用。

样　　本	评　　价
……按照国家对生活垃圾处理的规范和标准对倾倒在通江县X165线45km+700m处公路旁的垃圾进行处置……	× 概括标准，只写明了国家标准，但未明确具体标准
一、……将涉案房屋内因电梯产生的噪声昼间降至45分贝以下，夜间降至35分贝以下； 二、上述整改措施完成后，无锡苏源置业有限公司须书面报告本院整改落实情况，本院将委托当地环境监测部门根据环保部门确认的环境噪声适用标准以及《社会生活环境噪声排放标准》（GB22337-2008）进行噪声监测，确认是否符合相关标准	√ 量化标准和规范标准，明确了修复达到的要求

（四）修复实效保障不足

“修复生态环境”不是传统意义上的“恢复原状”，受损的环境无法完全恢复到原本的样貌和功能，确定一定标准以及相应的验收程序，才能保障修复实效，防止“空判”。⑥

就判决主文的可执行性而言，前述三个方面的模糊表达，直接影响裁判的可操作性和可执行性。一方面，责任人可能无从操作，对自己修复的地点、种类、时限等不清楚；另一方面，如果责任人怠于履行生效裁判，替代修复方式不明也会导致难以操作，以及执行部门对强制执行的内容不明确，最终影响环境修复工作的开展。

就修复实效的验收程序而言，91% 的案件未对验收程序作出明确裁判，在判决了验收程序的案件，也只是对验收主体作出了明确，而没有明确验收的具体程序和标准。缺乏验收程序，就缺乏了修复实效保障机制，修复的效果难以有效验证。

要实现环境修复的良好效果，需根据专业判断及个案中环境损害情况制定有针对性的修复方式。从这一角度来说，环境修复的判决样态，直接影响修复效果。生态环境具有整体性、关联性，修复环境也不能顾此失彼。但是实践中，有的裁判文书的修复目标单一，只针对个别环境介质，缺乏对环境系统性考量，忽视环境修复的长期性。⑦

样　　本	评　　价
……应在位于南陵县烟墩镇三星村流泉冲被滥伐山场地块，补种 500 棵杉木树苗，于 2019 年 4 月 1 日前补种完毕，并经本院验收	× 虽然规定了验收程序，但是法院不具备验收的知识和能力水平
……按照甘肃地质工程有限责任公司制作的《甘肃省民勤县周家井铝土矿（探矿区）矿山地质环境保护与恢复治理方案》的要求于 2019 年 7 月 30 日前修复完成矿山地质环境，由武威市人民检察院与阿拉善盟蒙宁地质矿产勘查有限责任公司共同委托第三方专家组进行验收，验收费用由该公司承担	√ 明确了验收程序，委托验收主体具有相应的资质和能力

⑥ 参见李挚萍：《环境修复的司法裁量》，载《中国地质大学学报》（社会科学版）2014 年第 4 期。

⑦ 吕忠梅、窦海阳：《修复生态环境责任的实证解析》，载《法学研究》2017 年第 3 期。

四、实现进路：环境修复责任体系的构建完善

司法裁判对环境修复责任承担方式的表达存在不充分、不明确、过于笼统的问题，反映出理论界研究不足，立法未成体系，司法者对环境修复责任的要素和内涵认识不清。要充分实现环境修复责任的绿色价值，应系统构建完善环境修复责任理论体系。

（一）优选修复方式：直接修复与替代修复

在直接修复和替代修复两种修复方式中，适用何种修复方式，需综合损害程度、修复难度、紧急程度等因素进行考量。

1．直接修复的适用条件

直接修复是由责任人以身体行为直接开展环境修复工作，特点是可以减少中间环节，提高环境修复的效率，责任人通过身体力行的方式修复环境，具有一定人身属性，可以有效增强责任人对环境保护的认识。直接修复通常适用于损害程度较低、修复难度不大、紧急程度不高的领域，例如植被种植、动物再生。

2．替代修复的适用条件

替代修复是由责任人支付费用，相关主体开展修复工作的修复方式。替代修复的适用条件有以下几种情况：一是对于严重的环境损害，修复难度大，是一项长期的工程，责任人没有相应修复能力；二是修复紧急程度高，需要立即进行修复以防止损害扩大；三是需要修复的领域较为专业复杂，比如物理化学技术、生物技术、热处理技术等，⑧在场地污染治理等领域就应适用间接修复。

2014年年底，国务院办公厅发布的《关于推行环境污染第三方治理的意见》（国办发〔2014〕69号）指出：第三方治理是推进环保设施建设和运营专业化、产业化的重要途径，是促进环境服务业发展的有效措施。因此，要充分发挥第三方治理在市场配置资源中的作用，更多地利用第三方治理来修复

⑧ 参见《污染场地修复技术报告（第一批）》，环境保护部2014年第75号公告，载http://www.mee.gov.cn/gkml/hbb/bgg/201411/t20141105_291150.htm，2019年5月13日访问。

生态环境。⑨

3．两种修复方式的并用

需要注意的是，在判决责任人承担直接修复责任的同时，需要对责任人不履行修复义务后应该承担的修复费用加以确定。法院在委托鉴定评估机构时，应该要求制定修复方案的同时给出损害赔偿数额。⑩ 这有利于环境侵害责任的一次性解决，防止责任人不承担责任后再行确定修复费用的程序繁杂，也有利于尽快修复受损的生态环境。

（二）明确修复标准：基线状态与强制标准

生态系统处于不断的物质循环、能量流动、信息传递过程中，任何一个环节要素都不是传统民法意义上的“物”，可以说受损的生态系统无法完全“恢复原状”。⑪ 我国目前没有明确的环境修复标准，在司法实践中，为充分实现环境审判司法职能的发挥，应明确环境修复所要达到的具体标准。

按照是否具有可修复性，判决环境修复责任可将修复标准作出如下明确：对于可恢复到受损害前的环境损害，须要求恢复到环境要素原有的功能（基线状态）；对于无法恢复原有环境功能的，则要求恢复到符合国家或地方的环境质量标准的要求（强制标准）（图 8）。

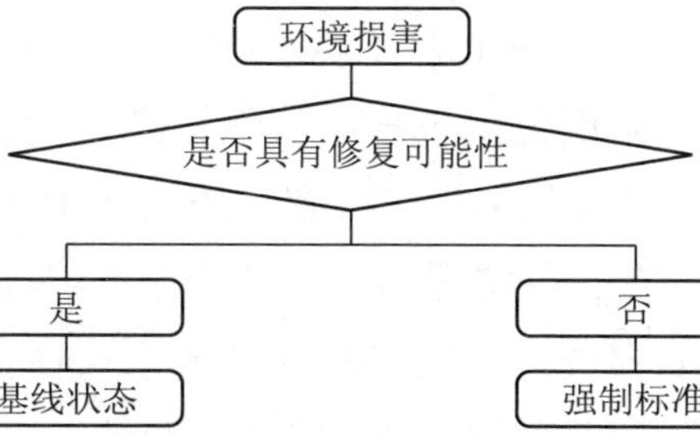

图 8　修复标准适用示意图

⑨ 参见杜万华主编：《最高人民法院关于环境民事公益诉讼司法解释理解与适用》，人民法院出版社 2015 年版，第 82 页。

⑩ 生态环境部：《案例解读〈环境损害鉴定评估推荐方法（第 II 版）〉鉴定评估机构如何完成法院委托？》，载 http：//www.mee.gov.cn/xxgk/hjyw/201501/t20150121_294661.shtml，2019 年 6 月 2 日访问。

⑪ 参见吕忠梅：《论环境物权》，载《人大法律评论》2001 年第 1 期。

1. 基线状态

基线状态指污染环境或破坏生态行为未发生时，受影响区域内人体健康、财产和生态环境及其生态系统服务的状态。根据《环境损害鉴定评估推荐方法（第II版）》的规定，在能够确定环境基线且能够恢复至基线水平时，为了有效保护环境，就需要将环境修复至基线状态。对于能否修复至基线状态，则需要由专业的评估鉴定机构进行评估鉴定。

2. 强制标准

一些环境损害会造成生态环境的永久性损害，以至于现有的修复手段难以将其恢复至基线状态，但基于人类生存的需要，至少需将环境损害所造成的危害降低到可接受的风险水平。例如切尔诺贝利核污染事件，虽然无法将生态环境修复至基线状态，但须采取必要手段，防止污染再度扩散。就人体健康可接受的风险水平，则可以按照现行环境强制性规范和标准确定。当前，我国现行有效国家环境保护标准达1970项，⑫ 包括《环境空气质量标准》《地表水环境质量标准》《地下水质量标准》《土壤环境质量标准》《声环境质量标准》《渔业水质标准》等。

（三）细化修复费用：损害赔偿与费用组成

1. 环境修复与损害赔偿

最高人民法院《关于审理生态环境损害赔偿案件的若干规定（试行）》中规定，生态环境损害赔偿范围包括：清除污染费用、生态环境修复费用、生态环境修复期间服务功能的损失、生态环境功能永久性损害造成的损失以及生态环境损害赔偿调查、鉴定评估等合理费用。将环境修复费用与生态环境修复期间服务功能的损失以及生态环境功能永久性损害造成的损失并列，与传统侵权责任中恢复原状与赔偿损失有相当差异。在传统侵权责任法中，恢复原状的责任方式与赔偿损失的责任方式是对立的：如果恢复原状达到了填补损害的目的，则无须再为赔偿；如果赔偿了损失，亦即填补了侵权造成的损害，也无须再为恢复原状（图9）。⑬

---

⑫ 参见生态环境部：《2018中国生态环境状况公报》，载http://www.mee.gov.cn/home/jrtt_1/201905/t20190529_704841.shtml，2019年5月31日访问。

⑬ 张新宝、庄超：《扩张与强化：环境侵权责任的综合适用》，载《中国社会科学》2014年第3期。

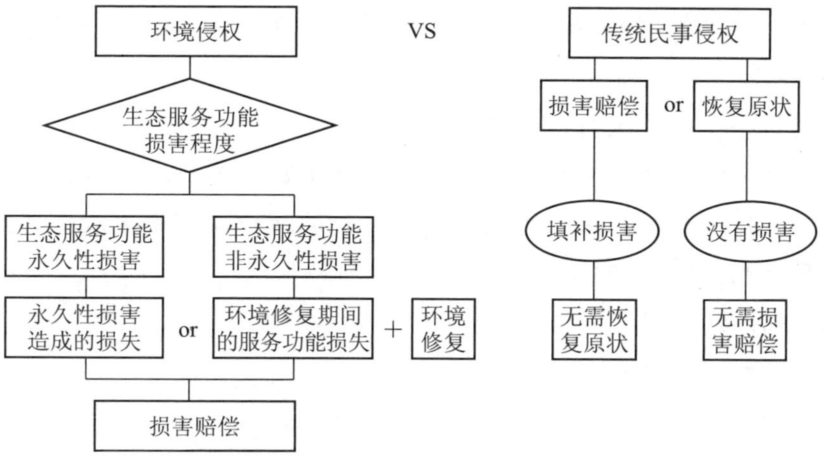

图 9　环境侵权与传统民事侵权责任承担对比图

因此，环境修复责任与环境服务功能损失的适用，要根据环境修复的情况来分析。在环境可以修复至基线水平时，此时没有永久性服务功能损害，侵权者应承担的责任是修复环境并赔偿修复期间服务功能的损失。在环境不能修复至基线水平时，侵害行为会对环境造成服务功能永久性损害，此时除了承担修复责任之外，还需要赔偿修复期间服务功能的损失和生态环境功能永久性损害造成的损失。

2．环境修复费用项目

有学者认为，环境修复及损害赔偿的相关费用可以包括防范性措施费用、清除措施费用、修复性措施费用、附带损失的费用、象征性损害赔偿费五类费用。在判决承担替代性修复费用或者修复责任的时候，应参照类似性质、范围、程度的生态损害事件，根据上述五类费用分类估算其总和。[14] 在司法裁判过程中需要严格适用和把握，按照各项费用的构成逐一审查，作出全面而具体的列举，切忌大而化之、笼而统之。

（四）保障修复实效：可执行性与验收程序

环境修复责任的落实，须具有切实可行的判决内容，如果没有适当的履行方式，“空判”的可能性很大。环境案件具有公益属性，司法机关在环境案

⑭ 参见竺效：《反思松花江水污染事故行政罚款的法律尴尬——以生态损害填补责任制为视角》，载《法学》2007 年第 3 期。

件审判中应适度采取职权主义，关注环境修复实效的保障，明确验收程序，促进环境修复责任的落实。

1．判决主文可执行性的实现

对于简单的环境损害案件，法官可适用直接修复方式，判决责任人履行修复责任，以明确、具体、可操作的方式列明环境修复责任的方式、标准。以植被种植为例，比如具体在何地、补种何种植物、要达到多高的成活率等具体明确的标准。

对于复杂的环境损害案件，需要制定修复方案，涉及大量技术性问题，超出了法官的认知范围，需要专业的环境机构根据环境损害的类型、程度、修复可能性等，制定详细的修复方案。司法实践探索的“附修复方案”的判决方式赋予了修复方式既判力和可执行力，值得借鉴推广。

2．关注判后修复结果的验收

如果只判决责任人履行方式，而没有关注修复结果的验收程序，则可能导致修复行为敷衍了事，无法达到环境修复的目的。如前所述，司法裁判中涉及的验收主体有法院、环保行政机关、第三方专业机构。鉴于法院缺乏环境保护的专业能力，由法院验收不妥；环保行政机关具有相应职能职权和专业知识，且立场中立，在环保府院协作的基础上，由环保行政机关验收可保障验收工作的合法性；第三方专业机构具备相应能力和资质，由于相应费用由责任人承担，应特别关注第三方机构的选择与中立性。笔者认为判决主文中应明确验收主体、验收时间、验收标准、验收费用的承担等，其中验收主体以环保行政机关和第三方专业机构为宜。

结语

环境修复责任是环境损害案件中的重要责任方式，虽然目前仅在司法解释中予以规定，但经过司法实践的探索创新，极大地丰富了环境修复责任的内涵，结合理论分析与实践考察，本文从优化修复方式、明确修复标准、细化修复费用、保障修复实效四个维度对环境修复责任体系构建提出了初步想法，以期为司法实践中更加明确具体、精细准确、可操作的适用环境修复责任提供参考，积累更多司法智慧，促进环境修复责任制度的理论发展和立法完善。

（责任编辑：张　俊）

“无货”封闭式循环买卖的诉讼类型化探究

张晓菁　柳　洋*

封闭式循环买卖，属于融资性贸易的子类，本文代指各方参与企业两两之间签订买卖合同的托盘融资模式，资金与货物形成了封闭的“双循环”，以四方主体为例，资金的流转方向为A—B—C—D—A，而货物的流转方向往往是C—B—A—D—C。①封闭式循环买卖，实质上是为了解决C企业向A企业借款融资问题，而产生的特殊交易类型，其性质、效力以及法律后果在审判实践中长期存在分歧，不同观点的背后都有最高人民法院相应的案例支持。在“无货”封闭式循环买卖案件中，客观上不存在真实的货物，各方当事人均未对货物交付提出异议，A企业在到期后未能收回资金，向人民法院提起诉讼（图1）。

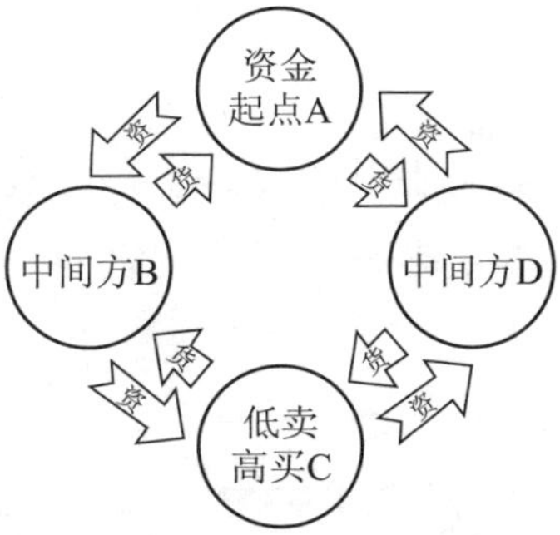

图1　封闭式循环买卖示意图

* 张晓菁，上海市第二中级人民法院商事审判庭审判长，法学学士。柳洋，上海市第二中级人民法院商事审判庭法官助理，法学硕士。

① 封闭式循环买卖，与循环贸易、循环交易有所区别，后者除签订买卖合同模式外，还包括委托采购模式，即参与主体以受托人身份代理采购并构成封闭式循环的，不属于本文讨论范围；B、D可能均为两家以上，诉讼中A往往仅对与其缔约相对方主张权利，故本文中B与D原则上仅代指与A直接签订合同的中间方，如代指其他中间方，将作特别说明。

一、“无货”封闭式循环买卖的案件特点

封闭式循环买卖案件争议大，二审法院维持原判比例低。笔者以“循环买卖”为检索词，在法信平台“本院认为”部分中进行文本检索，再以“民事”“二审”在程序上进行限制，筛除未经实体审理的“驳回起诉”裁定后，显示有效案件数为39件，其中，上诉人胜诉的案件数为24件，② 即以改判发回结案的比例达61.5%，远高于一般合同案件的改发率。

封闭式循环买卖的资金、货物流转方面具备以下特征：其一，资金的起点与终点是资金提供方A企业，买卖合同约定价格的最高点与最低点是资金需求方C企业；其二，货物的起点与终点绝大多数情况下是资金需求方C企业，但这并非必然，除资金提供者以外的主体均可以作为货物的最初提供方与最终接受方；其三，无货，即客观上不存在货物，或者实际供货与约定货物明显不符，③ 但各方往往在诉讼发生前均未对供货情况提出异议。

“无货”封闭式循环买卖，在各方参与主体缔约时，具有贸易合同签约时间相近、形式上标的物为同批货物且不发生位移、合同收益固定、贸易商不承担转售交易风险等显著特征。④ 其中，A、B、D企业的商业信誉良好，往往为国有企业，C企业与D企业先前一般存在商业往来，甚至C企业的实际控制人曾在D企业任职。⑤B企业、D企业参与到循环买卖中，作为回报，可以取得买卖合同的差价。

“无货”封闭式循环买卖之所以产生纠纷，与资金需求方的偿还能力直接相关，“由于国际市场原油、铁矿石、铜等大宗商品价格的大幅下跌，导致企

② 最后登陆时间为2019年10月19日，囿于循环买卖的概念尚未被统一使用，现有案件虽难以周延全部情形，但样本的抽样具备随机性，对于判断循环买卖案件二审的总体改发情况，可作为参考。

③ 本文仅以“无货”封闭式循环买卖为研究对象，如果封闭式循环买卖中真实存在货物，理论上出借人可以在未收到款项前约定保留货物所有权，即签订买卖合同作为民间借贷合同的担保，类似于让与担保的升级版，真实存在货物的循环买卖法律性质的认定应当与让与担保的司法认定思路保持一致。

④ 智浩：《钢贸业融资性贸易业务风险防范与应对的思考》，载《新会计》2014年第4期。

⑤ 参见上海市第二中级人民法院（2018）沪02民终10406号民事判决书以及（2019）沪02民终6859号民事裁定书。

业资金链突然断裂引发了企业大面积、集中信贷违约和贸易违约”。[⑥]一旦进入诉讼程序后，封闭式循环买卖的案件体现出以下特点：其一，提起诉讼主体为资金提供者A企业，因为资金回笼意愿最强烈，这往往是后续多起纠纷的诉讼起点；其二，资金需求方C企业往往不会否认自身还款责任，但客观上确实缺乏偿还能力，如果资金需求方C企业拒绝付款，则以合同相对性原则、其与资金提供方A企业无买卖合同作为抗辩理由；其三，中间方往往认为其主观上不知晓封闭循环情况，因被欺诈否认合同效力，或者付款主体应为实际借款人，进而主张其无需承担责任。

二、最高人民法院典型案例及评析

（一）最高人民法院三个案例对性质认定的变化

最高人民法院于2013年9月26日作出“上海富雷雅科技有限公司与上海航天能源股份有限公司及上海新华威冷弯型钢有限公司企业借贷纠纷”申请再审民事裁定书，核心观点如下：三方之间的“买卖”关系的交付过程，均无货物实际流转与交接，中间方不需要提取货物亦未实际取得并交付提货凭证，不承担市场价格变动风险，只需要按照上家的指示开具增值税发票，并通过加价行为获取利润，涉案交易流程不符合买卖合同交易特征，资金提供方与需求方之间系名为买卖，实为借贷法律关系。[⑦]该案否认了形式上的买卖合同关系，实质上认定“无货”封闭式循环买卖中各方当事人共同作出了虚伪意思表示。

时隔一年，最高人民法院对“无货”封闭式循环买卖的性质认定发生了根本性的转变，在2014年6月17日作出的“中设国际贸易有限责任公司与中国航油集团上海石油有限公司一般买卖合同纠纷”二审民事判决书中，最高人民法院认为：即便“走单、走票、不走货”交易的客观事实存在，未违

⑥ 沈周凤：《循环买卖案件的审理原则》，《江苏经济报》2016年3月23日。

⑦ 参见最高人民法院（2013）民再申字第15号民事裁定书；最早的封闭式循环贸易为最高人民法院于2010年12月26日作出的“查某某与杭州天恒实业有限公司企业借贷纠纷一案”再审民事判决书，同样认定为名为买卖，实为借贷法律关系，但该案中资金提供方以代理人身份签订买卖合同，因不属于本文讨论的封闭式循环买卖，故未以此案为例。

反法律、行政法规强制性规定，资金提供方与中间方的买卖合同合法有效，中间方向资金提供方出具《收货证明》，即使事实上并未提取相关货物，亦属于其自身权利的处置，不能以此否认中设贸易公司已经向其履行了交付货物的合同义务。[⑧] 因此，对于“走单、走票、不走货”交易中货物是否真实存在，已无必要进行实质审查。

又过一年，最高人民法院于2015年11月19日作出“日照港集团有限公司煤炭运销部与山西焦煤集团国际发展股份有限公司借贷合同纠纷”民事判决书，再次否定了买卖合同有效的观点：“三方之间形成了一个标的相同的封闭式循环买卖，并非真实的买卖关系，而是以买卖形式进行融资借贷，资金需求方作为实际借款人，本案的案由为企业间的借贷合同纠纷。三方之间所签订的买卖合同均欠缺真实的买卖意思表示，属于当事人共同而为的虚伪意思表示，故均应认定为无效。”[⑨] 该案于2017年6月以最高人民法院公报的形式刊载后，对当前的审判实践具有较强的指导意义。

（二）对最高人民法院审判思路的评析

上述三个案例，体现了最高人民法院对循环买卖的性质认定思路的变化，从借贷合同关系，到买卖合同关系，再回归到借贷合同关系，全国各地法院的审判思路及时跟进，也难免存在延时，循环买卖各方当下涉及循环买卖的案件，当事人对结果的预期都陷入了较大的不确定性。亟待解决的是，人民法院应当立足经济社会的发展情况，统一对“无货”封闭式循环买卖性质的认定方式。买卖合同有效，还是名为买卖、实为借贷，这两种认定方式何者更为合理？

如果认定买卖合同有效，则难以解释无货、资金需求方存在低卖高买的异常行为，同时，默认发票不对应实体贸易的虚增交易额，可能为虚假交易骗取银行贷款提供条件，似不足取。然而，低卖高买只针对多方买卖主体中的一方，即资金需求方，其他参与主体都会在买卖合同正常履约的情况下获

---

⑧ 参见最高人民法院（2014）民二终字第00056号民事判决书。

⑨ 参见最高人民法院（2015）民提字第74号民事判决书，该案入选2017年6月最高人民法院公报案例；后续（2017）最高法民申2098号民事裁定书、（2018）最高法民终888号民事判决书，在性质上均遵循虚伪意思表示的认定思路。

益，而且存在时间间隔的低卖高买行为并非必然有悖于商事交易习惯；对于发票不对应实体贸易的问题，则可以通过税务部门采取行政手段予以解决，亦不当然影响民事行为的效力。

如果认定为虚伪意思表示、买卖合同无效，实为借贷合同关系，存在以下问题：第一，除了货物的交付方面，各方当事人均意在履行协议，区别于一般的通谋虚伪意思表示，对于货物这一履行要求，即使各方都已客观上实际交付，或者货物真实存在但流转的是提单类物权凭证，经过各方当事人严格按照合同履行，最终又回归到起点，这与无货的情况本质上无差别。从其合同订约目的而言，根本上属于商品货物买卖行为，合同订立双方当事人处于出卖人和买受人的地位。[⑩]第二，在判断当事人是否有借贷合意的过程中，只要当事人采用了符合循环贸易构成要件的交易方式，即可推定出当事人的融资目的，因此并不需要再单独证明循环贸易当事人具有融资目的。[⑪]一旦构成“无货”封闭式循环买卖的外观，原则上推定资金提供方对买卖合同封闭情况已知晓，在其他当事人不配合的情况下，资金提供方很难提供有力的证据推翻虚伪意思表示的认定。实际上，循环贸易存在一定的隐蔽性，即由于循环贸易的参与方多为三家或三家以上的企业，故实际资金出借人可能并不知道自身参与的是循环贸易。[⑫]对于多方主体参与的“无货”封闭式循环买卖，确实存在资金提供方或者中间方不了解全局闭合的可能，尤其是资金提供方，因为这看起来是一桩无害的买卖。此时，“无货”封闭型循环买卖的局部分析往往让位于整体判断，资金提供方将被整体判断的虚伪意思表示误伤。

笔者认为，“无货”封闭型循环买卖在性质上最接近法律规避行为。法律规避行为区别于虚伪表示行为，是当事人真正意图发生法律效果的行为；而虚伪表示行为的当事人无意实现其表示所指向的法律效果，其表示无效，无法实现规避禁止性法律的目的。[⑬]对于法律规避行为，应承认其价值上是中

⑩ 石金平：《循环贸易纠纷裁判路径探析》，《人民法院报》2015 年 4 月 15 日。

⑪ 曾猛：《循环贸易法律问题研究》，《海南大学 2018 年硕士学位论文》。

⑫ 邢宇飞：《我国国有企业融资性贸易的风险与防范》，对外经济贸易大学 2017 年硕士学位论文。

⑬ [德]维尔纳·弗卢梅：《法律行为论》，迟颖译，法律出版社 2013 年版，第 414 页。

性的，不应一律认定无效，应由法官依事实和法律解释分类处理。[14]然而，最高人民法院于2015年11月19日作出的再审裁定已经明确了虚伪意思表示的解释路径，这势必影响近年来“无货”封闭型循环买卖的处理结果。对历史的研究可以表明，有序的生活方式要比杂乱的生活方式占优势。在正常情况下，传统、习惯、业经确立的惯例、文化模式、社会规范和法律规范，都有助于将集体生活的发展趋势控制在合理稳定的范围内。[15]笔者认为，司法裁判应当具有稳定性，为充分保护潜在的对循环买卖不知情的资金提供方，宜坚持以虚伪意思表示解释方法为原则，同时将两种解释方法的处理结果趋同，使当事人内心对裁判结果的预测更为稳定。下文在虚伪意思表示的解释方法的基础上，尝试对“无货”封闭式循环买卖的诉讼进行类型化分析。

三、借贷效力的认定以及借款人责任

我国《民法总则》第一百四十六条规定：“行为人与相对人以虚假的意思表示实施的民事法律行为无效。以虚假的意思表示隐藏的民事法律行为的效力，依照有关法律规定处理。”买卖合同因虚假的意思表示而无效，但其隐藏的民事法律行为即借贷合同，其效力需要进一步判断。

在循环贸易的纠纷中，无论循环贸易中的合同如何，借款方都有偿还的义务。[16]中间方原则上属于履行辅助人，而非直接承担还款义务的借款债务人。债务人为履行辅助人的不当履行负担合同责任的理论依据是对合同上之预见的尊重。[17]如果不存在违反我国法律、行政法规效力性强制规定的行为，原则上应属有效，实际借款人应偿还本金及利息，按照出借人签订的原买卖合同卖出货物的价格计算，但应受到《最高人民法院关于审理民间借贷案件适用法律若干问题的规定》中年利率24%以及36%标准的限制。值得注意的是，借款人以担保人身份为出借人与资金下游方的买卖合同提供保证的，

---

⑭ 王军：《法律规避行为及其裁判方法》，《中外法学》2015年第3期。

⑮ ［美］博登海默：《法理学：法律哲学与法律方法》，邓正来译，中国政法大学出版社2004年版，第236页。

⑯ 宋晓桓：《实务中循环贸易纠纷的研究与思考》，载《法制与社会》2018年11月（中）期。

⑰ 解亘：《再论〈合同法〉第121条的存废——以履行辅助人责任论为视角》，载《现代法学》2014年第36卷第6期。

实质重于形式，借款人为其真正的身份，将不再将其作为保证人。[18]

“无货”封闭型循环买卖定性为无效的借贷合同，存在两层含义：一方面，认定当事人的意思表示不真实，即买卖合同的形式是假象；另一方面，基于当事人融资的真实意图，将合同归类、定性为企业间借贷，进而援引以往相关金融法规中对企业间借贷严格的限制性规定，判决合同无效。[19]审判实践中典型的无效情形包括：第一，关于出借款项的来源，《最高人民法院关于审理民间借贷案件适用法律若干问题的规定》第十四条第一款规定：具有下列情形之一，人民法院应当认定民间借贷合同无效：（一）套取金融机构信贷资金又高利转贷给借款人，且借款人事先知道或者应当知道的。据此，人民法院需要查明出借人的资金是否属于信贷资金、是否符合高利以及借款人对此是否知晓等要素。第二，出借人是否以借贷为常业，即出借行为具有反复性、经常性，借款目的具有营业性，借贷合同无效。借贷合同无效后，借款人仍负有义务返还已收到的资金以及利息损失，利息损失一般以人民银行同期同类存款基准利率的标准计算。借贷合同有效抑或无效，借款方责任虽然均无法免除，但这直接影响到中间方承担责任的方式。

四、中间方的责任认定

本文以资金流向标记中间方、借款人为参照方，则在前述循环示意图中，中间方 B 企业为资金上游方，中间方 D 企业为资金下游方。

（一）借贷合同有效时的中间方责任

1．资金上游中间方责任

出借人以未实际收到货物为由，请求资金上游方返还货款，这是在买卖合同有效为前提的诉讼策略，而在买卖合同无效、借贷合同有效的情况下，资金上游方为借款人代收资金，本身并非借款人。中间方没有借贷意思表示，只是通过“买卖合同”约定收取少量差价，这是以开具增值税发票和差旅费等其他成本支出为目的的意思表示，这符合“履行辅助人”的特征，债务人

---

[18] 参见上海市第二中级人民法院（2019）沪 02 民终 6859 号民事裁定书。

[19] 旷涵潇：《循环贸易的商业目的、交易形式与合同效力——以最高人民法院（2014）民二终字第 56 号判决为例》，载《研究生法学》2015 年第 5 期。

应当为其履行辅助人的辅助债务的行为负责。[20] 出借人将款项支付给资金上游方，即已完成了出借资金的义务，有权向真实借款人主张权利，而非直接向借款人的履行辅助人主张权利，因此，出借人无权请求资金上游方承担偿还本息的责任。[21]

2．资金下游中间方责任

出借人以实际交付货物后，资金下游方未按照买卖合同约定及时付款，请求资金下游方给付货款。审判实践中，资金下游方的抗辩理由往往包括：无货则无需支付对价，签订买卖合同时被借款人以及出借人欺诈，名为买卖、实为借贷而己方并非借款人。资金下游方关于无货、缔约时被欺诈仍是在买卖合同性质的基础上提出抗辩，并不足取，而第三个关于合同性质的抗辩符合最高人民法院关于“无货”封闭式循环买卖性质的认定，该抗辩事由具备合理性，但对于资金下游方是否承担责任，应当区分以下两种情况：

第一，资金下游方在缔约后从未承诺付款的，从各方之间的合同内容、付款以及收货确认情况来看，资金下游方作为借款人的还款辅助人，出借人与资金下游方并非直接形成借贷法律关系，因此，出借人直接请求资金下游方还款的，依据不足。该处理方式相较于买卖合同有效的情况，处理结果恰好相反，出借人往往坚持认为资金下游方应承担还款责任，因此，在以下情形中，出借人行使权利的机会并未完全丧失。

第二，在资金下游方缔约后，再次向出借人确定结欠的货款数额的，宜认定资金下游方对借款人的债务加入行为。[22] 首先，资金下游方的还款责任重于资金上游方，资金下游方往往是信誉良好的企业，出借人对其商业信任高于借款人，资金下游方作为未来款项归还的承担者，而资金上游方作为中间通道的特点更强烈。其次，资金下游方往往与借款人存在长期业务往来，在资金下游方付款条件中可以看出，在缔约时较为强势的出借人，一般不会同意以资金下游方收到借款人款项为付款条件，那么资金下游方一旦签订协

[20] 孙孝倩：《名为买卖实为借贷法律关系认定及责任分配》，《山东法制报（数字报）》2018年12月7日。

[21] 参见山东省日照市中级人民法院（2018）鲁11民终113号民事判决书，广东省广州市中级人民法院（2018）粤01民终925号民事判决书。

[22] 参见上海市第二中级人民法院（2018）沪02民终10406号民事判决书。

议，也应当预期借款人资金链断裂与否，不影响资金下游方的还款责任。最后，如果免除资金下游方的还款责任，在各方合作顺利的情况下，资金下游方获得差价收益，而如果借款人未如期还款，资金下游方不承担责任，可见，资金下游方的收益与风险并不对等，间接鼓励资金下游方参与对中间通道业务中来。在资金下游方缔约后，再次向出借人确定结欠的货款数额的，宜认定资金下游方对借款人的债务加入行为，从整体合同签订内容、无货但确认收货的情况看，资金下游方对借贷法律关系已知，却同意归还款项，因此，资金下游方因新的承诺而承担还款责任。

（二）借贷合同无效时的中间方责任

1．资金下游中间方责任

借贷合同一旦被人民法院认定为无效，资金下游方（包括未与出借人缔约的中间方）应当在借款人不能清偿的部分，按照其过错程度，承担一定比例的还款责任。我国《民法总则》第一百五十七条规定："民事法律行为无效、被撤销或者确定不发生效力后，行为人因该行为取得的财产，应当予以返还；不能返还或者没有必要返还的，应当折价补偿。有过错的一方应当赔偿对方由此所受到的损失；各方都有过错的，应当各自承担相应的责任。法律另有规定的，依照其规定。"资金下游方责任份额的确定方式，不可一概而论，这属于人民法院行使自由裁量权的范畴。资金下游方的过错比例，原则上以参与循环买卖的人数按比例分配，再结合资金下游方促成签订循环买卖合同的作用、履行合同中是否占用款项、获取收益大小等因素，综合认定其补充责任的份额。[23]

2．资金上游中间方责任

资金上游方（包括未与出借人缔约的中间方）的责任，相较于资金下游方，最直接的区别在于资金上游方从出借人处收取款项，如果认定借贷合同无效，存在两种责任的分配方式：其一，全部返还本金责任；其二，按过错程度承担还款责任。关于全部返还本金责任，最高人民法院公报案例（日照港集团有限公司煤炭运销部与山西焦煤集团国际发展股份有限公司借贷合同

[23] 参见山东省济南市铁路运输中级法院（2018）鲁71民终13号民事判决书。

纠纷案）最终认定资金上游方返还全部本金，利息损失计算标准为同期银行贷款利率。笔者倾向于第二种处理方式，在借贷合同无效的情况下，资金上游方与资金下游方的地位并无本质区别，均为履行辅助人的身份，履行辅助人无需向出借人返还全部本金。最高人民法院公报案例将每份买卖合同均直接定性为借贷合同，进而将作为履行辅助人身份的资金上游方定位为借款人，似有不妥。资金下游方在签订买卖合同后，未明确代借款人归还款项的，宜参照上述资金上游方的责任分配方法，按其主观过错程度承担补充责任。

五、“无货”封闭式循环买卖案件的审理思路

当事人依据买卖合同仅起诉合同相对方的，如合同相对方抗辩称存在循环买卖、实为借贷的，并提供同一标的物、相同格式样本、签订日期相同或相近的买卖合同，为了准确确定案件的性质，人民法院应当追加潜在的所有循环买卖缔约人参加诉讼。由于当事人未能全面参与诉讼，一审判决被发回重审，或者二审判决被提起再审。[24]

关于货物实际交付情况，当事人仅仅提供收货确认材料，而未提供物权交接凭证、运输凭证的，此时，借款人的陈述更为可信，因为借款人往往是货物流转的起点与终点，是货物实际验收人。如果仍无法确认货物交付情况，人民法院可以追加仓储方或者货物生产方为诉讼参与人，以核实货物是否存在。

如果多份买卖合同已构成封闭式循环买卖且不存在货物实际交付的，人民法院应当按照民间借贷法律关系审理。《关于民事诉讼证据的若干规定》第三十五条规定：“诉讼过程中，当事人主张的法律关系的性质或者民事行为效力与人民法院根据案件事实作出的认定不一致的，不受本规定第三十四条规定的限制，人民法院应当告知当事人可以变更诉讼请求。”据此，人民法院应向原告释明变更诉讼请求，原告拒绝变更的，其诉讼请求难以被支持。[25]在原告变更诉请后，由于借款人往往已无偿还能力，而中间方商业信用良好，

㉔ 参见北京市第一中级人民法院（2018）京01民终2034号民事裁定书，江苏省南京市中级人民法院（2017）苏01民终6853号民事裁定书，北京市高级人民法院（2017）京民再60、61号民事裁定书。

㉕ 参见上海市第二中级人民法院（2019）沪02民终6859号民事裁定书。

原告仍然不会放弃请求中间方承担责任，人民法院应当进一步审查借贷合同的效力、分配还款责任。

借款人的行为如涉嫌构成合同诈骗罪，人民法院应当裁定驳回。借款人自认出借人与中间方均不知晓循环买卖的，或者公安机关已对借款人涉嫌构成合同诈骗罪刑事立案，[26]因民事与刑事案件存在同一事实或者同一法律关系的，人民法院应当依照《最高人民法院关于在审理经济纠纷案件中涉及经济犯罪嫌疑若干问题的规定》第十一条的规定，[27]裁定驳回起诉，并将有关案件材料移送。在其他情况下，人民法院应当谨慎裁定移送，由于出借人与中间方往往均为国有企业，借款人是款项返还的最终承担者，如果借款人继续从事商业活动，尚存在清偿借款的可能，相反，如借款人均被刑事手段惩戒，则将会不可避免地加剧国有资产的流失。

“无货”封闭式循环买卖作为企业间融资的特殊形式，在当前司法实践中应从整体的角度认定当事人虚伪意思表示，进而确认其借贷合同性质。如果不存在违反金融秩序等强制性效力性规定的情形，借贷合同应当认定有效。中间方的责任因借贷合同的效力、中间方处于循环买卖的地位而有所区别。借贷合同有效时，资金上游中间方作为履行辅助人，无需承担还款责任，而资金下游中间方如缔约后，再次向出借人确认结欠货款的，宜认定为资金下游方对借款人的债务加入行为；借贷合同无效时，应当结合参与循环买卖的人数、资金下游方促成签订循环买卖合同的作用、履行合同中是否占用款项、获取收益大小等因素，综合认定中间方补充责任的份额。

（责任编辑：徐　川）

[26] 参见北京市第一中级人民法院（2018）京01民终8092、8136、8145、8157号民事裁定书。

[27]《最高人民法院关于在审理经济纠纷案件中涉及经济犯罪嫌疑若干问题的规定》第十一条规定，人民法院作为经济纠纷受理的案件，经审理认为不属经济纠纷案件而有经济犯罪嫌疑的，应当裁定驳回起诉，将有关材料移送公安机关或检察机关。

论股东未届期出资责任的司法认定

王益平*

2013年12月28日《中华人民共和国公司法》(以下简称公司法)第三次修正，对公司资本制度作出重大调整，将注册资本登记制度由实缴制改为认缴制，认缴出资额、出资方式、出资期限等均交由公司股东自主约定并记载于公司章程，放宽注册资本登记条件，不再限制公司设立时股东首次出资比例、货币出资比例以及股东缴足出资的期限，实收资本不再作为工商登记事项，公司登记时无需提交验资报告。注册资本认缴制重构了公司法上的股东出资模式。基于实缴制而制定的股东出资法律规则已无法适应新形势下的司法审判需要，公司法立法的滞后性问题日益突出。如何依法规制认缴制背景下股东的出资责任，是亟待回应的公司法疑难问题之一。

一、现状和问题：对现行股东出资责任认定规则的反思

(一) 认缴制背景下股东出资责任的立法现状

1. 认缴制对法律配套供给具有迫切需求

认缴制降低了市场主体设立公司的门槛，但随之出现的投机、失信的公司注册行为，诸如注册资本金只有一元的“侏儒公司”、设定超长认缴期限的“无赖公司”，引起市场的担忧。市场监管者意识到“宽进”的同时必须加以“严管”。正如国务院发布的《关于印发注册资本登记制度改革方案的通知》中所强调的，推进认缴制必须进一步强化市场主体责任，健全配套监管制度，加强对市场主体的监督管理，促进社会诚信体系建设，维护公平竞争的市场

* 王益平，上海市第三中级人民法院审判员，法律硕士。

秩序。股东认缴出资后，如何加强公司治理，规范认缴股东在公司经营期间行使权利、履行义务，亟须在法律层面作出系统性的制度安排。

2．公司法未作明确规定

公司法第三条规定，公司是企业法人，有独立的法人财产，享有法人财产权。公司以其全部财产对公司的债务承担责任。有限责任公司的股东以其认缴的出资额为限对公司承担责任；股份有限公司的股东以其认购的股份为限对公司承担责任。该条明确了认缴股东对公司的出资责任。但公司法并未在公司治理和市场交易的维度上对追究股东出资责任作出规定。

3．司法解释未作全面回应

鉴于股东出资对公司、公司债权人的利益具有重要影响，为规范股东出资责任的认定，最高人民法院在2010年制定《最高人民法院关于适用〈中华人民共和国公司法〉若干问题的规定（三）》（以下简称《公司法司法解释三》），对股东违反出资义务承担法律责任的典型形态作出规定，基本能够适应当时实缴制背景下的司法审判需要。而在实行认缴制后，虽然该司法解释随之作了部分调整，但仍无法解决有关认缴股东出资产生的一系列新问题：公司债权人能否在个案中向股东主张认缴出资加速到期，在认缴期限届满前股权能否频繁易手"击鼓传花"，股东是否有权修改公司章程延长出资期限，认缴出资后随意减资如何规制等。

认缴股东所享有的出资数额利益、出资形态利益、出资期限利益与公司利益、债权人利益处于前所未有的紧张对抗状态，实缴制背景下股东出资责任的认定规则难以照搬套用。认缴制下股东出资责任的法律规制存在漏洞和空白，法律供给不足，需要引起国家立法机关和最高审判机关的充分关注并给予及时回应。

（二）认缴制背景下追究股东出资责任的司法实践

1．最高人民法院观点

因认缴制而引发的公司、公司债权人追究认缴股东出资责任的纠纷频现，认缴股东利益与公司利益、公司债权人利益的权利界限不明，而法律规制又存在滞后性，导致案件的裁判尺度缺乏明确统一的标准。最高人民法院对该问题有所注意。

2015年12月的《最高人民法院第八次全国法院民事商事审判工作会议纪要》指出，不能因为新公司法将出资事宜交由股东灵活决定，就无视注册资本法律规则，放纵投资者背信行为，公司股东尤其是大股东通过股东会决议修改章程，延长出资期限、减少出资数额，应当按照《公司法》第二十二条的规定审查修改公司章程的决议是否有效，或者按照公司法规定的减资规则审查股东减少出资的程序是否合法。股东作出减资决议减少出资数额，但未进行变更登记的，不得对抗善意第三人。目前尚无法律、司法解释对股东因出资期限未届满而未缴纳出资就转让股权时由谁承担出资责任进行明确规定。因为此时的未缴纳出资为合法而不是非法，所以不能当然适用《公司法司法解释三》的规定。2019年7月的《全国法院民商事审判工作会议纪要》（以下简称九民会纪要）认为，在注册资本认缴制下，股东依法享有期限利益。债权人以公司不能清偿到期债务为由，请求未届出资期限的股东在未出资范围内对公司不能清偿的债务承担补充赔偿责任的，人民法院不予支持。但是，下列情形除外：（1）公司作为被执行人的案件，人民法院穷尽执行措施无财产可供执行，已具备破产原因，但不申请破产的；（2）在公司债务产生后，公司股东（大）会决议或以其他方式延长股东出资期限的。

2．地方高级人民法院意见

2016年，上海市高级人民法院曾就认缴制背景下公司纠纷案件审理中的若干法律问题进行研讨，倾向性意见认为，《公司法司法解释三》第十八条第一款针对的是出让股东未按期足额缴纳公司章程中规定的认缴出资额就转让股份的情况，而股东在出资期限届满前转让股权，因尚未到出资期限，出让股东并不构成对出资义务的违反，也就不属于上述规定的“未履行或未全面履行出资义务即转让股权”的情形，故不应适用该条款追究该出让股东与受让股东的出资责任。对于出资期限未届满的股东是否应当对公司未清偿的到期债务承担民事责任的问题，会议讨论认为应当注意把握以下几点：（1）股东认缴出资额、出资时间、出资方式以及验资方式等属公司自治范畴，如不违反法律、行政法规的强制性规定，应当予以尊重；（2）债权人主张股东对公司不能清偿的到期债务承担责任的，应对《公司法司法解释三》第十三条所规定的股东承担补充赔偿责任的要件事实进行审查，即股东未履行或者未全面履行出资义务的情形是否存在。如果股东系因出资期限尚未届满而未出资，不能认为股东未履行或者未完全履行出资义务；（3）如果存在公司减资或者股东延长出资期限的情形，审理中应注意依照公司法等相关规定，审查减资程序是否合法，变更资本和延长出资期限的股东会决议是否有效。

上述司法实践中的观点和意见，对类案审判具有风向标作用，从中可以洞察人民法院对认缴制股东出资责任的司法态度和审理原则，具有重要指导意义。所形成的意见和观点在以下三个方面对认缴股东的出资责任指明了处理原则：其一，认缴期限未届满时的出资未缴纳状态不属于股东违反出资义务；其二，认缴制赋予股东的权利不得滥用，行使权利应当符合公司法基本原理和精神、诚实信用原则；其三，追究认缴期限未届满股东出资责任须遵循一般禁止、特殊例外的标准，最高人民法院综合正确处理司法与行政、立法的关系等各方面因素，对法律规定之外的加速到期持非常慎重的态度。① 目前形成共识可加速到期的情形主要有：公司已被破产清算或已解散清算，公司虽未被受理破产但客观符合破产原因，以及为逃避出资义务恶意延长出资期限。

二、法益衡量：对认缴股东法定利益与出资义务的再认识

（一）认缴制赋予股东法定利益的定性

1. 认缴制股东利益的内涵

认缴制取消对公司设立时注册资本数额、出资形态和出资期限的法定强制性要求，赋予认缴股东享有自行认购出资数额的数额利益，自由选择实物出资或货币出资的形态利益，自行确定何时缴纳出资的期限利益。股东享有的上述三种利益属于公司法保护的法定利益，是认缴制改革的核心内容。

2. 股东期限利益定性

认缴股东享有三种法定利益之中，期限利益对现行股东出资责任认定规则的冲击最为显著，争议最大，问题最多。期限利益，是指当事人因期限的存在而享有的利益，就履行期限而言，指约定履行期限的债务在期限届满之

① 最高人民法院民事审判第二庭编著：《〈全国法院民商事审判工作会议纪要〉理解与适用》，人民法院出版社2019年版，第126—127页。

前不得请求履行，对债务人有明显的利益。② 期限利益属于法定利益，其丧失和剥夺亦须法定。例如《中华人民共和国企业破产法》(以下简称《企业破产法》)第三十五条规定的出资人认缴出资加速到期，第四十六条规定的未到期债权破产受理时视为到期，《中华人民共和国物权法》第一百九十三条、第二百一十六条规定的担保权人有权在担保财产价值贬损时要求提前清偿债务，《公司法》第一百七十三条、第一百七十七条规定的债权人在公司合并、减资时有权要求公司提前清偿债务或提供担保。可见，当出现债务人行为损害到债权人利益的情形时，法律作出了例外安排，债务人的期限利益须让位于债权人利益。认缴制中股东享有的期限利益，亦不应该是排他性的绝对权利。认缴并非免除出资义务，股东仍应在认缴期限届满时缴足出资。认缴股东享有期限利益的同时应对其认缴出资承担财产担保责任。

（二）股东期限利益与公司利益之衡量

1．股东视角中的期限利益

认缴股东享有公司法保护的法定期限利益，在公司章程约定的出资期限届满之前，除法定丧失期限利益的情形之外，股东享有拒绝出资的权利。股东享有期限利益的原因行为是其作出了认缴出资的意思表示，属于民法上为自己设定负担的行为，对公司形成出资债务，股东与公司之间建立债权债务关系。该债务类型为附履行期限的债务。

2．公司视角中的股东期限利益

如果将视角从股东转换为公司，则股东认缴的出资既是公司的基础责任财产，也是公司资本信用的重要内容，关系到公司资本充实原则的落实。公司对认缴股东享有的出资债权具有公司资产属性。该出资债权不单单是合同法意义上的债权，更为重要的是其是基于股东与公司之间因出资关系而形成的公司法上的特殊债权。该债权的特殊性来自公司法具有的公法属性，例如股东的出资义务禁止被免除，出资必须真实缴纳，股东的出资债务不得与对公司的债权抵销等。因此，股东对其认缴行为已经确定的公司资产，不得随意变更、处分，如超长变更出资期限、将股权转让给缺乏出资能力的受让人

② 梁上上：《未出资股东对公司债权人的补充赔偿责任》，《中外法学》2015年第3期。

等行为，都极有可能对该项公司资产造成贬损。

（三）股东期限利益与公司债权人利益之衡量

1．股东期限利益对抗公司债权人的表现

股东以期限利益能够对抗公司债权人的补充赔偿责任请求权。认为债权人利益应优先于认缴股东期限利益受到法律保护的观点有失偏颇。两种法益并无高低优劣之分。股东认缴出资具有公示性，而债权人自主选择了交易公司，这就决定了债权人必须对公司认缴股东的正当期限利益有所预期，应予以尊重和忍耐。股东出资期限未届满在现行公司法中难以归入股东违反出资义务的范畴，公司债权人向未届认缴期限的股东追究责任缺乏法律依据。

2．公司债权人对股东期限利益的限制

诚然，债权人保护是公司资本制度改革必须加以重视的课题。《公司法司法解释三》第十三条第二款、第十八条[③]确立了公司债权人对未履行或未全面履行出资义务的股东在未出资范围内对公司不能清偿的债务有权主张补充赔偿责任。股东补充赔偿责任是基于特殊利益衡量，突破了债的相对性，它是基于公司法中关于股东出资义务的强制性规定所作出的一种细化解释，其

③《最高人民法院关于适用〈中华人民共和国公司法〉若干问题的规定（三）》第十三条：股东未履行或者未全面履行出资义务，公司或者其他股东请求其向公司依法全面履行出资义务的，人民法院应予支持。公司债权人请求未履行或者未全面履行出资义务的股东在未出资本息范围内对公司债务不能清偿的部分承担补充赔偿责任的，人民法院应予支持；未履行或者未全面履行出资义务的股东已经承担上述责任，其他债权人提出相同请求的，人民法院不予支持。股东在公司设立时未履行或者未全面履行出资义务，依照本条第一款或者第二款提起诉讼的原告，请求公司的发起人与被告股东承担连带责任的，人民法院应予支持；公司的发起人承担责任后，可以向被告股东追偿。股东在公司增资时未履行或者未全面履行出资义务，依照本条第一款或者第二款提起诉讼的原告，请求未尽公司法第一百四十七条第一款规定的义务而使出资未缴足的董事、高级管理人员承担相应责任的，人民法院应予支持；董事、高级管理人员承担责任后，可以向被告股东追偿。第十八条：有限责任公司的股东未履行或者未全面履行出资义务即转让股权，受让人对此知道或者应当知道，公司请求该股东履行出资义务、受让人对此承担连带责任的，人民法院应予支持；公司债权人依照本规定第十三条第二款向该股东提起诉讼，同时请求前述受让人对此承担连带责任的，人民法院应予支持。受让人根据前款规定承担责任后，向该未履行或者未全面履行出资义务的股东追偿的，人民法院应予支持。但是，当事人另有约定的除外。

法律依据是公司法而非合同法。[④] 债权人行使该项特殊请求权必须以公司缺乏清偿能力和股东违反出资义务为前提条件。但若股东在认缴期限届满前延长认缴期限、以转让股权方式将出资义务转移给他人，将使公司债权人的权利实现有再次落空的担忧。

三、认定思路：股东未届期出资责任的规制和适用

（一）规制股东未届期出资责任的基本原则

1. 权利的行使须有序规范

股东基于认缴出资享有的期限利益及其行使应当遵循公司法基本原理和精神，符合公司资本的确定、维持和不变三原则。股东应在符合健全组织架构、正当运营决策程序，以及有效内控机制的公司治理宗旨的基础上规范运用期限利益。

2. 股东运用期限利益的效力内外有别

在公司内部，股东运用期限利益应当充分尊重公司成员意思自治和权利处分，对公司成员具有法律效力；对于不属于公司的“外人”公司债权人而言，期限利益的公示性特征导致股东原则上仍能够对抗公司债权人，但由于公司债权人没有机会和权力介入公司经营决策，股东在对其期限利益进行变更、处分致使期限利益发生重大变化时，不当然产生对抗公司债权人的效力。

3. 权利行使须具备合法性与正当性标准

要防止两种错误偏向，既要防止随意剥夺股东期限利益，否则会动摇我国注册资本认缴制的根基，打击投资者信心，有损公司法权威；也要防止无条件地绝对维护股东期限利益，因为这与“宽进严管”的公司资本制度改革宗旨相悖，将危及市场交易安全，降低商事交易活力。因此，股东运用期限利益必须具备合法性和正当性，注重审查股东是否存在逃避出资责任的情形，是否在运用期限利益时损害公司出资债权以及不当阻碍公司债权人的债权实现。

---

④ 冯果、南玉梅：《论股东补充赔偿责任及发起人的资本充实责任——以公司法司法解释（三）第13条的理解和适用为中心》，《人民司法（应用）》2016年第4期。

（二）股东未届期出资责任典型问题的认定思路

认缴制实施后，人民法院受理的涉及股东未届期出资责任的纠纷，反映较为突出的问题主要有：认缴出资能否加速到期，股权转让后出让股东的出资义务是否免除，股东能否延长出资期限，违法减资如何承担法律责任。

1．关于认缴出资能否加速到期

换言之，股东在何种情况下丧失期限利益。《企业破产法》第三十五条规定，人民法院受理破产申请后，债务人的出资人尚未完全履行出资义务的，管理人应当要求该出资人缴纳所认缴的出资，而不受出资期限的限制。《最高人民法院关于适用〈中华人民共和国公司法〉若干问题的规定（二）》第二十二条规定，公司解散时，股东尚未缴纳的出资均应作为清算财产。股东尚未缴纳的出资，包括到期应缴未交的出资，以及依照《公司法》第二十六条和第四十八条的规定分期缴纳尚未届满缴纳期限的出资。现行法律规定，只有在破产程序和进入解散后的清算程序时，股东的出资义务才可以加速到期。对于个案中公司债权人能否对股东主张认缴出资加速到期，存有支持和反对两种不同的观点。《最高人民法院第八次全国法院民事商事审判工作会议纪要》认为，单个的债权追及诉讼不尽符合《企业破产法》第三十一条、第三十二条的精神。债权人应当申请债务人破产，进入破产程序后再按照《企业破产法》第三十五条使股东出资义务加速到期，最终在真正意义上保护全体债权人利益。在类似案件中法院应当注意向当事人释明，如债务人公司不能通过融资或其股东自行提前缴纳出资以清偿债务，债权人有权启动破产程序。最高人民法院民二庭在针对该问题的法官会议纪要中也持相同观点，认为在现行立法上，破产、清算情形下具有加速到期规则，非破产清算情形下没有加速到期规则。但基于个案特殊情况，某项债权发生时，若股东的相关行为已使得该债权人对股东未届出资期限的出资额产生高度确信和依赖，在公司不能清偿该债务时，可以判令特定的股东以其尚未届出资期限的出资额向该债权人承担清偿责任。⑤ 最高人民法院对个案中股东出资加速到期问题

---

⑤ 贺小荣主编：《最高人民法院民事审判第二庭法官会议纪要》，人民法院出版社 2018 年版，第 141 页、142 页、145 页。

所持“原则禁止，例外允许”的观点，在审判实践中具有指导意义，可纳入公司法修法之中。对于“例外允许”，即便在特殊情形下允许股东出资加速到期，是保护公司债权人的合理信赖利益与股东出资期限利益之间进行利益平衡的结果。公司债权人这种特定的合理信赖利益之所以优于股东期限利益，并非因认缴公示登记而产生的信赖，需要公司债权人充分举证证明股东作出了相关特定而具体的行为，例如股东向债权人明示放弃期限利益，或者承诺提前出资等意思表示，使得公司债权人对股东出资产生高度确信和合理信赖，并因而与公司交易形成债权。

2．关于股权转让后出让股东的出资义务是否免除

我国公司法不禁止股东在认缴期限届满前转让股权，股权转让不影响股东期限利益的行使。但股权转让交易自由不得违反法定的公司资本充实原则，不得损害公司债权人合法利益。股东的认缴出资义务形成对公司附履行期限的债务，股权转让导致公司股东变动，关乎出资债务能否按期履行。虽然认缴资本制令公司的资本结构更加复杂，公司的对外信用逐步从资本信用转变为资产信用，但股东认缴出资所体现的公司注册资本金是公司经营的经济基础，也是交易相对方判断公司资信水平、偿债能力和衡量交易风险的重要依据。股东认缴出资既有协商确定的合同意思自治属性，又因公司法对股东出资义务的明确规定和登记公示而具有法定属性。因此，公司股东因股权转让发生变动，不能当然推定认缴股东的法定出资义务随之转让给继任者。在股权转让是否影响出资义务履行主体的问题上，德国公司法的规定值得考察和借鉴。德国《有限责任公司法》第十六条第二项规定，在受让人依据一款第一句在与公司关系上视为营业份额持有人时尚未付清的出资，受让人与出让人共同承担出资义务。⑥ 为确保股东兑现认缴承诺，维护资本充实原则，受让人在认缴期限届满未缴纳出资时，出让股东仍应对其原认缴的出资承担财产担保责任。为防止股东以股权转让为名逃避出资责任，还应重点审查认缴

⑥ 德国《有限责任公司法》第十六条：股东变更或者其参股大小变化时的法律地位；从无权利人手中受让：（1）在与公司的关系上，在股东变更或者其参股大小发生变化的情况下，只有作为营业份额持有人被载入商事登记簿中的股东名单上的人，才是营业份额持有人。营业份额受让人在涉及与公司关系方面实施的法律行为视为自始有效，如果（新）股东名单在法律行为实施后不迟延地被记载于商事登记簿。

股东转让股权的合法性和正当性。在已有的司法案例中对该问题已经积累了一些值得借鉴和参考的裁判思路，审查股权转让是否存在以下异常情况：股权转让是否存在无效情形，股权转让是否有合理对价，受让人是否真实支付股权转让款，受让人是否明显缺乏出资能力，出让股东在转让股权后是否以“隐名”方式行使股东权利等。⑦ 认缴股东的上述异常股权转让行为足以认定存在逃避出资责任的，则可归入股东不履行出资义务的范畴，在公司法修法或制定司法解释时作为例外情形予以列举，在该种情形下股东无权再以期限利益对抗公司债权人，而受让人对出让股东逃避出资予以配合，属明知其违反出资义务的情形，公司债权人可依据《公司法司法解释三》第十八条的规定向出让股东和受让股东主张连带责任。

3．关于延长出资期限的效力

出资期限是公司设立时的发起人股东或公司存续期间的增资股东对公司、其他股东、社会大众以出资协议、公司章程、公示登记的方式所作承诺，对承诺人具有法律约束力，违反承诺构成违约或欺诈，须承担相应法律责任。股东基于认缴制所受到的法律保护应以初始认缴时的章程规定和公示内容为主要依据。如果说公司设立阶段初始章程设定出资期限尚属股东自由决定其出资价值的范畴，那么在公司成立后，价值确定的出资债权已成为公司财产以及对债权人的责任财产，不能再由股东任意支配，这是组织法维护公司独立人格和财产的必然要求。⑧ 股东意思自治修改公司章程的权利应当在合理正当的范围内行使。股东应当按照初始公司章程约定的认缴期限缴纳出资，初始公司章程既是股东行使期限利益的依据，也是行使期限利益的边界，公司股东不得在公司存续过程中以修改公司章程的方式随意延长初始认缴期限，否则有违注册资本认缴制度的设计初衷，阻碍公司资本充实原则的实现。随意延长认缴期限对公司及公司债权人合法权益的负面影响不亚于认缴期限届满未出资。股东修改公司章程延长认缴期限有可能以增资重新设定认缴期限的面貌呈现，对于原有认缴出资仍属延长认缴期限。对于延长认缴期限是否属于股东滥用期限利益的情形，可从以下几个方面重点审查：作出

⑦ 参见（2018）沪02民终3068号民事判决书，（2018）沪02民终9359号民事判决书。

⑧ 丁勇：《认缴制后公司法资本规则的革新》，《法学研究》2018年第2期。

延期认缴股东会决议的背景和原因，当时公司对外债务的负担情况和清偿能力，延长认缴期限的时间跨度，对应出资能够覆盖公司对外债务的程度等。若认定股东延长认缴期限属于滥用期限利益，损害公司及公司债权人利益，则债权人有权行使撤销权，要求股东按原有出资期限履行出资义务。九民会纪要已明确将股东恶意延长认缴期限明确排除在股东可受保护的期限利益之外。

4. 关于违反法定程序减资的法律责任

认缴出资未届满又进行减资，若减资程序不符合《公司法》第一百七十七条的规定，法律责任如何认定？韩国公司法对违法减资是以减资无效之诉来规制，股东、董事、监事、清算人、破产财产管理人或不承认资本减少的债权人均可以提起减资无效之诉，随着资本减少的无效，资本恢复到资本减少以前的状态，若股东因减资获益还应对公司承担返还以减少代价所得的金额之义务。⑨我国公司法及相关司法解释对违法减资的法律责任均未明确规定，目前司法审判中倾向于类推适用股东抽逃出资的法律责任，即适用《公司法司法解释三》第十四条⑩的规定，由股东在抽逃出资范围内对公司不能清偿的债务承担补充赔偿责任。《最高人民法院公报》刊载案例认为，公司在股东认缴的出资届满前，作出减资决议而未依法通知债权人，免除了股东认缴但尚未履行的出资义务，损害了债权人利益，债权人有权请求股东对公司债务在减资范围内承担补充赔偿责任。⑪《公司法》第一百七十七条规定，公司应当在作出减少注册资本决议之日起十日内通知债权人，并于三十日内在报纸上公告。债权人有权要求公司清偿债务或提供相应担保。即便减资时认缴股东的出资期限尚未届满，也不能影响债权人主张上述法律规

⑨ 李哲松著，吴日焕译：《韩国公司法》，中国政法大学出版社2000年版，第592—593页。

⑩ 《最高人民法院关于适用〈中华人民共和国公司法〉若干问题的规定（三）》第十四条：股东抽逃出资，公司或者其他股东请求其向公司返还出资本息、协助抽逃出资的其他股东、董事、高级管理人员或者实际控制人对此承担连带责任的，人民法院应予支持。公司债权人请求抽逃出资的股东在抽逃出资本息范围内对公司债务不能清偿的部分承担补充赔偿责任、协助抽逃出资的其他股东、董事、高级管理人员或者实际控制人对此承担连带责任的，人民法院应予支持；抽逃出资的股东已经承担上述责任，其他债权人提出相同请求的，人民法院不予支持。

⑪ 参见《最高人民法院公报》2018年第12期：江苏万丰光伏有限公司诉上海广力投资管理有限公司、丁炟焜等买卖合同纠纷案。

定的提前清偿请求权。违法减资导致减资部分的认缴期限失去存在基础，则相应的股东期限利益亦不复存在。在目前认缴制配套法律供给不足，市场主体诚信意识有待加强的现实背景下，减资无效对违法减资股东起到的责任追究作用甚微，而采取违法减资股东承担补充赔偿责任更具规范和纠偏作用。

（责任编辑：徐　川）

知识产权侵权获利赔偿裁量权规范研究

张　敏*

知识产权损害赔偿制度是司法参与知识产权定价的重要场域。2019年2月，完善知识产权损害赔偿制度被写入《人民法院第五个五年改革纲要（2019—2023）》，其重要性与迫切性不言而喻。知识产权损害赔偿规则分为两类，一类为传统损害赔偿计算规则，即按照权利人损失、侵权人获利、许可费倍数的适用顺序确定损害；另一类为法定赔偿规则。但司法实践中，“重侵权认定、轻判赔论证”现象由来已久。加之当事人举证严重不足、下级法院担心改判风险，绝大多数司法判赔在法定赔偿规则下完成，呈现的说理公式化现象饱受诟病。近年来，遵照积极引导当事人选用非法定赔偿的司法政策，①法官开始探索适用传统损害赔偿计算规则。其中，依据侵权获利规则作出的天价判赔陆续出现，但都经历了金额的“断崖式改判”。司法判赔摇摆于保守法定赔偿与天价侵权获利赔偿的两极，裁量权失范问题严峻。改判案件作为两级法院冲突的样本，为研究如何规范侵权获利赔偿裁量权提供了有益视角。

一、裁量权失范的表现：从“断崖式改判”说起

最高人民法院及北京、上海、广东、江苏、浙江、福建六地近五年作出

* 张敏，上海市徐汇区人民法院知识产权审判庭审判员，法学硕士。

① 2009年4月，最高人民法院印发的《关于当前经济形势下知识产权审判服务大局若干问题的意见》（法发〔2009〕23号）强调要积极引导当事人选用权利人损失或侵权获利方法计算赔偿，避免简单适用法定赔偿。

的金额改判文书，② 绝大部分适用法定赔偿规则，其公式化说理无法提供裁判指引；少数案件涉及大幅金额改判（如图 1 所示），且均与侵权获利赔偿规则的适用相关。

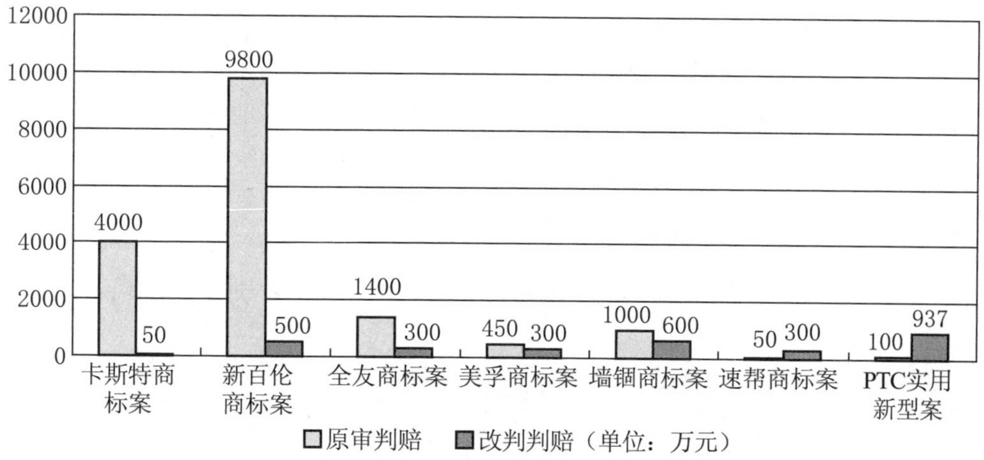

图 1　侵权获利赔偿金额改判案件 ③

研读判决可以发现，与法定赔偿的公式化说理完全不同，这些案件的一审法官已经为最大限度地接近个案真实损害做了大量事实认定、精细计算和裁判说理工作。但在司法判赔的场域内，天然地面临多重压力和风险（如图 2 所示）。一方面，各方对判赔缺乏共识，权利人追求高判赔却怠于举证，侵权人追求低判赔却消极应诉。另一方面，侵权获利赔偿规则的适用本身包含

② 检索路径为在法信网：（1）以“案由：知识产权权属、侵权纠纷”“本院认为：损害赔偿”“审理法院：最高人民法院”为条件得到 50 份文书，筛选出金额改判案件；（2）以“案由：知识产权权属、侵权纠纷”“本院认为：损害赔偿”“裁判结果：变更”为条件，得到非一审案件 628 件；剔除因实体问题、合理费用问题导致的金额改判及批量案件，得到 54 份样本判决。

③ 图中案例索引如下。卡斯特商标案：最高人民法院（2018）最高法民申 1564 号裁定书；新百伦商标案：广东省高级人民法院（2015）粤高法民三终字第 444 号判决书；全友商标案：最高人民法院（2014）民三终字第 1 号判决书；美孚商标案：北京高级人民法院（2016）京民终 544 号判决书；墙锢商标案：北京市高级人民法院（2017）京民终 335 号判决书；速帮专利权案：北京市高级人民法院（2017）京民终 206 号判决书；PTC 实用新型案：最高人民法院（2018）最高法民再 111 号判决书。

多个裁量风险点，既包括选择适用该规则的正当性、获利证据采信，也包括“侵权获利=销售量 × 利润率 × 贡献率”公式中每一个因数的认定。任一环节裁量不同，都会差之毫厘失之千里。

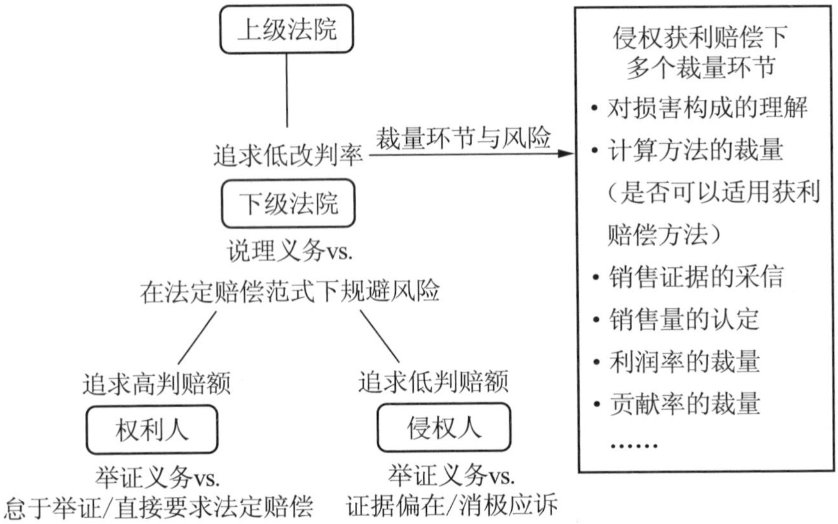

图 2　侵权获利赔偿规则司法适用风险点

对照以上风险点，对改判案件判决理由进行梳理并作类型化分析（如表 1 所示），从赔偿规则的选择看，表 1 前六案一审均采用侵权获利赔偿规则，二审基于获利与侵权缺乏因果关系、获利证据无法采信两大理由改用法定赔偿或“裁量性判赔”，④ 判赔金额呈断崖式下跌。后两案相反，一审采用法定赔偿，二审认定存在获利证据，故改用侵权获利赔偿规则，判赔金额呈倍数攀升。可见，获利与侵权间的因果关系（以及基于此对赔偿规则的选择）、获利证据的采信是主要分歧。同时，改判案件也揭示判赔裁量权失范的根源并非某级法院主观恣意，而是对损害赔偿基础理论缺少共识。

④ “裁量性判赔”指《关于当前经济形势下知识产权审判服务大局若干问题的意见》明确的规则，系对法定赔偿规则的改良，即难以证明损失或获利具体数额，但有证据证明数额明显超过法定赔偿最高限额的，在限额以上确定赔偿额。

表 1　改判案件判决理由梳理 ⑤

	一审裁判理由	二审改判理由及类型
卡斯特商标案	侵权获利赔偿规则（3999 万元） • 计算侵权人获利，获利全额判赔	法定赔偿规则（50 万元） •【因果关系】侵权获利并非主要归因于涉案标识
新百伦商标案	侵权获利赔偿规则（9800 万元） • 计算侵权人获利，获利的 1/2 判赔	裁量性判赔（500 万元） •【因果关系】侵权获利并非主要归因于涉案标识
全友商标案	侵权获利赔偿规则（1400 万元） • 推定侵权人营业利润，全额判赔 • 考虑商标知名度、侵权人恶意	法定赔偿规则（300 万元） •【证据采信】销售额的推定错误 •【因果关系】跨类使用，获利并非完全来源于涉案标识
美孚商标案	侵权获利赔偿规则（450 万元） • 推定侵权人销售额	法定赔偿规则（300 万元） •【因果关系】跨类使用，不宜单纯以获利为计算基础
墙锢商标案	侵权获利赔偿规则（1000 万元） • 侵权人宣传月产量 10000 吨	裁量性判赔（600 万元） •【证据采信】侵权人自身宣传相互冲突
王老吉商标案	侵权获利赔偿（14.4 亿元） • 依据权利人提供的报告认定获利	发回重审中 •【证据采信】报告缺失财务数据和资质
速帮专利案	法定赔偿（50 万元） • 无法证明损失与获利	侵权获利赔偿规则（300 万元） •【证据采信】二审权利人申请法院调取证据
PTC 实用新型案	法定赔偿（100 万元） • 无法证明销售的全部是被诉侵权产品	侵权获利赔偿规则与法定赔偿规则结合（937 万元） •【证据采信】根据销售证据是否明确对应侵权产品，分别适用侵权获利赔偿规则、法定赔偿规则

二、裁量权失范的根源：三重认知分歧与偏差

（一）概念认识偏差

司法判赔难以克服法定赔偿的路径依赖，根源在于对何为损失与获利难以确定，以及对因果关系要件的功能存在误解。

⑤ 表 1 中王老吉商标案详见最高人民法院（2018）最高法民终 1215 号裁定书。该案非改判案件，但其一审 14.4 亿元的判赔因侵权获利证据采信问题被发回重审，故纳入研究范围。

1．“难以确定”：立法对损害赔偿确定性的误读

现行知识产权法律的损害赔偿条款均规定，如果权利人损失、侵权获利难以确定的，根据侵权行为的情节给予一定额度内赔偿。对“难以确定”和“根据侵权行为的情节”的理解深刻地影响着司法判赔的格局。

首先，根据上述条款的语义逻辑，损害赔偿规则的选择基于损失与获利是否可以确定采用二分法，可以确定的按传统损害计算规则，难以确定的按法定赔偿规则。这背后隐含着立法者对判赔可确定性的误解。“在立法者看来，只有少数知识产权损害赔偿案件存在高度不确定性，进而需要在传统赔偿方式之后借助法定赔偿。实际上，知识产权损害赔偿的不确定性是全局性的。”⑥这导致原本作为补充的法定赔偿反客为主，成为使用率最高的规则。

其次，传统损害计算规则下，司法判赔尚受到“因侵权所受实际损失/所获得的利益”之条文表述蕴含的因果关系要件的约束。但在法定赔偿规则下，“根据侵权行为的情节”成了主导法官判赔的思维红线。判赔说理仅罗列被告主观过错、经营规模、侵权期间等因素，并不探究获利与侵权间的因果关系。酌定因素的堆砌湮没了法官的心证逻辑，更遑论对当事人诉讼行为的指引。承认判赔不确定性之全局性后，应回到传统损害赔偿请求权下宽容自由裁量权。

2．因果关系认定：止步于拒绝权利人的获利赔偿请求

对权利人提供的侵权人获利证据，存在两种极端的处理方式。一种全部作为损失判给权利人，不论证获利与侵权的因果关系（例如卡斯特商标案、全友商标案、美孚商标案一审）；另一种苛责权利人举证证明因果关系，无法证明则全盘否定其基于侵权获利计算损失的请求，回归法定赔偿（例如卡斯特商标案二审）或裁量性判赔（例如新百伦商标案二审）。可见，二审法官直觉上认为基于侵权获利作出天价判赔有失公允，运用获利与侵权之间缺乏因果关系这一法律解释工具防止获利被不当归因。该逻辑本身正确，但二审法官没有用因果关系理论一以贯之地统领裁量过程，而是回到法定赔偿一刀切地判赔。

综上，司法判赔的自由裁量权本应在传统损害赔偿的理论框架内接受因

⑥ 蒋舸：《知识产权法定赔偿向传统损害赔偿方式的回归》，载《法商研究》2019年第2期。

果关系要件的约束，却经由损失与获利难以确定、缺乏因果关系的阀门泄向了法定赔偿失范的荒野。（如图 3 所示）对判赔数额的心证隐匿于法定赔偿公式化说理背后，缺少传统损害赔偿法律理论的滋养与约束。

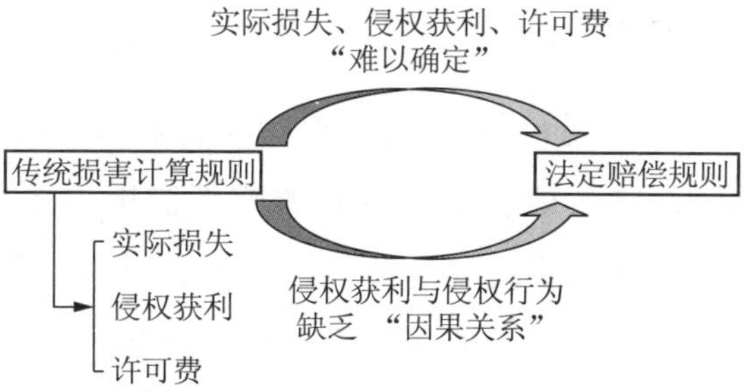

图 3　主张依照侵权获利赔偿的案件滑向法定赔偿

（二）价值认识偏差

司法判赔属于第三方定价模式。司法判赔要充分实现知识产权价值，首先要对知识产权要素的市场价值及其在侵权获利中的作用有正确的认识。价值之所在是侵权获利归因的理由。大幅金额改判案件的背后正是司法对价值认识的偏差。

一是对不同市场主体的知识产权价值贡献度的认识偏差，注重创造伦理，忽视分配伦理。受知识产权法创造伦理的影响，权利人作为创造者被赋予较高地位。一些司法判赔认为凡存在获利一概归因于权利人，故不假思索地将全部获利返还。但是，让知识产权要素走向市场并创造价值的不仅仅是创造者。有学者提出，在智力成果的分配体系中，谁离市场最近，谁获益最大，应从创造伦理转向分配伦理，思考创造者、传播者、投资者如何参与分配，并旗帜鲜明地指出"知识产权应走下'鼓励创造'的神坛，步入'分配利益'的俗境，厘清相关利益，最大程度地达致公平"。⑦ 对经授权的知识产权转化利用的价值分配如此，对侵权行为发生后获利的归因亦同。

二是对不同类型知识产权价值来源的认识偏差，混淆了智力成果与商业标记的价值来源。智力成果的价值在于其自身美感形式或技术功能，商业标

⑦　李琛：《论知识产权法的体系化》，北京大学出版社 2005 年版，第 64、147 页。

记的价值不在标记自身，而在于背后隐含的商誉。⑧损害赔偿为矫正正义，来自何处的价值归于何处。不同侵权样态下，获利的不同价值来源直接影响对获利的归因。

（三）政策认识偏差

最高人民法院颁布的《中国知识产权司法保护纲要（2016—2020）》明确，要建立“与知识产权价值相适应的损害赔偿制度体系”和“充分实现知识产权价值为导向的侵权赔偿制度”。因此，司法政策强调的是让判赔反映知识产权的市场价值，而非不讲举证和因果关系，一味提高判赔额。

实践中，司法判赔过低的评价较多，加大知识产权保护力度的政策被误读为提高判赔额。立法上，由于绝大多数案件采取法定赔偿，而法定赔偿有限额，于是产生了提高上限的直觉冲动；⑨司法上，一些裁判者作出天价判赔。

上述司法逻辑存在问题。首先，判赔过低的评价与实证研究不符。判赔过低的结论多依据判赔额占原告诉讼请求金额的比例得出，这并不科学。原告为追逐高判赔往往就高提出诉讼请求金额。实际支持额受因果关系的约束，需剔除不可归因于权利人的部分，又受原告举证能力影响，对怠于举证者就低判赔符合程序法的激励机制。断崖式改判恰恰反映一些案件过分追逐高额判赔。其次，提高法定赔偿上限对规范法官心证并无裨益，反而带来更大挑战。司法判赔已因缺乏证据“巧妇难为无米之炊”。赔偿上限的不断提高只会让更多权利人怠于举证，形成反向激励与恶性循环。矫正政策认识偏差，要求判赔额不应唯高论，只唯贴近损害。

三、规范侵权获利赔偿裁量权的理论依据

（一）评价与规范裁量权的依据

改判案件的实质是上级法院对判赔的二次裁量，是对下级法院裁量正当

⑧ 李琛：《知识产权关键词》，法律出版社2006年版，第9页。
⑨ 例如修正后的《商标法》（2019年11月施行）将法定赔偿上限从300万元提升至500万元。

性的否定评价。评价改判案件则是对两审裁量权冲突的再次评价。评价者远离诉讼场域内的各方交锋，评价裁量权需抱以审慎之克制的心态，并讲究方法，防止“旁观者清”式的臆断。

司法判赔并非单纯的事实证明和数字计算，是当事人举证与法官心证共同作用的结果。同时，由于提供证据的利弊并不明朗，当事人往往在一审诉讼博弈中消极参与。一审判决后，博弈各方的“摊牌”（包括法院裁量结果的公示）才促使当事人积极举证。例如新百伦商标案件中，侵权人在一审被判9800万元后，主动提供涉案标识贡献额的评估报告。因此，并不存在某一精准的判赔金额，只是某一判赔金额比另一个更接近真实损害，更符合知识产权市场价值。评价与规范裁量权应以此为基础共识。

法院自由心证是否在合法之限度内的衡量标准有三条：为裁判基础之证据，经当事人之辩论；事理之判断，应依逻辑之方法为之；法院之判决，应载明其所以然之理由。⑩ 因此，下文结合改判案件演绎时，亦以证据辩论与采信、理由开示及其逻辑作为规范裁量权的维度。

（二）以因果关系约束裁量权的依据

如前所述，获利与侵权间的因果关系、获利证据采信是两审主要分歧。其中，证据采信的裁量将在下文结合改判案例展开，因果关系是此类案件的裁量重点，特在此展开分析。

当前，民商法学科多借助请求权基础思维开展专业对话。但知识产权领域内独树一帜的制度多，受民法理论滋养少。三大部门法规定的损害赔偿条款往往让人误认为仅是计算方式选择和金额计算，却淡忘了该条款的体系定位——损害赔偿请求权下的责任范围认定规范。具体而言，知识产权损害赔偿属债法中的侵权损害赔偿之债，其请求权基础由责任成立规范、责任范围规范构成。其中，侵害行为与权益侵害之间需有因果关系，即“责任成立因果关系”；所受损害与权益受侵害之间需有因果关系，即“责任范围因果关系”。因果关系通说采“相当因果关系”说，并接受规范目的论的修正。⑪ 具

⑩ 曾世雄：《损害赔偿原理》，中国政法大学出版社2001年版，第287页。

⑪ 规范目的论强调侵权行为所生赔偿责任应探究侵权行为法规的意义与目的，尤其探讨其旨在保护何种利益。详见前引⑩，曾世雄书，第113页。

体应按三个层次检查，即是否具有条件关系、因果关系的相当性、是否符合规范目的。⑫ 相当因果关系可以合理限制损害赔偿，是价值衡量的化身，也是政策斟酌的工具。上述理论是规范判赔裁量权的主要解释工具，为迷失于法定赔偿“估堆评价”的法官心证提供了理论框架。

从法律依据看，著作权法相关条文未从字面上加以约束，需根据法理展开；商标法、专利法的损害赔偿条款均采“因侵权所获得的利益”之表述，为用因果关系约束侵权获利赔偿裁量权提供了依据。《最高人民法院关于审理侵犯专利权纠纷案件应用法律若干问题的解释》第十六条还专门规定：（1）侵权获利应当限于专利要素，合理扣除因其他权利所产生的利益；（2）侵权产品为零件或包装物时，应根据“在实现成品 / 被包装产品利润中的作用”确定赔偿数额。合理扣除、在实现利润中的作用等措辞明确裁量权应受因果关系约束。

四、规范侵权获利赔偿裁量权的实践路径

下文将结合改判案件，逐一演绎侵权获利赔偿裁量的规范步骤。囿于篇幅，本文不讨论损害是否产生（责任成立因果关系）的裁量，⑬ 仅围绕赔偿范围（责任范围因果关系）的裁量分四个环节展开。

（一）对因果关系认定的裁量

改判案例展示了不同损害赔偿规则会导致截然不同的判赔金额。适用侵权获利赔偿方法的前提是侵权产品销售与权利人利润损失之间具有因果关系。

1. 产品替代性与因果关系的判断

侵权产品与权利人产品存在替代可能性，则侵权产品销售与权利人受损之间具有因果关系。在涉及商标跨类使用侵权案件中，双方产品不具有替代性，应慎用侵权获利规则。例如在全友商标案中，全友家私公司在家私类别上注册了“全友”商标，全友卫浴公司将其用于卫浴产品。一审法院基于全

---

⑫ 王泽鉴：《损害赔偿》，北京大学出版社 2017 年版，第 81—103 页。

⑬ 侵权并不必然产生损害。在未能证明损害存在的情形，赔偿责任即损害赔偿请求权不成立。例如专利侵权案件单纯许诺销售和商标三年不使用抗辩下一般不产生损害赔偿获利返还问题。

友卫浴的销售额得出侵权获利 1400 万元并悉数判赔。二审认为，全友卫浴生产的不是家私产品，全友家私也没有生产卫浴产品，全友家私未因为涉案侵权行为损失市场机会或市场份额；侵权行为更多地是对涉案商标和企业商誉的不当攀附，侵权获利并非完全来源于涉案商标知名度，故酌定赔偿 300 万元。分析产品替代性背后的逻辑是，全友卫浴的获利非全因挤占全友家私市场所得，获利与侵权行为之间缺乏直接因果关系，故不宜直接依据侵权获利判赔。

2．知识产权价值与因果关系的判断

不同知识产权的价值来源不同，深刻影响着侵权获利的归因。

首先，应区分涉案知识产权要素创造的价值和不可归因于该要素的其他价值，防止将全部获利返还权利人。

其次，应区分智力成果与商业标记的不同价值，将作品用作商业标记的，应舍侵权获利规则，采许可费规则。以海南海视旅游卫视传媒有限责任公司与浙江爱美德旅游用品有限公司著作权纠纷案[14]为例。该案虽未出现改判，但其争议焦点亦包含对损害赔偿数额的酌定，颇具研究意义。侵权人将电视台台标图案用在行李箱上，侵犯了电视台的台标著作权。权利人举证侵权产品年产量超 200 万元，并主张每件因侵权获利 1 元计算。法院以销量乘以每件获利认定侵权获利 200 万元。可见法院推定侵权产品销量与作品美感间存在因果关系。事实上，台标作为作品，没有证据证明消费者基于台标美感而选购箱包这一作品复制件；而台标用作侵权商品的商业标记后，也没有证据显示该标记让消费者产生与电视台不正当的联想进而攀附其商誉。该案混淆了智力成果与商业标记的不同价值。将他人作品用作商业标记时，商品利润来源于商品信誉，而非作品美感，“损害赔偿不能按照被告利润计算，应比照委托他人设计标识的正常报酬”。[15]基于销售数量的侵权获利比例分摊方法无法逼近涉案台标作为标记使用时的真实价值。除非有证据证明商誉攀附的存在，作品用作标记的价值应与侵权产品销量脱钩，与作品的美感价值、委托设计的成本挂钩。

---

⑭ 详见北京知识产权法院（2015）京知民终字第 925 号判决书。

⑮ 前引⑧，李琛书，第 9 页。

最后，应区分形式意义和实质意义商标的不同价值。使用可以识别来源、承载商誉的商标能让消费者产生混淆效果，进而带来导流效果，所以侵权获利可部分归因于商标侵权行为。与此不同，仅通过注册获得商标称谓的标记，因其尚未与商品结合，并非真正意义上识别来源、承载商誉的商标。有学者称其为“形式意义上的商标”。[16] 此类商标的价值仅是符号或者设计本身的价值，而非来自权利人经营的商誉，故应慎用侵权获利赔偿规则。

现将上述三点用于演绎改判案件。可以发现，不少改判案件一、二两审掌握了相同的裁剪与归纳后的要件事实，却得出了完全不同的结论。对此，可以运用上述以知识产权价值为内核的因果关系认定思路，评价两审裁量的正当性。以新百伦商标案为例，两审均已注意到侵权人仅在销售与宣传过程中使用涉案商标。但一审同时考虑到侵权人在商标异议不成立后仍使用涉案商标，主观故意明显，且涉案中文商标对其进入中国市场有重要作用，故酌定赔偿获利的二分之一即 9800 万元。二审也注意到侵权人的主观过错，但强调应注重侵权获利与侵权行为之间的因果关系。鉴于侵权人仅在宣传中使用涉案“新百伦”商标，且基本与自有的 NB 等商标组合使用，二审酌定判赔 500 万元。可见一审也已注意到侵权行为样态（本案为销售侵权行为）对获利归因的影响，认为不应将获利全额判赔。但一审结合侵权人的主观故意以及涉案商标对侵权人产品进入中国市场的作用将获利以较高比例分摊给权利人。这一焦点正是说理最稀薄、两审冲突最尖锐、裁量权最需要规范的地带。如前所述，并不存在一个唯一、准确的判赔金额，只是要防止明显不当的获利归因，选择更加贴近知识产权市场价值的归因比例。判赔 500 万元是否更优于判赔获利的二分之一即 9800 万元？答案是肯定的。这根植于对商业标记价值来源于商誉的理解。侵权人仅在宣传中使用商标，其获利更多的来自其自有商标所积累的商誉。在销售侵权这一特殊样态下，价值来源判断决定了判赔的基调，主观故意的裁量权重应劣于其后。如此，从个案中侵权行为的具体样态出发，以知识产权价值来源为内核认定因果关系，方可确保获利判赔的裁量权不偏离知识产权市场定价。

⑯ 范晓波：《知识产权的价值与侵权损害赔偿》，知识产权出版社 2016 年版，第 76 页。

（二）对获利证据“宽严相济”的裁量

1.“严入”：不可降低获利证据真实性的证明标准

即使侵权人本身存在举证妨碍情形，侵权获利证据真实性存在重大瑕疵的，亦不可作为判赔基础。试举两例。王老吉商标案一审根据权利人提供的财务报告认定侵权人获利，但二审法院认为该报告缺失基础财务数据，且无制作人员资质证明及签章，故发回重审。墙锢商标案中，因侵权人拒不提供证据，一审法院基于侵权人网站宣传月产 10000 吨，将其全部认定为侵权产品销量。但因同一宣传材料提及侵权人有包括非侵权产品在内的产品多达 17 种，二审认为不宜将宣传的月产量全部认定为侵权产品。尽管在举证妨碍情形下，为减轻权利人举证负担可将宣传内容作为参考，但在案证据相互冲突或违背日常生活经验法则的仍应不予采信。

2.“宽出”：获利证据分类评价防止全案滑向法定赔偿

为克服法定赔偿积弊、回归传统损害赔偿，应收紧司法判赔滑向法定赔偿的阀门，即损失与获利难以确定这一要件。这既需要激励当事人积极举证，也需要法官发挥自由裁量权，充分尊重原告已经提出的证据。

最高人民法院在 PTC 实用新型案二审中做出了示范。一审法院认为，在案证据不能证明被告销售的全部是被诉侵权产品，难以确定原告损失和被告获利，故依法定赔偿判赔 100 万元。二审将销售证据分为两类：一类销售证据已载明涉案侵权产品型号，在未提供反驳证据的情况下推定均为侵权产品。这部分侵权获利根据“侵权产品销售金额 × 利润率 × 专利贡献率”的公式计算。另一类销售证据未载明充分信息，难以认定侵权产品所占比例，故按法定赔偿方式酌定。全案最终共判赔 937 万元。可见，在侵权行为可分时，对不同侵权获利证据可作区分处理，以防止全案被认定为损失与获利难以确定。司法对获利证据“宽出”的裁量倾向可以激励当事人积极举证，让判赔更接近实际损失。

（三）对侵权产品合理利润率的裁量

权利人负有证明被告营业利润的责任。为降低举证难度，应允许权利人举证同行业营业利润供法院参考。至此，权利人已经完成对侵权获利的初步举证责任。如果侵权人认为应采更低的利润率，则其负有积极举证的义务。例如深圳市理邦精密仪器公司、深圳迈瑞生物医疗公司侵害发明专利权案⑰中，二审法院指出，依据因果关系要件，侵权人因其他权利和生产要素产生的利润应当合理扣除，但该案侵权人未能举证应当扣除的因其他权利产生的利润，故最终以营业利润计算。此外，对于以侵权为业者，可依照《最高人民法院关于审理专利纠纷案件适用法律问题的若干规定》第二十条采用销售利润，以示司法对当事人积极举证的激励。

（四）对侵权获利中知识产权要素贡献率的裁量

侵权获利总额中应扣除非涉案知识产权要素的贡献。至于贡献率的举证责任，根据民法理论，相当因果关系上的条件关系应由被害人举证；相当性的举证责任采客观认定基准，由加害人举证。⑱其他获利的扣除属相当性论证的内容，应由侵权人举证。加之侵权人"证据偏在"的优势，其更清楚侵权产品的构造中哪些因素不应归因于权利人，可由其举证扣除。

实践中，由于侵权人怠于应诉，法院往往不得已而代为之，为逼近真实损害自行酌定贡献率。怎样评价这种裁量的公正性？以最高人民法院审理的PTC实用新型案为例，法院已经认定了"侵权产品销售金额 × 利润率 × 贡献率"公式中的前两个因子。由于侵权人不到庭，法院结合专利说明书的描述，认为不宜将侵权产品的利润全部归因于涉案的实用新型专利，酌定贡献度为50%。笔者认为，法院自行酌定比例值得商榷。在一些个案中，只要权利人能论证因果关系，即使非知识产权要素贡献的获利也可以归因于权利人。这在专利案件中比较常见。假如证据显示没有专利侵权产品的销售就没有非专利部分的销售，则可将侵权获利悉数判给权利人。其正当性在于，"机械地将合理利润的基础限定在专利技术的部分会导致不公平的结果。很多时候，未被专利所覆盖的部分与专利侵权产品配套销售，没有专利侵权产品的销售可能就没有非专利部分的销售。将非专利部分的利润排除，降低了专利自身的价值"。⑲这可以从《最高人民法院关于审理侵犯专利权纠纷案件应用法律

⑰ 详见：广东省高级人民法院（2014）粤高法民三终字第878号判决书。
⑱ 前引⑫，王泽鉴书，第92页。
⑲ 崔国斌：《专利法案例与原理（第二版）》，北京大学出版社2016年版，第875页。

若干问题的解释》第十六条“在实现利润中的作用”的表述中找到解释空间。如有证据证明涉案专利技术对实现利润起到决定性作用的，损害赔偿因果关系的链条可以覆盖到非专利技术的利润部分。因此，知识产权要素尤其是专利技术的贡献率不宜由法院自行酌定，可围绕利润的可归因性引导双方展开辩论；侵权人未到庭的，可适当就高判赔以示激励。

结语

本文从剖析改判案例入手，构建并演绎了侵权获利赔偿的思维导图（如图 4 所示），即在责任成立与责任范围双重因果关系框架下，进行因果关系论证（即损害计算方法的选择）、获利证据采信、利润率及贡献率裁量的“四步裁量法”。至此，通过对赔偿确定性再认识，司法判赔不再经由金额难以确定的阀门滑向法定赔偿公式化说理。通过对因果关系要件功能的再认识，因果关系不再止步于拒绝权利人依照获利赔偿的请求。相当因果关系和规范目的理论成为宽容裁量权、传导知识产权价值的解释工具，把侵权获利赔偿限定于涉案知识产权要素的贡献。希望本文对规范侵权获利赔偿裁量权有所裨益。

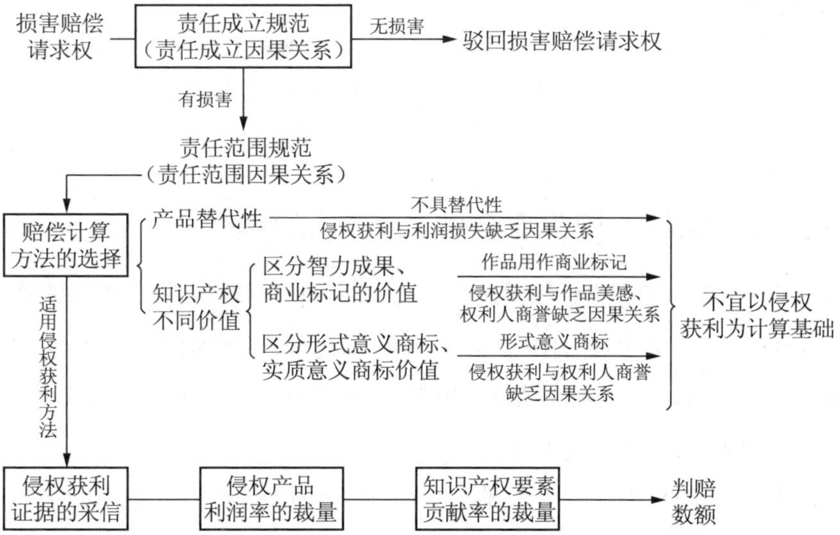

图 4　侵权获利赔偿思维导图

（责任编辑：王　静）

行为保全制度的规则确定与机制优化
——以 S 市法院六年来行为保全数据为分析视角

胡　超*

2012 年我国《民事诉讼法》增设行为保全制度，为当事人提供及时有力的诉讼救济措施，完善了我国民事保全制度体系。从预设功能上看，行为保全作为临时司法救济措施，能够及时制止不法行为，切实提高司法救济的及时性、便利性和有效性，从制度上降低维权成本。如“五五改革纲要”所指出，加大诉讼保全适用力度，以保全促调解、促和解、促执行。从微观层面来看，行为保全措施保障当事人的利益免遭难以弥补的损害，有效降低当事人权利落空的风险；从宏观层面来看，作为程序性临时措施，行为保全制度的完善有助于矛盾纠纷多元化解，进而影响诉讼制度改革。然而纵观运行现状，该制度仍存在诸多问题，严重偏离其功能定位。

一、运行现状：行为保全案件的实证考察

2013 年 1 月 1 日，《民事诉讼法》（2012 年修改）正式实施，该法第一百条将行为保全纳入保全范围内。为客观准确地发现行为保全制度在司法实践中的问题，本文以 S 市法院系统 2013 年至 2018 年的相关数据为考察蓝本，分析行为保全制度的实际运行效果。

2013 年至 2018 年，S 市法院共受理行为保全 34 件。其中，2013 年与 2014 年行为保全数量均仅为 1 件，从 2015 年起，行为保全数量开始

* 胡超，上海市普陀区人民法院知识产权审判庭法官助理，法学硕士。

增多。在34件案件中，以调解、撤诉方式结案的有19件，调撤率①为61.3%。由此可见，行为保全在一定程度上有助于调解与和解的达成，降低当事人维权成本。但与此同时，实证数据也揭示出行为保全制度目前存在的问题。

（一）案由过于集中

民事诉讼法虽未对申请行为保全的案件案由作出限制，但司法实践中，34起行为保全案件仅分布于9种案由。数量居首位的是著作权权属、侵权纠纷，为10件；其次是虚假宣传纠纷，有7件。案由主要集中于知识产权与竞争纠纷，总申请量为26件，占比超过四分之三。

从横向看，2013年至2016年，行为保全案由均为知识产权与竞争纠纷，从2017年开始，知识产权与竞争纠纷之外其他案由的行为保全才逐渐出现。然而，其他案由也仅为服务合同纠纷、房屋拆迁安置补偿合同纠纷与建设工程合同纠纷这3种案由。

表1 2013年度—2018年度行为保全案件案由分布

案由＼年份	2013	2014	2015	2016	2017	2018	总计
著作权权属、侵权纠纷	0	0	1	6	2	1	10
商标权权属、侵权纠纷	0	0	0	0	1	1	2
专利权权属、侵权纠纷	0	0	0	1	0	0	1
虚假宣传纠纷	0	0	4	1	0	2	7
侵害商业秘密纠纷	1	1	1	1	0	0	4
特许经营合同纠纷	0	0	0	2	0	0	2
服务合同纠纷	0	0	0	0	2	4	6
建设工程合同纠纷	0	0	0	0	0	1	1
房屋拆迁安置补偿合同纠纷	0	0	0	0	1	0	1
总计	1	1	6	11	6	9	34

① 调撤率根据调撤方式结案数除以裁定采取保全措施案件数计算。

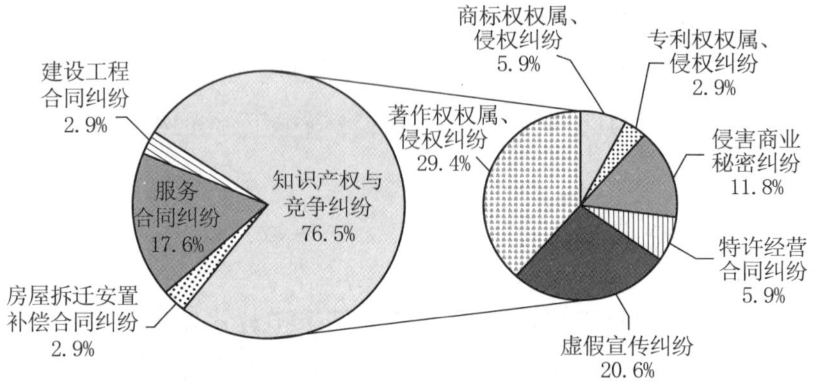

图1　行为保全案件的案由占比

（二）担保全覆盖且数额高

民事诉讼法规定，诉前保全应当提供担保，诉中保全可根据案件的具体情况决定是否提供担保。在裁定采取行为保全措施的31起案件中，法院均要求申请人提供担保。与此同时，法律规定法院根据具体案情确定担保数额，因此法官对担保数额有较大的自由裁量权。实务操作中，针对诉中行为保全，法官参照确定财产保全担保数额的做法，确定争议标的价值的20%—30%作为担保数额；针对诉前行为保全，由于没有明确金额作为参照，产生了恣意裁量的空间。以一起案件为例，法庭要求行为保全申请人提供150万元现金

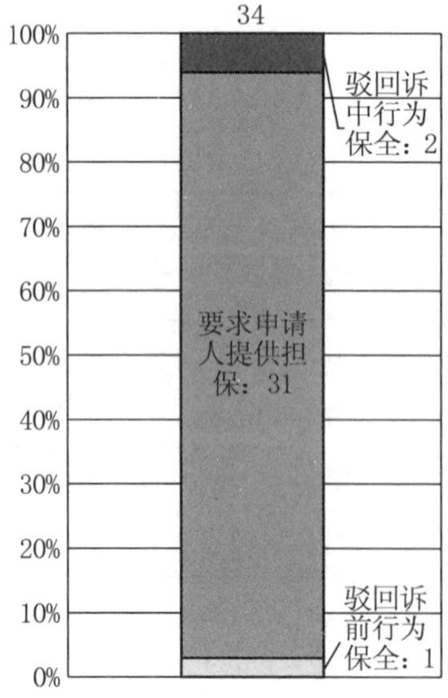

图2　提供担保情况

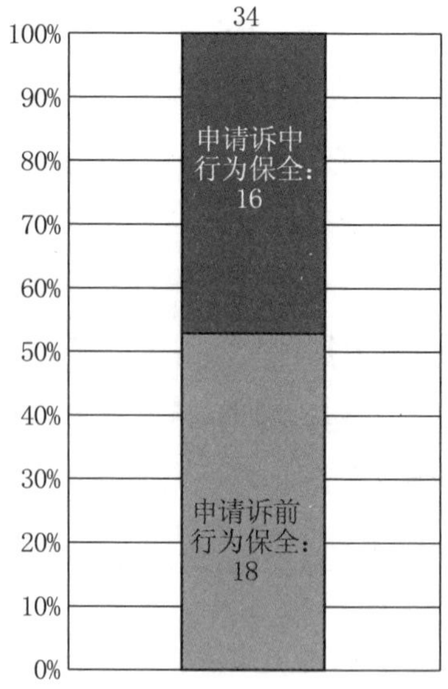

图3　诉前与诉中行为保全数量

担保，② 而其后申请人主张的案件标的额为 310 万元，因此担保数额接近争议标的的 50%。恣意裁定的担保数额将导致申请人维权成本增加。

（三）审查进程缓慢

民事诉讼法规定，诉前行为保全应在 48 小时内作出裁定。在申请诉前行为保全的 18 起案件中，有 15 起法院在接受申请后的 48 小时内作出裁定，但另外 3 起案件法院分别在接受申请后的第 4 天、第 8 天、第 31 天才作出裁定。

关于诉中行为保全，只有情况紧急的必须在 48 小时内作出裁定。在申请诉中行为保全的 16 起案件中，大多数裁定是在法院接受申请后的第 10 天至第 45 天作出，最长是在接受申请后的第 97 天 ③ 才作出。

由此可见，行为保全的审查进程缓慢，审理效率过低。

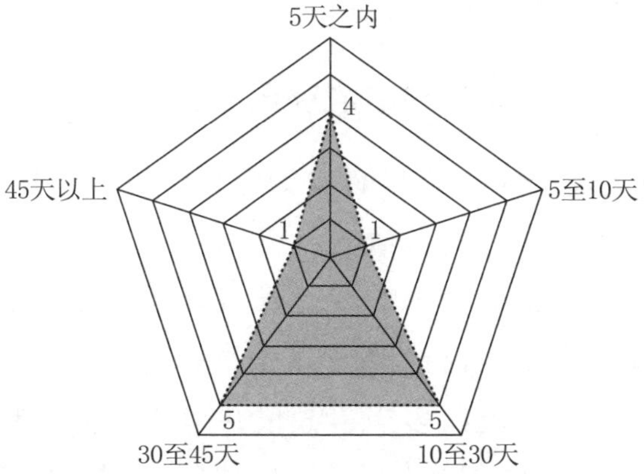

图 4　诉中行为保全裁定作出天数分布

（四）复议程序失效

在 34 件案件中，有 13 件进入复议程序，申请主体均为裁定采取行为保全措施的被申请人。行为保全复议结果与初次裁定均由同一审判组织作出，并且复议的结果均为驳回复议请求。

② 详见：S 市 P 区人民法院（2018）某字 2 号民事裁定书。
③ 详见：S 市 H 区人民法院（2014）某字第 204 号民事裁定书。

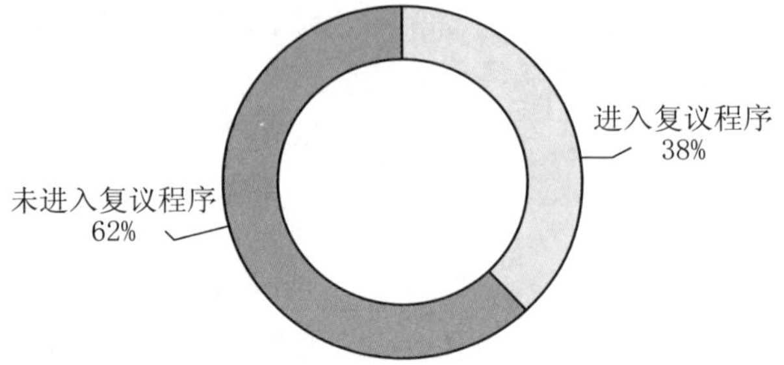

图 5　进入复议程序案件占比

综上不难看出，行为保全制度在实践中的施行效果相当不理想，与行为保全制度的设计初衷相违背，未能实现其及时救济的预设功能。

二、原因检视：行为保全制度的实务困惑

以上 S 市法院系统 2013 年以来的行为保全数据呈现多处异状，行为保全制度在运行过程中出现诸多问题，本文将结合这些实务困惑进行原因检视。

（一）低数量：行为保全的申请意识薄弱

六年来，S 市法院系统仅有 34 件行为保全申请，其中有 5 件系同一原告提出，实质上作出了行为保全申请的仅有 31 人。然而，S 市法院仅在 2015 年就受理一审民事案件 270755 件，因此行为保全申请的数量仅是冰山一角。如此失衡的比例揭示了当事人行为保全的申请意识薄弱。

究其原因有三点：一是诸多当事人仅知道财产保全制度，对行为保全制度缺乏了解；二是我国行为保全最早出现在知识产权领域，很多当事人尚不知晓其他民事诉讼领域可申请行为保全；三是当事人虽知晓行为保全制度，但对其申请方法、操作流程与所需材料等不清楚，从而“望而却步”。

（二）高门槛：行为保全的担保要求严格

前文展示的数据折射出行为保全担保面临着覆盖率高与数额高的两大现实困境，可以从以下两方面分析其原因：

1．最高人民法院的相关态度

2018 年 12 月颁布的《最高人民法院关于审查知识产权纠纷行为保全案

件适用法律若干问题的规定》(以下简称《知识产权行为保全规定》)第十一条规定："申请人申请行为保全的，应当依法提供担保。"与此同时，在最高人民法院公布的诉前与诉中行为保全裁定书样式中均有"申请人以……提供担保"这样的表述。④ 由此可见最高人民法院的态度：无论是诉前还是诉中行为保全，均应当提供担保。

2．法院的规避风险意识

司法实践中，法院一直在"规避风险"与"申请人利益保护"之间权衡。无论是诉前还是诉中行为保全，均是法院在作出最终判决之前对被申请人行为进行的一定限制。在未经实体审理的情况下，行为保全存在错误的可能性。一旦行为保全出现错误，势必会对被申请人造成损失，甚至可能引起国家赔偿。⑤ 在这种情况下，法院承担着裁定错误的风险。而要求申请人一律提供高金额担保可以有效地使法院免于承担保全错误的风险，因为一旦出现错误，被申请人可向申请人主张损害赔偿。

（三）低效率：行为保全的审查标准模糊

行为保全制度的特点在于及时性。然而，法院在裁定是否作出行为保全的过程中，需要对申请是否满足行为保全审查标准作出判断。同时，申请人也需针对审查标准提供相应证据。然而，民事诉讼法并未对财产与行为保全的审查标准进行区分，而是针对诉中与诉前保全分别简单规定了笼统的审查标准"使判决难以执行或者造成当事人其他损害"⑥ 与"使其合法权益受到难以弥补的损害"⑦。

行为保全是对被申请人的行为自由作出限制，因此其审查标准应当较财产保全更为严格，法院对其也持更为审慎的态度。然而，民事诉讼法对两者并未做区分，且审查标准也模糊不清。这一方面阻碍了法院审查行为保全的适用条件，导致处理时间长；另一方面也妨碍了当事人提供相应的证据，影

④ 沈德咏：《民事诉讼文书样式（上册）》，人民法院出版社 2016 年版，第 188—190 页。

⑤ 参见刘君博：《保全程序中担保的提供与担保数额的确定》，载《法律适用》2015 年第 8 期。

⑥《民事诉讼法》第一百条第一款。

⑦《民事诉讼法》第一百零一条第一款。

响行为保全作出的效率。

(四)零救济:行为保全的复议监督缺失

尽管民诉法赋予行为保全当事人以复议权，但司法实践中该项权利几乎形同虚设，所有行为保全复议结果均为驳回复议请求。根据《最高人民法院关于适用〈中华人民共和国民事诉讼法〉的解释》(以下简称《民诉法解释》)第一百七十一条，当事人对行为保全不服的，可以向作出裁定的人民法院申请复议，而非向其上一级法院申请复议。在这种情况下，即使行为保全裁定出现错误，法院出于惯性思维也根本无法察觉。因此，行为保全复议监督的缺失导致行为保全当事人无法通过复议获得救济。

由此可见，审查标准的缺位与配套运行机制的失效严重制约了行为保全制度功效的发挥。

三、规则确定:行为保全审查的因素厘定

目前行为保全的具体审查规则尚未有明确规定，在影响行为保全作出效率的同时，适法不统一也给司法公信力带来不利影响。为了阻止申请人滥用权利以及规制法官的自由裁量权，主流英美法系与大陆法系国家在立法中均对行为保全的审查标准作出规定，可以将其归纳为四个主要因素：申请人的胜诉可能性、申请人是否遭受难以弥补的损害、困难权衡以及公共利益。⑧

(一)前提条件:胜诉可能性

为了防止出现错误的行为保全，避免申请人滥用权利给被申请人造成损害，胜诉可能性是判断能否作出行为保全的前提条件。然而，胜诉可能性的证明标准一直是困扰学术界和司法界的难题。有观点认为，行为保全是非常规的救济手段，只有在申请人胜诉可能性达到基本无误的情况下才有作出行为保全的必要，⑨这指向高度盖然性证明标准。另一种观点认为，申请人胜诉

⑧ 沈志先:《知识产权审判精要》，法律出版社2010年版，第49页。

⑨ 参见宋鱼水、杜长辉、冯刚、蒋利玮:《知识产权行为保全制度研究》，载《知识产权》2014年第11期。

可能性是相对的，申请人无需提供证据证明其肯定胜诉，而只需证明其有胜诉的可能性即可，[10] 这指向优势盖然性证明标准。

1．一般原则：民法诉讼证明标准

从比较法的角度看，德国立法确立了民事诉讼证明标准的二层结构。针对实体事项的证明，适用超高盖然性标准。针对部分程序事项，适用优势盖然性标准。[11] 英美法系国家民事诉讼的证明标准，是负有举证责任的当事人必须证明其所主张的事实存在的可能性大于不存在，即优势盖然性证明标准。[12]

《民诉法解释》第一百零八条第一款确立了我国民事诉讼证明标准，明确对于一般待证事实的高度盖然性证明标准。但值得注意的是，该条第三款规定："法律对于待证事实所应达到的证明标准另有规定的，从其规定。"该条为特殊制度较低证明标准的适用留下空间。

2．特殊例外："胜诉可能性"的证明标准

行为保全的制度功能及其机理决定了其在证明标准上的特殊性，裁定的快速作出必然需要降低证明标准。[13] 借鉴前述其他国家相关立法，部分程序事项可适用优势盖然性标准。

《知识产权行为保全规定》将行为保全审查的第一个因素表述为"申请人的请求是否具有事实基础和法律依据"。然而，事实基础和法律依据对应着案件实体审理过程中的事实认定与法律适用，因此该项审查能基本确定案件的判决结果，这已然指向高度盖然性证明标准，一方面加重了申请人的举证责任，另一方面也增加了法庭在这一阶段所需判断的实体问题，无法与行为保全的时间紧迫性相契合。

虽然民事诉讼法尚未有"优势盖然性"等表述，但有关行为保全条款中"可能因当事人一方的行为或者其他原因"这样的表述表明法官在审查是否应当作出行为保全时不需要认定当事人行为使判决难以执行或造成其他损害，

⑩ 见前引⑧。
⑪ 张卫平：《外国民事证据制度研究》，清华大学出版社 2003 年版，第 217 页。
⑫ 齐树洁：《英国证据法》，厦门大学出版社 2002 年版，第 201—203 页。
⑬ 郭小冬：《从 perfect 10 v. Google 案看临时禁令申请中的利益衡量》，载《河北法学》2012 年第 8 期。

而只需判断其可能性，这即是指向优势盖然性证明标准。这表明我国立法已降低了行为保全证明标准。

近年来，部分法院在审查“胜诉可能性”时也释放出降低证明标准的信号。例如在“中国好声音案”中，北京知识产权法院认为“胜诉可能性，是法院根据现有证据……所作出的可能性判断，其显然有别于实体审理后的确定性认定”。⑭ 在“美国礼来公司、礼来（中国）研发有限公司与王某某侵害商业秘密纠纷案”中，上海知识产权法院认为“初步证明申请所主张的文件在一定程度上具有商业秘密的属性……申请人主张被申请人以不正当手段获取商业秘密具有相当的可能性……在申请人已经提供初步证据，但涉案文件商业秘密属性难以确定的情况下，责令被申请人不得披露、使用或者允许他人使用该文件，对于保证判决的执行仍具有重要意义”。⑮

综上，行为保全审查规则应当明确“胜诉可能性”及其优势盖然性证明标准，建议表述为“申请人是否有初步证据证明他人可能正在实施或者即将实施侵犯其合法权益的行为”。

（二）核心需求：阻止难以弥补的损害

对于行为保全申请人而言，其核心需求在于阻止被申请人行为以防止其利益受到难以弥补的损害。“难以弥补的损害”构成了行为保全制度的正当性和必要性。行为保全制度设立的原因就在于存在事后损害赔偿制度难以弥补的损害。

难以弥补的损害是指如果不作出行为保全，申请人所遭受的损害无法在法院审理完原告的实体请求后获得有效救济。⑯ 根据《民事诉讼法》第一百条以及《知识产权行为保全规定》第七条的规定，“难以弥补的损害”的判断标准：（1）案件判决难以执行；（2）造成当事人其他难以弥补的损害。但这两项标准没有明确的定义，在立法和学术上均无明确解释，导致司法实践中的适法不统一。

---

⑭ 详见北京知识产权法院（2016）京73行保复1号民事裁定书。

⑮ 详见上海知识产权法院（2015）沪知民初字第758号民事裁定书。

⑯ 参见李曼：《行为保全制度的标准构建——以美国法中间禁令制度的衡量标准为参考》，载《烟台大学学报（哲学社会科学版）》2016年第5期。

1．案件判决难以执行

案件判决难以执行通常表现为判决确定的当事人权利内容无法实现或实现出现严重障碍。⑰ 如果被申请人的行为不影响将来判决的执行或者虽然影响但不会导致难以执行的情况，法院不能作出行为保全。

案件判决难以执行，证明申请行为保全时情况紧急。正是因为申请人的合法利益即将受到被申请人的损害，并且一旦损害便使其丧失该项权利或权利价值急剧下降，因此即便法院作出有利于申请人的判决，对于申请人的权利保护而言已无任何意义。例如，在“杨某某申请责令停止拍卖钱钟书书信手稿案”中，北京市第二中级人民法院认为中贸圣佳公司在涉案钱钟书书信手稿的权利人杨某某明确表示不同意公开书信手稿的情况下，即将实施公开预展、公开拍卖的行为构成对著作权人发表权的侵犯。如不及时制止，将给权利人造成难以弥补的损害。⑱ 在“美国礼来公司、礼来（中国）研发有限公司与王某某侵害商业秘密纠纷案”中，上海知识产权法院认为一旦商业秘密被公众所知悉，商业秘密不再具有价值，也使得权利人面临着难以弥补的损失……对于申请人而言……一旦该些文件被披露、使用或允许他人使用，将会丧失商业价值，即使申请人在本案中的诉请成立，相关判决亦难以执行或不具有执行的意义。⑲

因此，“案件判决难以执行”可以参照《知识产权行为保全规定》第六条有关“情况紧急”的规定，表述为：“在行为保全案件中，有下列情形之一的，应当认定属于‘案件判决难以执行’：（一）申请人的商业秘密即将被非法披露；（二）申请人享有的商誉或者发表权、隐私权等人身性质的权利即将受到侵害；（三）诉争的权利即将被非法处分；（四）申请人的权利在时效性较强的场合正在或者即将受到侵害；（五）其他导致案件判决难以执行的紧急情况。”

2．造成当事人其他难以弥补的损害

造成当事人其他难以弥补的损害，是指给当事人造成重大损害或者急迫

⑰ 参见奚晓明：《〈中华人民共和国民事诉讼法〉修改条文适用解答》，人民法院出版社 2012 年版，第 147 页。

⑱ 详见北京市第二中级人民法院（2013）二中保字第 9727 号民事裁定书。

⑲ 见前引 ⑮。

危险等情形。[20] 如果被申请人行为造成的损害是可以挽回或者可以用金钱衡量的情况下，法院不能采取行为保全措施。

在某些情形下，如果法院不作出行为保全裁定，当事人的损害可能难以估计，因而造成难以弥补的损害，例如，市场份额的减少、竞争优势的丧失等。一旦被申请人通过不正当行为抢夺了申请人的市场份额等隐性经济利益，申请人想恢复原有的市场地位，将付出巨大的代价，这样的损失是无法估算的。[21] 在“网易云音乐侵害信息网络传播权诉前行为保全案”中，武汉市中级人民法院认为广州网易等被申请人向公众提供的音乐作品数量巨大。该行为如不及时禁止，将会使广州网易不当利用他人权利获得的市场份额进一步快速增长，且这种损害将难以弥补。[22]

因此，“造成当事人其他难以弥补的损害”相关规定可以表述为：“在行为保全案件中，有下列情形之一的，应当认定属于‘造成当事人其他难以弥补的损害’：（一）申请人的损害无法通过金钱方式予以赔偿；（二）被申请人的侵害行为将会导致申请人的相关市场份额明显减少；（三）其他造成当事人难以弥补的损害的情况。”

（三）利益评价：困难权衡

困难权衡是指法院对作出行为保全对被申请人的损害与不作出行为保全对申请人的损害进行利益评价。

不可否认，行为保全措施的采取是以牺牲被申请人的行为自由为代价的。因此，当行为保全错误时，被申请人所遭受的损失也是不可忽视的。虽然要求申请人提供担保等做法可以在一定程度上保障被申请人的利益，但在某些案件中，即使被申请人的行为损害了申请人的利益，如果这种损害相较于被申请人因行为保全所遭受的损害是微乎其微的，那么行为保全的作出显然是有失公平的。因此，法院在决定是否作出行为保全时，应当对申请人和被申请人的利益进行充分的评价。

[20] 见前引⑯。

[21] 见前引⑧，沈志先书，第52页。

[22] 详见湖北省武汉市中级人民法院（2014）鄂武汉中知禁字第5号民事裁定书。

（四）社会影响：公共利益

行为保全制度作为保护申请人合法权益的临时司法措施，不能通过牺牲整个社会公共利益来保护少数人的合法权益。

尽管民事纠纷属于私权范畴，一般不会涉及公共利益。但在一些特殊案件中，也会影响到公众健康、公共政策或者其他重大公共利益。对公共利益的影响无法让步于个人利益，因此在审查行为保全适用条件时对社会公共利益的考虑是不可或缺的，并且会产生“一票否决”的效果。

综上，胜诉可能性、难以弥补的损害、困难权衡和公共利益这四个因素构成行为保全的审查标准，应当在立法中予以明确。同时，这四个因素是有机的整体，应当综合考虑，整体判断。

四、路径探究：行为保全施行的机制优化

为了保证我国行为保全制度的顺利施行与功能的良好发挥，除了厘定其自身的审查标准之外，还应从外部优化其配套运行机制。

（一）重构普法机制：确保普法到位

如前所述，行为保全申请数量如此之少的主要原因在于当事人的申请意识薄弱，因此亟需对行为保全制度加大宣传，让更多当事人了解行为保全制度。具体做法包括：其一，通过微信公众号、电视节目等多种渠道宣传行为保全案例，提高公众对于行为保全制度的认知；其二，在立案大厅陈列展板、易拉宝等，介绍行为保全制度的功能、申请基本流程和所需材料等，让当事人充分了解行为保全的申请方法；其三，在立案大厅提供行为保全申请书格式样本；其四，立案工作人员在立案过程中，发现根据当事人陈述的案情和提供的证据有申请行为保全必要的，应主动询问其是否申请行为保全，确保及时保障当事人的合法权益，促进纠纷的化解。

（二）修正担保机制：保证担保合理

行为保全担保机制的作用，一方面在于防止申请人滥用行为保全制度，另一方面在于弥补被申请人因错误行为保全而遭受的损害。然而，过于严格

的担保机制会导致申请人因无法提供担保而承受难以弥补的损害，因而亟需修正现有的担保机制。

1．明确部分免除担保情形

为应对法院的规避风险意识，应当在立法中明确规定免除担保的情形。由于诉前行为保全具有紧急性，法院在短时间内作出的裁定出现保全错误的可能性较大，风险也相应提高，因此免除担保规定应仅针对部分诉中行为保全情形。在申请诉中行为保全时，申请人所提供的证据能够证明他人正在实施侵犯其合法权益的行为且其合法权益稳定时，能够达到“胜诉可能性”高度盖然性证明标准，保全错误风险几乎为零，因此应当明确在此种情形下免除担保。

2．丰富担保形式

现行法律未对行为保全担保类型作出规定。实务操作中法院均要求申请人提供现金担保，不接受其他担保形式，担保形式过于单一。

现金担保能够最为直接地弥补被申请人因错误行为保全而遭受的损失。而人保、权利质押等担保方式难以简单地转换为金钱形式，无法直接赔偿被申请人的损失，从而丧失担保的功能价值。但是，除了现金担保之外，保险公司基于保全责任险合同所出具的担保书也能够起到与现金担保同样的效果。当行为保全错误时，由保险公司直接向被申请人赔偿保险金。因此，为了减轻行为保全申请人的负担，应当增加保全责任险担保书作为法院接受的担保形式。

3．确定担保金额

担保数额确定规则的缺失可能导致法官自由裁量的担保金额畸高，增加行为保全申请人的负担，甚至会使当事人因畏于高额担保金而对申请行为保全产生顾虑，因此应当在立法中明确担保数额的确定方式。

行为保全担保应回归其作为被申请人可能损失弥补的基本功能定位，[23]因此担保数额与被申请人可能的损失应具有相当性。然而，从法官探知的事实内容出发难以估计未来被申请人可能遭受的损失。当事人是担保利益所直接辐射的主体，因而为了确保担保数额的相当性，应由双方当事人协商担保数

[23] 参见李仕春：《民事保全程序基本问题研究》，载《中外法学》2005年第1期。

额。当当事人无法就担保数额达成一致时，法官应围绕当事人的举证确定担保数额。《最高人民法院关于审查知识产权与竞争纠纷行为保全案件适用法律若干问题的解释（征求意见稿）》第九条[24]也提出了类似的做法。首先，被申请人是损失的直接影响者，[25]对其受损利益的感受相较法官而言更为具体全面，因而被申请人参与担保数额的确定会使预估的损失更为准确。其次，在申请人与被申请人就可能损失进行举证、质证的过程中，法官可充分地获取相关信息，实现信息的三方对称。被申请人应当就其可能遭受的损失及数额举证，申请人可对此提出反证。

（三）完善执行机制：保障执行有力

《民诉法解释》第一百五十六条规定："人民法院采取财产保全的方法和措施，依照执行程序相关规定办理。"但未对行为保全的执行作出规定。行为保全相较于财产保全，其区别在于保全的对象是行为，但行为同样在法院强制执行的客体范围内。行为保全只是将未来判决中需规制的行为提前进行限制，因此应当推定，人民法院采取行为保全的方法和措施，也依照执行程序相关规定办理。对于被申请人拒不履行裁定的，申请人可以向法院申请强制执行。如果行为保全措施指向可替代行为，法院可以自行强制执行，或者委托有关单位或者其他人完成，费用由被申请人承担。如果行为保全措施指向不可替代行为或不作为，相关立法可借鉴《海事诉讼特别程序法》第五十九条，明确规定通过间接方法进行强制执行，包括罚款、拘留等方式。

（四）规范纠错机制：保持纠错畅通

1．规范复议程序

当事人向作出行为保全裁定的法院申请复议，将引发纠错效率低下等问题，难以发挥复议程序作为程序性权利救济的作用。法官出于惯性思维，往

㉔ 《最高人民法院关于审查知识产权与竞争纠纷行为保全案件适用法律若干问题的解释（征求意见稿）》第九条第二款规定：人民法院应当根据申请人、被申请人的主张和必要证据确定合理的担保金额。

㉕ 参见毋爱斌、向恭谱：《知识产权行为保全中担保数额认定之路径选择》，载《河南财经政法大学学报》2019 年第 4 期。

往难以察觉先前裁定的错误而再次作出相同的裁定。“任何人不能做自己的法官”，因而从操作成效角度考虑，应当将复议交由上一级法院处理，以避免这种法律救济方式流于形式，充分保障当事人的权益。

2．规范申请错误损害赔偿诉讼

《民事诉讼法》第一百零五条规定被申请人在保全错误时可提起损害赔偿之诉。然而，该损害赔偿诉讼在立法上仅限于如此原则性规定，相关配套程序性规定完全未予明确。

申请错误的损害赔偿诉讼由行为保全引发，为方便了解保全事实，应由采取保全措施的人民法院管辖。与此同时，保全程序仅是临时救济程序，因而损害赔偿诉讼不应在保全程序中主张。诉前行为保全的被申请人应当另案主张；诉中行为保全的被申请人可通过本案诉讼的反诉或者另案主张。另外，为了确保被申请人提起损害赔偿诉讼的畅通，应当对《民事案件案由规定》进行修改，在第二级案由“三十、侵权责任纠纷”项下增加两个第三级案由——“371. 因申请诉前行为保全损害责任纠纷”“372. 因申请诉中行为保全损害责任纠纷”。

结语

“迟来的正义即非正义”，这正是行为保全制度存在的重要意义，行为保全制度是当事人获得及时救济的有效途径。在制度内部确定行为保全的审查规则，从外部优化行为保全施行的保障机制，以确保行为保全制度良性运转，促进功能的良好发挥。以行为保全促调解、促和解，促进矛盾纠纷多元化解，让人民群众解决矛盾纠纷更方便、更快捷。

（责任编辑：王　静）

金融纠纷多元化解决机制改革的实践路径与发展重点

王　鑫　余甬帆　蔡浩若*

党的十八届四中全会通过的《中共中央关于全面推进依法治国若干重大问题的决定》指出，健全社会矛盾纠纷预防化解机制，完善调解、仲裁、行政裁决、行政复议、诉讼等有机衔接、相互协调的多元化纠纷解决机制。2016年，最高人民法院《关于人民法院进一步深化多元化纠纷解决机制改革的意见》(以下简称《意见》) 在系统性布局多元化纠纷解决机制的基础上，对金融纠纷多元化解决机制的实践路径与发展重点①予以特别关注，不仅符合金融案件专业化、职业化、国际化的特点，而且与金融主体在市场中所追求的非对抗、自治、效率、便利、参与、协商等多元化理念②相吻合。这为金融案件走上多元化解决之路提供了文件支撑。然《意见》发布至今，金融纠纷多元化解决机制在实施中的效果如何，是否需要调试或细化，今后改革探索的重点又在何处，亟待探究。

* 王鑫，上海市浦东新区人民法院金融审判庭庭长，法学硕士。余甬帆，上海市浦东新区人民法院金融审判庭审判员，法学硕士。蔡浩若，上海市浦东新区人民法院金融审判庭法官助理，法学硕士。

① 见《意见》第五条、第九条、第十条、第十一条、第十七条、第二十二条、第二十九条、第三十一条、第三十七条。

② 参见范愉:《多元化纠纷解决机制与和谐社会的构建》，经济科学出版社2011年版，第21页。

一、现状扫描：金融纠纷多元化解决机制的运转实况

（一）解纷主体虽不断拓展，但仍有限，且现有解纷主体功能未充分发挥

表1　2014年以来A市法院系统在市级层面引入金融纠纷解纷主体情况表

年　份	解纷主体	依据文件
2014年	A市保险合同纠纷人民调解委员会	A市高院与A市保监局签署相应《会议纪要》
2015年	A市金融消费纠纷调解中心	A市高院与中国人民银行A市分行签署相应《会议纪要》
2015年	中证中小投资者服务中心有限责任公司	A市某中院与中国证监会直属的中证中小投资者服务中心有限责任公司签署相应《合作协议》
2016年	A市银行业纠纷调解中心	A市高院与A市银监局签署相应《合作备忘录》
2017年	证券、基金、期货业纠纷联合人民调解委员会	A市高院与A市证监局签署相应《合作备忘录》

从表1可见，十八届四中全会以来，A市法院系统积极响应党中央及最高人民法院关于推进多元化纠纷解决机制建设的号召，在金融领域，以每年在全市范围内拓展一家解纷主体的速度，构建金融纠纷多元化解决机制。虽A市法院系统已在该市市级层面与A市金融监管机构分别合作引入银行业、保险业、证券、基金、期货业以及金融消费者、中小投资者等行业调解组织，但上述调解组织却还未涉及互联网金融、小额贷款、融资租赁、保理、典当等金融领域。此外，A市银行业纠纷调解中心、③A市金融消费纠纷调解中心④等调解组织在与A市法院系统的合作中，均已有调解成功的案例，但年调解成功总数不超过1000件，这与A市法院系统近年来年均10万件以上的金融案件体量而言，仅占极小比例。由此可见，现有的金融案件解纷主体功

③　该中心2016年度已调解相关纠纷252件，调解成功173件。

④　该中心自2015年5月正式开展调解事务，截至2017年6月底，已调解金融消费纠纷471件，调解成功395件。

能有待进一步拓展和激发。

（二）虽形成诉调对接平台，但各解纷主体间案件分流不畅，且与法院衔接不一

A市法院系统在实践中已分别确立金融纠纷多元化解决机制的内设对接部门，基本形成金融庭、商事庭及立案庭，分别与相应调解组织对接的格局。在这一双重平台的设置中，由于法院内设对接部门不尽一致，导致A市法院系统引入的解纷主体，在功能发挥上存在重合或空白。如金融借款纠纷案件，法院既可委托银行业调解组织进行调解，也可委托普通的人民调解组织进行调解，这使得该类案件在非诉环节的分流上呈现多元化特点。相反，如保理合同纠纷、互联网金融纠纷等较为新颖、复杂的案件类型，则没有相对应的行业调解组织，现有的解纷主体也表示该类案件非其常规调解范围且难以驾驭，矛盾化解尚难顺利推进。此外，双重平台的设置，也使得解纷主体与法院的对接模式各不相同。有的是单项对接即解纷主体与金融庭、商事庭或立案庭对接，有的是双重对接即解纷主体与金融庭、商事庭及立案庭均有对接，由此使得对相应解纷主体的管理、考核标准不一，解纷主体的功能发挥亦出现差异。

（三）诉前调解适用量虽逐年提升，但总体适用率偏低，且调解成功率偏低

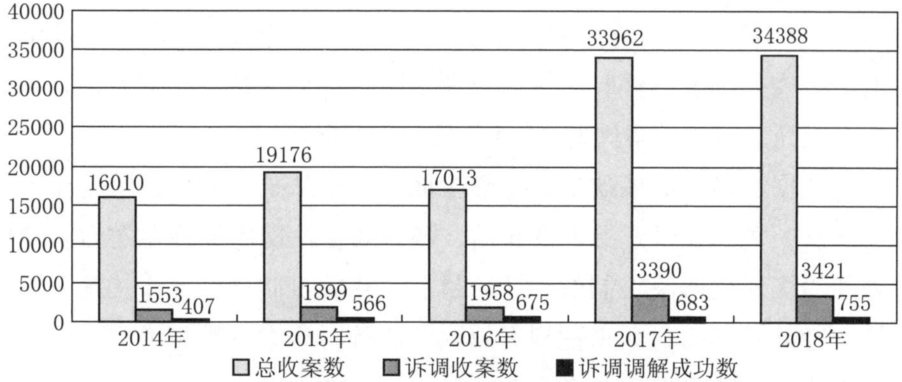

图1　A市某区法院金融案件诉前调解对接情况

以A市金融案件收案量最大的某区法院为例，2014年至2018年，该院的金融案件收案呈总体上升趋势，但金融主体自愿选择适用诉前调解程序，同意法院委托相关解纷主体调解的案件数量，则一直保持在该院金融案件收案总量的一成左右，其中进入诉前调解程序案件的调解成功率分别为26.21%、29.81%、34.47%、20.15%、22.07%，可见，虽A市某区法院的诉前调解案件收案量以及调解成功案件数量逐年上升，但该类案件的诉前调解程序适用率以及调解成功率却相对偏低。

（四）诉中调解适用量逐年微涨，且调解成功率相对较高，但总体适用率偏低

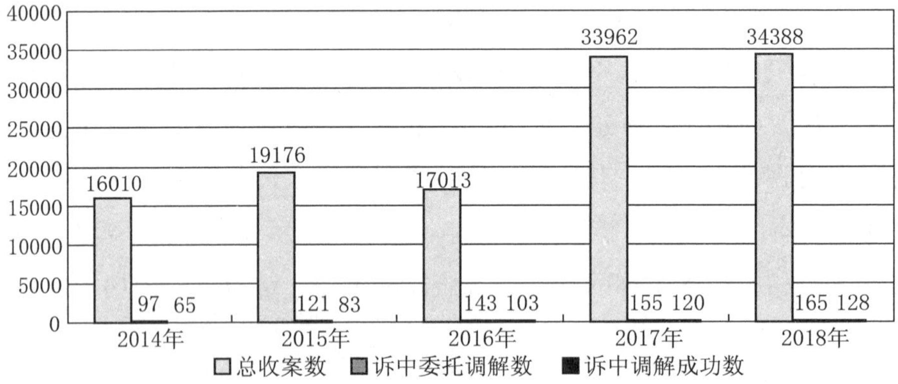

图2　A市某区法院金融案件诉中委托调解情况

2014年至2018年，在诉讼中，金融主体愿意选择由A市某区法院委托相关解纷主体进行调解的案件数占比均不到一个百分点，其中委托调解成功率分别为67.01%、68.60%、72.03%、77.42%、78.05%。可见，虽A市某区法院的诉中委托调解案件收案量以及调解成功案件数量逐年提升，且调解成功率相对较高，但该类案件的委托调解适用率却较低。

上述数据及信息的展现尽管不够全面，但也从某个侧面反映了十八届四中全会以来，尤其在《意见》发布后，各级各地法院不断探索符合自身特色的金融纠纷多元化解决机制的现状。目前，相关机制虽已初步构建，但在实际运转上却效果不彰，尚未达到有效降低法院诉讼案件数量的目标，也未充分发挥其便利金融纠纷解决的优势。

二、理性剖析：金融纠纷多元化解决机制运转瓶颈的深层次原因

（一）文化传统与现实需求之间的差异问题

我国历史传统上，一直存在强调集体权威性、忽视个体自主性的社会文化。加上，20 世纪 80 年代以来，纠纷解决出现“司法一元化”倾向，致金融主体在纠纷的解决上信赖公权救济远胜于私力救济。但这一历史文化传统及其所衍生的思想观念，显然无法满足立案登记制改革背景下金融纠纷从法院适度分流解决的现实需要。

1．制度供给层面

当前的制度设计主体虽已意识到“司法一元化”的局限性，开始提倡金融主体根据多元化的社会化规范进行自治，但相较于司法解决纠纷业已取得的公信口碑与文化效果，对方兴未艾的多元化非诉纠纷解决方式或多或少存在疑虑。因此，相关立法文件及司法实践，总是难以真正进入“纠纷多元化解决”的状态。如《中华人民共和国人民调解法》(以下简称《人民调解法》)仍将人民调解委员会这一解纷主体限定于公益性、无偿性、兼职性，这与当下解纷主体的市场化、有偿化、职业化、国际化趋势不符。于是，前文中解纷主体发展及引入有限，相应功能发挥亦有限等问题便逐一呈现。

2．金融主体选择层面

传统的纠纷解决机制过于倚重国家的作用和力量，而忽视其他社会力量的有效参与，以致诉讼外的解纷机制饱受偏见，难以受到应有的重视。⑤正是以往过于强调金融纠纷解决依靠法院诉讼手段，因此金融主体往往自觉或不自觉地选择法院诉讼的方式解决纠纷。这也导致金融纠纷多元化解决机制中的非诉手段适用率较低、调解成功率不高。

（二）理论研究与实践操作之间的衔接问题

由于对非诉机制的基础理论供给不足，⑥加上《意见》实施尚需时间，因

⑤ 廖永安：《以“共建共享”理念推进多元化纠纷解决机制改革》，载《人民法院报》2016 年 7 月 5 日。

⑥ 参见郝振江：《中国非讼程序年度观察报告（2016）》，载《当代法学》2017 年第 4 期。

此金融纠纷多元化解决机制在目前的运转上，尚缺乏科学设计的衔接机制及配套措施，致其实施远未达理想效果。

1．尚未有体系化的立法支撑

目前虽有《人民调解法》《意见》等立法、文件作为金融纠纷多元化解决机制开展的依据，但由于缺乏专门性立法及条文的支撑，导致该项机制在实践探索中理论依据与法律依据不足，由此出现前文所述的各项问题。此外，理论研究的不充分，也致立法的层次化不足。如《中华人民共和国合同法》（以下简称《合同法》）中尚未对和解协议及其效力作出相关规定，《中华人民共和国仲裁法》（以下简称《仲裁法》）中尚未对临时仲裁⑦进行相应规定等。可见，各部门法对各自调整范围内的解纷主体定位不清、缩限过多，制约了该项机制的发展。

2．衔接机制与配套措施不足

缺乏理论调研依托，导致当前的金融纠纷多元化解决机制创新有限。尤其在诉与非诉、非诉与非诉间的衔接上，还缺乏科学设计，导致一些大型的金融主体尚未构建或引入相应的调处金融纠纷的部门或组织，法院与解纷主体间就金融纠纷解决的管理、考核衔接标准不一等问题出现。此外，金融纠纷多元化解决机制的配套措施也较有限。如尚未构建调解前置机制、⑧诉讼费用调节机制、和解协议违约的惩罚性机制等，使得该项机制在实践运转过程中常遇“梗阻”。

（三）司法引导与部门为政之间的协调问题

虽《意见》明确“党政主导、综治协调、多元共治”的工作格局，“司法引导、诉调对接、社会协同”的解纷合力，但在现实中，法院与其他司法机关、行政机关等存在各自为政的情况，亦影响金融纠纷多元化解决机制的运行效果。

---

⑦ 临时仲裁又称特别仲裁、随意仲裁，是相对于机构仲裁的制度，指当事人自己依协议组建仲裁庭或即使常设仲裁机构介入，仲裁机构也不进行程序上管理，而是由当事人依协议约定临时程序或参考某一特定的仲裁规则或授权仲裁庭自选程序。

⑧ 调解前置是法院在适用简易程序审理民事案件时，将符合一定条件的案件在法庭调查前先行调解的制度。

1．尚未准确定位各部门在纠纷化解中的角色

《意见》在各部门的角色定位上，还存在许多模糊之处，易导致各解纷主体在功能发挥上出现差异。如“党政主导”虽使金融纠纷多元化解决机制有了驱动的双引擎，但是“党”和“政”毕竟在职能上有别，因此各自主导的领域不应混淆。又如“综治协调”与“司法引导”，实践中涉综治工作的部门与涉司法工作的部门存在交叉，最为典型的即为法院，故法院在金融纠纷多元化解决中的角色定位，应是协调还是引导，亦可探讨。再如不少行政机关片面认为化解矛盾的法治方式就是诉讼方式，往往囿于自身利益考虑，对其应承担的矛盾化解和社会维稳职能故意弱化，穷尽办法推诿至法院进行调解，不仅未能发挥非诉矛盾化解方式的优势，反而导致许多矛盾因长期堆积而更难解决。⑨

2．尚未明确协调机构及运转平台功能待整合

当前我国社会矛盾纠纷解决机制主要包括调解、仲裁、行政裁决、行政复议、诉讼等，各有其独立主管部门，且各种程序处于独立运作状态，相互之间缺乏协调配合，使得社会矛盾纠纷无法按一定规则有序解决。⑩在缺乏统一、有力的具体负责协调金融纠纷多元化解决机制推进落实机构的情况下，各解纷主管部门出于各自利益考量，易消极应对或推诿该项机制推进，这不利于形成良性的内部竞争环境与氛围。由于协调机构未落实，又谈何其角色定位及给予人员配置、经费保障。

三、科学定位：金融纠纷多元化解决机制的目标追求与价值向度

（一）目标追求

1．直接目标：减少法院诉讼，降低解纷成本

构建金融纠纷多元化解决机制，本质上是通过多元化的非诉手段，分流

⑨ 宋长士、戚怀民：《多元化纠纷解决机制的实践难题与破解之策》，载《人民法院报》2017年11月2日。

⑩ 参见陈辽敏：《创新型多元化纠纷解决机制的构建与发展》，载《中国应用法学》2017年第3期。

相关案件，从而减少金融纠纷进入法院诉讼的数量。在纠纷分流过程中，引导金融主体自主选择程序更为简化、方式更为便捷、成本更为低廉的非诉手段，以此为金融主体在相关纠纷处理上实现效益最大化。

2．现实目标：有效化解矛盾，维护社会稳定

构建金融纠纷多元化解决机制，能够为金融主体提供最合适、最便利的纠纷解决方式，以彻底化解相关纠纷。而在矛盾消弭的同时，金融市场则变得更为有序安全，金融环境也日益健康稳定。

3．终极目标：服务“三项任务”，减少纠纷生成

构建金融纠纷多元化解决机制，还应遵循金融案件的基本特点及其发展规律，紧紧围绕“服务实体经济、防控金融风险、深化金融改革”三项任务展开，通过服务大局，从宏观和微观层面，防控金融风险及降低相关纠纷发生率。

（二）价值向度

1．交易成本理论

该理论由罗纳德·哈里·科斯教授提出，其核心在于所有法律活动，包括一切立法和司法以及整个法律制度事实上是在发挥着分配稀缺资源的作用，因此所有法律活动都要以资源的有效配置和利用——即效率极大化为目的，所有的法律活动都可以用经济的方法来分析和指导。[11] 该理论与金融纠纷多元化解决机制的效率、便利、非对抗特征不谋而合。就国家和社会层面而言，金融主体如更愿选择成本低廉、效益最大的非诉纠纷解决方式，则意味着国家在制度建设中的投入得到了相应回报，合理利用了社会资源，收回了制度建设成本。[12] 就个体理性而言，第一，其低廉的收费显然对金融主体有较强吸引力；第二，其直接就争议金额进行磋商，减少诉讼中的抗辩环节，营造了非对抗的解纷氛围；第三，其还能缩短解纷周期及金融主体的精力付出，相较于法院诉讼而言更具优势。因此，金融纠纷多元化解决机制应以交易成本理论所强调的效益最大化为首要价值取向。

⑪ 钱弘道：《法律经济学的理论基础》，载《法学研究》2002 年第 4 期。
⑫ 参见吴愁：《我国金融消费纠纷解决机制研究》，重庆大学 2015 年硕士学位论文。

2. 协商民主理论

该理论是一种治理形式，其中平等、自由的公民在公共协商过程中，提出各种相关理由说服他人或转换自身的偏好，在广泛考虑公共利益的基础上利用公开审议过程的理性指导协商，从而赋予立法和决策以政治合法性。⑬该理论与金融纠纷多元化解决机制的参与、协商、自治特征存在共性。金融纠纷多元化解机制在为金融主体提供多元纠纷化解方式，充分保障金融主体选择权、参与权的基础上，还赋予其更多的自主协商权利，这也与社会主义核心价值观中的民主、自由两项内容相契合。待这一机制趋于成熟，相应的规则体系亦会指引金融主体采用理性的协商民主方式解决纠纷。因此，金融纠纷多元化解决机制应以协商民主理论所强调的平等、自由为重要价值取向。

3. 金融安全理论

党中央对金融安全高度重视，习近平总书记强调，金融安全是国家安全的重要组成部分，是经济平稳健康发展的重要基础。而金融纠纷多元化解机制所追求的现实目标和终极目标虽分别是金融纠纷的化解、金融风险的防控，但其本质上均是谋求金融安全稳定。因此，金融纠纷多元化解机制在将交易成本理论、协商民主理论作为其价值向度的同时，也离不开将金融安全理论作为其基础价值追求，因为没有安全稳定，谈何效益最大化、平等与自由。故金融纠纷多元化解决机制应以金融安全理论所强调的安全、稳定为基础价值取向。

四、对策建议：金融纠纷多元化解决机制的体系化构建

（一）观念共识引导

1. 党政部门转变理念

“党政主导”的前提是其必须切实转变理念，摒弃“司法一元化”观念，这样才能为金融纠纷多元化解决机制的改革营造良好环境。为此，党政部门要加大内部宣传，充分认识该项机制的目标任务和价值功能，在工作开展中，

⑬ 陈家刚：《协商民主引论》，载《马克思主义与现实》2004年第3期。

真正鼓励和引导金融主体更多选择非诉纠纷方式解决争议，最大限度妥善解决各类金融纠纷。

2．金融主体转变意识

定期对金融纠纷多元化解决机制进行总结，甄选典型案例，通过新闻平台加大宣传力度，以此使金融主体真正感受到该项机制的优势，提升其社会公信力和认同度，引导金融主体主动了解、自愿选择和合理利用非诉方式解决纠纷。

（二）机构职责定位

1．厘清“党政主导”

对多元化纠纷解决机制尤其是金融纠纷多元化解决机制而言，“党政主导”体现了党中央对该项工作的重视，利于其长远发展。但实践中，应进一步厘清“党”和“政”分别如何“主导”该项工作。首先，“政”应就其所管理的涉金融、综治、维稳等行政职责进行整合，以行政之力主导该项机制的构建与推进。其次，坚持“党”对一切工作的领导，行政之力存在一定局限，在主导该项机制推进的过程中不可能面面俱到，此时就需“党”整合司法之力、社会之力等予以推进。当上述力量间出现冲突，“党”亦需发挥其领导作用，协调各方力量，从而保障该项机制的落实。

2．厘清“综治协调”与“司法引导”

金融纠纷多元化解决机制是一项系统性的综治工作，在具体的开展中，应由各级各地综治办协调各成员单位具体推进。而司法机关尤其是法院，作为化解金融纠纷的一线部门，决定了其相较于综治办所协调的其他成员单位，在推进金融纠纷多元化解机制上更具主动性。因此，综治办的职责应定位于协调，法院等司法机关的职责应定位于引导。具体而言，应赋予各级各地综治办对金融纠纷多元化解机制一定的权力支配或物质激励优势，以此为该项机制的管理考核、监督落实给予保障。对法院而言，引导的任务职责应由金融庭、商事庭及立案庭统一行使，立案庭负责对各解纷主体的统一对接、联络协调，金融庭或商事庭的相应工作人员负责对各解纷主体的业务指导、管理考核，以此使法院与各解纷主体间的衔接更为顺畅。

（三）立法层面支持

1．地方立法先试先行

建议借鉴英国的《金融服务法》，日本的《金融改革法》《金融商品交易法》等，在结合《意见》实施效果的基础上，由某个省级人大先行制定本地区多元化纠纷解决机制的地方性法规，并将金融纠纷多元化解决机制归入其中。以此供立法机关充分考虑多元化纠纷解决机制的协调性，整合现有关于诉讼和非诉讼解纷方式的全部法律规范，围绕公力解纷和私力解纷的不同特点和功能定位，合理配置相关主体的解纷权力和工作程序，优化各种纠纷解决资源的协调性，初步形成一部系统的、自洽的地方性法规。[14] 待该地方性法规形成可推广、可复制的经验后，再由全国人大常委会统一制定全国性法律规范，并在条件成熟后，就金融纠纷多元化解决机制的特性予以单独立法。

上述立法，可以对引入如下几项制度设计：

（1）调解前置。建议将金融纠纷确定为先行调解的案件类型，但这并不意味着对该类案件的调解可违背调解自愿原则。具体操作中，解纷主体应在收案时，询问纠纷的双方当事人是否同意先行调解，相信多数情况是原、被告都未必会明确表示反对。但如原、被告有一方不同意或被告联系不上甚至送达都非常困难的情况下，一般而言该纠纷就不具备先行调解的基本条件。[15]

（2）调解不成的无争议事实确认。明确金融主体未达成调解协议的，解纷主体在征得各金融主体同意后，可用书面形式记载调解过程中各方没有争议的事实，并告知金融主体所记载的内容。经各方签字后，金融主体则无需在诉讼过程中就已记载的事实举证。但金融主体为达成调解协议或和解的目的作出妥协所涉及对案件事实的认可，不得在其后的诉讼中作为对其不利的证据。

（3）中立评估机制。[16] 借鉴美国的中立评估机制，评估专家仅依据各方

---

⑭ 宋长士、戚怀民：《多元化纠纷解决机制的实践难题与破解之策》，载《人民法院报》2017年11月2日。

⑮ 参见王亚新：《展望多元化纠纷解决机制的新发展》，载《人民法院报》2016年7月4日。

⑯ 中立评估机制是解纷主体聘请与金融纠纷本身和纠纷各方均无利害关系的独立专家，基于对纠纷各方当事人陈述及所提交的证据材料综合考量，作出建议性的评估报告，供金融主体参考的一项机制设计。

金融主体描述的事实和提供的证据材料出具评估报告，金融主体对其所描述的事实和提供的证据材料的真实性承担法律责任。评估报告可作为各方金融主体解决争议的建议，对各方金融主体不具有强制约束力。⑰通过上述评估报告帮助金融主体对判决结果进行预测，促使金融主体理性选择非诉方式解决纠纷。

（4）在线纠纷解决机制（ODR）。按照智慧法院要求，借鉴欧美国家的ODR机制，将人工智能、大数据、云计算等方法引入金融纠纷多元化解决机制中，不断丰富相关技术应用的广度、深度和力度，逐步完善在线调解机制的制度建设，保障在线调解平台建设的规范性，加强在线调解平台的系统整合，发挥网络平台的最大效应。⑱此外，依托信息化技术获取大数据，可为金融主体理性选择纠纷解决方式提供合理预期，提高纠纷解决效率。

2．部门立法修改

在制定专门性立法的基础上，还应循序渐进、分门别类地对现有的部门法、单行法规等进行修改，形成多层次的体系化立法。

（1）修改《人民调解法》，将人民调解组织定位于市场化、有偿化、职业化，以此扩大解纷主体的范围，符合当下社会需求及国际发展趋势。

（2）修改《合同法》，增加有关和解协议的规定，使之成为有名合同。对具有给付性质的内容，当事人可根据《中华人民共和国公证法》向公证机关申请办理公证债权文书；对其他性质的内容，可在和解协议中约定仲裁事项确认该协议的效力，以此，赋予和解协议强制执行效力。此外，建议规定，如一方不履行和解协议，无过错方可根据协议起诉对方，并根据违约方的过错程度，适度增加其违约成本。在不违背败诉方负担诉讼费的原则下，对一方当事人不履行和解协议的，法院可决定其负担有关费用。⑲

（3）修改《仲裁法》，借鉴国际商事规则，引入临时仲裁机制，即金融主

⑰ 参见肖建国、黄忠顺：《多元化纠纷解决机制中的几个创新点》，载《人民法院报》2016年7月7日。

⑱ 胡仕浩：《多元化纠纷解决机制的“中国方案”》，载《中国应用法学》2017年第3期。

⑲ 参见胡仕浩、龙飞：《深化多元解纷机制改革　提升社会治理法治水平——对〈最高人民法院关于人民法院进一步深化多元化纠纷解决机制改革的意见〉的解读》，载《人民法院报》2016年6月30日。

体间约定在特定地点、按照特定仲裁规则、由特定人员对有关争议进行仲裁的，可认定该仲裁协议有效，以此拓展金融纠纷多元化解决的方式。

（4）修改诉讼费缴纳等规定，适当提高诉讼费收费标准，但对进入诉讼程序又在庭外达成和解而撤诉的，每案收取25元；在诉讼程序中自行达成和解，并由法院出具调解书确认的，按诉讼标的收取20%的诉讼费。此外，降低非诉程序解纷收费标准，通过经济杠杆引导金融纠纷更多进入非诉程序解决或协商方式解决。

（四）配套制度跟进

1．各解纷主体的职业化、专业化队伍建设

首先，可借鉴英国、加拿大等域外制度，建立金融企业的内部纠纷处理机制并培养相应解纷人才，构筑金融纠纷多元化解决机制的第一防线。其次，对现有的调解人员加强培训，并从退休公务员、人民调解员、律师、教育机构等，选拔业务素质精良的调解员。此外，加强培养青年专业调解人才，充实解纷队伍。最后，在拓展解纷主体的基础上，可通过购买第三方服务的方式，进一步扩大解纷主体的范围和能力，以此实现“多元共治”的局面。

2．对各解纷主体的考核、激励及经费保障

由综治办、法院金融庭或商事庭分别对各金融纠纷多元化解决机制主管部门、解纷主体进行考核、管理。考核内容涉及纠纷收案数、化解数、办理天数等。对考核情况较好的，由综治办给予物质、精神方面的奖励。在经费保障方面，构建人民调解和行政调解国家承担、行业调解协会支持、商事调解市场化运作的多层次、多样化经费保障机制，并鼓励社会各界为公益性的金融纠纷解决服务提供资助。

3．对案件流转衔接的管理

根据金融纠纷案由及各解纷主体所属领域，由法院设置专门性和自选性案由，其中专门性案由直接归属对应的解纷主体，自选性案由由各解纷主体根据自身能力、业务范围选择。实际操作中，立案庭在诉前阶段、金融庭或商事庭在诉中阶段，根据案由、金融主体同意法院委托解纷主体调解的意愿、解纷主体的收案情况等进行委托。立案庭在委托之后，将相关委托情况告知金融庭或商事庭，并由金融庭或商事庭对诉前调解案件进行全程“监管”。一

般情况下，解纷主体在收案1个月内组织解纷，情况特殊的可延长1个月。但在2个月的解纷期内，各解纷主体解纷不成的，均应将诉前调解案件回转立案庭，并由立案庭转入金融庭或商事庭审理，或将诉中案件转回金融庭或商事庭审理，以此规范金融案件的程序对接和流转。

（责任编辑：沙 洵）

解纷的艺术：法院调解工作中社会心理学应用探析
——以某直辖市中院诉讼调解实践为样本

王宗光　邱　波*

多元化纠纷解决机制是当前法院化解社会风险任务中的重要组成部分，也是完善社会治理的重要手段。社会生活既不是发自暗示感受性，也不是发自观念的联想，而是发自潜伏在行为后面的本能。① 传统意义上的多元化解纷往往停留在感性层面，诉讼行为心理的理性总结略有不足，笔者以社会心理视角审视法院调解工作，尝试为多元化纠纷解决机制改革开辟一条新的路径。法院调解活动是社会活动的一种，而社会心理学就是研究个人行为及意识的科学，② 加强社会心理学的司法应用，对提升调解质量和效率，大有裨益。本文以笔者所在的某直辖市中院的调解实践为样本，总结调解工作中遭遇的困境类型，从社会心理的角度分析存在的问题，尝试运用社会心理学的研究成果，提出法院调解新思路、新方法。本文所做探索，也仅只是抛砖引玉，希冀对之后的研究者有所裨益。

一、实践观察：诉讼调解化解纠纷的现实之状

在当前司法改革中，人民法院"把非诉讼纠纷解决机制挺在前面"定为调解工作的主要方向，试图从源头上减少诉讼增量，不断完善调解机制。笔者所在某直辖市中院每年都有大量案件通过调解程序，成功化解矛盾纠纷。

* 王宗光，上海市纪委监察委案件审理室主任，法学博士。邱波，上海市第二中级人民法院法官助理，中国社会科学院大学（研究生院）博士研究生。

① 参见［美］G. 墨菲、J. 柯瓦奇：《近代心理学历史导引》，林方、王景和译，商务印书馆1980年版，第201页。

② 参见［美］奥尔波特：《社会心理学》，赵演译，商务印书馆1957年版，第1页。

（一）诉讼调解的现状展示

1．诉调解纷是法院化解矛盾的重要途径

从表 1 可以看出，近三年来某直辖市中院的调解成功率，均保持在 30% 以上，通过诉讼调解使当事人服判息诉，极大地缓解了法官办案的压力。这表明诉讼调解充分发挥了化解社会风险的重要作用，社会公众心理上对法院调解的接受程度较高，认可法院调解的权威性。

表 1　2016—2018 年某直辖市中院成功调解数量和占比

年　份	调解成功数	调解成功率
2018	568	32.8%
2017	766	42.3%
2016	514	30.9%

2．诉前调解成为诉讼调解中化解纠纷的重要领域

诉前调解是诉讼调解的重要组成部分，2016 年至 2018 年诉前调解成功的案件数量分别为 196 件、386 件、300 件，占当年调解成功案件数量的比例分别为 38.1%、50.4%、52.8%，如图 1 所示，这表明中国传统习惯中厌诉的社会心理使得诉前调解更有发挥作用的空间。

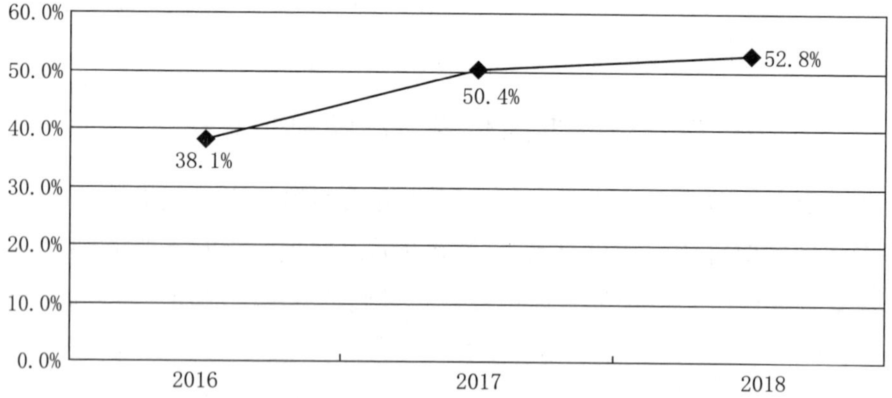

图 1　2016—2018 年某直辖市中院诉前成功调解占比

3．矛盾纠纷的可调解性与社会心理密切相关

某直辖市中院诉调中心从 2016 年 6 月成立至 2019 年 4 月，已成功调解

的千余案件中，85% 以上的案件调解撤诉甚至即时履行，达到了案结事了的效果，如图 2 可以看出调解成功的案件中前十大案由，其中又以离婚纠纷、亲友间借贷纠纷的调解成功率最高，这表明心理上、情感上越亲近，化解矛盾的可能性就越高。

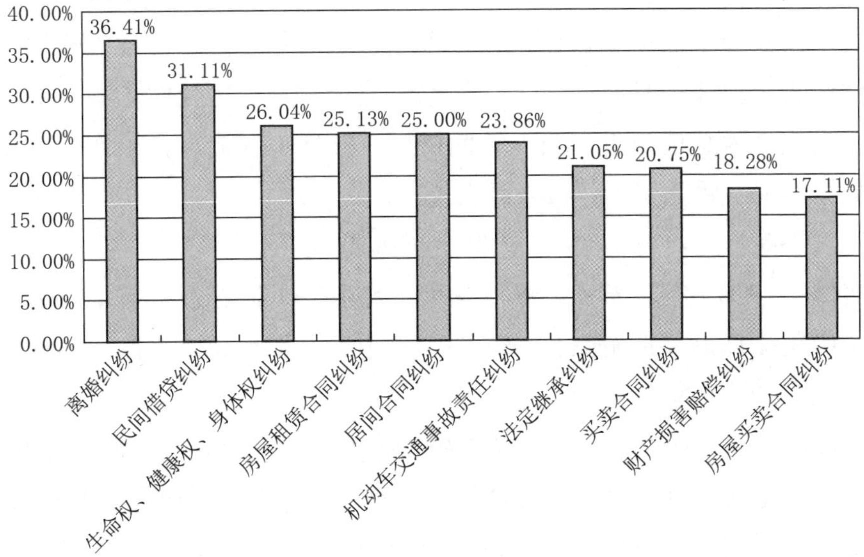

图 2　近 3 年成功调解的案件类型分析

（二）诉讼调解面临的困境类型

1．困境之一：个体调解向群体调解转变

实例一：2017 年某上市公司因更名违规被有关机关处罚，自当年下半年起引发了数百起纠纷，后续仍有大量诉讼爆发的可能。2018 年年初，该上市公司向某直辖市中院请求，希望将所有此类案件纳入诉前调解程序。

随着广大群众越来越多的参与金融活动、经营活动，如炒股、购买理财、P2P 等，与以往传统案件中当事人“单打独斗”不同，越来越多的经济类案件呈现出集团化诉讼的趋势。当事人往往通过微信群、互联网论坛等方式，通过“串联”“集体诉讼”等形式维权，人们的从众心理使得诉讼向群体转化，给法院诉讼调解工作带了巨大压力。

2．困境之二：许多纠纷牵一发而动全身

实例二：近年来，某直辖市中院下辖多个地区集中了本市大部分旧区改

造基地，沉积问题突出，部分人员反复来院提起行政诉讼，滥用诉权。由于涉及利益巨大，当事人提出的诉求不切合实际，诉讼调解工作难以开展。因为众多当事人往往是多年的邻居、熟人，每个人背后都是一个庞大的社会群体，一件案件处理不当，就会对其他案件产生连锁反应。

随着我国城乡结构的变化，城市郊区或者城市中心老旧小区动拆迁等较多，由于涉及的不动产利益巨大，许多当事人要价过高，引发大量纠纷。此类案件被告单位往往是政府机关，如果不能合法、合理化解矛盾，则可能发生连锁反应，为其他当事人树立负面榜样，给地方政府日常工作带来很大不便，也给法院矛盾化解工作带来巨大挑战。

3．困境之三：社会纠纷专业性越来越强

实例三：2015年，光大证券乌龙指事件引发了证券投资者集体诉讼，某直辖市中院受理诉前调解案件355件，其中证券类纠纷167件、期货类纠纷188件，涉案金额约5000万元。

现代法院的诉讼调解不再停留在婚姻家庭、民间借贷等方面，证券纠纷、期货纠纷、专利纠纷、商标纠纷等各类专业纠纷案件，呈现逐年上升的趋势。随着上海建设国际金融中心的步伐不断加快，各类新型的金融纠纷、商事纠纷、知识产权纠纷等不断涌现，社会公众崇拜专业权威的心理，对法院现有的诉讼调解理念、诉讼调解方式、调解员队伍等提出更高的要求。

4．困境之四：不当设置调解指标

实例四：在某直辖市中院受理的某共有纠纷上诉案中，作为当事人的兄弟双方对房屋拆迁款分割产生纠纷，矛盾很深。调解员先后三次与双方当事人进行面对面的调解，又四次与双方电话联系沟通。然而上诉人并不服气，称其所领取的200余万元已用于炒股和炒白银等，挥霍一空，目前无钱支付，并扬言若二审维持原判，其将做“老赖”，无钱可执行。

有些法院存在调解率、调解成功率等评比指标，调解指标能够直观评价调解工作成效，方便法院管理和制定有效措施，改进调解方法。同时，在司法实践中，也确实存在调解员非常尽职尽责，反复通过电话或者其他方式进行调解，只不过这种调解方式也容易让人内心产生逆反心理。

5．困境之五：过度依赖部分调解员

实例五：2017年，某直辖市中院共28名调解员，其中10名调解员调解了全年96.5%的案件。2018年，某直辖市中院共36名调解员，其中14名调解员调解了全年92.7%的案件。

调解员队伍主要由有经验的人员组成，时间有限、精力不济等原因不允许他们办理太多案件。同时，在日常办案中，对部分金牌调解员、资深调解员过度依赖的心理，加重了调解员本人的压力，也忽略了其他调解员的作用，使得案件多、调解员少的压力进一步凸显。

二、原因探寻：诉讼调解面临困境的根源之溯

针对上文提出的困境，从侧面反映出调解工作存在的问题，只有找到问题背后的原因才能找到解决问题的方法，笔者以社会心理为视角，试图探寻调解实践中各类困境产生的心理根源。

（一）羊群效应：人的趋同反应

羊群行为通常指在不完全信息环境下，行为主体因受其他人行动的影响，进而忽视自己的私人信息而模仿他人行动的决策行为。由于羊群行为具有传染性，因此存在于多个行为主体之间的羊群行为现象又被称为羊群效应。③

某些当事人原本不希望诉讼或者调解，只是看到他人尤其是领头人这么做了，自己也就跟随大流去做。在诉讼调解中，如果涉及同一被告、同一原告或者同一案件事实，这种潜意识里不自觉的“跟风”现象更加突出。潜意识心理历程在心理机能中占有非常大的优势，并有着重要的意义。④所以，如前述困境之一，由个体调解向群体调解的转变就不难理解了。

（二）蝴蝶效应：案件纠纷的复杂影响力

所谓蝴蝶效应就是指在一个动力系统中，初始条件下微小的变化能带动整个系统的长期的巨大的连锁反应。对于这个效应最常见的阐述就是：“一只

③ 参见李平、曾勇：《基于非理性行为的羊群效应分析：一个简单模型》，载《中国管理科学》2004年第3期。

④ 参见［美］查尔斯·布伦纳：《精神分析入门》，杨华渝等译，北京出版社2000年版，第2页。

蝴蝶在巴西轻拍翅膀，可以导致一个月后得克萨斯州的一场龙卷风。”⑤

许多案件中，经常都会遇到这种情况，一件案情非常简单的案件背后往往牵扯很多社会因素。社会群体心理与判决的可接受性密切相关，⑥如果判决无法与群众的基本认知相契合，社会公众心理上不会认可这样的判决。所以，如前述困境之二，许多案件牵一发而动全身就不难理解了。

（三）破窗效应：一件接一件案件调解失败，导致调解员内心怠惰

美国心理学家做过一个著名的实验即“破窗实验”，该实验揭示了人们的一种惯性思维：对于已经坏了的东西，留着也没有用，让它更坏一些也无妨。对于完美的东西，人们都会自觉地去爱护它，舍不得去破坏它。对这个实验的解读被心理学家称为“破窗理论”或者“破窗效应”。⑦

对于专业性很强的案件，普通调解员一般无法处理的得心应手，调解失败一件案件，可能影响其他案件的调解，导致调解员心理上产生挫败感，由专业人做专业事应成为调解工作的原则之一。破窗效应的负面影响已经成为当前调解中的突出问题，应该从根本上思考化解之法，不能让情况继续恶化。所以，如困境之三，各类专业纠纷对法院调解工作带来的挑战就不难理解了。

（四）超限效应：当事人对反复的调解内心反感

美国著名作家马克·吐温有一次在教堂里听牧师演讲。最初，他觉得牧师讲得很好，令人感动，准备捐款。过了十分钟，牧师却没有讲完，他有些不耐烦了，决定只捐一些零钱。又过了十分钟，牧师还没有讲完，于是他决定，一分钱也不捐。人在做许多事时，没有把握好度，就会由于刺激过多、过强和作用时间过久，而引起极不耐烦或反抗的心理现象，即超限效应。⑧

调解员为工作尽职尽责，无可厚非，但是由于案件数量较多、存在调解指标，导致调解员心理上产生焦虑，外在压力使得调解员反复调解，让当事

⑤ 参见张仁玉、吴国强：《蝴蝶效应下的经济学》，载《商品与质量》2011年第6期。

⑥ 参见易延友：《证据法学的理论基础——以裁判事实的可接受性为中心》，载《法学研究》2004年第1期。

⑦ 参见周东明、石文、楚维：《“破窗效应”对管理者的启示》，载《社科纵横》2011年第11期。

⑧ 参见韦邦福、种博：《谈心谨防走入“超限效应”》，载《政工学刊》2008年第3期。

人产生了逆反心理，心理上的承受能力总归是有一定限度。所以，如困境之四，各类评比、指标对调解工作带来的“反效果”就不难理解了。

（五）马太效应：诉讼调解中忙的人越来越忙

马太效应源自《新约·马太福音》的一则故事，故事的核心要义是“少的，连他所有的也被剥夺；多的，会获得更多”。这个故事的寓意被称为“马太效应”。⑨

马太效应在调解工作的实际反映是，部分调解员的工作越来越忙，而其他调解员则正好相反。在法院的调解实践中，越来越多地依赖部分资深调解员、金牌调解员等，不仅使案多人少的情况进一步加剧，心理上的群体划分，会产生典型的马太效应即“忙得更忙，闲得更闲”。所以，如困境之五，对部分调解工作者的过度依赖心理，就不难理解了。

三、路径选择：现代调解模式与心理学之融合

现代调解模式的发展既是基于感性经验的不断总结和探索，又是遵循心理科学的一般规律，并不断的应用于司法工作之中，展示了社会心理因素在社会矛盾化解中的重要作用。

（一）矛盾化解在法院与服从权威的社会心理

法院的职责就是定分止争，处理各类矛盾纠纷是应然之意。近年来我国迎来了诉讼爆炸的时代，全国法院收案数量呈现持续的增长。⑩顶层政策设计者试图将解决纠纷的工作引入法院，让老百姓处理纠纷的方式更加法治化，尽量避免通过私力解决，也避免“有事找政府”的思想泛化。归根结底，就是要形成“做事要依法，遇事要找法，了事要合法”的法治社会，使广大群众养成法治思维。

法院是现代社会公认的解决纠纷的权威机关，“有事情上法院”逐渐成为社会公众的共识，服从法律、服从规则、服从权威的社会心理，让人们更愿

⑨ 参见宋冰冰、王海艳：《马太效应综述》，载《社会心理科学》2005年第1期。

⑩ 参见2019年3月12日《最高人民法院工作报告》。

意选择法院解决纠纷，这为解决专业纠纷的困境提供了最优路径。

（二）矛盾化解于诉前与百姓厌诉的社会心理

由于传统文化影响，广大群众自古就有畏诉、厌诉的心理，人民群众不希望通过“面对面”诉讼的方式解决纠纷，这让诉前调解成为解决纠纷的最佳选择。对簿公堂始终不是中国老百姓的首选，企业有时也不愿意把与合作伙伴的关系弄僵，所以诉讼之前的调解程序对当事人来说非常必要。在诉前调解中，专职调解员、退休政法干部、教师、律师等社会力量都能参与，充分实现了运用社会力量化解社会矛盾的目标，缓解法官办案压力，实现良好的社会效果。

中国人的传统习惯中对诉讼有天然的抵触情绪，这种厌诉的社会心理使得诉前调解越来越成为法院化解矛盾的重要战场，也最容易取得良好的效果。所以，不必要的指标或者评比存在意义不大，诉前调解本身就拥有社会心理上的优势，加强诉前调解完全可以破解不当设置调解指标的困境。

（三）矛盾化解在基层与熟人亲近的社会心理

从现实来看，社会经济生活中的各类纠纷基本上都发生在基层，家庭之间、邻里之间、社区之间、劳资之间、企业之间都可能存在纠纷。时代在变化，各种矛盾化解的场景也在更新，从当初乡镇的田间地头、工厂车间，[11]发展到现在的劳动争议、医疗纠纷、消费者保护等调解机构，甚至公益性质的中证中小投资者服务中心、银行业纠纷调解中心、工会、行业协会等调解机构，还有“一带一路”跨国贸易争议解决机构等，多元化纠纷解决机制日新月异。

矛盾化解在基层，这其中蕴含的社会心理因素是，中国的基层仍然属于熟人社会，人与人之间情感更加亲近，很多甚至有血缘关系，更容易互相理解、宽容。矛盾化解在基层的思路与社会心理学理论高度契合，使得基层调解具有强大生命力，能够破解存在于群众中的负面连锁反应的困境。

（四）矛盾化解于线上与“和为贵”的社会心理

随着互联网新技术的发展，纠纷化解工作能够克服时间、空间障碍，在

[11] 参见华乃强：《改革开放30年的“枫桥经验”》，载《浙江警察学院学报》2009年第1期。

虚拟的调解室里便能完成。如今互联网将人与人的距离空前拉近，时间也不是问题，4G、5G通信技术将连接的速度大幅度提高，使得人与人之间的交流与互动更加迅速、通畅、便捷。现在各地法院争相提出“智慧法院”“微法院”“在线调解”“E平台”等举措，就是为了顺应时代的发展。将矛盾纠纷的化解置于虚拟的互联网上，法官直接面对信访、群访的压力减小很多，也能够解决群众的实际困难，有助于化解社会风险。

对于中国社会来说，老百姓始终都有“和为贵”的社会心理，有些人不愿意当面撕破脸皮、争得面红耳赤，所以线上调解不仅便捷而且合乎人情。对于法院来说，在线调解的存在让所有调解员在线分案、各司其职，既能提高效率，也能有效避免忙闲不均的困境。

（五）矛盾化解于协作与齐心合力的社会心理

与以前化解纠纷不同，政府大包大揽的情况有了很大改观，现代社会的纠纷解决，很多时候是各个部门、不同专业机构、许多基层组织相互协作。一直以来，中国都是农业社会，是以血亲为核心构建起来的社会群体，乡村的治理有赖于宗族、家族等，家族中的尊者、长者成为各种纠纷的解决者。⑫随着封建家长制度的实际瓦解，民主与法治逐步进入千家万户，仅凭民间的权威者，还不足以解决所有纠纷，必须借助其他力量。

民间调解者与基层群众自治性组织、法院的派出法庭、派出所、司法所等机构相互协作，齐心合力做好当事人的心理疏导工作，调解效果更好。人本来就处于不同社会群体之中，同时也是不同团体的一部分，巧妙运用团体心理化解纠纷，往往能够事半功倍，这使得破解群体调解的困境成为可能。

四、操作指南：社会心理学在调解工作的应用之法

一般而言，社会心理学主要研究三个过程，即个体过程、人际过程、团体过程。⑬从社会心理的角度审视并改进法院调解方法，很有必要，笔者尝

⑫ 参见廉睿、高鹏怀：《来自民间的社会控制机制——中国“民间法”的过去、现在和未来》，载《理论月刊》2016年第2期。

⑬ 参见崔丽娟、才源源：《社会心理学》，华东师范大学出版社2008年版，第5—9页。

试以真实案例为示例，以个人心理、双方心理、群体心理为顺序，归纳总结了调解中的大三步法与小九步法。

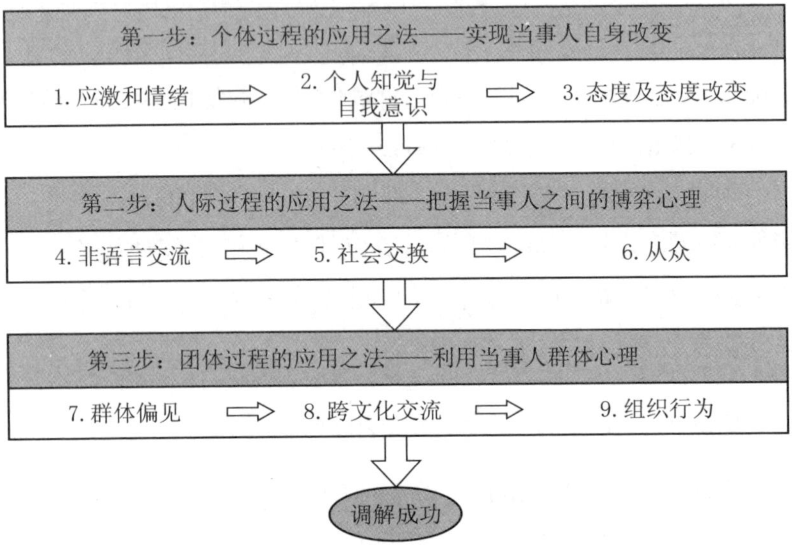

图3　调解中的大三步法与小九步法

第一步：个体过程的应用之法——实现当事人自身改变

1．应激和情绪

应激是指由于出乎意料的外界情况的变化即外界刺激所引起的一种情绪状态。刺激与应激之间还存在着许多中介因素，诸如人体健康、个性特点、生活经验等，均可起重要的调节作用。最典型的例子就是自然界中某些生物的趋利避害的反应。

例如笔者所在立案庭审理的某案中，作为当事人的某独居老人因邻居装修遮挡自家阳光而诉至法院，作为邻居的当事人也毫不客气，反唇相讥，矛盾一再激化。调解员指出了双方当事人的错误言论，耐心调解，矛盾得以缓和。

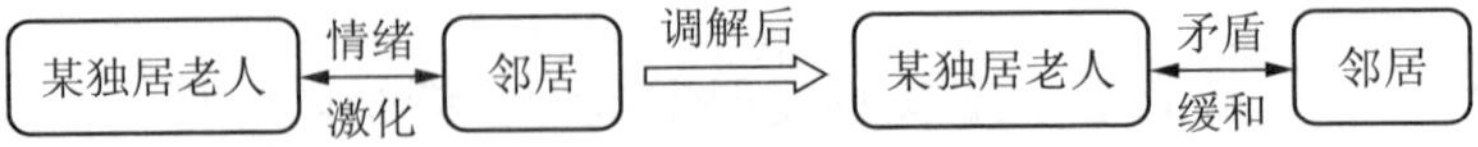

图4　调解案例中的应激反应

实践中经常会遇到当一方当事人提出不合理的要求、陈述歪曲的事实或者说出不客观的结论时，另一方当事人可能出现一些应激反应，比如情绪很激动、破口大骂、大嚎大哭，或者突然之间就转变态度不愿意调解。在调解工作中，一定要理解应激反应，对应激反应有充分的认识，准备应对策略。

2．个人知觉与自我意识

个人知觉是指个体对别人的看法，或人与人之间彼此的看法。如对人的印象、态度、偏见、嫉妒。自我意识是对自己身心活动的觉察，即自己对自己的认识，具体包括认识自己的生理状况、心理特征以及自己与他人的关系。

例如笔者所在立案庭审理的某案中，当事人理所当然地认为上海法院一定会保护本地企业，不能客观审理双方企业之间的纠纷，所以也不愿意参与诉讼和调解。

图 5　调解案例中个人知觉

在调解工作中，由于当事人社会背景、文化程度、成长经历等各不相同，对待同样的事情、同一个纠纷，其观点也不相同，调解员需要清楚认识这一点，才能有针对性地采取相应的调解方案。

3．态度及态度改变

态度是人们在自身道德观和价值观基础上对事物的评价和行为倾向。态度的改变是指人在对事物已有态度的基础上发生一定的变化。这种变化包括两个方面：一是指方向上的改变，即质的改变；二是指程度上的改变，即量的改变。

例如实例四，调解员在做了大量的工作之后，当事人才逐步意识到，自己的胡搅蛮缠是不对的，扬言当老赖并非理性的做法，态度也得到了改变。

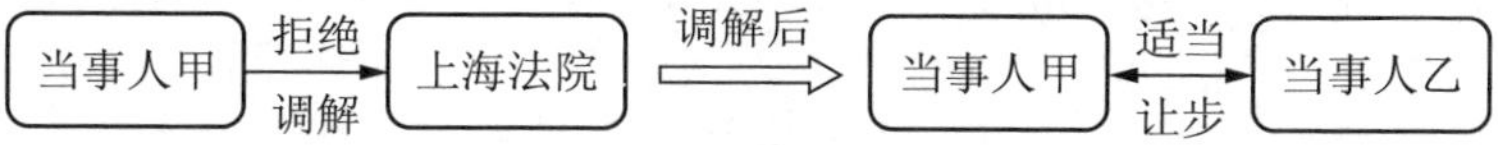

图 6　调解案例中态度改变

在调解工作中，态度改变非常重要，大多数案件中，正是由于调解员的析法明理与耐心讲解，才使得当事人改变以往的态度，案件最终得以圆满解决。调解员需要掌握这些技巧，敏感的抓住当事人的态度以及态度的改变，达成调解协议。

第二步：人际过程的应用之法——把握当事人之间的博弈心理

4．非语言交流

非语言交流是指人际交往过程中，不使用语言而进行的信息传递过程，比如身体语言、目光接触、人际距离、类语言等。非语言交流在日常人与人之间的交往中非常重要，这是人类最原始的沟通方式，情感、情绪等的表达比语言交流有天然的优势。

例如，笔者所在立案庭审理的某案中，本来多年未见的姐弟，为了分家析产闹得不可开交，调解员没有一上来就说案子，而是让他们回忆当年父母亲人在一起的温馨场面，4 名当事人相拥而泣，很快达成了谅解。

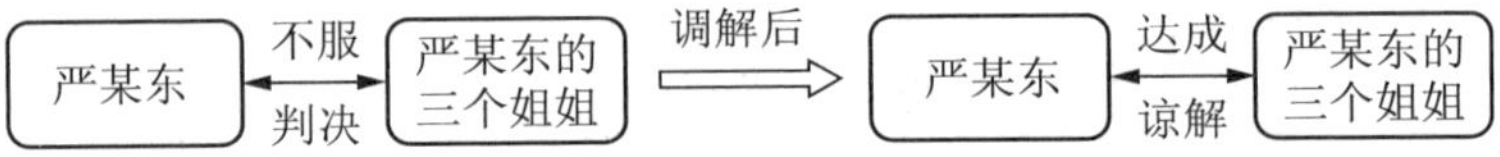

图 7　调解案例中的非语言交流

在调解实践中，融入一些非语言交流方式，更能准确地让当事人感受到对方的感情和心理状态。比如，调解室设计得明亮一点，设置一些温馨的提示，提供人性化的服务，当事人进入调解室的时候，给他们倒杯水、多微笑，甚至是很有礼貌地握手，轻言细语地问候。调解室中，调解双方最好不要对向而坐，这样就会有意无意的产生一种对抗心理，不利于调解的进行。调解员和当事人双方最好坐成一个圆圈形状，中间也不放任何遮挡物，调解双方更容易开诚布公地进行交流调解。

5．社会交换

社会交换理论主张应尽量避免人们在利益冲突中的竞争，应通过相互的社会交换获得双赢或多赢。社会交换理论符合人们的基本心理，互利互惠也是人类追求利益的重要方式，该理论运用在社会经济活动中的情况非常普遍。

例如，笔者所在立案庭审理的某案中，原告单位与被告单位就合同履行款的数额问题出现争议，在二审诉前调解中，调解员析法明理，使双方当事人均各退一步，实现了诉前和解。

图 8　调解案例中的社会交换

在司法实践中，社会交换现象并不鲜见。在人与人之间的交往中，基于人的自利性，人们往往更加的关注自己的利益，运用社会交换的心理学理论将人与人之间的利益冲突竞争缩减到最小，将利益与利益之间的交换运用到最大，使最后的结果产生一个双赢的局面。

6．从众

当群体具有凝聚力而且相对不受外界影响的时候，群体忠诚和从众压力会导致心理活动退化即我们说的心理惰性。[14] 从众是个人在社会群体压力下，放弃自己的意见，转变原有的态度，采取与大多数人一致的行为。所谓“随波逐流”“人云亦云”就是从众的最好例证，它在日常生活中是非常普遍的现象。

例如在实例三中，众多投资者在法院对类似案件调解成功后，其他投资者也纷纷参与调解，达成了基本一致的调解协议。

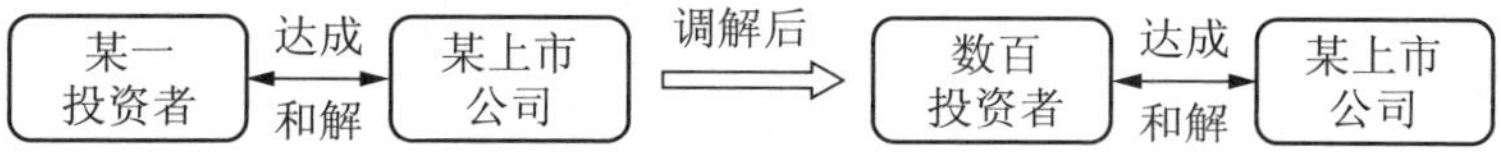

图 9　调解案例中的从众心理

许多群体性案件中，一个案件调解成功可能对其他的案件产生非常大的影响，示范作用影响了人们的决策。“随大流”是人的正常心理状态，因此在调解中，充分利用这种心理往往能够取得以点带面的效果。

第三步：团体过程的应用之法——利用当事人群体心理

7．群体偏见

群体偏见是指一个人对除本身所属的群体外的人，采取一种蔑视、讨厌及排斥的态度，并且在言论行为上表现出来。“他们预先假定存在着种族基本心理的不同，由于这样的缘故，譬如说，挪威人看事情就和意大利人或者美

⑭　参见［美］斯科特·普劳斯：《决策与判断》，施俊琦、王星译，人民邮电出版社 2004 年版，第 179 页。

洲印第安人不同。”⑮

例如，笔者所在立案庭审理的案件中，常常听见“某地人都是小偷、骗子”“那个行业没好人”。在日常调解过程中，人们遇到的民族偏见、地域偏见、性别歧视、职业偏见等，都是群体偏见的表现形式。

作为法院的调解工作者，应该充分注意到群体偏见问题，从认知上推动当事人改变偏见认识，让双方当事人充分理解对方的关切，尊重对方当事人的人格尊严，让各方当事人摒弃狭隘的偏见，持有更加开放包容的态度解决纠纷。

8．跨文化交流

跨文化交流是指对于与本民族文化有差异或冲突的文化现象、风俗、习惯等有充分正确的认识，并在此基础上以包容的态度予以接受与适应。在人与人之间的交往中，人往往是其所在社区的成员，受到自己所在的家庭、种族、国家等场域的影响，文化不同，其情感、心理状态等也可能不同，不同群体之间的矛盾也需要理解对方的文化。

在处理涉及民族习惯的纠纷中，必然要考虑到当地民族习惯、习俗等。文化不存在优劣之分，只要不违反强制性法律规定和公序良俗，司法机关在调解工作中就应当尊重。

9．组织行为

组织行为，是指组织的个体、群体或组织本身从组织的角度出发，对内源性或外源性的刺激所作出的反应。人在社会生活中，不只是单一个体，也不只是两人双向交流，很多时候是群体内部的讨论，群体讨论容易增强群体成员达成一致的倾向。⑯人往往可能是不同的团体中的一个部分，比如你可能是学生会的成员，同时也是某协会的成员，还是某志愿者团体的成员等。

例如，笔者所在立案庭审理的某案中，某公司从上海搬迁至江苏昆山，二十多名员工不愿随之搬迁，又不满意公司给出的补偿，于是产生矛盾纠纷。其实许多员工在该厂工作多年，与工厂有很深的感情，也与公司管理层关系不错，劳资纠纷往往就是一个组织体内部的问题，调解员以此为切入点，顺

⑮ 参见前引①，G. 墨菲、J. 柯瓦奇书，第607页。
⑯ 参见前引⑭，斯科特·普劳斯书，第182—183页。

利地化解了公司与众多劳动者的矛盾。

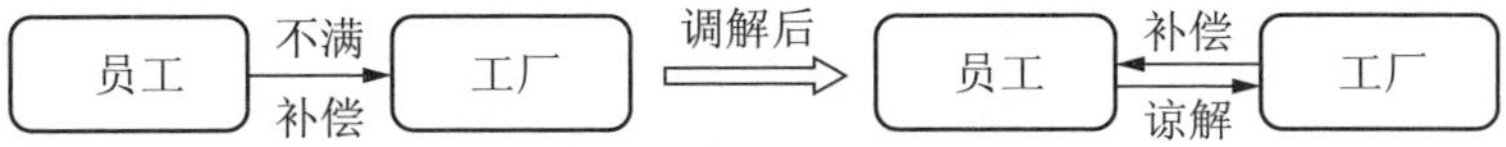

图 10　调解案例中的组织行为

在调解工作中，经常会遇到这些问题，尤其在商事类案件、劳动争议案、集团案件等。比如，运用组织行为理论化解企业内部劳资纠纷，调解工作者要充分注意到该劳动者在团体中的作用，团体中的人心向背，争取使纠纷通过团体的形式在团体内部得到有效的化解。

本文提出的大三步法与小九步法不能完全僵化应用，而是在调解工作中，根据个案情况作适当调整。基本思路应该是先从当事人个人心理疏导出发，然后再与对方当事人做好心理沟通，还可以运用群体心理策略，九步法中的内容也可以适当调整与运用，使得当事人最终达成调解协议。

诉讼调解一直被认为是法院多元化纠纷解决机制的重中之重，传统的纯粹凭借经验与阅历的感性方式存在不足，从社会心理角度改进调解方法很有必要。客观世界是确定的，一切不确定因素均来自人类心灵。[17] 司法实践中通过调解化解矛盾纠纷就是解决人与人之间的情感纠葛与利益纷争，理解人际交往的心理规律，有助于提升调解质量和效率。

（责任编辑：高明生）

⑰ 参见庄锦英著：《决策心理学》，上海教育出版社 2006 年版，第 27 页。

基层法院审判团队制度建构与实践探索

——从人力资源配置视角切入

张　海　周咏梅*

新一轮司法责任制改革颁布了一系列政策文件，对审判团队建设作了概念性的顶层设计，引起了司法理论界和实务部门的极大关注，全国各地试点法院对此也付出大量的探索和努力。建立以法官为中心、以去行政化为导向、以扁平化管理为目标的审判团队，将有利于审判资源最大化整合，符合审判权运行的内在规律。但是，审判团队的建设也面临着制度和实践层面的问题，制度上，审判团队目前定位是独立的审判管理单元，而非是一级行政管理层级，由此带来了管理成本的增加以及审判庭长履职困难等问题，如何厘清界定审判团队与业务庭室之间的关系成为一大难题。实践上，目前关于审判团队人员配置模式的探索，大部分处于自发式的、主观经验的判断，缺乏必要的科学理论认证，没有充分的量化分析，对于审判团队建设的根本动因和理论支撑认识较少。另外，相较于中高级法院，司法责任制在基层法院的推行面临着十分具体和复杂的情况，“案多人少”矛盾凸显、法官间不享有充分的平权关系、法官与审判辅助人员职责不清、审判辅助力量不足等现实情况，都直接影响到审判质效的提升。

正是这些制度与实践层面的困难，使得雨后春笋般涌现的审判团队，在结构和外形上很多都实现了“形似”司法改革所要求的标准，但毋容讳言，真正做到“神似”新型审判团队的还是少数。当审视基层法院现有的审判资源配置和使用情况时，不难看到法院内部仍然有可挖掘的办案潜力。鉴于此，

* 张海，上海市嘉定区人民法院党组成员、政治部主任，法律硕士。周咏梅，上海市嘉定区人民法院政治部科员，法学硕士。

本文尝试从人力资源配置的视角切入，拟就以上的问题做一研究，力图探索构建有助于基层法院解决“案多人少”矛盾、破解审判权运行“行政化”问题的新型审判团队路径。

一、制度源起：审判团队制度设计与理论依据

（一）审判团队的概念源起及价值功能

“审判团队”是司法责任制改革和审判权运行机制完善过程中出现的新生事物。2015 年，最高人民法院印发《关于完善人民法院司法责任制的若干意见》(以下简称《意见》)，明确提出了“审判团队”这一新概念，在《意见》出台启动审判团队改革后，广东、山东、浙江、四川等各地法院结合地区实际情况，积极探索新型审判团队的建设，积累了丰富宝贵的实践经验。

在日益严峻的办案压力下，基层法院的办案力量没有明显改变，仅依靠每年员额法官人数的增加与录用新的法官助理已难以有效地应对和解决“案多人少”的矛盾，而审判团队在弱化案件审批、强化专业审理、推动领导办案、优化人力配置等方面呈现巨大潜力，尤其在“去行政化”促进法官独立审判，重“集约化”强化团队办案力量上体现出显著的制度优势。从全国部分试点法院实践情况来看，审判团队主要从以下几个方面发挥重大作用：第一，有助于缓解案多人少矛盾，人力资源的合理配置将缓解先前庭室间案件数量差异大、法官间忙闲不均的情况，提高人均办案结案数量。第二，有助于提升审判质效，专业化、类型化的审判团队将类案、难案归口，缩短办案周期，提升办案质效。第三，有助于破解审判权运行“行政化”问题，促进审判、行政管理独立并行，回归审判业务核心地位，同时将副庭长与团队负责人融合为一管理层级，压缩了传统审判管理链条。

（二）审判团队建设的理论依据

1. 审判团队改革内在动因

我国法院行政化管理的传统塑造了审判管理金字塔式科层架构，审判裁决权在法官、庭长、分管院长、审委会等主体中扭转。这种审判职权配置模式造成了以下问题，一是权责主体不明，管理层级多，司法效率低下；二是

增加院庭长管理任务量，办案力量减弱，不利于调动优质审判资源；三是业务庭室横向跨度较大、人员管理复杂，不利于办案一线司法资源合理配置和有效管理。

审判团队正是解决审判管理"行政化"问题的改革契机和发展路径，结合内设机构改革布局，以审判资源配置方式变革为突破口，优化审判职权配置。同时，法官单独职务序列管理、人员分类管理制度、法官助理与书记员单独职务序列运行等一系列配套制度的完善落实，为审判团队建设提供了制度保障和人力支持。

2．审判团队建设必然性：组织变革理论运用分析

组织变革理论认为，不论新成立的组织还是既有组织，都有各自不同的组织变革需求。新组织因为成长的需要，旧组织因外在环境的变化，都需要调整或改变组织结构与功能。组织变革往往依赖三种方式：以人为中心的变革；以任务和技术为中心的变革；以组织结构为中心的变革。

审判团队的组建恰恰是融合了人力资源、审判业务、组织结构三维度的组织变革，体现为：（1）团队化的人力资源配置方式，将不同序列人员、不同经历、年龄、学历、专长的人才组合成为一个个的工作小组，通过沟通、融合、协作，将自己的工作与团队的绩效、荣誉链接一起，充分增加成员间的信任感、责任感；（2）建构以工作任务而非部门职能为中心的组织结构，摆脱先前业务庭室为单元的组织架构，聚焦于案件审判质效本身，将审判权真正落实在主审法官上；（3）构建扁平化的组织结构，扩大管理幅度、缩减管理链条，形成团队化、专业化、高效灵活的组织结构。①

3．审判团队建设必要性：社会控制理论运用分析

社会控制论认为，社会性建构的观念、规则和结构对组织具有控制性的影响，可以控制组织的具体运作，组织的机构影响系统行为方式。法院审判组织金字塔式科层组织结构势必直接影响审判管理运行结果，要祛除目前法院审判管理模式的行政化，就需要改革审判权运行所依托的组织模式。目前法院系统的审判管理模式以审判庭作为基本管理单元，形成"法官—合议

① 扁平化与团队化是现代企业组织结构变革呈现的共通趋势和特点。虽然法院的审判管理与审判权配置方式有其特有的发展规律，但人力资源配置的理念是相通的。

庭—庭室负责人—分管院长—审判委员会”层级化金字塔式管理架构，割裂了审与判关系，而依照行政体制模式建设的内设机构，审判管理与行政管理共存在一个组织体，与审判权独立运行的司法规律相矛盾，使这种组织载体上运行的审判权落入科层制行政化的窠臼。根据社会控制理论，结构决定功能和行为，要改变目前审判管理的矛盾，建立去行政化的审判团队目标势在必行，其结构的扁平化、专业化、团队化，符合审判管理内在属性的要求，适应当前组织环境和科学发展的要求。

（三）审判团队职能定位

1．审判团队与“审判业务庭”的定位辨析

厘清审判团队与审判业务庭的定位是建设好审判团队的关键一环，两者在性质、管理模式、法律定位上都明显有别。目前我国基层法院以审判庭室为基本单元组成传统审判机构模式，②审判业务庭属于内设机构的组成部分，具有法律地位，而审判团队是相对独立的办案单元，不是一个管理层级。新一轮司法责任制改革，允许基层法院改革内设机构，部分法院试点审判业务庭室裁撤整合，改变了法官管理隶属于业务庭的传统格局。

2．审判团队与“审判组织”的职能辨析

两者在功能、属性、定位方面都截然不同。“审判组织”指的是法院审理案件的组织形式，根据相关法律规定，我国审判组织分为独任庭、合议庭和审判委员会三类。③审判权运行由具体的审判组织来实施，建立良性的审判组织运行机制是实现审判权独立、公正、科学运行的基础。④“审判团队”作为独立的办案单元，本质上是对法院内部审判资源的优化重组，侧重的是法院各类人力资源的配置组合及其良好运行，它关注的不仅是法官的职能，更强调“审—助—书”之间的交互配合、形成合力。

② 《人民法院组织法》第十八条规定：“基层人民法院可以设刑事审判庭、民事审判庭和经济审判庭，庭设庭长、副庭长。”

③ 最高人民法院《关于改革和完善人民法院审判委员会制度的实施意见》规定：“审判委员会是人民法院的最高审判组织，在审理疑难、复杂、重大案件中具有重要作用。”《人民法院组织法》规定，人民法院审判案件实行合议制，基层法院审理简单民事案件、轻微刑事案件和法律另有规定的案件可以由审判员一人独任审判。

④ 于仲兴：《审判组织研究》，中国政法大学2008年硕士学位论文。

综上，审判团队既非具有法定地位的新型审判组织，也不是法院的内设机构，而是一种由法官、法官助理与书记员构成相对固定的人员组合，旨在优化人力资源配置、提高审判质效、落实司法责任。⑤

二、现状透析：基层法院审判团队制度建设与范式分析

（一）审判团队的人力资源配置实践范式分析

我国审判团队的基本配置模式为“审＋助＋书”结构，⑥以1个以上独任庭或合议庭为中心，建在审判组织基础上，总结审判团队的组建范式可分为以下几类：

1．独任制审判团队

第一，“一审一助N书”范式，即一名法官、一名法官助理和N名书记员构成一个办案单元。例如，北京2014年成立的知识产权法院，为了适应专业化办案、人员精干高效要求，采用“1+1+2”模式；广州市天河区法院、江苏泗洪县法院按“1∶1∶1”配置审判团队，并弱化书记员权责范围。

第二，“一审N助N书”范式，即一名法官、N名法官助理和N名书记员组成一个办案单元。这种“1∶N∶N”配比在广东、江苏、浙江地区较为常见，基层法院案件量大、审判辅助事务更为集中，简易案件及小额诉讼案件较多，该模式有利于快速办理常见类型的民商事案件，因而许多基层法院有志于以此为蓝本，但它对于基层法院人力资源的丰富性和平衡性要求较高。

第三，“一审三助一书”范式，即一名法官、三名法官助理和一名书记员组成一个办案单元。该模式为珠海横琴法院独创，而且横琴法院将审判业务庭建制取消的做法，得到国务院特别规划，目前还并未推广和复制，其改革经验还有赖于今后进一步观察和检验。

---

⑤ 基层法院组建由1名资深法官带领1至2名审判经验相对较少的法官、若干审判辅助人员构成的“孵化器”团队，新老结合、以老带新、以新促老，带动团队能力整体提升。

⑥ 其中，“审”包含了团队负责人、审判长、主审法官、普通法官，部分试点地区采用“一审一书”，与传统的审判人员组成方式重叠，和审判团队制度设计初衷不一致，因此将其不作为本文研究对象。

2．合议制审判团队

第一，“二审二助 N 书”范式，即两名法官、两名法官助理和 N（2—4）名书记员组成一个办案单元。以河南新密市法院为例，按“2∶2∶N”比例将十个派出法庭整合为五个审判团队，进一步提升派出法庭审判质效。

第二，“三审三助 N 书”范式，即三名法官、三名法官助理和 N 名书记员组成一个办案单元。北京、福建等地法院较常采用此模式，例如北京市三中院，以“3∶3∶1”配置人员，将书记员的职责缩小为速录员；北京市四中院将人员配置比例设定为“3∶3∶2”；厦门湖里区法院为团队负责人搭配两名法官、三名辅助人员；广东深圳福田法院按“3∶3∶4”比例重组人力资源。这种配比方式可以实现团队内部对合议庭和独任庭的灵活组建，适用于简易案件较多的基层法院。

第三，“多审多助多书”范式，即多名（大于三名）法官、多名法官助理和多名书记员组成一个办案单元。审判团队更类似于一个缩小版的审判业务庭，团队内管理与协调更为简易，同时组成合议庭的更易实现。

除此之外，各地法院的实践因现有人力资源的充足程度、职责分配不同，还形成以下配置范式（见表 1）。上述各种人员配置模式本质上并无优劣、好坏之分，各地法院根据自身人力资源、案件情况、部门沿革情况，采用适合自己发展的范式，符合司改要求，都值得我们参考研究。

表 1　审判团队人员配置其他范式情况 ⑦

法院名称	人员配比范式	具体方案
G 市 T 法院	1+2+0.5	1 名主审法官、2 名法官助理（高级、初级法官助理各一名）、0.5 名书记员
N 市 Q 法院	2+1+2	1 名庭长（副庭长）、1 名审判员、1 名法官助理、2 名书记员
X 市 G 法院	3+3+4	3 名法官（法官等级形成梯度）、3 名法官助理、4 名书记员
深圳福田法院	1+N	1 名法官、若干法官助理、速录书记员
L 市 S 区法院	1+N+M	1 名法官、N 名法官助理、M 名书记员（M−N=1）（注：每位法官配备一名书记员）
青岛即墨法院	1+1+1+N	1 名主审法官、1 名普通法官、1 名书记员、若干陪审员

⑦ 参见李遵礼：《民商事审判团队配置模式研究》，载《司法改革论评》2017 年第 1 期。

（二）审判团队与审判业务庭关系范式分析

实践中，审判团队的出现成为审判业务庭监督管理的一个层级，承担了过去由审判业务庭承担的部分监督管理责任。由此也出现新的矛盾和问题。一方面，审判团队负责人的权责如何界定，如果团队负责人成为一个个的“小庭长”，管理层级非但没有扁平化，还多出一个层级，管理层级压缩效果不能达到预期效果；另一方面，审判团队的出现客观上势必导致业务庭的虚化，促使审判监督管理呈现出分散化、碎片化现象，统一协调管驭难度增大。如何通过业务庭约束使得审判管理不会出现弱化的情况，厘清两站间的权责清单和界限是关键。实践中，⑧出现关于审判业务庭存废之争，具体如表2所示：

表2　改革实践中审判团队与审判业务庭关系一览表

类别	特　点	优　　点	弊　　端	案　　例
隶属关系	在审判业务庭下设若干个审判团队	一是管理层级明晰、便于集中管理；二是该模式改革成本、阻力较小，容易达成制度自洽，为今后改革留下接口。	一是审判团队的出现实际成为审判业务庭监督管理的一个层级，管理层级压缩效果不明显，没有实现扁平化的目标；二是没有改变传统“庭室负责人 — 分管院长 — 审委会”科层制管理架构，不利于司法责任制改革的落实。	湖南省长沙市天心区法院组建25个审判团队，其团队负责人由业务庭庭长担任。
替代关系	取消业务庭的建制，减少庭室负责人的设置	一是实现扁平化的管理目标，保障法官在审判业务方面的平等地位；二是回归以法官为中心、以审判为重心的格局，提升审判质效。	一是审判团队作为相对独立的审判单元，取消业务庭后，其审判监督管理权如何重置，团队内部的司法行政事务如何管理监督出现缺位；二是审判资源调配主体真空，院级领导直接配置监管各审判团队，极大影响管理成本和效率。	深圳前海合作区法院⑨仅设两个综合管理部门和若干主审法官审判团队，对审判权运行机制和内设机构的全新配置。

⑧ 成都两级法院依据地方实际，建立两种类型的审判团队：一是设在业务庭下的新型审判团队，每个团队负责专门审理某一类或几类案件；二是取消庭室建制，建立扁平化的以法官为核心的新型审判团队，院庭长全部编入办案团队。以成都市中级人民法院为例，组建了38个“1名资深法官+N名员额法官+1名首席法官助理+N名辅助人员”模式的审判团队；成都武侯区按照“1名庭长+2名法官+3名法官助理+3名书记员”组成了12个审判团队。

⑨ 深圳前海合作区法院是最高人民法院推进综合性改革的示范法院。

认为应取消审判庭设置的观点，主要基于以下几点因素：首先，司法责任制改革完全落实后，案件不再需要院庭长审批；其次，可以设置专业法官会议承担案件研讨职能，业务庭审判管理职能可由审管办承接；最后，组织人事部门可以根据实际情况承担人力资源调配职能、各类人员管理和考核工作，动态调配人力资源，维持审判执行团队的正常运转。

坚持主张应保留审判庭设置的看法，主要出于以下几点考虑：首先，法院组织法没有明确取消审判庭的建制；其次，审判庭在审判资源配置方面发挥着较大作用，法官工作量的分配、审判辅助人员力量的调配、司法专项数据统计、疑难复杂案件讨论、特殊案件应急调配都有赖于业务庭室的统一协调；第三，审判庭的存在有助于分管院长直接管理，如果取消，直接监督管理各审判团队，管理的幅度较大可能影响管理效果。

三、进路探索：基层法院审判团队制度构建的具体路径

S 市 J 区法院⑩以审判团队人员配置为契机，重构基层法院办案力量，激发人员科学配置带来的改革红利，本文以其为研究样本，力图勾勒出基层法院审判团队组建的基本图景。

（一）推行审判庭与审判团队双轨并行关系

理顺审判团队与审判庭的关系，究其根本是如何处理好审判管理扁平化与集中化之间的关系。通过研究，笔者认为基层法院案件量大、审判及行政事务管理任务重，分庭办案符合司法管理规律，审判监督管理需要保持适度的集中性，因而建议应在保留院、庭两级监督管理设置的基础上，推行审判团队与审判庭在审判管理、行政管理两个维度上各自双轨平行运转。审判团队建设过程中，应当将审判业务庭作为审判监督管理的节点，庭室负责人在分管院长的领导与指导下，履行对本庭室各审判团队的监督及行政管理职责。审判团队作为基本的审判管理单元，内部应该平级化，严格遵行员额法官平权的一般原则，团队负责人协助庭长（副庭长）实施团队内部微观审判监督

⑩ 本文研究的立足点是 S 市 J 区法院，作为上海二中院辖区的一家基层法院，它与上海二中院及其辖区基层法院、另外六家中院及江苏地区两家基层法院，共同被最高人民法院确立为审判团队建设改革的试点法院。

管理。

审判团队与审判业务庭双轨并行的模式具有以下优势：一是，有助于实施必要的审判监督管理。对于有些人数、案件数相对较少的法院，取消业务庭建制，实行一级管理的扁平化监督管理模式是可行的，但是对于S市基层法院，分庭办案有助于审判工作的组织安排及审判监督管理。二是，法院审判业务分为民商事、刑事不同类案性质，使用不同的实体法和程序法，按业务性质分设机构实施案件和审判业务管理，符合司法管理规律，有利于法院内部审判业务管理。三是，对接法院外部行政事务管理需要。基层法院往往需要向外对接各种非审判活动，如政治学习、组织活动、行政会议等，如果完全如国外法院扁平化组织构建，那么没有正副职的中国基层法院组织不可能满足完成对接外部体制要求。四是，庭室负责人的职位设置为部分有管理才干的法官提供了锻炼的机会与平台，也是法院挖掘人才、培养干部的重要渠道。[11] 值得注意的是，推行审判庭与审判团队双轨并行关系，在实施有效的审判监督管理的同时，为今后改革的继续推行留下制度的接口。

（二）确定审判团队内部成员权责清单

由于目前审判业务团队的定位是非正式层级，其制度性、规范性、权威性不足，虽可以实施一定行政性质的监督管理，但团队负责人管什么、怎么管不明确，监督管理随意性较大，为此需要确定内部成员权责清单。

1. 团队负责人与普通法官

（1）审判团队负责人选任制度改革

团队负责人是审判团队的组织核心，其选任工作关系到审判团队能否成功组建。团队负责人对团队整体办案质效负责，对团队人员管理负责，享有团队冠名权。院长、副院长、审委会委员、庭长通常兼具业务管理和行政管理才能，可编入相对固定的办案团队，也可以根据其意愿，直接编为审判团

---

⑪ 虽然法官的晋升激励机制主要是序列等级提升，但是审判业务能力不全然等同于管理才能，同时具备出色的审判业务核心技能和法院综合管理能力的法官在庭室负责人职位加以锻炼，为院层级领导后备人才的培养打下坚实基础。

队负责人，副庭长应当兼任团队负责人，[12] 其他团队负责人 [13] 通过公开报名、公示推选、公正考核、公平竞选的方式，由院长、分管院长、各部门负责人及特邀专家共同组成法官选任委员会进行面试考核，结合法官等级、职业品行、审判业绩、管理能力等，选任办案经验丰富、业务能力突出、品行兼优的法官担任。

（2）审判职权重新配置

审判团队往往由不同审判资历、法官级别、学历层次的法官组成，从法官队伍的实际出发，对法官素质、审判业务能力进行评估分级管理。对综合能力强的团队负责人加大放权，除依法依规应当提请审委会讨论的案件或报请分管院长、副院长审批的程序事项外，审判团队负责人享有独任审理或担任审判长主持庭审、主持合议庭合议与复议、提请审委会讨论、决定合议庭成员回避、裁判文书签发等权利。[14] 普通法官接受团队负责人的日常监督管理和业务指导，在团队负责人的安排下开展案件审理工作，享有独任审判简易程序案件，参加合议庭案件审理工作等权利（参见附表 3）。

值得关注的是，我国审判裁决权与行政管理权长期糅合发展的历史传统，审判团队在实现审判决策扁平化的过程中，是否会出现团队负责人行政化的可能性，审判团队工作机制是否使得团队负责人变化成又一个新的审判管理层级。如此，便与审判管理扁平化的目标相背离。因此，在制度初期，应该思考如何在赋予审判团队负责人充分的审判决策权与团队管理权的同时，保持与其他法官之间的平权关系，真正实现审判决策扁平化。

2．审判团队中的法官与法官助理

法官与法官助理的高效协作是审判团队良好运转的首要保障。根据法官的指导、委托、要求，法官助理处理辅助性的非审判核心事务，工作以“专业性”为侧重点，在诉讼流程中承担组织、引导、调查、研究职能（详见

⑫ 将副庭长与审判团队负责人融合为一个管理层级，取消审判长行政化层级，大大压缩了传统的“院（副院）长—庭（副庭长）长—审判长—法官”审判管理链条。

⑬ 基层法院审判团队负责人一般为二级法官以上，具有大学本科以上学历，近五年办案量达到本部门法官平均办案量 120%。审判团队负责人原则上任期不超过 3 年，任期届满后须重新选任。

⑭ 胡鹰、王德军、李铁娟：《审判团队工作模式构建：审判权运行机制改革的路径探索》，载《中国审判》第 109 期。

附表 4）。

理顺两者之间的关系，需要思考两方面问题：第一，关于两类人员之间的磨合，在员额制的改革后，部分资历较深法官转任了法官助理，同时部分年轻法官助理晋升为法官，两类人员的年龄、学历、资历、经验都有差异，需要彼此运用智慧、与时俱进、因势利导地协作配合；第二，关于法官助理的培养，法官应意识到法官助理不仅是自己的助手，更是需要培养锻炼的后备力量，有责任帮助其成长为合格的助理和未来的法官。同样，法官助理需要正确认识自己的作用和定位，在帮助辅助好法官的同时，积极主动学习审理案件经验技巧，不断提升法律适用、司法解释的能力。

3．审判团队中的法官助理与书记员

法官助理与书记员[15]的紧密配合是审判团队运行良好的第二层保障。在司法实践中，法官助理与书记员的工作职责容易因人手不足的问题，产生交叉、混淆和替代，不利于分类管理目标的实现。当前上海正在推行的法官助理、书记员单独职务序列改革，要实现“人”与“事”精准对接，就要在审判核心事务与审判辅助事务厘清区分的前提下，将审判辅助事务进一步细分为“专业性”审判辅助事务和“事务性”审判辅助事务。“专业性”审判辅助事务需要具备一定的法律专业能力，一般属于法官助理的职责范围，而“事务性”审判辅助事务对法律知识不作较高要求，在一段时间的训练下便可开展工作，由书记员完成。两者的权责清单具有天然的分界线，当然司法实践中，两者有限的相互补位是正常和必要的（参见附表 4）。

（三）基层法院组建模式与人员配置

组建审判团队一是需要在现有人力资源基层上，因地制宜确立审判团队组建模式；二是要依据法院审级、规模、收案量与难易度、现有人力资源等因素科学设置审判团队数量与配比。

1．组建模式

研究我国各地的改革经验，审判团队组建结构基本分为独任制和合议制

⑮ 书记员的权责主要是在法官和法官助理的指导下，处理非审判核心的纯事务性工作，承担记录、整理、装订、归档等职责。

两种模式。独任制审判团队一般由1名团队负责人（主审法官）、N名法官助理、N名书记员组成，而合议制审判团队则是由1名团队负责人、N名法官、N名法官助理、N名书记员组成。基层法院立足于自身法官与审判辅助人员的配比，选择“专而足”的合议制范式审判团队，搭配“少而精”的独任制范式审判团队，是当前较为科学的人力资源配置模式。合议制范式审判团队包含3—4名法官，搭配相对固定的人民陪审员，团队负责人全面管理审判与行政事务，任期期满后团队成员予以调整。⑯取消固定审判长模式，由承办法官随案担任审判长，团队内员额法官依次轮转组建合议庭。

2．最低配比方案

审判团队内部人员配比问题一直是困扰审判团队建设的重要难题。通过比较研究，我国大部分法院对审判团队人员配置比较推崇的理想配比是“1∶1∶1”，⑰但目前各地基层法院的法官与审判辅助人员（仅指法官助理与书记员）配比一直不足。以发达国家的法院体系为横向参考，辅助人员的数量往往是法官的数倍，如美国联邦法院的法官与辅助人员比为1∶10，而德国法官与司法辅助人员比为1∶2—1∶3。⑱我国台湾地区，法官与法官助理、书记员配比为1∶0.9∶1.5，香港高等法院独任审判团队配比是1∶3（含一名后勤）。⑲

基于目前我国基层法院人力资源存量的限制，还无法做到每个办案团队按理想比例配置，在探索加强审判辅助力量的同时，根据案件性质、难度、数量和人力资源现状确立最低配比方案。理论上法官与书记员的比例达到2∶1时，法官便能实现从事务性工作中剥离，但在目前“案多人少”压力下，基层法院审判团队建设，要确保法官与审判辅助人员的配比不低于1∶1。

⑯ 部分试点法院甚至为审判团队配置一定的司法警察、执行员和人民陪审员，以珠海市横琴法院为例，每1名执行员处理200件执行案件的生效裁判执行工作，每1名司法警察负责250件案件的警卫、押解事务。参见张忠斌：《法官员额制如何更“接地气”》，载《人民法院报》2016年9月4日。

⑰ 依据《最高人民法院关于完善人民法院司法责任制的若干意见》规定法官、法官助理、书记员权责，将案件各个流程相关数据汇总分析，平均每个案件中法官、法官助理和书记员的工作量大致为1∶1∶1。

⑱ 彭北平：《信息化及法官辅助人员——加州法院的行政管理（三）》，载《人民法院报》2005年6月17日。

⑲ 牛建华：《台湾地区法院人事管理制度观察思考》，载《人民法院报》2012年9月14日。

3. S市J区法院审判团队人员配备分析

S市J区法院统筹内设机构改革与新型审判团队建设，通过合并职能交叉、业务相近、专业相似的内设机构，将审判业务部门总数由原来的17简至11个。

（1）人力资源现状

法官资源：入额109人（含院领导4人）；

法官助理资源：共79人，现有未入额法官6人，法官助理73人；

书记员资源：共113人，编制内书记员24人（含见习法官助理9人），代行书记员职责的辅助文员89人。

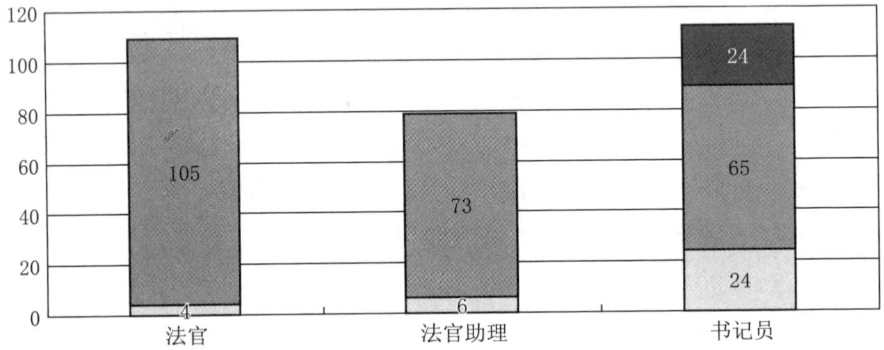

（2）配比分析

根据现有人力资源状况，S市J区法院法官与审判辅助人员比例为1∶1.76，其中法官与法官助理的比例为1∶0.72，法官与书记员的比例为1∶1.04，满足法官与审判辅助人员最低配比1∶1的要求。假设今后能增加26名审判辅助人员，尤其是扩大法官助理占比，预计未来能达到“1∶1∶1”理想配比模式。

本文以员额法官为基准数据计算配比，除院领导外，按照四名法官组成一个合议制团队，可以组成约26个团队。假设每个团队配备四名书记员，尚余9人；若法官助理每个团队配备三名，尚余1人。此种情况下可确定“审—助—书”配比为“4∶3∶4”模式。假设按三名法官组成一个合议制团队，可以组成36个团队。每个团队配备三名书记员，尚余5人；若每个团队配备两名法官助理，尚余7人。此种情况下可确定“审—助—书”配比为“3∶2∶3”模式。[20]

---

[20] 在改革的探索阶段，对个别因自身因素、办案实际等情况不便于编入审判团队的员额法官，允许其暂时游离于审判团队之外。

（3）团队特点：专业化、固定化

以新组建的审判业务部门为依托，根据案件类型、难易、数量均衡设置审判团队，既可一个团队对接某一类或几类纠纷，也可几个团队对接一类纠纷。如，民事审判庭下设民事速裁、民事合同纠纷、侵权责任纠纷、劳动争议纠纷、建设工程纠纷等若干个审判团队。同时，笔者经过广泛的查阅和比较，认为按照一定的配置比率为法官搭配司法辅助人员，并保证团队人员的相对稳定是较为合适的改革路径。相对固定的审判团队在工作上更熟悉彼此的工作模式，在问题的处理上更容易达成配合，降低法官复核的时间成本，从而有效地提升审判效率。

（4）职责划分

本文分析认为，在全部组建合议制审判团队的情况下，无论是“4∶3∶4”或“3∶2∶3”模式，法官与书记员的配比都在1∶1，远远超过了最低限2∶1的要求，因此书记员的任务量相对可控，但法官助理明显不够。此种职责分配模式下，法官可以根据实际情况适当向下兼容部分职责，[21]而经验丰富的书记员适当向上兼容部分职责。[22]

（5）其他辅助人员配置

未来审判团队制度完善过程中，其他审判辅助人员的配置也应纳入总体布局中。传统上法官隶属于某一审判业务庭，书记员、法官助理、司法警察往往是多名法官共同使用，甚至审判法庭都是轮换使用。审判团队构建将会促使法院办案模式的巨大转变，法官不仅享有完整独立的审判权，独立签署裁判文书，而且可以直接使用固定的法官助理、书记员、人民陪审员。甚至有学者建议，未来的审判团队要辅之以固定的审判法庭，并配备相对固定的执行员与司法警察。在审判团队中，法官是核心的负责人，法官助理与书记员完善辅助性任务，执行人员从事裁判决定的执行工作，司法警察提供安全保障和羁押事务，这些举措不仅有利于保障团队办案质效提升，而且也可以

[21] 法官可以承担组织庭前会议、庭前证据交换开庭、裁判、审定裁判文书、决定案件审理中的程序性事项、行使其他审判权力，勘验现场、调查取证、具体法律问题调研等工作。

[22] 书记员可以承担庭审记录、整卷归档、送达等庭前准备的事务性工作、合议记录工作。法官助理可以承担草拟法律文书，调取证据、委托鉴定、评估、保全的实施工作，调解等工作。

大大提升法官的尊荣感。[23]

四、配套保障：审判团队建设的相关配套改革

在搭建好以法官为核心的人力资源配置模式基础上，制定案件繁简分流方案，推动法院内部与外部社会的深层互动，一方面探索试行聘用临时法官助理制度，构建辅助事务集约化外包机制，另一方面借助外部资源，通过多元化纠纷解决机制，化解矛盾、防范诉讼行为产生，营造良好的司法生态环境，深度参与社会基层治理。[24]

（一）探索建立编制外聘用制法官助理队伍

探索试行聘用制临时法官助理制度，配齐配强审判辅助人员。环顾域外法院，法官可根据工作需要，从应届毕业生和社会中招录聘用制的法官助理。以美国为例，[25] 法官除配有一名固定的编制内法官助理，还可从知名法学院毕业的优秀应届毕业生中聘用法官助理，聘用人数和人选由法官自主决定。聘用制法官助理一般任期为 1 至 2 年，每年法院会为法官提供固定的经费，用来支付聘用法官助理的薪金。美国临时法官助理制度，发挥了极大的制度优势，既为法官提供了高质量新鲜的人才助手，也为社会培养了一支法律精英后备力量，很多临时法官助理日后成长为著名的法官、检察官、教授和律师。[26] 我国大多数基层法院都普遍面临着审判辅助人员不足，专业化书记员缺乏的现状，而每年法学院有众多优秀的法学毕业生。本文大胆地提出一个假设，在审判团队今后的建设过程中，各地法院是否可以探讨，建立聘用制法官助理与书记员制度，[27] 从当年优秀法学毕业生中选拔优秀的新鲜血液补充到司法队

㉓ 陈瑞华：法官员额制改革的理论反思，载《法学家》2018 年第 3 期。

㉔ 徐汉明：《论司法权和司法行政事务管理权分离》，载《中国法学》2015 年第 4 期。

㉕ 每位法官的司法辅助人员包含了固定与临时法官助理、法律研究员、书记员、秘书、技术助手、幕僚律师和法警等，这些非编人员的占比相对较高。这种团队人员组成方式与美国作为判例法国家有密切联系，法官需要大量的助手帮助其研究法规、理论、判例等。

㉖ 参见孙祥壮、李勇：《美国法官助理制度》，载《人民法院报》2005 年 4 月 11 日。另参见江振春：《美国联邦最高法院与法官助理制度》，《南京大学学报》2010 年第 2 期。

㉗ 成都市中院在现有聘用编制基础上，通过与高校签订《"实习法官助理"课程共建协议》，推行在读博士、硕士和少数优秀本科生担任"实习法官助理"制度，并增加聘用制书记员数量，进而拓展辅助人员力量。另外，成都市中院颁布《关于剥离并规范案件材料扫描录入实行社会化外包的工作方案》，探索通过购买社会服务等方式，将庭审速录、档案扫描、卷宗装订等辅助事务外包给专业性人员。

伍中，为法官带来新的司法理论，同时也为社会培养大量优秀法律人才提供渠道。

（二）探索建立审判辅助事务集约化配套机制

不同于审判核心工作，审判辅助事务呈现较强的同质性特点，因此审判团队建设有个显著的制度优势，即更容易设置特定的部门集约、统一管理从各个分散的环节中集约起来的审判辅助事务。基层法院可研究对庭审速录、财产保全、裁判文书校核与打印、文书送达、卷宗扫描归档等事务集约剥离，外包交付给专业化社会化服务公司完成，推动审判资源结构性调整。未来司法送达集约化机制、执行事务集约化体系、审判辅助事务集约化外包改革、保全团队集约化建设等，这些集约化的管理模式将真正有利于实现司法资源的高效配置，节约司法资源成本，真正提升司法效率。

（三）探索建立审判团队业绩考评制度

审判团队业绩考评制度将审判团队作为考评基准单元，改变过去以部门或个人为考核单位的做法，坚持量化考核为主，人员分类评价为辅，推动构建完善有利于激发个体积极性，同时促进团队合作和审判质效提高的业绩考评机制。团队负责人的考核与晋升将与团队办案质效相关联，并应当听取所在部门庭长和分管院长的意见；团队成员的考核结果等次，应当听取团队负责人的意见；辅助人员的考核结果等次，应当听取其团队法官的意见。与此同时，考评机制需要进一步研究不同的团队模式下，法官及辅助人员工作量考核的影响因素，对案件流程管理和节点控制加以测算，完善案件分配、办案流程监督、案件质量评查，强化对审判团队的内部监督制约。

（四）探索建立分案配套和人员动态调配机制

根据诉讼请求、标的、刑罚轻重等因素明确简案、一般案件和繁案的识别要素及标准，通过办案系统自动识别和人工辅助的方式，结合速裁、普通和专项办案团队的情况，制定案件繁简分流方案。根据各庭和审判团队的繁简分流目标和审判专业分工，实施随机分案。确属重大案件和舆论关注的敏感案件，可以组建专项办案团队。结合案件数量的变化情况等因素，动态调整审判团队的人员配置，优化审判资源配置，实现整体审判力量与案件的匹配均衡。

结 语

审判团队建设是深化司法改革带来的新方向、新问题，既需要密切关注试点地区经过艰苦探索创造出的可借鉴经验，同时也需要有创造性的思维方式，以开放的胸怀，对面临的困难提出富有新意的解决办法，在改革过程中注意强化制度自洽，重视与既有制度对接以及给未来制度完善留下接口，及时将有益经验转化为制度设计。

附件：

表3 审判团队负责人与普通法官的权力清单㉘

类 别	特 点	权力清单内容
团队负责人	组织完成各项审判任务	确定团队成员分工，合理分配团队内人员的工作量；确保完成本团队的审判目标任务，行使对团队成员司法绩效考核及奖惩评比等建议权。
	加强审判质效管理	强化审判流程管控和审判节点监督，确保本团队审判质效数据保持在合理区间；参加专业法官会议讨论本团队的案件。
	统筹安排各项审判辅助事务	督促落实好团队的信息输入、归档、判决书上网、判决书附录法律条文、网络庭审直播情况等各项辅助事务性工作；组织开展好团队的全流程网上办案信息化应用、审判业务调研等工作；组织落实团队案件的判后答疑、息诉息访以及涉法涉诉案件的协调和处理等工作。
	抓好团队自身队伍建设	负责组织开展本团队的政治理论学习、职业操守培育和业务培训，督促团队成员严格遵守国家法律法规和廉洁自律各项规定和要求；抓好会纪会风、保密等日常管理工作。
独任制法官	主持审理程序权、裁判权、文书签发权	主持庭前会议、组织调解等程序事项；制作裁判文书、做出裁判结论、签发承办案件的裁判文书；指导审判辅助人员做好庭前准备工作和草拟裁判文书。
合议制承办法官	主持审理程序权、提请评议权、审核证据权、优先发言权	担任承办案件的审判长并主持庭前会议、组织调解等程序事项；有权对当事人提出的程序性事项提请合议庭评议；在合议庭评议案件时先行提出裁判意见。

㉘ 张敬新：《司法责任制改革视角下的审判团队建设》，山东大学2017年硕士学位论文。

续表

类 别	特 点	权力清单内容
合议制其他法官	文书签署权、对审判辅助人员指导权、阅卷权、庭审参与权、评议案件权、自主发表意见权及裁判文书签署权	制作裁判文书并签名；指导法官助理、书记员做好庭前准备工作和草拟裁判文书及指导完善书记员的庭审笔录。

表 4 法官助理与书记员权责清单[29]

类 别	性 质	内 容	准入途径
法官助理	程序性辅助事务	诉讼程序中所需要的书面申请收集、佐证材料核查、询问笔录制作；根据法官要求，完成文书撰写、提起签批。	第一，司改前助理审判员和未入额法官转任；第二，已通过法律职业资格考试尚未任命的司法工作人员；第三，通过社会公开招聘的聘用制、合同制高校毕业生。
	主体性辅助事务	阅卷权，包含案件卷宗接受、阅卷、了解熟悉案件详情；诉讼材料审查权，接受审判过程中各类诉讼文书、证据材料并及时入卷；庭审参与权，在法官安排与指导下，接待、联系当事人，组织庭前会议、庭前证据展示、交换、调解、保全、调查取证等工作；案件排期权；组织开展调解并草拟调解文书；在法官的监督指导下草拟案件审理报告、裁判文书等多项审判辅助工作。	
	研究性辅助事务	收集、检索与案件相关的法律条文、司法解释、指导案例、裁判指引、法理观点等参考资料；整理分析案件涉及的法律问题，提出事实认定、法律适用的相关建议；在法官指导下，记录、整理"类案裁判规则"，草拟、报送"示范性案例"，撰写相关调研文章等案件研究工作。	
书记员	事务性工作	案件庭前的事务性准备工作，核查诉讼参与人的出庭情况，宣布法庭纪律，庭审记录，审判管理信息系统中的信息校核、流程办理及裁判文书上网、庭审直播录播，卷宗整理、装订、归档，送达事务等工作。[30]	第一，具有政法行政编制的公务员，一旦通过法律职业资格考试，便有机会转入法官助理序列；第二，不具有政法行政编制，与法院签订聘用合同的聘用制书记员或通过劳务派遣方式，临时招聘的用工人员。

（责任编辑：俞小海）

㉙ 参见唐文娟：《法院审判辅助体系管理：实践、规范与运作》，载《西部法学评论》2017年第6期。

㉚ 参见林振通：《员额制背景下审判团队配置模式与职责定位》，《人民法院报》2016年9月29日。

论审判庭与审判团队的功能定位与内在关系

——基于S市中级人民法院内设机构改革探索的思考

王智刚　伍天翼*

引　言

开展人民法院内设机构改革是深化司法体制综合配套改革、落实司法责任制的重要举措。2015年9月最高人民法院在《关于完善人民法院司法责任制的若干意见》中正式提出探索审判团队建设；2019年2月，最高人民法院发布的《关于深化人民法院司法体制综合配套改革的意见——人民法院第五个五年改革纲要（2019—2023）》（以下简称"五五纲要"）强调，完善人民法院组织体系和机构职能体系，统筹推进内设机构改革和审判执行组织改革。遵循上述文件精神，本轮内设机构改革的主要目标有两点：一是建立职责明确、运转高效且符合审判规律的内设机构，二是建立专业化、类型化、职业化的审判团队。基于此，S市中级人民法院率先在全市中级人民法院中推开内设机构改革，将审判团队建设作为本轮中级人民法院内设机构改革的"重头戏"，形成"院党组—审判庭—审判团队"的管理模式，力求将突出法官主体地位、符合审判权运行规律、落实司法责任制等改革精神融入其中。在探索过程中，逐渐释放出了提质增效的改革红利，但随着审判团队取代合议庭，也出现了审判团队与审判庭功能定位与内在关系不明的问题，这一问题的出现在一定程度上制约着内设机构改革的顺利推进。当前正处于内设机构改革的初期阶段，各地法院正在积极探索当中，对此问题鲜有研究，本文聚焦此

* 王智刚，上海市第二中级人民法院刑事审判庭庭长，法学学士。伍天翼，上海市第二中级人民法院刑事审判庭法官助理，法学硕士。

主题，结合探索实践中的获得的经验，进一步明确审判团队与审判庭的功能定位，厘清审判团队与审判庭的关系，为本轮改革推向深入提供素材。

一、问题提出：审判团队定位及与审判庭的关系面临质疑

根据本次改革精神，2019年5月底，S市中级人民法院完成了本次内设机构改革，将全院审判力量按照案件类型、数量及审判规律进行了重组和整合，取消了原有的审判庭和合议庭建制，组建了29个审判、执行团队，8个审判庭（包括执行局），全院审判力量均下沉至审判团队，在最大限度内保障了全院审判资源向审判一线倾斜。

（一）审判团队及审判庭设置原则

改革后审判团队及审判庭的运行本着以下四个运行原则：一是采用“大部制”审判庭方式，改变以往的分散性的审判庭设置，按照刑事、民事、商事、行政、家事、执行六大类进行组合，在“大部制”审判庭之下具体设置审判团队；二是采用专业化审判团队模式，按照案由设置审判团队，每个审判团队均有固定受理的案由，在此之外的其他不属于审判团队固定受理的案由采取随机分案的方式，在各个审判团队法官中进行分配；三是采取法官助理与法官固定搭配的模式，审判团队按照案件数量、性质、难度等因素，由4至5名员额法官组成，每名法官固定配置一名法官助理，在带教法官的带领下，辅助法官从事审判工作；四是采取随机分案与随机组成合议庭的模式，为避免将审判团队与改革前的合议庭相混同，在案件分配和组成合议庭时均采取随机分配，审判团队受理的案件在团队法官内进行随机分配，由随机分案系统在案件分配时即随机组成合议庭，原则上由该案的承办法官担任合议庭审判长，由团队内其他法官担任合议庭成员。

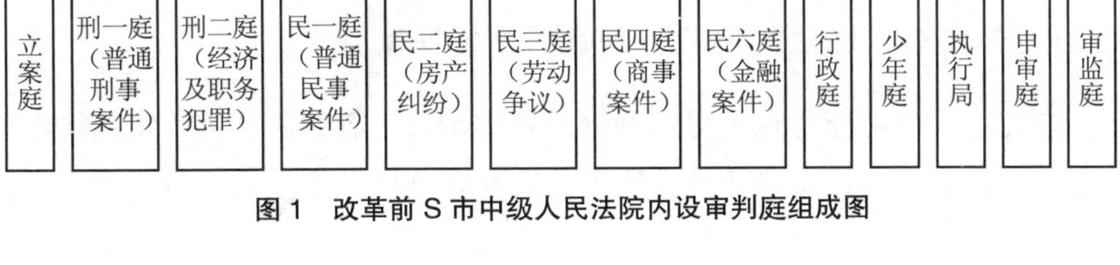

图1　改革前S市中级人民法院内设审判庭组成图

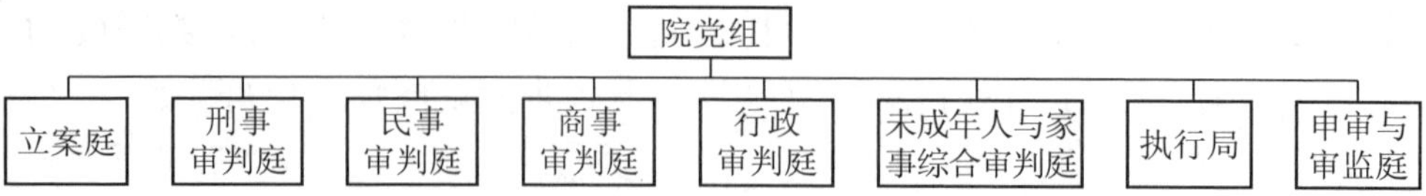

图2 改革后S市中级人民法院内设审判庭组成图

（二）审判团队及审判庭设置的积极作用

上述改革改变了以往内设机构模式，在以下四个方面发挥着积极作用：一是从审判权运行角度，通过扁平化管理，有利于落实司法责任制要求。在以往合议庭和审判庭的模式下，法官在办理案件时难免受到固定合议庭审判长的审批干预，不利于落实“审理者裁判，裁判者负责”的司法责任制要求，在一定程度上对法官的独立办案产生了制约，而当前扁平化管理，取消固定合议庭，而是让承办法官和随机组成的合议庭在具体承办的案件中享有决定权，彻底消除了以往固化合议庭模式下的影响，为法官独立审理案件提供了制度保障；二是从公正裁判角度，通过组建专业化审判团队，有利于确保类案裁判统一。以往一类案件可能分配至众多法官办理，在裁判过程中，难免出现各个法官在自由裁量方面存在理解和适用上的差异，造成类案裁判不均，更有甚者可能出现裁判严重失衡，而按照案由进行专业化设置的审判组织能够消除类案裁判不一的情况，由少数法官办理一类案件的做法能够保证少数法官在一类案件自由裁量方面达成共识，维护了判决的稳定性；三是从人才培养与管理角度，通过固定搭配，能够确保人才培养的连贯性。以往在人才培养方面，囿于人员流动性强等因素，不利于对后备人才的培养，而当前固定搭配的模式，使每一名法官助理均固定与一名法官搭配，由该名法官负责法官助理的带教工作，极大促进了法官助理的成长成才；四是在廉政角度，通过取消固定合议庭方式，大大降低了法官廉政风险。以往固定合议庭的模式随之而来的就是审判队伍的相对固定，法官廉政风险较大，而随机分案和随机分配合议庭的方式，有助于改变法院内部控制设计，降低此类风险。

（三）中级人民法院设置审判庭的必要性探讨

在此过程中可能存在的对审判庭设置的困惑，有说法认为，既然已经设置了人员配备完善的审判团队，则不需要在审判团队之上再设置审判庭。诚然，当前内设机构改革中存在两类改革模式，一类是不设审判庭的方式，例如珠海横琴法院在审判权运行方面不设审判庭，建立审判团队，审判权由法官集中行使，取消院庭长审批制，突出专职法官在审判执行中的主体地位；① 二类是设置审判庭的方式，如北京四中院着力构建以平台建设为抓手的扁平化管理模式，内设立案庭、刑事审判庭、民事审判庭、行政审判庭等。② 此两种方式为当前内设机构改革的主流方式，结合“五五纲要”精神，笔者认为是否设置审判庭不应当“一刀切”，而是要根据具体法院承担的审判职能、案件性质等多角度考虑，具体来说：

一是设置审判庭的做法“于法有据”，是否设置审判庭与是否违背改革精神不能简单画等号。“五五纲要”中明确表示，中级人民法院结合审级职能、案件数量、人员编制等情况，优化内设机构设置，建立职能划分明确、运行高效顺畅的内设机构体系。审判庭当然是内设机构体系中的一部分，由此可见，设置审判庭的做法为改革精神所允许；二是是否设置审判庭需要因地制宜，由法院的具体情况决定。如果法院的职能较多，案件受理数量较多，法官人数比较多，审判团队也较多，此情况下如果取消审判庭，由审判团队直接负责全院审判工作，则可能造成效率低下等显而易见的管理问题，由此可见，不设置审判庭的模式一般适用于法官人数较少、受理案件数量不多的法院，如果进一步推广适用于法官人数较多、案件数量众多的基层及中级人民法院，仍然是有难度的；③ 三是中级人民法院除承担基本审判职能外，审判延伸职能较多，因此较为适合设置审判庭。与基层法院相比，中级人民法院除正常审判职能外，需要承担监督辖区内法院审理情况、呈报需要上级法院协调解决问题的各项综合职能，所承担的全局性、综合性职能较多；四是设置审判庭有利于解决审判庭内部、与其他中院等兄弟法院、辖区法院的适法统一问题。因此在具体的审判团队上设置审判庭符合其审理规律，有助于实现中级人民法院的上述职能。

（四）审判庭与审判团队的关系问题呼之欲出

在此轮改革中，S 市中级人民法院保留了审判庭的设置，采取了“审判

①② 叶爱英、张奇：《偏离与回归：审判中心视角下法院内设机构改革路径研究——以诉讼时间轴与内部权力的四元划分为基础》，载《中国应用法学》2017 年第 6 期。

③ 周山：《人民法院内设机构的特色及其改革路向》，载《理论探索》2018 年第 4 期。

团队＋审判庭”的模式，在保留审判庭的情况下，针对审判庭与审判团队之间的关系存在下列三点突出疑问：一是部分观点认为，“审判团队＋审判庭”与以往“合议庭＋审判庭”的模式相似，改革将难免“换汤不换药”之嫌；二是认为此次改革旨在“去行政化”“扁平化”，而保留审判庭将不利于实现上述目标；三是认为庭长与团队长之间的职责存在重复，双方在审判权博弈过程中可能存在两种情况，一种是庭长权力松散，另一种是审判团队长权力松散，不论是哪种博弈结果，都可能造成管理效率低下，内部消耗增多，不利于实现优化内设机构的改革目标。

上述三个尖锐问题，可能是在本轮内设机构改革过程中保留审判庭建制的法院均会遇到的疑难问题，这一问题的解决不仅事关本轮内设机构改革，特别是中级人民法院内设机构改革中内设机构设计的合理性等关键问题，而且事关改革的成效问题。在面对审判庭的保留有其内在必然性、合规律性的前提下，上述问题的出现并非改革目标与改革实践之间不可调和的矛盾，而主要是由于对改革精神理解、贯彻不到位导致的。不难看出，上述问题的症结在于以下三个误区：一是“审判团队”与“合议庭”的定位误区，二是改革后的审判庭与改革前的审判庭之间存在定位误区，三是在审判庭与审判团队的行政管理职能上存在误区。走出上述三个误区，需要明确本轮内设机构改革后的审判团队与审判庭的功能定位，厘清审判团队与审判庭的内在关系。

二、问题关键：审判团队与审判庭的功能定位

（一）审判团队的功能集中在行使审判权

审判团队制度的落地旨在通过压缩司法官僚层级使法官真正成为司法决策的主体，从而为司法责任制的落地奠定基础。④ 该项改革致力于解决原审判庭架构下审判行政两手都抓所导致的职能“交错与混合”。⑤ 正是基于上述目标，取消原有的审判庭与合议庭，将审判职能与行政职能划分开来，设置

④ 徐向华等:《论审判团队制度之完善》，载《交大法学》2017年第4期。
⑤ 苏力:《论法院的审判职能与行政管理》，载《中外法学》1999年第5期。

新的审判团队与审判庭，目的即在于让审判团队，具体来说即承办法官掌握审判权，让审判庭掌握行政权，使两者泾渭分明。

原有合议庭之所以可能影响承办法官独立履行审判权的症结在于，原有合议庭将合议庭内行政权及审判权均集中在审判长手中，审判长在合议庭内人员调动、绩效管理甚至案件审判结果方面均具有较大权力，导致案件的合议庭集体决策制异化为审判长决策制，直接影响合议庭内承办法官独立行使审判权。但直接取消合议庭，让法官分散独立办案，从管理学上来看，会导致效率低下、管理成本大大增加的后果。具体来说，一是分散管理的模式在法官人数众多的法院，将会导致管理成本增加，导致法院管理层管理效率下降，重要决策无法立即推行至大部分法官；二是分散管理模式的前提是法官的职业能力相近，否则部分法官的审判能力较弱，部分法官审判能力较强，则会导致法院内部法官审判质效不均衡，影响个案审判效果；三是分散管理将导致队伍建设不可持续，分散管理无法有效捕捉法官在教育培训、职级晋升、绩效考核等方面的需求，使队伍建设存在漏洞，不利于法院队伍的有序健康发展。

由此可见，如何在最大限度上保障法官独立行使审判权，又能够保障审判权的顺利实现，需要建立一个相对松散但又紧密的组织，既能够保障法官独立行使审判权，又能够在一定程度上将法官连接起来，不至于导致管理效率低下，这就是“审判团队”建立的初衷与设想，也成为审判团队构建的原则。由此可见，审判团队的主要功能在于审判权的行使，一是保障法官独立行使审判权不受干扰，虽然法官隶属于审判团队，但是审判团队与以往合议庭不同，在案件办理时没有固定的合议庭，即随机分配合议庭，承办法官原则上担任审判长，对案件具有较大的裁量权，可以实现“审理者裁判”的目标；二是保障合议庭集体决策制的健康行使，合议庭制的核心在于集体决策，在审判团队集体决策时，每一名参审法官都可以平等发表自己的观点，不必受到具有行政隶属关系的审判长的约束；三是在一定程度上对法官进行专业化细分并形成审判团队，该类审判团队的形成也是基于特定的案由，而非基于单纯的行政管理关系，审判团队的设立体现了“松散的审判权联系”与“紧密的团队组织”两个显著特征。

（二）审判庭的功能集中在行使行政管理、审判管理、综合管理

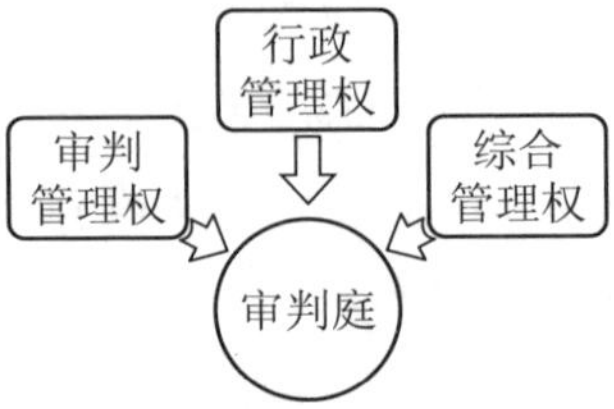

图3 审判团队与审判庭的功能定位

相较审判团队主要围绕保障审判权行使这一宗旨，内设机构改革后的审判庭的功能则呈现出集中性、综合性、调整性等特征。从功能内容来看，内设机构改革后审判庭的功能继承了原审判庭的部门功能，如行政管理功能、综合管理功能；削弱了原审判庭的部门功能，如审判管理功能，削弱之处主要体现在对具体案件的审批权上，以及对案件的评议等实质性参与案件审理的功能。从各个功能的具体内涵上来看，也有所创新和发展。

功能内涵的创新与发展围绕着“去行政化”这一核心理念，具体体现在下列几个方面：一是行政管理权，原审判庭下的行政管理权与审判权运行结合紧密，使审判权凸显出了浓重的“行政化”色彩，但改革后的审判庭以“去行政化”为导向，紧盯人事、绩效考核管理权，弱化院庭长案件审批权，进一步去除审判权运行的行政化现象。⑥ 二是审判管理权，原审判庭下的审判管理权主要体现在案件分配、合议庭组成、案件立案与结案节点管理等具有命令性的“刚性权力”，改革后审判庭在审判管理方面的权力主要体现在对案件随机分配制度的补充、对合议庭组成人员基于回避等合理事由的调整、对审判庭内收结案情况的统筹等兼具调整性的“弱性权力”，在审判管理中事先设定分案、合议庭组成等程序，由审判庭负责人对例外情况行使调整权。三是综合管理权，综合管理权是指对队伍建设及审判延伸工作的管理，如庭内党建队建等综合性事务、调研、信息、法宣、司法建议等工作的统筹管理，此部分管理改革后具有较强的“复合性”，由各审判庭负责人进行任务分配和统筹管理。

⑥ 马渊杰：《司法责任制下审判团队的制度功能及改革路径》，载《法律适用》2016年第11期。

从上述改革后审判庭功能来看，改革后审判庭的功能具有下列明显特征：一是呈现出集中性特征，审判庭内除审判权外，其他工作均集中于审判庭层面，由审判庭负责人进行管理，随着扁平化改革的深入推进，审判庭今后将承担更多的任务，且各项任务均集中于审判庭层面；二是呈现出综合性特征，审判庭设置的主要功能也在于对综合性事务的处理上，审判庭内除案件审理的主要工作外，其他综合性事务均由审判庭层面承担；三是呈现出调整性特征，与以往做法不同，改革后审判庭对于审判团队以及具体法官、具体案件的管理，主要体现在事后的“调整权”上，对于例外情形，由审判庭负责人行使调整权，这一权力则与刚性的命令权不同，这一特性表现出了本次内设机构改革中尊重法官主体地位以及贯彻“审理者裁判、裁判者负责”的理念。

三、问题破解：构建职能清晰、权责明确的双向关系

从上述审判团队与审判庭功能的划分，不难看出，两者的定位清晰、功能明确，审判团队亦不等同于原有的合议庭。两者在综合性事务的管理上或有交叉，但审判团队与审判庭功能的明确是构建两者内在关系的首要条件，但在审判团队与审判庭的内在关系建设方面，也存在着“去行政化”与“留行政化”，“专业化”审判与“复合型”人才培养，“审判独立”与“审判监督”，“审判庭综合管理”与“审判团队综合管理”四对矛盾，就必须建立起良性的“服从关系”“互动关系”“监督关系”与“审核关系”，以达到内设机构设置合理、人员管理效率提高的扁平化管理目标和审判权健康运行的审判管理目标。

（一）建立“服从关系”，解决“去行政化”与“留行政化”矛盾

在“去行政化”与“留行政化”的关系上，一方面，“去行政化”虽然是主要改革思路，但是不能简单将“去行政化”的概念与将行政化彻底从审判庭乃至审判团队中相剥离等同起来，走向过于强调“去行政化”的极端。从组织学来看，组织的结构与组织的功能是密切相关的，一定的组织结构，只有具有一定功能才有意义；而一定的功能，又必然依赖于一定的组织结构才能产生。⑦一定的组织结构则需要有一定的等级框架，这是我们从组织学中

⑦ 刘祖云：《组织社会学》，中国审计出版社、中国社会出版社2002年版，第251页。

不难达成的共识。在一定的组织框架内，特别是司法机关的组织框架中，必须保留一部分的行政管理权，以对组织内的人事和绩效考核等问题做出权威性的决定，此行政管理权的重要作用也是不言而喻的。另一方面，“留行政化”虽然对于组织架构而言是必要的，但是对于保留的行政化架构和行政权而言，应当是将审判权排除在外的，行使审判权的逻辑是将行政权绝对排除在外的，如果有行政权的干涉，则将严重妨碍审判权的独立行使，因此在“留行政化”的前提下，必须将行政权与审判权严格割裂开。此外，在组织人事和绩效考核方面行使行政权，则亦要遵循行政权公平、公正原则，科学、合理行使保留的行政权。

（二）建立“互动关系”，走出“专业化”与“复合型”建设矛盾

目前S市中级人民法院的审判团队构建则是以审判团队具体负责的案由和审理方式来确定，以刑事审判庭为例，刑事审判庭下设刑事速裁团队、毒品犯罪审理团队、金融犯罪审理团队、职务犯罪审理团队。因S市中级人民法院刑事收案中，毒品犯罪、金融犯罪、职务犯罪的案件数量较多且案情复杂、重大，因此审判团队也将此作为划分依据，划分为相应的团队。这一改革也给刑事审判带来了“专业化”的审理契机，具有培养专业型法官以及确保类案裁判统一的积极作用。但是在细分的专业化之路中，能够审理各类刑事案件的复合型法官将越来越难以培养，同样应当从人才培养角度，重视复合型法官的锻炼和培养。为解决这一问题，就需要在审判团队和审判庭之间构建良好的互动关系，由审判庭统筹解决，以打破由于审判团队过于固化带来的审判人员固化的问题。审判庭可以在审判团队的人员调换、人员培训、队伍建设等方面对此弊端作出弥补，例如规定具体的轮换时间、从审判庭层面进行综合性培训、从队伍建设方面提出人才带教制度等，以调动审判员的自身积极性，解决审判人员随同审判团队逐渐固化的问题。

（三）建立“监督关系”，解决“审判独立”与“审判监督”矛盾

强调审判独立，是从审判权运行机制角度作出的选择，但审判独立并不代表审判不受监督，同时，审判监督也不代表对审判独立的侵害，应当正视审判独立与审判监督之间的关系。一方面，审判权需要在监督下行使，众所

周知，没有绝对的权力，否则将会出现腐败。审判权亦是如此，如果强调绝对的审判独立，则必定会出现审判不受监督、质量下降的弊端，因此，审判独立需要在审判监督的前提下运行。这就意味着，对于需要呈报讨论的案件，应当遵循“集体决策制”，呈报专业法官会议、审判委员会讨论决定。另一方面，审判监督需要在尊重审判权独立的前提下行使，对于超出监督范围的，利用监督权对案件进行干预的“异化”情况，应当及时填写案件干预情况说明表，将此类情况的具体细节进行记录、备查。

（四）建立“审核关系”，解决“审判庭综合管理”与“审判团队综合管理”之间存在交叉的矛盾

针对上述在队伍建设及审判延伸工作的综合管理方面，审判庭与审判团队之间存在交叉，随着审判人员均下沉至审判团队，审判团队具有完成综合性任务的人力资源，审判庭层面则不具有完成综合性工作的人员配备，所以在综合管理方面，应当把握以下三个原则：一是综合管理的分配权在审判庭，审判庭负责具体领受综合性任务，而且综合性任务往往具有一定高度，需要在审判庭层面上加以分配解决，从功能定位上来看，审判庭负责将综合性任务进行量化，并按照任务的性质、数量等因素，分配至各个审判团队当中；二是综合性任务的主体是审判团队，具体来说，审判团队具有较为完备的人员配备，且审判团队是负责行使审判权的主体，无论是从具体负责审理的主观因素，还是人员所限的客观因素，审判团队均是完成综合性任务的主体，这也是审判团队建设的题中之意；三是审判庭负责审核审判团队的综合性任务成果，对于需要以审判庭名义发表的综合性文件、稿件等，以及从审判庭层面上策划的党建队建活动，均需要得到审判庭的审核，以此为“抓手”做好综合性工作。

四、问题探索：审判庭与审判团队建设的建议

审判庭与审判团队的功能定位与内在关系在两者的互动之中逐渐明晰，内设机构改革在落地后还面临着与现有审判制度和配套措施的适应、磨合阶段，在运行过程中还需要进行“精装修”。从当下的改革经验来看，审判庭与审判团队的建设中还需要针对下列问题进行深化，一是院庭长下沉至审判团

队办案的具体规则问题，二是法官自主管理与审判庭管理相互补充的问题，三是集约化管理与开放性调整的互补问题，就上述问题，笔者提出如下建议，以供改革实践参考。

（一）审判团队背景下院庭长办案规则

在司法责任制改革中，院庭长办案已经成为“常态”。以往院庭长办案采取组成合议庭的方式，与相关审判人员组成合议庭办案，但在审判团队的改革背景下，取消了固定合议庭，那么院庭长办案时合议庭该如何组成将亟待解决。目前，关于院庭长办案有两种模式可以参考，一种模式是将院庭长编入固定的审判团队中，承办所在的审判团队的案件，由随机分案系统随机挑选审判团队内的法官组成合议庭；另一种模式是院庭长不编入固定的审判团队，而是单独进入随机分案系统，可能承办该审判庭所受理的各类案件，并由随机分案系统随机挑选本审判庭内的法官组成合议庭。两种模式在随机形成合议庭上能够形成共识，但在是否进入固定的审判团队的问题上，两种模式各有利弊，第一种模式的有利之处在于，院庭长可以在固定的审判团队中受理案件，提高了院庭长办案的效率；另一种模式的有利之处在于扩大了院庭长受理案件的范围。笔者赞同第二种方式，即院庭长不进入固定审判团队的办案方式，理由有三：一是院庭长往往具有深厚的办案经验，长期办理一类案件，不利于最大限度发挥院庭长对审判工作的积极作用；二是根据司法责任制要求，院庭长应当主动承担重大、复杂、疑难的案件，这类案件的案由往往具有不确定性，因此，院庭长不进入具体的审判团队有利于随机受理各类重大、复杂、疑难案件；三是院庭长受理案件相较其他承办法官较少，进入固定的审判团队则无实际必要。

（二）法官自主管理对审判庭管理的监督与制约

内设机构改革后，审判庭的建设必须与其他司法体制配套措施相适应，并达到高度融合，才能够确保各项改革的彻底落地、司法责任制下法官主体地位的彻底实现，因此针对法官对于审判庭行政管理、审判管理、综合管理方面的疑问，必须要以“法官为本”的方式解决。2019 年 4 月，S 市中级人民法院在全市法院率先建立了法官自主管理委员会，突出了法官在审判权履行、审判管理、综合事务、队伍建设等工作方面的深度参与。基于此，则需要在实践中对法官自主管理与审判庭管理的功能定位和内在关系作出区分，从二者的运行模式来看，笔者认为，对于上述管理应以审判庭为主，法官自主管理则是对审判庭管理的监督、制约，这种监督、制约体现在事前和事后两方面。一方面，事前法官自主管理委员会参与制定审判庭管理所依据的相关规则，相关议事规则的制定和修改均需要经过法官自主管理委员会的讨论和通过；另一方面，事后法官自主管理委员会可以对审判庭的管理提出质疑并要求回复，对于法官在管理过程中针对审判庭处理决定的相关疑问，均可以通过法官自主管理委员会的讨论，如有需要，可以以法官自主管理委员会的名义向审判庭提出疑问。由此可见，正是基于上述的事前和事后的监督，能够起到对审判庭的制约作用。

（三）审判团队集约化管理与灵活性调整的互补问题

当前，内设机构改革的同时，对于人员也采取集约化管理模式，全部下沉至审判团队，在审判团队内部采取了“1+1”的人员配备结构，即一名法官配备一名法官助理，在此情况下，人员配备较为固定，这种人员稳定管理的模式有助于确保每名法官均有一名法官助理辅助审判工作，且能够保障法官与法官助理的带教关系相对稳定。但在实践中也发现，这样的集约化管理模式也可能带来人员管理“僵化”的负面作用，例如新任命法官助理如何纳入审判团队、法官或法官助理因借调、怀孕、生病等原因长时间离岗时如何补缺等问题。对于上述的空档期问题，应将人员集约化管理与灵活性调整相结合，并形成完整的人员调整制度，以此应对审判团队内人员固定的问题。一是建立“人员过渡办法”，针对新进或暂时离岗的人员，应当由专人负责记录，并对过渡期的工作交接、联络等问题进行规定，为过渡人员管理提供依据；二是建立“人员过渡办公室”，将新进人员或暂时离岗人员统一纳入该办公室管理，防止上述人员无限期沉淀在审判团队中或审判庭中，造成人力资源的浪费；三是建立“法官助理后备人员库”，将具备代行法官助理职责能力的书记员等审判辅助人员纳入其中，当审判团队的法官助理暂缺时，灵活抽调上述人员代行法官助理职责，辅助法官办理案件，并按照法官助理工作要求进行奖惩考核。

结　语

本轮法院内设机构改革中，赋予了新建立的审判庭与审判团队新的职责和使命，二者的功能定位和内在关系则成为改革探索的重点。厘清审判庭与审判团队的功能定位是理顺二者关系的首要条件，在此基础上，要以尊重审判权、尊重法官主体地位的为原则，构建二者良性的管理与互动关系。在接下来的探索中，还可能出现审判庭与综合部门的关系等新问题，期待在下一轮改革中能够建立健全相关司法体制综合配套改革措施，理顺法院内部关系，从审判与管理角度构建新型人民法院管理体系，达到以管理促公正的目标。

（责任编辑：俞小海）

“咨询制度”语境下专业法官会议的价值回归与制度完善

——以S市1195件专业法官会议为分析蓝本

王晓慧*

专业法官会议是我国地方法院在长期司法实践中，为了解决疑难案件审理难题而探索的一种议事咨询机构。学界普遍认为，专业法官会议衍生于2000年的审判长联席会议（有的地方称为法官联席会议）。S市经过多年探索，历经数次修改，于2018年开始在新规章指引下在全市范围内推进专业法官会议制度。

一、语境分析：“咨询制度”语境下的专业法官会议

专业法官会议虽然是一项新兴事物，但是它是在传统的法官案件研究模式基础上探索演变而来，各类规范虽然经历了前后多次修改，但角色定位基本保持一致。

（一）“咨询制度”语境的逻辑产出

专业法官会议制度的设置初衷是解决法官疑难案件研究的难题，它既可以绕开向上请教时“领导干预”的尴尬，还可以将优质的审判资源汇集在一起，实现法官之间的互相“借脑”。虽然最高人民法院以及S市对于专业法官会议的角色定位表述不同，但是通过比较，基本可以勾勒出明确的、相似的定位。

* 王晓慧，上海市金山区人民法院民事审判庭审判员，法学硕士。

表 1　专业法官会议的角色定位

	签发部门	规定	要旨	关键词
1	最高人民法院	《最高人民法院关于完善人民法院司法责任制的若干意见》第八条	人民法院可以分别建立由民事、刑事、行政等审判领域法官组成的专业法官会议，为合议庭正确理解和适用法律提供咨询意见。合议庭认为所审理的案件因重大、疑难、复杂而存在法律适用标准不统一的，可以将法律适用问题提交专业法官会议研究讨论。专业法官会议的讨论意见供合议庭复议时参考，采纳与否由合议庭决定，讨论记录应当入卷备查。	参考、合议庭决定
2	最高人民法院	《关于健全完善人民法院主审法官会议工作机制的指导意见（试行）》第一条	人民法院应当健全完善主审法官会议工作机制，为法官审理案件准确适用法律提供指导和参考，促进裁判规则及标准统一，总结审判经验，完善审判管理。 注：根据最高院意见，此处的“主审法官会议”等同于本文中的“专业法官会议”。	指导、参考、总结、完善
3	最高人民法院司改办	最高人民法院司改办负责人就《关于健全完善人民法院主审法官会议工作机制的指导意见（试行）》答记者问	健全完善主审法官会议机制，是完善司法责任制改革的重要配套举措，这个工作机制是为法官审理案件准确适用法律提供指导和参考、促进裁判规则及标准统一、总结审判经验、完善审判管理的重要制度，是提升司法裁判质量的重要保障。	指导、参考、总结、完善
4	S市高级人民法院	《S市高级人民法院关于完善司法责任制的实施意见》第二十三条	专业法官会议是为法官办案提供业务咨询意见的会议，主要讨论研究审判业务庭或审判专业领域内的重大、复杂、疑难和新类型案件，以及涉及法律适用统一等与审判业务有关的问题。高、中院审判业务庭的专业法官会议可根据需要讨论条线内的法律适用统一以及其他与审判业务有关的问题。	业务咨询
5	S市高级人民法院	《S市高级人民法院关于专业法官会议的规定》（以下简称《规定》）	专业法官会议主要负责讨论研究本审判业务庭或审判专业领域内的重大、复杂、疑难和新类型案件的法律适用问题及与事实高度关联的证据规则适用问题，是为独任法官、合议庭正确理解和准确适用法律提供咨询意见、促进法律适用统一、依法依规进行审判管理和监督的重要平台。	咨询意见

通过梳理，基本上可以得出最高人民法院以及S市对于专业法官会议的角色定位，虽然近年来在讨论范围中加入了许多其他职能，但始终围绕着专业法官会议“咨询制度”这个源头定位，并以此作为基础性理论不断填充。

这个结论也在最高人民法院司改办答记者问中得以印证，最高人民法院司改办明确表示，“主审法官会议（专业法官会议）是一种较为灵活的、服务于审判的工作机制……最根本的定位是议事指导，而不是决策断案”。因此，笔者认为，对专业法官会议的任何研究，均应在“咨询制度”的语境中进行讨论，否则所有的讨论均会缺失章法。

（二）“咨询制度”的逻辑特征

以“咨询制度”为讨论背景，按照一般的司法逻辑，专业法官会议在实际的功能发挥中，可以表现出专业性（Professional）、无责性（Irresponsibility）以及参考性（Reference）三个特征，为了方便表述，简称为 PIR 特征。

第一，专业性（P）。专业性是专业法官会议作为一项“咨询制度”存在的核心意义。专业性首先表现在，参会人员的专业性。目前由法官作为参会主体已经成为共识。S 市在《规定》中明确，参会法官“应具备相应的审判资历和业务专长。参加基层法院专业法官会议的法官一般应为一级法官以上。参加高、中院专业法官会议的法官一般应为三级高级法官以上”，“提交讨论案件的合议庭法官、法官助理、书记员应当列席”，有条件的“可以邀请专家学者、人大代表、政协委员等其他相关专业人员参加会议并发表意见”。其次，专业性还表现在讨论范围的专业性。从讨论案件的特点分析，提请专业法官会议讨论的为重大、复杂、疑难、新类型案件及影响社会稳定的、敏感案件、影响裁判尺度统一的案件、另外，S 市将涉司法监督案件以及特殊刑事案件纳入讨论范围。再次，专业性还体现在程序的专业性上。一般表现在地方规定对于参会的议事规则都有较为详细的定位以及会议过程的全程留痕。

第二，无责性（I）。无责性是使专业法官会议保持灵活性的保证。无责性主要表现在合议庭对于裁判结果的负责性上。一方面，专业法官会议原则上应该形成多数意见，该意见对于合议庭具有指导意义，但无法左右合议庭的处理结果，由审理案件的合议庭或者独任法官独立决定是否采纳专业法官会议讨论形成的意见，并对案件最终处理结果负责；另一方面，院庭长等具有行政职务的领导以普通员额法官的形式参与专业法官会议，所有参与法官不因发言而承担裁判责任。专业法官会议的无责性是区别于审判委员会的重要特征。

第三，参考性（R）。参考性与专业性、无责性特征相辅相成。参考性主要表现在对于与会讨论内容的参考性以及对于类案的参考性上。一方面，在专业性的前提下，专业法官会议的讨论的理论态势为形成一场头脑风暴，会议意见对于承办法官或合议庭具有重要的参考意义；另一方面，参考性还表现在会议成果的会后转化上，如会议对于裁判尺度的讨论对于类案审理的参考作用，如会议案件的讨论对于精品案件以及精英法官的培育等。

二、问题透视：咨询制度语境下衍生的逻辑漏洞

如上文所述，“咨询制度”是讨论专业法官会议无法绕开的制度语境，PIR 特征是司法逻辑态势下对于专业法官会议的制度愿景，但是司法实务中专业法官会议的运用并不尽如人意，笔者试图以 S 市 2019 年 1195 件专业法官会议的情况为分析蓝本，从逻辑层面分析“咨询制度”语境下衍生的各类漏洞。

S 市为我国直辖市，辖区内有高级法院 1 家，中级法院 3 家，基层法院 17 家，各类专门法院 4 家，为加强对本市专业法官会议的统一管理，S 市开发了针对专业法官会议的统计系统。笔者以此为统计端口，搜索 2019 年 1 月 1 日至 4 月 30 日时间段内，确定 S 市各级法院共召开专业法官会议 1195 件，以此为分析蓝本，以 S 市现行的《S 市高级人民法院关于完善司法责任制的实施意见》(以下简称《实施意见》)、《S 市高级人民法院关于专业法官会议的规定》(以下简称《规定》）为文本背景，对 S 市专业法官会议情况进行分析。

（一）P——专业性与会议的机械化

理想中专业性（P）主要体现在与会人员的专业性以及讨论内容的专业性，但现实操作起来并不尽如人意。

1. 会议召开的运动式、地方化

S 市已经明确了参会人员的资格，笔者虽无法从数据中分析与会人员的个体特征，但一项制度在法官群体中的接受程度可以侧面展示会议的专业性程度以及可能取得的效果。由于不同级别的法院案件情况差异较大，同级法院的收案情况也差异明显，所以笔者选取了 S 市 17 家基层法院的专业法官

会议情况进行了分析，其中，横向坐标中法院的名称用大写字母表示。

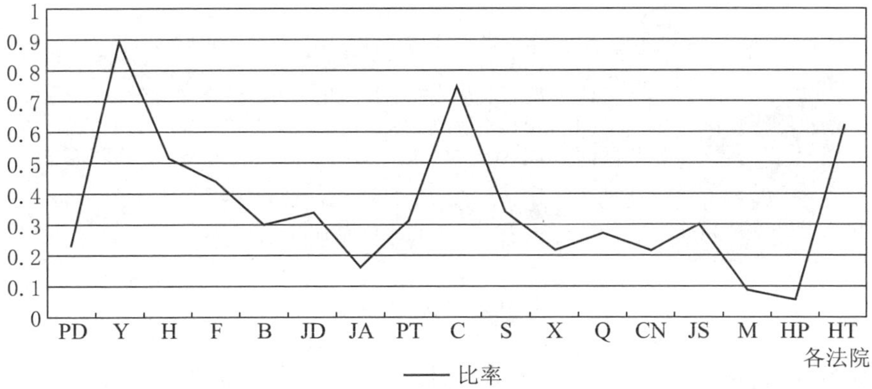

图 1　S 市基层法院专业法官会议利用率

因 S 市对于专业法官会议的统计以结案为时间点，故笔者采用同样的统计方式。2019 年 1 月至 4 月间，S 市共结案 247733 件，通过图 1 可以看出，在案件审理难度差异不大的前提下，各个法院对于专业法官的利用率差异较大，处在高位的三家法院的利用率（召开次数 / 结案数）分别为 0.89%、0.75% 和 0.62%，而中间位法院在 0.20%—0.35% 之间，其中专业法官利用率最高的 Y 法院（0.89%）与利用率最低的 HP 法院（0.06%）之间相差 0.83 个百分点。通过图 1 可以得知，在基本环境一致的情况下，各基层法院对专业法官会议的利用情况具有明显的运动式、地方化特色。通过走访得知，行政力量干预、指标数据控制等外在因素对于专业法官的利用率具有较大的影响，法官因自身需要上会的则占少数，专业法官会议在法官中的接受度不高，法官参会积极性低（更多的被认为是政治任务），与会人员的专业化程度难以保证。

2．讨论内容的模糊化

对于已经召开的专业法官会议，讨论范围和类型也不尽相同。S 市《规定》将需进行专业法官会议讨论的案件分为八个类型，分别为涉及群体纠纷、可能影响社会稳定的案件，疑难、复杂且在社会上有重大影响的案件，新类型或在法律适用上有普遍意义的案件，与本院或上级法院的类案判决可能产生冲突的案件，有关单位或个人反映法官有违法审判情况的案件，合议庭处理意见分歧较大的案件，拟提交审委会讨论的案件以及需纳入审判监督管理的其他案件八大类。同样以 S 市共召开的 1195 件专业法官会议为分析蓝本。

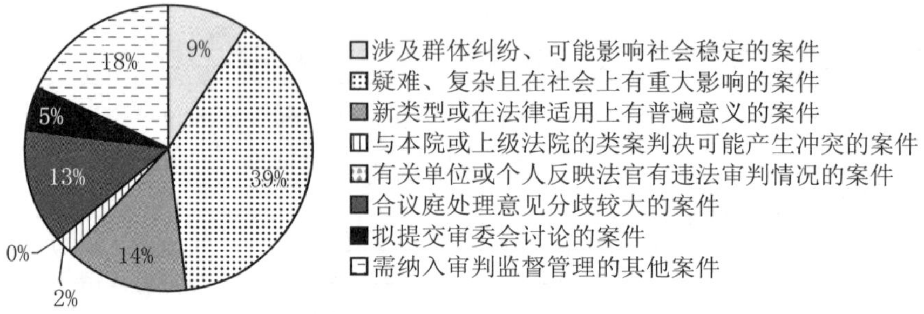

图2　讨论类别

由图 2 可知，从专业法官会议的讨论类型来看，疑难、复杂且在社会上有重大影响的案件所占比例最大，为 39%，有关单位或个人反映法官有违法审判情况的案件有 2 件，占比最少。然而通过分析，八类提请案件之间存在概念模糊、界限不清的问题，如疑难复杂案件与新类型案件，与合议庭处理意见分歧较大的案件，与上级类案判决可能产生冲突等，均存在重叠部分，这些均不利于专业法官会议的准确利用。此外，S 市将专业法官会议设定为拟提交审委会讨论案件的必须前置程序，过分强调专业法官会议对于审判委员会的过滤功能，未考虑到特殊情况，在一定程度上加重了专业法官会议的形式化，造成资源浪费。第三，专业法官会议的功能分散模糊，过分强调维稳、审判监督等其他功能，稀释了作为主体功能的专业性。

（二）I——无责性与管理痛点

《规定》中对于专业法官会议的召开规则和程序进行了规定，实务中也开发了召开专业法官会议的操作系统，但是实务中对于该《规定》的落实并不尽如人意。

1．一放就乱："回避制度"的落实乏力

回避制度是保证裁判公正的基本制度，专业法官会议的讨论结果对案件的审理具有重要的指导作用，因此参与专业法官会议的法官亦应受回避制度的规范。《规定》中有关回避人员涉及两个方面，其一为"因与本案存在利害关系"而回避，其二为审判组织回避，即当案件由不同审级法院审理时，参与过原审的法官或参与过审委会讨论的审委会委员，均不应在专业法官会议

中对该案件发表意见。但是实务中的落实情况不尽如人意。主要表现在回避的提请主体、监督主体以及提请程序等均不明确。我国《民事诉讼法》规定，当事人对于审判人员有权提出回避申请，审判人员对于特殊情形也应主动回避等。专业法官会议作为案件审理的一个中间环节，由于召开的不确定性以及内容的不公开性，最了解案件的当事人对于会议的召开情况无从知晓，因此专业法官会议的回避提请主体只能靠法官自觉，提请程序亦无其他救济途径等，这些均导致回避制度形同虚设。

2．一抓就死：审判管理的刚性特征

S市的《规定》不仅赋予专业法官会议对于案件的咨询指导职能，同时赋予了其审判管理的职能，然而审判管理的强制性与专业法官会议的无责性之间本身就存在矛盾。主要表现在：

第一，无责性与上会的强制性。根据《规定》，除了合议庭自己决定需要专业法官会议讨论的案件外，出于审判管理的考虑，部分案件为必须经过专业法官讨论的案件，一方面，作为参会的法官，由于自身的办案压力较大，参会情况与个人业绩考核并未挂钩，再加上与会情况不需承担法律责任，因此参会法官多将参会当做一种额外负担，很难负责充分的分析案件细节；另一方面，对于提交会议讨论的承办法官而言，因多数情况下案件讨论情况并不理想，专业法官会议并不对案件负责，或者部分案件已经经过前期工作，有了调解方案等原因，因此强制上会对他们而言亦是另外的负担。

第二，无责性与会议意见的采纳。虽然按照《规定》，专业法官会议形成的多数意见为会议参考意见，是否采纳由合议庭决定，但《规定》同时要求，“合议庭拟不采纳的，一般应当提请审判委员会讨论。专业法官会议意见存在较大分歧且无法形成多数意见的，一般应当提请审判委员会讨论”。即对于提请专业法官会议的法官来说，提请会议召开会有两种结果，其一为会议讨论充分，合议庭采纳专业法官会议意见；其二为案件讨论不充分，或者未形成多数意见，此时合议庭需另行提交审判委员会讨论，而审判委员会召开时间的不确定性、讨论程序的繁琐性等特点都为案件的处理带来了较大的不确定性，且实务中形成第一种情形的可能性较小，因此提请专业法官会议对于法官来讲，遇到多重程序的“风险”要大于“收益”。

（三）R——参考性与成果的局限化

会议的参考性主要表现在会议的召开对于与会案件的参考作用以及对于类案的指导作用。

1．会议成果不佳

如前文所述，专业法官会议在运行中多被视为审判程序之外的"负担程序"，群众基础不佳，与会法官不对裁判结果负责，因此讨论内容多为合议庭已经讨论过的重复内容，或者众说纷纭，最终由承办法官自身定夺。经过对S市所设置的程序的调研，笔者发现，案件在提交专业法官会议之前，合议庭需形成倾向性意见，经过统计，专业法官会议形成倾向性意见基本与合议庭提交的倾向性意见一致。在1195个专业法官会议案件中，合议庭采纳专业法官会议意见的（实际为专业法官会议同意合议庭倾向性意见的）有1153件，占比96.49%，不采纳的有42件，占比3.51%，不采纳原因多为专业法官会议召开后出现新证据、新情况等，使得案情发生变化。

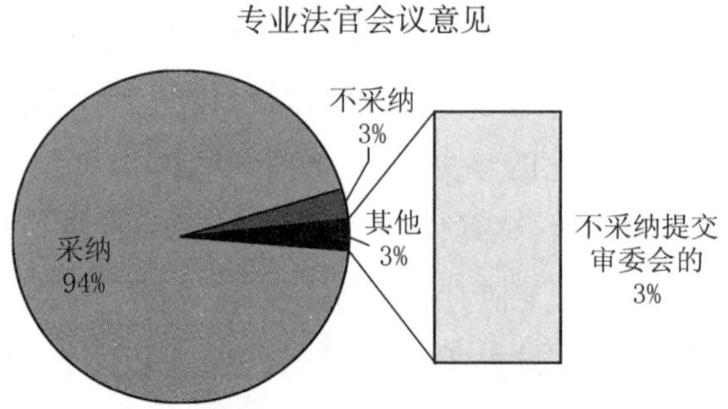

图3　会议意见采纳率

2．会议成果转化不佳

理想状态下，专业法官会议在对提交会议的案件具有指导意义的同时，对类案指导、成果的升级以及法官培育均应有积极意义，但当前的专业法官会议出现形式的封闭化特征。由于会议召开情况局限于参会法官，加之上文所讲的法官对该制度的接受度不高，后期的考核绩效等配套制度的落后，使得专业法官会议的成果无法实现转化。

三、追本溯源：从逻辑起点中寻找完善路径

"如果我们根本不知道道路会导向何方，我们就不可能智慧的选择路

径。”[①] 一项制度，若在实务操作中发生偏移，最直接的方式是回到制度设计的逻辑起点，从逻辑起点开始重新理顺制度的逻辑脉络，并在此基础上实现规范化。专业法官会议制度亦如此，应从专业法官会议制度设计的初衷出发，进一步加以规范化，构建与完善与专业法官会议相关的制度。

（一）专业性（P）：实现审判辅助的功能回归

1．规范化现有的讨论内容

笔者认为，在划定讨论案件范围的时候，首先要把握“咨询制度”这个语境，其次要考虑到实际的可操作性，因此讨论范围应当作宏观规定，不宜作列举性规范，要允许地方特色、相对性概念的存在，各基层法院应从本辖区出发，内部细化。另外，专业法官会议的功能定位不宜过于分散，避免眉毛胡子一把抓。具体来讲，专业法官会议讨论的范围可以描述为“复杂、疑难、新类型、涉党政机关等特殊群体案件及影响社会稳定的、敏感案件，影响法律适用及裁判尺度的统一的案件”。所谓“重大、疑难、新类型”案件是指在本辖区具有较大社会影响力、案情较为复杂、合议庭争议较大的案件，在本辖区或S市为首例类型案件。这一类应当为专业法官会议议事的主要内容。对于“法律适用及裁判尺度的统一”问题，则应当具有宏观视角，除基层法院可以讨论外，中、高院也可就其条线上出现的问题，尝试跨部门、跨法院的讨论。至于维稳和法官行为监督，笔者认为，对此二项工作法院内部已经有专门的处理机关，不宜将其另行拉入专业法官会议的讨论范围，以保证讨论范围的专业性。此外，针对这个问题还应当重视以往会被忽视的院庭长“主持人”这个角色的功能。专业法官会议既不应是院庭长逃避监管职责的护身符，也不应是法官和合议庭规避追责的通道。专业法官会议的“主持人”不只是会议形式召开的串联人，还应当是查缺补漏入会案件类型、保证会议讨论内容专业性及参会人员素质专业性的安全阀。法官和合议庭作为案件处理结果的负责人，理应作为会议的重要角色，也应从思想上重视专业法官会议的作用，可以帮助“主持人”引导讨论走向，使会议的讨论内容更加充分和规范。

① ［美］本杰明·卡多佐：《司法过程的性质》，苏力译，商务印书馆 1997 年版，第 61 页。

2. 扎实专业法官会议的群众基础

“专业性”与“群众基础”之间是一对相互作用力，专业法官会议的“专业化”程度越高，“群众基础”就越深厚，“群众基础”越深厚，又会正相关于“专业化”程度，所以不能单纯考虑任何一方，而是应当将二者作为一个统一体，力求实现二者之间的良性循环。为此需要考虑两个力，一为“拉力”，即法官对于专业性咨询机构的需求，一为“推力”，即专业法官会议可能给予法官的负相关（如无序管理带来的程序压力等），当“拉力”大于“推力”的时候，就会形成法官与制度之间的良性循环。首先专业法官会议并不是空中楼阁，其诞生本身具有一定的群众基础，即法官对于案件审理的咨询需求。经过走访得知，几乎所有法官在案件审理中遇到疑难问题均有咨询其他法官的意愿，而几乎所有法官都愿意帮助其他法官一起讨论疑难问题，专业法官会议既可以避免法官“向上咨询”出现的变相审批怪相，又可以充实法官“平级咨询”的司法资源，这些均是专业法官会议的“拉力”，是该制度能落实下去的力量。第二，另一推力在于程序负担和监督风险。酒香不怕巷子深，虽然是好制度也不应运动式推进，可以充分利用法官自愿“咨询”这只“看不见的手”，注意程序的抽象化引导与原则性留痕，管理不宜过细过严，要将专业法官会议作用坐实，不图快，不图多，要肯监督、敢监督、会监督，充分发挥咨询功能的重要意义。

（二）无责性（I）：平衡“咨询指导”与“管理”二者的关系，激发制度的活力

1. 弥补法官回避的制度漏洞

笔者认为就应将诉讼中的回避制度延伸到专业法官会议中，在会议运行中体现程序正义。首先，引入会议程序公示制度。当事人的回避权亦应在专业法官会议的运用中予以延伸保护。因此，如若会议召开，则应给予当事人以知情权，告知当事人会议召开时间、主持人、参会人、列席人、讨论案件名称等程序性内容，同时告知当事人可在会议召开前向专业法官会议主持人提请回避，由院长决定是否准许主持人、参会人回避，由会议主持人决定普通列席人员的回避。若当事人的回避申请被驳回后，有权申请复议，复议期间不影响相关人员参会。其次，引入会议过程监督制度。由会议主持人全程

把握会议的召开准备、会上内容以及会后成果转化等，由当事人对会议进行程序外观监督。至于会议内容是否公示，有观点认为，会议的讨论内容应于判决文书中显示，以体现会议的讨论成果，方便当事人监督。笔者认为，鉴于专业法官会议“咨询制度”的语境定位，对会议的讨论结果不宜作强制性规定，至于当事人监督问题，出于对于裁判结论的独立性考虑，当事人的监督权应控制在程序监督，且裁判文书的书写已原则性体现了对于专业法官会议结论的采纳情况，因此无需另行强制要求。

2．摒弃以召开数量为标准的考核模式，避免会议一刀切

专业法官会议是对法官审判工作的服务与帮助，而非强制管理。实务中一方面，对于专业法官会议必须要监督。专业法官会议虽然对于裁判结果仅为“咨询指导”作用，但其作为司法改革进程中一项工作，作为以法院为单位统筹协调的制度，须由适用法院整体负责。院庭长应摒弃“不监督不过问没责任，监督不好就有责任”的观念，认识到对于专业法官会议监督管理责任，要结合实际寻找更为合理的考核模式，摒弃部门法院单纯以会议召开数量多寡来判断专业法官会议的落实情况的判断标准。另一方面，管理不等于一把抓，一刀切，要留给法官以必要的选择空间。出于管理及案件质量把控的考虑，目前S市规定了必须上会的情形，但笔者认为即使为强制上会，亦应给予法官以必要的选择权。如部分案件，虽然标的额已经超过三千万元，但由于法官前期工作等，当事人已经达成调解或撤诉等，均无需另行上会讨论。对于此类强制上会的案件的管理，笔者认为可以给予审判管理部门以审核权，在现有的网上系统中设置此类案件的监督端口，原则上审核，承办法官亦可就不上会原因向审判管理部门备案说明。

3．合理制定参与者的条件边界，谨防会议的过场化倾向

专业法官会议的无责性特征暗藏着会议的过场化风险，为了防止这种倾向，笔者认为应当对参与者设定合理的条件边界，从人员的专业素质上来防止这一趋势。笔者认为，这个边界应当因地制宜，如果条件过高，那么专业法官会议会有流向小审委会的风险，也无法实现会议成果的及时转化以及对年轻法官的培育等意义，如果条件过低，那么无法保证参会人员能全部认真对待，会议过场化的风险就会提升。参考了S市的《规定》以及其他地区对于这一问题的设置，多是以法官等级来设定边界，如《规定》第二条“参加基层法院专业法官会议的法官一般应为一级法官以上，参加高、中院专业法官会议的法官一般应为三级高级法官以上”。笔者认为这样的规定有其合理性，但缺点也很明显，比如说每个地区法院的情况不一，“一级法官”或者“三级高级法官”人数差异较大，且这两类法官处在的审判部门、现阶段是否以办案为主要工作内容等均存在差异，这样的规定也不甚合理。笔者认为，法官等级上的限制应予以保留，但以作原则性规定较好，给地方法院以根据自身情况的选择权，另外，进入专业法官会议的法官应以近五年一直在审判一线的法官为原则，以此保证法官能对实务以及现行的法律制度、裁判尺度等均有充分了解。

（三）参考性（R）：构建对于专业法官会议的辅助制度

1．建立专业法官会议人才库

成员是专业法官会议的生命，与会人员的专业化程度将直接影响制度实效。为保证与会人员的专业化，可从以下三个方面进行考量：

第一，以部门专业法官人才库为基础，组建全院人才库。因入额法官是经专业与实务的层层考验后选拔获得了法官资格，因此原则上全体入额法官均可入专业法官人才库，但根据讨论案件的具体情况，会议组织人可从人才库中自主选择参会法官，同时应当听取合议庭意见。因现阶段随机分案还未全部推开，因此各部门应当对本部门人才库中法官进行内部细化，并结合部门内设机构改革前各位法官审理案件的具体情况划分小组，保证参会法官的“专业性”。

第二，打破选人任人中的权威迷信，确保人才库的动态流动。S市各级法院在专业法官会议的组成人员虽然各不相同，但多数都为具有行政职务的“当然”法官。由于处于管理岗位的法官因多参与事务性工作而难免分身乏术，长此以往，专业法官会议会有滑向“小审委会”的危险。因此，笔者认为，应坚持专业性、普遍性为选择会议人员的首要因素，随着随机分案的逐步推进，可对人才库中的法官作适当调整，确保人才库中人员的流动性。

2．实现专业法官会议与制度考核相挂钩

专业法官会议的落实离不开法院各个部门的协调配合。如政治部负责将

参与会议的情况与法官业绩考核相挂钩，落实专业法官会议动态人才库的人员配备，并负责会议考勤。审判监督部门负责与专业法官会议对接，监督会议召开、及时将会议成果进行转化推广等。专业法官会议应该形成一个长效制度，建议由审判监督部门作为牵头部门，组织部门领导根据实际情况每季度或每半年组织召开全体提请人会议，总结该阶段的专业法官会议成果，并对后一阶段的会议召开做好准备。

（四）制度衔接：完善专业法官会议与相邻制度衔接

除以上基于 PIR 特征而进行的改良，专业法官会议的改进还要处理好与邻近制度的衔接问题，主要可以考虑三个方面问题：

1．专业法官会议与法官培育机制衔接

专业法官会议本身即为一种集思广益的咨询指导制度，充分的讨论可以产生良性效果。目前法院内部普遍存在年轻法官数量多、经验不丰富、法官助理实践机会少等方面的问题，因此专业法官会议的召开对于培养年轻、精英法官具有极为重要的作用。实务中可以尝试逐步构建专业法官会议与法官培育机制的衔接，一方面可以促进专业法官会议成果转化，另一方面也可以为以往的惯性审判理念中注入新鲜思想活力。

2．专业法官会议与审判委员会制度衔接

专业法官会议的设置作用之一是审委会的过滤机制，但审判委员会与专业法官会议在性质上有本质差异，因此不应认为专业法官会议为审判委员会的绝对前置程序。司法实务中可以发挥专业法官会议的智慧成果对于审判委员会的帮助作用，但考虑到案件情况的特殊性，对于必须经过审判委员会的案件来说，可以不经过专业法官会议讨论，相反，审判委员会亦不应该成为法官分散裁判风险的制度，对于经过专业法官会议讨论并形成多数意见的案件，若法官基本内心采纳该多数意见，就不应再提交审判委员会进行重复讨论。

3．专业法官会议与审判庭、合议庭以及法官办案的衔接

专业法官会议作为一项咨询制度，其制度设置的初衷即服务于审判，所以无论制度如何规划，都要处理好制度与审判庭、合议庭以及法官办案间的制度衔接。笔者认为，首先是要尽可能地减轻专业法官会议作为一项制度所

带给承办法庭、法官的制度负累，会议的召开应充分尊重合议庭法官的角色，会议程序要完整但形式可以多样，必要时可根据实际情况采取“简易程序”；同时尽量提高会议讨论内容的含金量，充分发挥主持人的作用，保证讨论的针对性，合议庭或者法官虽然仍旧是案件审理结果的最终承担者，但笔者认为，专业法官会议必须要重视会议留痕的重要性，倒逼与会人员谨慎、负责发言。

（责任编辑：高明生）

网络平台垫款合同效力司法审查的困境与出路
——以“某富宝”平台为例

吴慧琼　李　有*

一、问题的提出

近年来，随着我国经济的迅猛发展和中小企业融资需求的愈加旺盛，涌现出了大量网络借贷平台。其中最为典型的业务模式包括撮合个人之间、企业之间或个人和企业之间民间借贷活动的 P2P（peer-to-peer lending）平台模式。关于该类平台的法律性质、监管风险和审判疑难，各地法院在司法实践中积累了大量经验，并形成基本共识。

值得注意的是，在上述典型业务模式之外，还有一些新型网络平台以金融创新的形式利用自有资金，通过垫付、预付等手段从事业务。关于该类业务的合同效力认定问题在审判实践中争议巨大，包括法律关系争议（即是否属于民间借贷法律关系）、合法性争议（即是否违反法律法规的强制性规定）、过错认定争议（即如何确立注意义务标准）等，因此有必要对其展开相关法理分析与实证研究。

本文选取“某富宝”网络平台作为研究对象。公开裁判文书显示，该平台为需要资金周转的汽车企业或个人提供消费垫款服务，具体交易模式为：平台与用户签订《某付宝（某付卡）领用合约》(以下简称“领用合同”)，给予用户会员一定的资金垫付信用额度，各用户可以到指定的会员（商户）处凭额度消费，由平台将与交易金额等额的某付宝额度在扣除向商户收取的服务费（垫付消费额的 2% 或 2.4%）后，划拨到商户的平台账户中，用户则定

* 吴慧琼，上海市第一中级人民法院商事审判庭审判员，法学硕士。李有，上海交通大学凯原法学院法律硕士研究生（法学）。

期向“某富宝”平台还款。平台在一个账单周期内替用户垫付的消费款不计利息，不收取任何费用，但用户如未按时足额偿还平台代其垫付的消费款项的，应当按照欠款总额的10%向原告交纳当月违约金，并在未还清款项之前按欠款额日千分之一向原告支付迟延履行违约金。用户需要为交易提供担保人，由担保人签署《不可撤销连带担保承诺函》，自愿为该用户名下的垫付债务提供不可撤销最高额保证担保。

该业务以金融创新的形式出现，与商业银行业务有诸多相似之处，在新型网络平台业务中颇具代表性。实践中，以该平台为原告的案件大量涌入司法程序，引发争议。本文旨在通过分析相关司法裁判，总结在新型网络平台垫付合同效力认定问题上的裁判分歧，并为统一裁判尺度提供可能的理论路径。

本研究使用的裁判文书来源于“中国裁判文书网”，利用“Openlaw”裁判文书数据库（openlaw.cn）进行收集，采用如下方式进行检索：①将当事人原告限定为“某富宝投资有限公司”；②将案件类型限定为“民事”；③将文书类型限定为“判决书”；④将关键词限定为“合同”，并将关键词搜索范围限定为“法院意见”；⑤将裁判日期限定于2020年1月1日之前。经检索，共获得7536份判决书。经筛查，得到6742份有效样本。剔除的794份无关样本包括以下四类：其一，案号重复的判决书；其二，法院未对合同效力进行认定的判决书；其三，经二审或再审后维持原判的二审或再审判决书；其四，经二审或再审后改判的一审判决书。

二、司法实践的多重困境

在案件审理过程中，法院通常面临以下几个问题：第一，平台、用户和商户间构成何种法律关系，应按照何种案由进行审理；第二，双方签订的合同是否成立且有效；第三，如果合同有效，应如何确定原告诉请各项费用的合法性；如果无效，又应如何确定各主体需返还原告的费用及其责任分配。实践中，各地法院对前述问题的理解存在适法不统一的情况，本文从审判时间、审判地点、案由认定等因素与合同效力认定间的复杂关系入手对审判现状进行归纳，并在此基础上通过分类研究总结相应的裁判逻辑。

（一）裁判现状的梳理

1. 审判时间与合同效力

表 1 呈现了审判时间与合同效力之间的关系。

表 1　2016—2019 年合同效力认定情况

审判年份	无效数量	有效数量	总计	无效百分比
2016	0	658	658	0.00%
2017	16	2534	2550	0.63%
2018	106	2667	2773	3.82%
2019	105	656	761	13.80%
总　计	227	6515	6742	3.37%

由表 1 可知，在 6742 份有效样本中，判决合同有效的有 6515 份，判决合同无效的有 227 份，平均无效百分比为 3.37%。虽然司法实践的主流意见依然是认定合同有效，但四年来判决合同无效的百分比和增长幅度都持续上升。笔者还注意到，《人民法院案例选》曾刊登过一则相关案例，① 详细介绍了由四川省攀枝花市中级人民法院审理的（2017）川 04 民终 881 号“某投资公司与曾某民间借贷纠纷案”，并详述该案将某新型网络平台相关合同效力认定为有效的法律依据与现实背景。此文刊登于 2018 年下半年，但其核心主张与司法实践趋势却并不相符，凸显了新型网络平台垫款行为合同效力的认定在实践中广受争议。

2. 审判地点与合同效力

表 2 呈现了审判地点与合同效力之间的关系。

表 2　各省份合同效力认定情况

省　份	无效数量	有效数量	总　计	总计百分比	无效百分比
上　海	11	7	18	0.27%	61.11%
浙　江	6	27	33	0.49%	18.18%

① 参见《垫富宝投资有限公司诉曾代福民间借贷纠纷案——新型网络平台借贷的合法性审查标准》，载《人民法院案例选》（2018 年第 9 辑），人民法院出版社 2018 年版。

续表

省份	无效数量	有效数量	总计	总计百分比	无效百分比
湖北	41	282	323	4.79%	12.69%
江西	13	112	125	1.85%	10.40%
广东	25	387	412	6.11%	6.07%
福建	17	269	286	4.24%	5.94%
山东	14	232	246	3.65%	5.69%
湖南	27	804	831	12.33%	3.25%
云南	28	850	878	13.02%	3.19%
辽宁	5	191	196	2.91%	2.55%
宁夏	2	79	81	1.20%	2.47%
山西	7	308	315	4.67%	2.22%
河南	11	495	506	7.51%	2.17%
四川	7	457	464	6.88%	1.51%
安徽	1	90	91	1.35%	1.10%
广西	3	303	306	4.54%	0.98%
江苏	1	102	103	1.53%	0.97%
内蒙古	2	295	297	4.41%	0.67%
河北	4	611	615	9.12%	0.65%
陕西	1	165	166	2.46%	0.60%
贵州	1	293	294	4.36%	0.34%
北京	0	25	25	0.37%	0.00%
甘肃	0	14	14	0.21%	0.00%
黑龙江	0	12	12	0.18%	0.00%
吉林	0	51	51	0.76%	0.00%
天津	0	24	24	0.36%	0.00%
总计	227	6515	6742	100.00%	3.37%

由表2可知，6742份有效样本涵盖了我国27个省、直辖市及自治区，仅海南省、青海省、西藏自治区和新疆维吾尔自治区无相关案件，可见该平台在实践中影响甚为广泛。各地区中，案件数量最多的是云南省，有878件，占比13.02%，其次是湖南省和河北省。合同效力认定方面，判决合同无效百

分比最高的为上海市，达61.11%，也是全国唯一过半数的地区。超过10%的地区还有浙江省（18.18%）、湖北省（12.69%）和江西省（10.40%），累计共4个地区。另一方面，北京市、天津市、甘肃省、黑龙江省和吉林省等5个地区的无效百分比为0%。可见，各地在关于该平台合同效力认定问题上存在较大分歧。

3．案由认定与合同效力的关系

表3呈现了案由认定与合同效力之间的关系。

表3　各类案由合同效力认定情况

案　由	无效数量	有效数量	总　计	总计百分比	无效百分比
企业借贷纠纷	22	141	163	2.42%	13.50%
金融借款合同纠纷	1	11	12	0.18%	8.33%
借款合同纠纷	78	1005	1083	16.06%	7.20%
民间借贷纠纷	69	1543	1612	23.91%	4.28%
追偿权纠纷	25	1057	1082	16.05%	2.31%
合同纠纷②	32	2546	2578	38.24%	1.24%
其他类型合同纠纷③	0	184	184	2.73%	0.00%
其他类型民事案由④	0	28	28	0.42%	0
总　计	227	6515	6742	100.00%	3.37%

由表3可知，各法院对相关案件的案由分类共达24种，可谓琳琅满目。其中归为无名类合同纠纷的占比最高，达38.24%。占比超过10%的还有民间借贷纠纷（23.91%）、借款合同纠纷（16.06%）和追偿权纠纷（16.05%），累计共4种。合同效力认定方面，判决合同无效百分比最高的案由是企业借贷纠纷，达13.50%，也是唯一超过10%的案由。有18类案由的无效百分比都为0%。

② 司法实践中，一般将“无名合同”纠纷归入此类合同纠纷的案由下。

③ 具体包括：服务合同纠纷95件、网络服务合同纠纷38件、行纪合同纠纷17件、买卖合同纠纷11件、保证合同纠纷8件、委托合同纠纷4件、小额借款合同纠纷4件、修理合同纠纷4件、装饰装修合同纠纷4件和林业承包合同纠纷2件。

④ 具体包括：不当得利纠纷10件、民事案由10件、信用证纠纷3件、返还原物纠纷1件、金融不良债权追偿纠纷1件、物权确认纠纷1件、信用卡纠纷1件和与公司、证券、保险、票据等有关的民事纠纷1件。

法院对案由的认定也反映了其对“某富宝”平台与用户之间法律关系的定性，主要有三种：一是借贷法律关系，认为合同约定一方将货币移转给另一方，另一方在约定的期限内将同等数量货币返还并支付相应利息，符合借款合同法律关系。二是担保法律关系，认为平台垫款是为用户消费行为先行支付的有偿担保行为。平台依据合同约定代用户履行了垫付的保证责任，而用户未归还垫付款，故平台向用户追偿应认定为追偿权纠纷。三是服务合同关系，认为平台系设立垫付款服务为消费用户和提供商品或服务的商户提供服务，当事人因此发生纠纷案由应确定为服务合同纠纷。

可以看到，司法实践对新型网络平台垫款行为的合同效力认定的争议从基础法律关系的定性就已经开始。

（二）裁判逻辑的分类归纳

1. 认定合同无效的裁判逻辑

法院在认定合同无效时的裁判逻辑主要可以归纳为四种：

第一种是违反效力性强制性规定的裁判思路，主要认定依据在于《中华人民共和国合同法》（以下简称《合同法》）第五十二条第（五）项，即违反法律、行政法规的强制性规定。具体路径是：首先通过类比，确定垫款行为所约定的业务模式与商业银行的相关业务在本质上相同。其次，根据《中华人民共和国商业银行法》第十一条第二款、⑤《中华人民共和国银行业监督管理法》第十九条⑥以及《贷款通则》第二十一条⑦的规定，得出商业银行业务/银行业金融机构的业务活动/经营贷款业务属于国家特许经营的范围。再次，依据《最高人民法院关于适用〈中华人民共和国合同法〉若干问题的解

⑤ 《中华人民共和国商业银行法》第十一条第二款：“未经国务院银行业监督管理机构批准，任何单位和个人不得从事吸收公众存款等商业银行业务，任何单位不得在名称中使用‘银行’字样。”

⑥ 《中华人民共和国银行业监督管理法》第十九条：“未经国务院银行业监督管理机构批准，任何单位或者个人不得设立银行业金融机构或者从事银行业金融机构的业务活动。”

⑦ 《贷款通则》第二十一条：“贷款人必须经中国人民银行批准经营贷款业务，持有中国人民银行颁发的《金融机构法人许可证》或《金融机构营业许可证》，并经工商行政管理部门核准登记。”

释（一）》第十条、[8]《最高人民法院关于适用〈中华人民共和国合同法〉若干问题的解释（二）》第十四条的规定，[9]将前述规定归类于效力性强制性规定，从而将违反该规定的合同认定为无效合同。

该类裁判思路的关键在于如何通过类比确定此类垫款行为所约定的业务性质，法院一般会从平台行为的经常性、经营性和对象不特定性三点展开分析。经常性主要表现为高案件数量。例如，由广州市法院发布的多份判决书指出："截至2018年7月，仅广州市各基层法院受理的涉某富宝公司的同类型一审案件就有200多件"；经营性主要表现为高利润。例如，由福州市中级人民法院发布的多份判决书指出："某富宝公司虽在垫付过程中未向买方会员收取利息、服务费，但其向卖方会员收取了服务费，其授信的信用额度被买方会员消费的越多，其收取到卖方会员支付的服务费也越多，具有盈利性的特点"；对象不特定性表现为会员范围的广泛性。例如，由广州市中级人民法院发布的多份判决书指出："（某富宝公司的）交易对象包括汽修、物流、皮具、贸易、食品、服装、建筑等行业公司，即某富宝公司向不特定的社会公众发放贷款，其行为性质属于金融活动。"

第二种是将违反效力性强制性规定与违背公序良俗相结合的裁判思路，即在第一种裁判路径的基础上同时适用《合同法》第五十二条第（四）项，认为此种业务扰乱了国家金融管理和信贷管理秩序，进而损害社会公共利益。

第三种是认为此种业务属于企业以借贷名义向社会公众发放借款，主要援引了《最高人民法院关于审理民间借贷案件适用法律若干问题的规定》第十一条[10]以及最高人民法院《关于如何确定公民与企业之间借贷行为效力问

⑧ 《合同法司法解释（一）》第十条："当事人超越经营范围订立合同，人民法院不因此认定合同无效。但违反国家限制经营、特许经营以及法律、行政法规禁止经营规定的除外。"

⑨ 《合同法司法解释（二）》第十四条："合同法第五十二条第（五）项规定的'强制性规定'，是指效力性强制性规定。"

⑩ 《最高人民法院关于审理民间借贷案件适用法律若干问题的规定》第十一条："法人之间、其他组织之间以及它们相互之间为生产、经营需要订立的民间借贷合同，除存在合同法第五十二条、本规定第十四条规定的情形外，当事人主张民间借贷合同有效的，人民法院应予支持。"

题的批复》的规定。⑪ 这类裁判通常论证平台向会员授信的行为并非为解决资金困难或生产经营急需的偶发性行为，不属于“为生产、经营需要订立”的情形，而是属于“企业以借贷名义向社会公众发放借款”的行为，因而合同无效。这类裁判逻辑建立在将合约的法律性质确定为民间借贷。

第四种是格式条款的裁判思路，数量较少。例如，湖北省青县人民法院认为：“本合同采用格式条款订立的……该合同具有以合法形式掩盖非法目的，故意隐瞒与订立合同有关的重要事实和提供虚假情况。因此本案原被告双方签订的该格式条款合同应属无效合同。”⑫

2. 认定合同有效的裁判逻辑

认定合同有效的裁判逻辑主要包括垫款行为系“双方当事人真实意思表示”以及“不违反法律法规强制性规定”两点，也有部分裁判对上述认定无效的裁判逻辑进行了反驳。下面主要对此类裁判逻辑做简要归纳和举例。

第一类是基于业务本身，认为“某富宝”平台从事的不属于国家特许经营业务。例如，四川省宜宾市中级人民法院认为：“虽然某富宝公司在工商行政管理部门登记核准的范围中没有为他人发放信用额度以及为他人垫支的金融业务，但该公司的主营业务并非发放贷款，其垫付卡业务的主要盈利方式也不是来源于对资金使用权的让渡，业务对象亦仅限于其会员而非不特定的社会大众，客观上没有对货币的供应量或信用量产生不良影响。因此，某富宝公司的行为不具有扰乱金融秩序的违法性。”⑬ 河南省长葛市人民法院认为：“（该业务）是基于互联网产生的新型金融业务，在特定会员之间的交易进行垫付资金的行为，没有违反法律、法规的禁止性规定。”⑭

⑪ 最高人民法院《关于如何确定公民与企业之间借贷行为效力问题的批复》：“具有下列情形之一的，应当认定无效：（一）企业以借贷名义向职工非法集资；（二）企业以借贷名义非法向社会集资；（三）企业以借贷名义向社会公众发放借款；（四）其他违反法律、行政法规的行为。”

⑫ 参见湖北省青县人民法院（2017）冀0922民初1823号民事判决书。该裁判文书非适用法定的格式合同无效理由来认定合同无效，从文字表述来看，系适用“以合法形式掩盖非法目的”作为无效依据，由于文书未作充分说理，故暂且将其归纳为格式条款的裁判思路。

⑬ 参见四川省宜宾市人民法院（2019）川15民终1244号民事判决书。

⑭ 参见河南省长葛市人民法院（2016）豫1082民初3941号民事判决书。

第二类是基于司法机关定位，认为法院否认垫款行为效力超出了司法审查的范围与边界。例如，河南省长葛市人民法院认为："原告经营过程中在会员之间虚拟消费，提供现金账户提现业务，变相借助自身平台向社会公众提供借款业务，显然与我国金融管理相关法律规定相违背。鉴于目前国家对相关互联网企业涉足金融、支付领域的管理相对宽容的态度，原告涉及经营民间借贷业务超越范围经营，属于工商管理范畴，本院不作审查。"⑮

（三）认定合同效力后的处理方式

1. 认定合同有效后的处理

各地法院在认定合同有效的基础上，对于"某富宝"平台基于合同约定提出的诉讼请求基本均予以支持，包括归还本金、支付相应的手续费和违约金，未存有争议。值得注意的是，虽然实践中法院都依据《最高人民法院关于审理民间借贷案件适用法律若干问题的规定》第三十条⑯对各类费用进行了以年利率24%为上限的调减，但事实上，如将案件定为合同纠纷，根据《全国法院民商事审判工作会议纪要》（以下简称《九民会议纪要》）第五十条⑰的精神，应依据《合同法》第一百一十三条规定的损失为基础进行判断。

2. 认定合同无效后的处理

如果说关于合同效力的认定更多地表现为"价值判断"，那么在认定合同无效之后的处理方式则呈现出更多的"技术处理"。但是，即使是法律技术上的处理，实践中也存在大量分歧。表4呈现了法院在认定合同无效之后的总共9种裁判方式。

---

⑮ 参见河南省长葛市人民法院（2016）豫1082民初3941号民事判决书。

⑯《最高人民法院关于审理民间借贷案件适用法律若干问题的规定》第三十条："出借人与借款人既约定了逾期利率，又约定了违约金或者其他费用，出借人可以选择主张逾期利息、违约金或者其他费用，也可以一并主张，但总计超过年利率24%的部分，人民法院不予支持。"

⑰《九民会议纪要》第五十条："认定约定违约金是否过高，一般应当以《合同法》第113条规定的损失为基础进行判断，这里的损失包括合同履行后可以获得的利益。除借款合同外的双务合同，作为对价的价款或者报酬给付之债，并非借款合同项下的还款义务，不能以受法律保护的民间借贷利率上限作为判断违约金是否过高的标准，而应当兼顾合同履行情况、当事人过错程度以及预期利益等因素综合确定。主张违约金过高的违约方应当对违约金是否过高承担举证责任。"

表 4　认定合同无效后的处理方式

<table>
<tr><th colspan="2">处　理　方　式</th><th>数　量</th><th>百分比</th></tr>
<tr><td colspan="2">证据不足，不予支持返还任何费用</td><td>19</td><td>8.37%</td></tr>
<tr><td rowspan="3">返还金额等于本金</td><td>用户返还本金</td><td>40</td><td>17.62%</td></tr>
<tr><td>用户返还本金，
担保人承担不超过三分之一的补充连带责任</td><td>4</td><td>1.76%</td></tr>
<tr><td>用户返还本金，担保人（自愿）承担连带责任</td><td>3</td><td>0.44%</td></tr>
<tr><td rowspan="5">返还金额大于本金</td><td>用户返还本利</td><td>118</td><td>51.98%</td></tr>
<tr><td>用户返还本金和违约金</td><td>2</td><td>0.88%</td></tr>
<tr><td>用户返还本金和邮寄费 / 公告费</td><td>7</td><td>3.08%</td></tr>
<tr><td>用户返还本利，
担保人承担不超过三分之一的补充连带责任</td><td>32</td><td>12.78%</td></tr>
<tr><td>用户返还本利，担保人（非自愿）承担连带责任</td><td>2</td><td>0.88%</td></tr>
<tr><td colspan="2">总　　计</td><td>227</td><td>100%</td></tr>
</table>

可以从三个层面来理解法院认定合同无效后的处理方式：第一，是否支持返还垫付款本金、违约金等相关费用；第二，如果支持，返还费用的总量是否大于垫付款本金；第三，用户与担保人应各自对返还相关费用承担何种责任。

首先，在 8.37% 的案件（19 件）中，法院以证据不足为由驳回了平台要求返还各种费用的诉请。这些案件中，法院通常认为现有证据不能证明平台已向商户公司实际交付款项，因而认为合同并未实际履行。

其次，在剩余 91.63%（208 件）的案件中，有 47 起案件法院要求用户或担保人返还的费用只包括本金，另外 161 起案件法院要求用户或担保人返还的费用除了本金之外，还包括因占用资金导致平台损失的利息[18]（152 件）、邮寄公告费等必要支出（7 件）或违约金（2 件）等费用。这些裁判的法律依据都是《中华人民共和国合同法》第五十八条“合同无效或者被撤销后，因该合同取得的财产，应当予以返还”的规定。分歧就在于对由此产生的财产

⑱ 值得注意的是，关于利息的计算方式实践中并不统一，共有三类：一是以中国人民银行同期同类贷款基准利率计算（80 件），二是以中国人民银行同期同类存款基准利率计算（42 件），三是直接以年利率 6% 计算（30 件）。

返还之债的孳息以及实现财产返还的必要费用，是否予以保护及如何界定。

最后，关于用户与担保人之间的责任分配，实践中共出现三种裁判方式。一是基于合同相对性由用户单独承担责任，共有73.57%（167起）的案件。需要说明的是，在不少用户为个体工商户或法人的案件中，担保人就是该个体工商户的经营人或公司股东。此时，若个体工商户为个人经营或股东未能证明公司财产独立于自己财产，则依法应对用户的债务承担连带责任。由于该种情形并不能反映担保人责任的特殊性，故仍将其计入由用户单独承担责任的裁判类别。

二是由用户承担责任，担保人同时依据《中华人民共和国担保法》第五条[19]和《最高人民法院关于适用〈中华人民共和国担保法〉若干问题的解释》第八条[20]的规定承担不超过三分之一的连带补充责任，有36起案件采用这种方式。该类裁判一般都认为担保人具有在事前核实平台具备从事相关业务资质的注意义务，但未尽到该种义务，故存在过错。在虚假交易[21]的情形下，也有法院认为虚假交易本身即是担保人存在过错的体现。

三是由用户和担保人承担连带责任。有5起案件采用这种方式，其中3件是担保人自愿承担连带责任，2件是法院主动要求担保人承担责任。值得注意的是，这5起案件中有4起是虚假交易的情况，在剩余的1起案件中，法院主动要求担保人承担责任的案件，认为《不可撤销连带担保承诺函》第十四条“如果本承诺函的任何条款根据法律而无效，该无效条款应视作不包括在本承诺函中，而本承诺函的其他条款仍然有效”是当事人的特别约定。《担保法》第五条“担保合同是主合同的从合同，主合同无效，担保合同无效。担保合同另有约定的，按照约定”事实上也赋予了当事人特别约定的权

[19] 《中华人民共和国担保法》第五条：“担保合同是主合同的从合同，主合同无效，担保合同无效。担保合同另有约定的，按照约定。”

[20] 《最高人民法院关于适用〈中华人民共和国担保法〉若干问题的解释》第八条：“主合同无效而导致担保合同无效，担保人无过错的，担保人不承担民事责任；担保人有过错的，担保人承担民事责任的部分，不应超过债务人不能清偿部分的三分之一。”

[21] 需要说明实践中可能存在的虚假交易现象，即商户为了融资，令其内部工作人员注册为平台会员，假用户之名于商户处消费，但并无真实交易发生。出于便捷交易的原因，商户一般同时成为担保人，为其工作人员提供担保。因此这种情况下，商户实际上同时具备了买方、卖方和担保人三重身份。

利，因此虽然主合同无效，但作为从合同的担保合同仍然有效，故担保人需承担连带责任。[22]

上海作为对垫款行为无效判决百分比最高的地市，在认定合同无效之后的处理方式相对比较统一。在由上海法院审判的11起认定合同无效的案件中，有10起案件处理方式相同，即由用户返还本金和以中国人民银行同期同类存款基准利率计算的利息，同时担保人承担用户不能清偿部分三分之一的连带补充责任。剩余1起案件要求用户返还本金和以中国人民银行同期同类贷款基准利率计算的利息，同时担保人承担连带清偿责任。

通过上述数据分析可见司法实践在新型网络平台垫款行为的合同效力认定中的多重冲突，包括：①“某富宝”平台垫款行为的性质是什么，平台、用户、商户和担保人之间构成何种法律关系；②平台所涉业务是否属于国家特许经营的行业，是否违反效力性强制性规定；③如何界定及是否应当保护由合同无效而产生的财产返还之债的孳息和实现财产返还的必要费用；④在垫款行为无效的情形下，如何认定担保合同的效力；⑤如何判断担保人是否存在过错；⑥当存在虚假交易情形时，对合同性质、效力及相关主体责任的认定是否会发生变化。

三、统一司法裁判的理论路径

目前网络平台垫款行为性质认定上的类案不同判现象，一方面反映出因立法缺乏关于此类合同的明确规定，法院对于此类合同的性质认定也未形成共识，进而导致合同效力认定不统一。另一方面折射出法院在适用传统法律应对新型交易模式时的短板，以及在适用合同无效的法律依据时的混乱。

为解决实务中所出现的新型交易模式，应采用法律关系分析方法，通过法律关系的分类对垫款行为进行“肢解”。垫款行为共涉及三方当事人，注册用户与商户之间买卖物品的行为或者提供服务的行为，“某富宝”平台为注册用户进行垫款的行为。上述不同主体之间分属不同的法律关系，应一一予以

[22] 参见广东省英德市人民法院（2018）粤1881民初2510号民事判决书。需要说明的是，此裁判思路与《九民会议纪要》的规定相冲突，《九民会议纪要》强调主合同无效，从合同亦无效，不得因当事人的特别约定予以排除。

具体分析。

（一）注册用户与商户之间的买卖合同或者服务合同法律关系

若注册用户与商户之间存在真实交易（如车辆买卖等），由于并不存在法律所规定的无效情形，则应给予肯定的法律评价，双方之间的买卖合同或者服务提供合同有效，当事人有权保有基于合同所获取的标的物。

若注册用户与商户之间并不存在真实交易，双方以虚假的意思表示实施买卖或者服务行为，其隐藏的是注册商户通过注册用户之名获取“某富宝”平台的款项，并由注册商户通过注册用户的账户进行还款。根据《中华人民共和国民法总则》第一百四十六条的规定，该虚假意思表示行为应为无效。

（二）“某富宝”平台与注册用户之间的借款法律关系

“某富宝”平台所谓的授予注册用户相应额度进行消费的行为，其本质是向注册用户出借款项。可分别从交易主体、交易行为以及交易客体三个核心要素的比对，将传统法律关系与新兴交易模式进行关联。

交易主体系“某富宝”平台与注册用户。由于“某富宝”平台对其注册用户并无严格的审核或限定条件，仅须完成注册即可成为其会员，因此注册用户具有不特定性的特点。

交易行为是指“某富宝”平台基于注册用户（不特定主体）的申请，根据该用户的指示增加交易相对方商户的信用额度，并约定由注册用户归还所增加信用额度所等值的金钱（注册用户可通过自己充值的方式存入归还的款项或者通过向其他注册用户出售或者提供服务而获取相应信用额度来归还该债务），若注册用户未按照双方约定的时间按期归还，则需要支付相应的违约金。该交易行为与民间借贷行为相同，即由出借人根据借款人的要求向其交付款项或根据借款人的指示向第三人交付款项，并由借款人承担还本付息的责任。

交易客体，也是争议最大的问题，即“某富宝”平台主张交易客体为“信用额度”，并非民间借贷中的金钱，所以其与普通放贷公司存在本质区别。为了更进一步明晰事物的本质，可以打一比方，信用额度类似于游乐场所使用的“游戏币”，其在游乐场所限定的范围内具有相同于货币的流通功能，但在离开游乐场的范围后游戏币不再具有该流通功能，用户仅得将游戏币兑换为货币。游戏币的本质是有限功能的货币，通过游戏币支付，即是以金钱予以支付。因此，尽管“某富宝”平台冠以信用额度之名，但其仅是表象，实质仍是发挥金钱的功效，因此“某富宝”平台即是出借金钱。在此需要特别说明的是，“某富宝”平台与游乐场存在一本质区别，也是否定其交易模式的主要原因，即：在游乐场经营模式中，并不存在垫付行为，用户使用的游戏币是其以现金换取的，游乐场仅是管理人员。“某富宝”平台的不同之处在于，其允许注册用户在未用现金换取信用额度的时候，以赊账的方式为注册用户提供一定的信用额度进行消费。此种赊账方式使“某富宝”平台与注册用户之间形成了借贷关系。

通过前述核心要素的分析，不难得出，“某富宝”平台垫款行为的本质即为借用互联网这一载体，其作为企业向不特定公众出借款项，行“民间借贷”之实，由于该行为属于国家特许经营范畴，其在未获得相应经营牌照的情况下，该平台所实施的垫款行为应属无效。由于“某富宝”平台已构成以民间借贷为业的法人，将其垫款行为认定为无效的做法也符合《九民会议纪要》第五十三条[23]的精神。适用企业不得以借贷名义向社会公众发放贷款的规定而认定合同无效，其理论依据仍旧是以借贷名义向社会公众发放贷款属于国家特许经营的范畴，属于违反效力性强制性规定。特别需要强调的是，实践中将违反效力性强制性规定与违背公序良俗[24]共同适用，有所不妥。违法无效与背俗无效有所不同，违法无效是将合同法之外的强制性规范引入合同效力判断之中，而背俗无效则是将法律原则以及法外的道德引入合同效力的判断之中。背俗无效相比违法无效更加抽象、更加具有不确定性。为避免出现向更抽象的一般条款逃逸的现象，在考察合同无效时应先考虑是否违反了强制性规定，只有在不存在强制性规范时，才能适用损害社会公共利益无效的

[23] 《九民会议纪要》第五十三条：未依法取得放贷资格的以民间借贷为业的法人，以及以民间借贷为业的非法人组织或者自然人从事的民间借贷行为，应当依法认定无效。同一出借人在一定期间内多次反复从事有偿民间借贷行为的，一般可以认定为是职业放贷人。民间借贷比较活跃的地方的高级人民法院或者经其授权的中级人民法院，可以根据本地区的实际情况制定具体的认定标准。

[24] 《中华人民共和国合同法》第五十二条第四项规定，损害“社会公共利益”的合同无效，《民法总则》用“公序良俗”代替了“社会公共利益”。

规则，[25]即当符合违反效力性强制性规定的情形，则无需适用违背公序良俗的法律规定。

（三）垫款行为无效后的法律处理

垫款行为无效会涉及三方当事人，即注册商户作为款项接受方是否负有返还责任，注册用户作为借款方是否负有还款责任。对此，需分情况进行讨论。

1．真实交易下的垫款行为

如前文所述，由于注册商户与用户之间存在真实交易，且并不违反法律禁止性规定，则该买卖合同或服务合同应为有效。注册用户所支付的合同价款来自“某富宝”平台的借款，并不影响买卖合同或服务合同的性质。因此，注册商户获取相应款项具有法律上的原因，并不构成不当得利，其有权保有该利益。且根据合同的相对性，“某富宝”平台为注册用户进行垫款的合同并不约束非合同当事人。故在存在真实交易的情况下，注册商户并不负有返还款项的责任。

2．非真实交易下的借款行为

当注册用户与注册商户之间并无真实交易，其真实意思表示是串通获取“某富宝”平台的款项，则需要判断“某富宝”平台对此情况是否知晓来区分处理。

若“某富宝”平台知晓注册用户与注册商户之间的真实意思表示，则系三方共谋，假借注册用户之名，实际向注册商户出借款项。例如在实践中发生有注册商户已经无法还款，平台工作人员与注册商户沟通，告知其可以通过找寻其他注册用户与其进行虚假交易的方式，继续获取借款。在此过程中，平台收取额度转让时的服务费，并收取按照年利率24%计算的服务费，以及未按期还款的违约金。即在款项交付时存在砍头息，通过服务费的名义收取远高于法定利率上限的利息。此与“套路贷”有类似之处，当注册商户无法偿还平台的借款时，则其通过增加其他借款人的方式，以新贷还旧贷，在此

[25] 参见最高人民法院民事审判第二庭编：《全国法院民商事审判工作会议纪要》，人民法院出版社2019年版，第256页。

过程中亦收取高额的利息。此种规避法律规定的放贷行为，理应予以规制。在此情况下，由于三方隐藏的法律行为是平台向注册商户出借款项，与注册用户无关。因此，当该借款合同无效时，应由实际借贷方，即注册商户返还其获取的款项，并根据各方当事人的过错程度承担相应的损失赔偿责任（如资金占用期间的利息损失等）。

若“某富宝”平台并不知晓注册用户与注册商户之间的真实意思表示，则基于合同的相对性，即平台与注册用户之间的借款合同仅约束平台与注册用户，当合同被宣告无效后，注册用户负有款项返还义务，并基于其过错程度承担相应的损失赔偿责任。那么问题是，注册商户作为利益的受领方，是否可以保有该项利益，还是平台有权基于不当得利请求权，要求注册商户予以返还？对于三人间的给付关系，可区分两个关系（对价关系及资金关系）和一个给付行为，对价关系是指指示人所以使领取人领受给付的关系，即注册用户与注册商户之间的买卖合同或服务合同关系。资金关系是指被指示人对指示人所以为给付的关系，即注册用户与平台之间的借款关系。给付行为是指平台向注册商户的给付行为。当资金关系与对价关系均存在瑕疵，即不存在真实交易，且借款合同无效的情况下，仍应个别发生不当得利返还请求权。学界有意见认为，各自发生不当得利请求权过于迂回，不利于纠纷的一次性解决，[26]因为这会使领取人丧失其对指示人基于对价关系所生的抗辩。为维护个别给付关系上的各种抗辩，在双重原因欠缺的情形，应就个别给付关系来确定不当得利请求权，即分别由指示人对领取人、被指示人对指示人主张不当得利请求权，学说上称为跨角行使不当得利请求权（Abwicklung über Eck）。[27]因此，“某富宝”平台无权基于不当得利要求注册商户直接向其返还相应款项。

3．担保合同的处理

若注册商户为注册用户的借款提供担保，则由于借款无效导致作为从合同的担保合同无效。担保合同无效则依据《最高人民法院关于适用〈中华人

㉖ 德国学说上将此称为Durchgriffskondiktion，使被指示人对领取人可直接主张不当得利请求权。

㉗ 参见王泽鉴：《不当得利》（第二版），北京大学出版社2015年版，第214—216页。

民共和国担保法〉若干问题的解释》第七条、第八条进行处理，即根据担保人、债权人的过错情况，确定担保人是否应承担补充清偿责任。值得注意的是，担保人并不当然具有对平台业务资质进行实质审查的注意义务，因此推定担保人存在过错不能仅依据其事前未有效审查平台缺乏相关资质这一项事实，而应综合考量其他因素，或在担保人明知平台不具备相关业务资质时，方可确定其过错程度。

综上所述，通过对合同效力认定及后续处理适法不一的梳理，统一相关裁判理念，更有利于审判质效的提高，营造良好的营商环境，提升司法公信力。

（责任编辑：徐　川、谢　钧）

深度链接行为入罪问题研究

——被告人吴慧锋侵犯著作权案

高卫萍　王　帅*

【裁判要旨】

行为人明知或者应知所链接的作品、表演、录音录像制品系侵权，或者以故意避开或破坏技术措施实施深度链接的行为，若情节严重侵犯公共利益，具有严重的社会危害性，可以侵犯著作权罪对网络深度链接行为进行刑事规制。

【案情】

公诉机关：上海市人民检察院第三分院

被告人：吴慧锋

公诉机关起诉指控：2018 年 2 月起，被告人吴慧锋以营利为目的，先后注册 www.onlytvb.com 等多个视频网站，在未经著作权人香港电视广播有限公司（以下简称电视广播公司）许可的情况下，在 www.aigangju.com 等盗版视频网站内搜索电视广播公司电视剧视频链接，采取解析播放等技术手段非法获取视频真实播放地址，再嵌入其租借的云服务器数据库内，通过上述视频网站向用户免费提供在线播放。与此同时，被告人吴慧锋在自己经营的 www.onlytvb.com 等多个视频网站页面提供广告服务，并通过其个人支付宝账户及银行账户收取广告费用，非法经营数额人民币 30.9 万余元（以下币种均为人民币）。经司法鉴定，上述由被告人吴慧锋注册的视频网站内可供播放

* 高卫萍，上海市第三中级人民法院刑事审判庭审判员，法学硕士。王帅，上海市第三中级人民法院行政审判庭法官助理，法学硕士。

的盗版电视剧共计685部，点击播放47544890次。2019年2月20日，被告人吴慧锋被公安人员抓获，其到案后如实供述了上述犯罪事实。

据此公诉机关认为，被告人吴慧锋以营利为目的，未经著作权人许可，复制发行其电视作品，非法经营数额30万余元，具有其他特别严重情节，其行为已构成侵犯著作权罪。被告人吴慧锋具有坦白情节，可以从轻处罚。建议以侵犯著作权罪对被告人判处有期徒刑三年，罚金人民币三十万元，可适用缓刑。

被告人吴慧锋对指控事实、罪名及量刑建议均没有异议且签字具结，在开庭审理过程中亦无异议。其辩护人对起诉指控的犯罪事实和罪名无异议，认为：1. 被告人创设视频网站的初衷并非为营利，其法律意识淡薄，认为只要注明版权归属就不用承担责任，因此主观恶性较小；2. 被告人的行为并非传统的复制发行行为，其提供视频作品的有效性受制于被链网站，起诉书认定的点击次数中不排除非有效点击，685部电视剧中包括国语、粤语剧集，应当按照同一作品认定；3. 被告人具有坦白情节，到案后认罪悔罪态度较好，人身危险性较低，且其作为技术领域的高知人才，曾获多项技术奖项，对其判处缓刑更加能体现宽严相济的刑事政策，同意公诉机关的量刑建议。

【审判】

一审法院经审理认为，被告人吴慧锋以营利为目的，未经著作权人许可，复制发行其电视作品，非法经营数额人民币30万余元，具有其他特别严重情节，其行为已构成侵犯著作权罪。关于辩护人提出的可供播放剧集数量和点击次数的问题，经查，《版权证明索引》《证明书》《香港影业协会的版权证明书复印件》等书证，经被告人本人确认，证实被告人开设的网站内可供播放的电视剧达685部，包括国语、粤语剧集，司法鉴定意见书系根据被告人网站数据库进行分析检验后得出相应的点击次数，起诉书认定的电视剧部数和点击次数均具有客观证据证实，辩护人对相应细节提出异议，并无证据支撑，故相关辩护意见，不予采纳。被告人吴慧锋到案后如实供述自己的罪行，系坦白，可以从轻处罚；被告人吴慧锋自愿认罪认罚，于庭前退缴部分违法所得和缴纳了全部罚金，可以依法从宽处理。公诉机关对被告人的量刑建议符合法律规定，被告人及辩护人均无异议，予以支持。据此，依照《中华人民共和国刑法》第二百一十七条第（一）项，第六十七条第三款，第七十二条，第七十三条第二款、第三款，第五十二条，第六十四条，最高人民法院、最高人民检察院《关于办理侵犯知识产权刑事案件具体应用法律若干问题的解释》第五条第二款第（一）项、第十一条第三款，最高人民法院、最高人民检察院《关于办理侵犯知识产权刑事案件具体应用法律若干问题的解释（二）》第四条，《中华人民共和国刑事诉讼法》第十五条、第二百零一条之规定，判决：一、被告人吴慧锋犯侵犯著作权罪，判处有期徒刑三年，缓刑五年，并处罚金人民币三十万元；二、违法所得继续予以追缴，供犯罪所用的本人财物予以没收；三、禁止被告人在缓刑考验期内从事视频网站的经营。

【评析】

2019年开展“净网”行动以来，多起案件的犯罪嫌疑人通过设置网址链接非法获取其他视频网站影视作品视频播放地址后，在自己设立的视频网站上向用户免费提供在线播放服务，并收取网站广告收入、非法牟利。此类案件涉及视频网站服务提供者设置深度链接行为是否属侵犯著作权行为、该类行为能否以侵犯著作罪定罪处罚等问题，理论界和实务界存有较大争议。本案系深度链接型侵犯著作权罪的刑事案件，以往虽有少数基层法院对此类案件有过判决，但由中院层面对网络深度链接行为进行刑事规制的，本案应该系首例，一定程度上对规范网络运营、净化网络环境具有示范效应。

一、深度链接的含义

实践中，链接技术手段方式多样，有普通的跳转链接，也有类似本案的深度链接。何谓深度链接，对此司法实务界已有共识，即绕过他人网站的主页而链接到次级网页或者媒体格式文件，当用户点击链接时不会发生跳转，而是直接在设链网站浏览或者下载。[①]2016年最高人民法院召开的研讨会上对深度链接有过较为明确的解释，即指设链网站绕过被链网站首页，直接链接到被链网站深层页面，使用户在不脱离设链网站页面的情况下获取被链网

① 欧阳本祺、罗玮：《深度链接应属侵犯著作权罪中的发行》，载最高人民检察院官网，2018年10月21日。

站的信息内容。深度链接具体表现为：一是在设链网站的网址下；二是只能看到设链网站的页面和内容，深度链接与普通链接的区别在于有无页面的跳转，页面地址栏显示的是设链网站的网站，而非被链网站的网址；三是使用的是设链网站的播放器。本案中，被告人开设了自己的网站，将被链盗版网站上的香港电视剧在自己注册的域名网站向公众免费播放，点击链接时并没有脱离自己的域名网站，这种行为符合上述有关深度链接的解释。

二、深度链接行为刑法规制的必要性

互联网传播具有互联互通的特性，对于普通的跳转链接已有共识仅是帮助传播的行为，一般不构成民事侵权。深度链接是否当然构成民事侵权，实践中有不同标准，例如“服务器标准”“用户感知标准”“实质替代标准”等。同时还要综合考虑案件的情况，因此深度链接并不一定构成民事侵权，当然更勿论必定构成犯罪。

然而，深度链接行为仍有刑法规制的必要性：

（一）深度链接行为可能较单纯上传行为更具有危害性

深度链接行为可以将大量分散的侵权作品聚集在同一个网站上，具有社会危害性的叠加、聚拢和倍增效应。实践中，就单个网络用户的单纯上传行为，可能很难达到侵犯著作权罪的程度。而借助设链网站平台，大量知识产权侵权违法行为将产生规模效应。

（二）深度链接行为与直接上传侵权作品的做法在刑法评价上具有一定的等价性

设链者虽然没有直接实施作品上传的行为，但其利用他人上传的作品实现了自己的目的，设链者在知道侵权作品的情况下，可以决定侵权作品传播的危害后果是否继续发生，进而影响犯罪行为的进程。从主观方面来看，设链者具有独立的利用他人上传侵权作品的犯罪故意，其进行深度链接的动机是为了利用他人上传的侵权作品为其自身服务，其主观故意表现为明知自己利用他人侵权作品会扩大危害后果，从而希望或者放任该危害后果的发生或扩大；从客观行为来看，设链者在明知存在侵权作品的情况下，积极通过链接方式扩大了侵权作品传播的范围；从客观方面来看，网络信息资源的流转速度极快，当深度链接技术用于侵权违法时所产生的危害程度将会非常严重。

三、深度链接行为入罪的标准

（一）社会危害性是本质要求

深度链接行为是否构成侵犯著作权罪，有观点认为，深度链接行为时帮助型的间接信息网络传播行为，属于间接侵犯信息网络传播权，可上升为侵犯著作权等犯罪行为。这种行为应当符合《最高人民法院、最高人民检察院关于办理知识产权刑事案件具体应用法律若干问题的解释》(以下简称《解释》) 第十一条的规定。也有观点认为，虽然相关司法解释将通过信息网络传播行为视为复制发行，但在适用的时候应当对此进行严格解释，不应轻易将深度链接行为认为是一种侵犯著作权罪的行为。

笔者认为，民事方面对深度链接行为会有直接侵权还是间接侵权的争议，但直接侵权与间接侵权的区别并不是刑事入罪的关键。在现行深度链接案件刑民边界仍然模糊的情况下，刑法对网络的介入不宜过于超前、不宜介入过深，否则会影响到正常的网络社会秩序，只有对于泛滥的、具有严重社会危害性、侵犯公众利益的深度链接行为，必要时才可适用刑罚手段予以打击。因此，社会危害性是此类犯罪成立的本质要求。深度链接行为构成民事上的侵害信息网络传播权，是否入罪需综合考量案件的各种因素以确定社会危害性，比如行为人的主观恶性程度、行为手段的非法性、侵害权利人利益的同时是否侵害公众利益、非法获利的多少、网络传播范围、网站宣传广告内容的违法性，等等。

（二）确定是否侵害信息网络传播权是路径

针对电影、电视等视频作品，我国《刑法》第二百一十七条规定了构成侵犯著作权罪的情形，即未经著作权人许可，复制发行其文字作品、音乐、电影、电视、录像作品、计算机软件及其他作品的。该款条文中的“复制发行”与《著作权法》中规定的复制权、发行权有所不同，《著作权法》对复制权、发行权及信息网络传播权分别作出规定，而《解释》第十一条将“通过信息网络向公众传播”纳入“复制发行”行为之列，规定通过信息网络向公众传播他人文字作品、音乐、电影、电视、录像作品、计算机软件及其他作品的行为，应当视为《刑法》第二百一十七条规定的“复制发行”。依照上述规定，深度链接行为入罪的路径即确定行为是否侵害信息网络传播权。

（三）侵害信息网络传播权的两类情形

《上海市高级人民法院知识产权审判庭关于涉链接的信息网络传播权纠纷若干问题的解答》(以下简称《解答》) 中对于设置链接构成侵害信息网络传播权规定了两个情形，一是明知或者应知所链接的作品、表演、录音录像制品侵权的；二是故意避开或者破坏技术措施实施链接的。结合本案来看，被告人明确知道所链网站的电视剧作品未经权利人授权，且购买解析工具破解了一些技术屏障，从而获得片源信息，被告人的深度链接行为符合上述关于设置链接侵害信息网络传播权的规定。

理论界和实务界均已认同第一种情形构成侵害信息网络传播权，但对于第二种情形是否构成侵害信息网络传播权，仍有不同观点。原因在于，有观点认为故意避开或者破坏技术措施实施链接的行为，属于侵犯著作权的范畴，与侵害信息网络传播权有所交叉。笔者认为，在考虑深度链接行为入罪路径时，应当将第二种情形列为侵犯信息网络传播权的情况，从法律规定上看，《著作权法》和《信息网络传播权保护条例》中，均将故意避开或者破坏技术措施作为侵权方式之一，情节严重构成犯罪的还规定可追究刑事责任；从实务角度看，若具有第二种情形不认定侵权也会存在悖论，试想如果犯罪嫌疑人设置链接的是盗版网站，往往可推定其主观明知或者应知，但设置链接的是正版网站，主观明知或者应知若没有其供述很难予以认定，这种情况下犯罪嫌疑人采用了故意避开或者破坏技术措施的手段，却不能作为认定侵权的话，可能导致权利人权益的直接损害。

四、深度链接行为构罪的证据标准与共犯的处理原则

（一）在审查深度链接案件时，针对犯罪嫌疑人明知或者应知所链作品系侵权的，应当严格证据裁判原则

刑事与民事的证据标准不同，民事上当事人自认可作为主要认定依据，

当事人承认自己明知或者应知即可认定侵权，但刑事上如果仅有犯罪嫌疑人供述证实明知或者应知，犯罪嫌疑人一旦翻供会非常被动。因此，不能仅以犯罪嫌疑人的供述作为定案依据，还应收集例如通信、微信聊天记录、电子邮件、证人证言等方面的证据，并结合犯罪嫌疑人的客观行为、主观认知能力和行为时各种客观因素的证据综合判断，例如犯罪嫌疑人的年龄、社会生活经历、专业背景、涉足网络、视频等行业时间长短、职务、职位等，是否使用了解析等破坏性的技术手段，以及是否曾因相同或相似行为被网管部门处罚或被追究刑事责任等。

（二）深度链接行为仍应按照实施正犯处理

理论界有观点认为，深度链接行为属于间接侵权的行为，对于犯罪嫌疑人、被告人应当以共同犯罪中的片面共犯认定。笔者认为，实施深度链接行为的行为人与直接盗版网站的行为人，没有事先或者事中通谋，也不符合片面共犯的理论，应当作为实施正犯予以认定。在网络环境下，由于网络具有开放性，深度链接技术的不断开发和运用，往往使得作品上传后的传播危害性不低于传统的复制发行行为，而且传播速度更加迅速，传播范围更加广泛，对此应当按照实施正犯对犯罪嫌疑人予以惩处。

（责任编辑：潘庸鲁）

虚假诉讼构成第三人撤销之诉的撤销事由

——上海筑银投资管理有限公司诉上海艾福敦酒店管理有限公司、优艾贝（中国）集团有限公司第三人撤销之诉案

宋　赟　徐林祥宇*

【裁判要旨】

第三人因不能归责于本人的事由未参加诉讼，但有证据证明发生法律效力的调解书错误，损害其民事权益的，有权向作出该调解书的人民法院提起诉讼。人民法院经审查，确认当事人之间恶意串通，通过诉讼调解方式侵害第三人合法权益的，构成第三人撤销之诉的撤销事由，应依法撤销该生效法律文书。

【案情】

上诉人（一审原告）：上海筑银投资管理有限公司（以下简称筑银公司）

被上诉人（一审被告）：上海艾福敦酒店管理有限公司（以下简称艾福敦公司）

被上诉人（一审被告）：优艾贝（中国）集团有限公司（以下简称优艾贝公司）

A公司拥有涉案房屋在内的30幢房屋的产权并委托B公司进行经营管理。

2007年，筑银公司向B公司承租包括涉案房屋在内的11栋房屋后，又

* 宋赟，上海市第一中级人民法院民事审判庭审判员，法律硕士。徐林祥宇，上海市第一中级人民法院民事审判庭法官助理，法律硕士。

与C公司签订转租合同，由C公司租赁使用涉案房屋在内的多套房屋。

2009年3月20日，筑银公司、C公司和艾福敦公司签订《补充合同》，约定C公司将原合同和补充协议的所有权利和义务转让给艾福敦公司，租赁期限至2012年8月31日止。

2011年8月16日，艾福敦公司与优艾贝公司签订《租赁合同书》，约定艾福敦公司将其租赁房屋中的涉案房屋出租给优艾贝公司，租赁期限自2011年9月1日至2021年8月31日止。

2012年3月6日，筑银公司就租赁合同纠纷起诉艾福敦公司、C公司、优艾贝公司，请求解除租赁合同，返还涉案房屋等。期间，筑银公司撤销了对优艾贝公司的诉讼。上海市浦东新区人民法院（以下简称浦东法院）于2014年5月15日作出（2012）浦民一（民）初字第7504号（以下简称7504号）民事判决，筑银公司与艾福敦公司的租赁合同及相关补充协议于2012年3月14日解除；艾福敦公司从租赁房屋及场地内迁出，并返还筑银公司；艾福敦公司支付筑银公司至房屋及场地返还之日止的租金、使用费等。艾福敦公司不服提出上诉，二审法院经审理后维持原判。

因艾福敦公司未履行上述生效判决，筑银公司向浦东法院申请强制执行。艾福敦公司于2015年2月9日经法院强制执行迁出，但该判决金钱部分仍未执行到位。

2015年3月，艾福敦公司起诉优艾贝公司转租合同纠纷，要求优艾贝公司支付2013年3月至2014年2月期间结欠的租金611.5万元。优艾贝公司在该案中提起反诉，要求艾福敦公司双倍赔偿押金656万元。诉讼中，筑银公司申请参加诉讼被驳回后，艾福敦公司当庭口头表示追加筑银公司参加诉讼也被驳回。优艾贝公司于2015年6月15日，与筑银投资公司签订《移交确认书》，从涉案房屋搬出，并将该房屋移交筑银公司。浦东法院于2015年12月21日作出（2015）浦民一（民）初字第16012号（以下简称16012号）民事调解书：一、优艾贝公司于2015年12月25日之前支付艾福敦公司租金200万元，视为优艾贝公司在2011年8月16日签署的《租赁合同书》项下的租金已经全部支付完毕；二、艾福敦公司和优艾贝公司双方2011年8月16日签署的《租赁合同书》于2015年6月15日终止，双方之间再无任何债权债务关系，互不再主张任何权利；三、艾福敦公司自愿放弃其他诉讼请求，优艾贝公司自愿放弃反诉请求，双方无其他争议。

2016 年 6 月 12 日，筑银公司以 7504 号生效判决执行过程中，被执行人艾福敦公司未清偿债务，却与优艾贝公司恶意串通诉讼，达成民事调解，将优艾贝公司拖欠数千万房屋使用费，以 200 万元协商了结，且艾福敦管理公司收到该款后未履行执行义务，严重损害筑银公司对艾福敦公司债权的实现；侵害了筑银公司向优艾贝公司主张房屋占用使用费、被执行人对优艾贝公司享有到期债权的代位权诉讼权益为由提起第三人撤销之诉，请求撤销 16012 号民事调解书。

【审判】

浦东法院审理后认为，7504 号民事判决书已经明确判令由艾福敦公司支付筑银公司至房屋及场地返还之日止的租金、使用费。优艾贝公司是基于与艾福敦公司之间签的租赁合同而使用涉案房屋，艾福敦公司与优艾贝公司以 200 万元达成调解，系艾福敦公司与优艾贝公司之间基于《租赁合同书》的结果，至于是否结欠租金、结欠多少租金，是艾福敦公司与优艾贝公司之间的法律关系需解决的问题。筑银投资公司未参加诉讼，并未损害筑银投资公司的合法利益，筑银投资公司要求依法撤销 16012 号民事调解书的诉讼请求，不予支持。遂判决驳回筑银投资公司的诉讼请求。

筑银公司不服提起上诉，二审裁定撤销原判，发回重审。浦东新区法院重审，再次驳回筑银公司的诉讼请求。筑银公司不服，再次提起上诉。

上海市第一中级人民法院经审理后认为，被执行人不能清偿债务，但对第三人享有到期债权的，执行法院可以依申请执行人或被执行人的申请，向该第三人发出履行到期债务的通知。第三人对债务部分承认、部分有异议的，可以对其承认的部分强制执行。被执行人放弃其对第三人债权的行为无效。本案的争议焦点为，16012 号案件是否存在艾福敦公司与优艾贝公司恶意串通，通过诉讼调解的方式，侵害筑银公司合法权益的情形。根据查证的事实，筑银公司与艾福敦公司租赁关系经 7504 号生效民事判决确认，已于 2012 年 3 月 14 日解除。艾福敦公司于 2015 年 2 月 9 日经法院强制迁出后，未向筑银公司履行生效法律文书确认的租金，却于 2015 年 3 月 18 日向浦东法院起诉优艾贝公司，要求优艾贝公司支付 2013 年 3 月至 2014 年 2 月的租金，总计611.5万元，最终以200万元达成调解协议。优艾贝公司与筑银公司于2014年12月协商续租事宜未果后，在16012号诉讼过程中，优艾贝公司于2015年6月15日将系争房屋交付给筑银公司后，于2015年12月18日又与艾福敦公司达成上述调解协议。从16012号案件艾福敦公司与优艾贝公司诉讼的时间、诉讼请求内容、诉讼过程和诉讼结果来看，筑银公司主张16012号案件，艾福敦公司与优艾贝公司存在恶意串通，通过诉讼调解方式导致艾福敦公司逃避和规避执行，侵害其合法权益的上诉理由，有相应的事实依据，二审法院予以采纳。筑银公司申请参与16012号案件诉讼，浦东法院驳回筑银公司参与诉讼的请求，导致对艾福敦公司与优艾贝公司恶意达成的书面协议予以确认，致使该民事调解书的内容，与该院7504号生效判决和强制执行的内容相矛盾。且未查明艾福敦公司有金钱债务未履行，尚在执行过程中的事实，将该案调解的200万元支付给被执行人艾福敦公司，损害了申请执行人筑银公司的合法权益，一审判决认定的事实和适用法律有误。据此，依照《中华人民共和国民事诉讼法》(以下简称《民事诉讼法》)第一百七十条第一款第二项、《最高人民法院关于适用〈中华人民共和国民事诉讼法〉的解释》(以下简称《民诉法解释》)第三百条第一款第二项规定，作出判决：一、撤销上海市浦东新区人民法院（2017）沪0115民初5066号民事判决；二、撤销上海市浦东新区人民法院（2015）浦民一（民）初字16012号民事调解书。

【评析】

本案主要涉及当事人之间恶意串通，通过诉讼调解方式侵害第三人合法权益能否成为第三人撤销之诉可撤销的法定事由。笔者根据该诉讼程序的立法目的和功能，作如下分析。

一、第三人提起撤销之诉的法定条件

审判实务中第三人撤销之诉立法目的是为了保护因客观原因未参加诉讼程序而受生效裁判损害的第三人的程序权利和实体权利，[①]是事后的救

① 沈德咏主编：《最高人民法院民事诉讼法司法解释理解与适用》(下)，人民法院出版社2015年版，第781页。

济程序。

（一）提起第三人撤销之诉的程序性条件

提起撤销之诉的第三人与生效的法律文书存在利害关系。本案涉案房屋由艾福敦公司从筑银投资公司处承租后，又转租给优艾贝公司使用。经7504号生效判决认定艾福敦公司与筑银公司的租赁关系解除。后艾福敦公司就转租合同纠纷提起与优艾贝公司的16012号案件。从起诉时间来看，前者租赁关系解除后，转租关系也相应解除。筑银公司与16012号案件争议的事实、裁决的内容有着密不可分的利害关系，应追加筑银公司为当事人，确定讼争内容的权利义务主体。

（二）提起第三人撤销之诉的实体性条件

实体条件之一：原生效法律文书内容错误。16012号民事调解书确认艾福敦公司与优艾贝公司之间的租赁合同于2015年6月15日终止，优艾贝公司支付艾福敦公司租金200万元，双方之间再无其他债权债务，互不主张任何权利等。结合7504号案件筑银公司与艾福敦公司租赁纠纷生效判决内容，错误有三：第一，筑银公司与艾福敦公司租赁关系已于2012年3月14日解除，故16012号案件确认艾福敦公司与优艾贝公司于2015年6月15日终止租赁合同错误；第二，终止租赁关系后，优艾贝公司继续占用房屋产生的是房屋使用费，并非租金，16012号案件确定租金属性错误；第三，7504号案件确定艾福敦公司支付房屋使用费至迁出之日止，该公司于2015年2月9日被法院执行强迁，房屋使用费计算也截止到该日，16012号案件确定租金计算至2015年6月15日的区间错误。

实体条件之二：生效法律文书内容损害第三人合法的民事权益。第一，筑银公司向优艾贝公司主张艾福敦公司迁出后至优艾贝公司迁出止的房屋使用费，优艾贝公司抗辩称16012号案件已民事调解结案，其已履行该期间的房屋使用费，该诉因此被裁定中止审理。第二，艾福敦公司作为7504号生效判决的被执行人，16012号民事调解书内容损害了申请执行人筑银公司债权实现的利益。

二、第三人撤销之诉中虚假诉讼的认定和处理

本案的特殊性还在于生效文书系当事人之间恶意串通，以诉讼调解方式（以下简称“虚假诉讼”）形成。

一般而言，虚假诉讼情形应具有以下构成要件：有恶意串通的行为；通过诉讼、调解的方式；侵害他人的合法权益。虚假诉讼的主观恶性及结果的危害性，会对法律的严肃性及司法救济程序的正当性构成严重威胁，故审判实务中务必予以仔细审查。实践中存在以下几个问题：一是人民法院应当依当事人的申请审查，还是依职权调查；二是虚假诉讼如何识别；三是对虚假诉讼如何处理。

（一）法院依职权调查原则

虚假诉讼扰乱正常诉讼程序，侵害他人合法权益。《民诉法解释》第一百九十条规定第二款规定，第三人撤销之诉审查中，发现原案当事人之间恶意串通进行虚假诉讼的，适用《民事诉讼法》第一百一十二条规定处理。即人民法院对此行为应作为妨害民事诉讼行为进行审查，因此，在第三人提起撤销之诉后，人民法院发现存在恶意串通诉讼，且当事人又难以充分举证等情形，可依职权调查以查明案情。

（二）虚假诉讼的认定

本案从已进入执行的7504号生效判决的时间、被执行人艾福敦管理公司被执行强迁的时间、艾福敦管理公司提起16012号案件的诉讼时间、诉讼请求、诉讼结果，以及在诉讼过程中优艾贝公司将涉案房屋向筑银公司交付，却与艾福敦公司达成房屋使用费调解协议，将数千万争议的租金以200万元达成调解协议的结果，可以认定艾福敦公司与优艾贝公司之间存在恶意串通诉讼的情形。

艾福敦公司与优艾贝公司的恶意情形具体表现在：7504号生效判决已确定艾福敦公司与筑银公司的租赁关系于2012年3月14日解除，确定房屋使用费计算至迁出之日止，其于2015年2月9日经法院强制迁出后，明知对涉案房屋没有租金收益权，仍提出与优艾贝公司之间转租合同诉讼，却未将涉

案房屋权利人筑银公司一并列为当事人；优艾贝公司在了解艾福敦公司与筑银公司租赁纠纷、艾福敦公司没有转租收益权的情况下，却与艾福敦公司达成调解协议；艾福敦管理公司诉请标的600多万元，而调解金额仅200万元，其放弃部分债权势必影响其作为债务人的偿债能力，且其在收取200万元后，也未向执行法院履行执行义务。

（三）虚假诉讼的处理

第三人撤销之诉中，人民法院依据诉讼优势证据原则审查后，足以推定生效法律文书涉虚假诉讼的，人民法院应当依法撤销该生效法律文书。同时，根据《民诉法解释》第一百九十条第二款规定，第三人撤销之诉审查中，发现原案当事人之间恶意串通进行虚假诉讼的，适用《民事诉讼法》第一百一十二条规定处理。《民事诉讼法》第一百一十二条规定，在诉讼过程中，发现当事人之间恶意串通的，人民法院应当驳回其请求，并根据情节轻重予以罚款、拘留；构成犯罪的，依法追究刑事责任。即该案在第三人撤销之诉实体性审查的同时在查清虚假诉讼行为，可依法适用民事制裁，甚至是追究刑事责任。

三、后语

本案源于审判和执行之间的衔接问题，值得作为经验教训汲取。

（一）7504号案件遗漏必要共同诉讼当事人

7504号案件系出租人提起租赁合同纠纷，请求解除租赁关系及返还租赁物。该租赁物又被承租人转租给次承租人，据其诉请，次承租人应属于必要的共同当事人。虽出租人因故撤销对次承租人一并提起的诉讼，然该案判决结果内容与尚未迁出的次承租人有利害关系，若将次承租人列为当事人，可以杜绝判决内容与执行的矛盾，及租赁关系与转租关系的冲突，也不会发生16012号诉讼。

（二）16012号案件未查明与关联案件的冲突

在16012号案件诉讼过程中，筑银公司已披露7504号生效判决及进入执行的情况，该案却未向同一法院的执行部门核实，审查是否存在为了规避执行而虚假诉讼的情形，而确认转租当事人之间达成的调解协议，并将款项向涉执行的被执行人发放，导致申请执行人债权受损。

（三）7504号案件执行程序不规范

在7504号案件执行过程中，执行部门应该知晓次承租人占用房屋，且有欠租情形，却未向被执行人对他人享有的到期债权发出协助执行通知书，若发出协助执行通知书后，他人对协助义务有异议，申请执行人即可通过代为诉讼，避免被执行人的债务人自行给付导致执行不能。

（责任编辑：洪　波）

擅卖共有物纠纷中对无权处分、恶意串通和善意取得制度的理解适用

李　明　暨秉恒*

【裁判要旨】

权利人仅以无权处分人在缔约时对标的物无处分权为由主张合同无效的，人民法院不予支持，但权利人同时以恶意串通损害他人利益为由主张合同无效的，人民法院应综合审查认定合同效力。

因出卖人欠缺标的物的处分权，买受人并不能基于无权处分合同获得物权。在构成善意取得的情形下，买受人可依据法律规定原始取得标的物，但买受人在交易中本应知晓出卖人无权处分事实的，构成重大过失，不能善意取得标的物。

【案情】

原告：胡某

被告：屠某

被告：潘某

原告胡某与被告屠某于 2003 年 2 月 26 日登记结婚。

2009 年 10 月，被告屠某欲购买上海市松江区明中路某房屋（下简称涉案房屋），但为防备丈夫知悉其购房的情况，避免日后离婚时将涉案房屋作为共同财产分割等原因，遂借用案外人陈某的名义购买涉案房屋。后陈某于 2009 年 10 月 25 日以自己名义与涉案房屋开发商签订《上海市商品房预售合

* 李明，上海市松江区人民法院民事审判庭庭长，法律硕士。暨秉恒，上海市松江区人民法院民事审判庭审判员，法学硕士。

同》一份。自2009年12月3日起，涉案房屋登记于陈某名下，同时涉案房屋处有案外人中国农业银行某支行的抵押权登记。

2012年3月9日，被告屠某与陈某就涉案房屋因所有权确认纠纷于松江法院涉讼。该案生效判决在事实查明部分载明了屠某为防备丈夫知悉、避免离婚分割而借用案外人陈某的名义购买涉案房屋的事实，最终确认涉案房屋的产权归被告屠某所有，并由被告屠某给予陈某一定金钱补偿。

2013年4月12日，涉案房屋因前述案件关联的执行案件被上海市松江区人民法院查封。

2013年4月1日，原告胡某与被告屠某因离婚纠纷于上海市闵行区人民法院涉讼。该案生效判决准予原告胡某与被告屠某离婚，并对原、被告双方的部分夫妻共同财产进行了分割，但对涉案房屋以尚处于司法查封阶段、双方当事人对是否一并处理存在分歧为由，在该案中对涉案房屋暂不作处理。2016年8月12日，涉案房屋上的司法限制被撤销。2016年9月19日，涉案房屋变更登记于被告屠某名下。

2016年10月8日，两被告签订上海市房地产买卖合同（网签合同）一份，约定由被告屠某将涉案房屋转让于被告潘某，转让价款共计200万元，并于合同附件三载明潘某已支付房款。此后，潘某通过其妻陈某或陈某的父亲向屠某进行付款，分别于2015年9月、10月通过银行转账的形式分4笔向被告屠某支付了购房款80万元，后又于2016年9月、10月通过银行转账的形式分4笔向被告屠某支付了购房款115万元。对于剩余购房款5万元，两被告称被告潘某系于取得房产证之日现金支付。

2016年11月8日，涉案房屋变更登记于被告潘某名下。

两被告陈述双方之间的房屋买卖合同签订过程如下：2015年4月，被告屠某有意出售涉案房屋，经其朋友案外人黄某介绍认识被告潘某。被告屠某向被告潘某出示关于其与陈某所有权确认纠纷的判决书一份，并口头告知被告潘某涉案房屋存在司法限制，被告潘某并未向被告屠某询问存在何种司法限制及其具体情况。2015年8月，被告屠某与被告潘某于被告潘某的住处在案外人黄某的见证下签订房屋买卖合同一份，约定被告潘某以200万元的价格向被告屠某购买涉案房屋。由被告潘某先支付被告屠某80万元，于办理房屋过户手续时支付被告屠某115万元，并于被告潘某取得房地产权证时支付被告屠某尾款 5 万元。双方在合同中未约定违约责任，若被告潘某支付房款后涉案房屋未能顺利过户，被告屠某仅需退还其 80 万元本金，对此案外人黄某表示愿意以其个人房产作担保。两被告处的 2015 年 8 月就涉案房屋签订的房屋买卖合同均已遗失，无法向法院提供。

原告胡某诉称：1. 确认两被告就涉案房屋签订的房屋买卖合同无效；2. 两被告协助将涉案房屋恢复登记至被告屠某名下。事实与理由：2015 年 8 月，两被告在明知涉案房屋存在司法查封且作为原告和被告屠某夫妻共同财产未作分割的情况下，以低于市场价的价格签订房屋买卖合同，并在被告潘某支付房款后办理了过户登记手续。两被告之间恶意串通交易，侵犯了原告的合法权益。

被告屠某辩称：被告屠某出售涉案房屋，是原告拒不履行他案判决确定的义务、导致被告屠某难以偿还他处房屋贷款所致。两被告之间不存在恶意串通，系出自双方真实意思表示。

被告潘某辩称：第一，两被告不存在恶意串通。在买卖涉案房屋的过程中，被告潘某并不清楚被告屠某离婚过程中的财产情况，而是基于被告屠某向被告潘某出具的屠某与案外人陈某所有权确认纠纷一案的判决书认为涉案房屋归被告屠某所有。在被告潘某与被告屠某协商订立房屋买卖合同时，涉案房屋上存在司法限制，暂无法正常过户，故两被告在涉案房屋的购房价款上也进行了协商，略低于市场价格。第二，目前被告潘某已向被告屠某全额支付了购房款 200 万元，并于 2016 年 11 月 8 日办理了涉案房屋的过户手续，已构成了善意取得。

【审判】

上海市松江区人民法院经审理后认为：一、两被告之间签订的房屋买卖合同的效力问题。虽然涉案房屋属尚未分割的夫妻共同财产，被告屠某擅自出售涉案房屋的行为已构成无权处分，但两被告之间签订房屋买卖合同的效力与被告屠某是否享有处分权无涉。原告胡某虽主张两被告构成恶意串通，但并未提供充分证据证明，法院难以基于现有事实作出推定，故对原告胡某主张合同无效的诉讼请求难以支持。不过，房屋买卖合同有效并不意味着被告潘某得基于有效合同及变更登记行为合法取得涉案房屋的所有权，被告屠某擅卖共有物之行为并未得到原告胡某之追认，被告潘某仅可依善意取得制度对抗原告胡某要求恢复登记的诉讼请求。二、被告潘某是否构成善意取得。根据相关规定，受让人构成善意取得需不知转让人无处分权且无重大过失。本案中被告潘某自述在缔约时，被告屠某向其出具与陈某所有权确认纠纷案的判决书一份，该案的一审和二审判决虽在判决主文中将涉案房屋判归被告屠某所有，但均载明纠纷发生时被告屠某尚在婚姻存续期间，且被告屠某借名买房的动机系“为防备丈夫知悉其购房的情况、避免日后离婚时该房作为夫妻共同财产分割”，故被告潘某仅凭该案判决轻率地认定被告屠某为涉案房屋的唯一权利人，显有重大过失，被告潘某自述未进一步了解涉案房屋司法限制状况的情节亦从侧面体现出被告潘某未尽注意义务，故被告潘某不能构成善意取得。法院最终判决如下：一、被告屠某、潘某应于本判决生效之日起三十日内办理涉案房屋的变更登记手续，恢复至被告屠某名下；二、驳回原告胡某的其余诉讼请求。

一审判决作出后，被告潘某不服判决提起上诉。上海市第一中级人民法院经审理后，认为上诉人在购房过程中并未尽到买受人应有的注意义务，确有过失，最终判决驳回上诉，维持原判。

【评析】

近年来，我国学界对于无权处分合同效力的认识出现较大转向，有效说取代效力待定说成为了立法的新宠。然而这一立法变迁背后所隐藏的理论基础和价值导向却难以直观地传导于实务之中，乃至引起了一些困惑，例如有效的无权处分合同履行完毕，受让人是否可当然取得物权？应如何理解无权处分和恶意串通、善意取得的关系？本文欲由案例出发对相关问题进行解读，以便为司法实践提供适法指引。

一、无权处分合同应属有效——无权处分合同效力的立法变迁

考察我国学界和立法界在无权处分效力认定问题上的历史观点，主要包括合同无效说、合同效力待定说和合同有效说。

其中，合同无效说的出现时间最早，主要依据是比较法中《法国民法典》第一千五百九十九条关于无权处分合同无效的规定。我国在立法方面也一度

采用了此种观点，例如 1984 年《最高人民法院关于贯彻执行民事政策法律若干问题的意见》第五十五条规定："非所有权人出卖他人房屋的，应废除其买卖关系。部分共有人未取得其他共有人同意，擅自出卖共有房屋的，应宣布买卖关系无效。"不过，该模式是受法国法早期绝对意思主义物权变动模式的影响，法理基础薄弱，罕有支持者，早已为我国民法学界和立法界所摒弃。

合同效力待定说一度是我国学界和司法界广泛采用的一种观点，系梁慧星先生借鉴法国法中相对无效之概念而倡导，从《中华人民共和国合同法》（以下简称《合同法》）第五十一条规定的字面意思来看，亦是采用了此种观点，直至近年才渐为新学说所替代。

合同有效说则是目前我国学界支持最多的通说。按照论证进路不同，合同有效说中的主流观点又可分为处分行为效力待定说和物权变动不生效力说。持处分行为效力待定说的学者认为，我国立法虽未明确承认物权行为和无因性理论，但处分行为的法律概念仍事实上存在，《合同法》第五十一条所称"效力待定"的，应为处分行为，而非债权合同；持物权变动不生效力说的学者主张，虽然我国通说和立法未采纳物权行为的概念，但采纳了债权行为和物权变动区分的概念，债权合同不以处分人有处分权为生效要件，而应将处分权作为物权变动的要件，欠缺处分权则物权不发生变动。

分析立法最终采纳无权处分合同有效说的原因，主要有以下几个方面：首先，采合同无效说或效力待定说，如果所有人不予追认，买卖合同就自始无效，完全断绝了无权处分人事后取得处分权并继续履行合同等可能性，有悖于鼓励交易的原则。其次，若无权处分合同无效，法律只能保护善意买受人的信赖利益，却难以保护其履行利益。最后，从世界范围内的立法来看，区分物权变动的原因和结果、合同订立和权利变动符合现代社会交易的需求，是大势所趋。①

① 从世界范围内的民事立法趋势看，20 世纪末以来的国际立法文件大都肯定了无权处分合同的效力。例如，《国际商事合同通则》第三十三条第二款规定："合同订立时一方当事人无权处置与该合同相关联之财产的事实本身不影响合同的效力。"《欧洲合同法原则》第 4:102 条规定："仅仅由于合同成立时所负债务的履行不能或由于一方当事人无权处分合同关涉的财产，合同并不无效。"英美法系中关于物权变动虽未形成如大陆法系国家这般严谨的体系，但也客观上在订立不动产买卖合同之时，另存在一个契据交付的行为，有学者认为该制度与物权行为理论有异曲同工之妙，客观上实现了订立合同与权利变动的区分。

二、无权处分合同或因其他事由无效——对恶意串通可能的警惕

虽然无权处分合同作为无权处分人与第三人之间实施的债权行为，应属有效，但若无权处分合同满足合同无效的其他事由，仍应认定合同无效。在实践中，有一类我国立法确立的无效事由恰恰是无权处分合同的“伴生子”，即在《中华人民共和国民法通则》《合同法》和《中华人民共和国民法总则》中均有规定的恶意串通制度。

恶意串通之概念，系由前苏联民法滥觞。结合相关的立法史料，目前学界一般认为恶意串通是一种缔约双方基于故意而以损害他人利益为目的而相互通谋、相互勾结做出的意思表示。权利人不仅要证明债务人与受让人主观上具有故意，还要证明客观上具有勾结、串通的行为。②

根据前述定义，恶意串通首先需满足的一个客观要件即损害他人利益，要求“客观上存在损害他人利益之后果且与当事人行为存在因果关系”。③相较于客观要件，恶意串通主观要件则要求双方当事人存在通谋的故意，还要求当事人行为之目的旨在损害他人的利益，较难证明。笔者认为，涉及无权处分合同的纠纷中，一般需从以下几个方面考察恶意串通的主观要件：一是缔约双方之间的关系，缔约双方是否有近亲属关系、属关联公司等情节。二是合同的签订和履行细节是否符合常理，真实交易的双方往往会对合同条款字斟句酌以谋求对等的合同地位，甚至会借助居间人等第三方的力量达成合约，在合同的履行上也是步步谨慎，而恶意串通合同的当事人履约过程快速简便。三是交易对价是否合理，从经济人的角度看，交易对价过低乃至无偿是判断当事人主观状态的一个重要疑点。四是买方对卖方是否有处分权的了解程度，若有证据证明卖方已将其无处分权的事实向买方明示，则足以认定买卖双方已达成通谋，但也应注意区分卖方谎称嗣后会取得处分权、无处分权结论的推导尚需专业调查和知识性判断等情形。

② 高晓力：《恶意串通损害第三人利益的合同无效》，载《人民司法·案例》2013年第16期。

③ 陈小君：《民事法律行为效力之立法研究》，载《法学家》2016年第5期。

在本案中，两被告仅是通过朋友介绍认识的关系，并非直接的近亲属；合同约定的款项支付情况时间跨度长、分笔多，较为符合正常操作。虽然交易存在着签订合同遗失、合同条款过于简略、交易对价低于市场价等疑点，但鉴于有中间人居中介绍和担保，故法院谨慎地对原告主张的两被告之间恶意串通的行为未予认定。

三、买受人并不因交付或登记而当然取得物权——对物权变动是否实际发生的再审视

若无权处分合同也不具备其他合同无效的情形，且已通过交付和登记等手段履行完毕，买受人是否已当然取得物权？

对此，笔者认为应认定买受人未取得物权，权利人有权依物权请求权主张返还。理由如下：首先，认定买受人取得物权的观点与我国现有立法体系不符。债权形式主义下的物权变动指的是一种继受取得，而在出卖人并不享有完整处分权的前提下，买受人只可能基于法律的安排通过善意取得等方式原始取得物权，而不可仅仅基于有效的无权处分合同和变更登记继受取得物权。相反，若认可买受人已取得物权，则非恶意串通且当事人已完成交付或登记的无权处分合同所能实现的效果将在事实上架空我国的善意取得制度。其次，若认定买受人已取得物权但赋予权利人对物的非给付型不当得利请求权来解决本案问题，在立法上亦有矛盾和失衡：一者权利人主张返还物的请求权仅属债权请求权，保护力度不足，在交易安全和善意买受人的利益已可依善意取得制度得到保障的情况下，权利人的保障缺失将会导致立法的利益失衡；二者考虑到在共有人之一擅卖共有物的案件中，不当得利仅及于物权对应的部分价值，欲通过不当得利请求权请求物的整体返还逻辑亦不能自洽，只能转化为损害赔偿。再次，认定买受人未取得物权的观点符合目前我国学界对无权处分合同效力的解读，无权处分合同有效说的两大分支理论均认为若处分人欠缺处分权，则处分行为效力待定或物权变动不生效力，即便已办理登记，权利人仍应有权向买受人主张物权请求权。最后，对前述观点的可能质疑是办理不动产过户登记后物权仍未发生变动的解释与《中华人民共和国物权法》（以下简称《物权法》）第九条关于不动产物权变动经依法登记生效的规定存在矛盾。对此，笔者认为可以进行立法体系解释。《物权法》第

十九条规定，权利人、利害关系人认为不动产登记簿记载的事项错误的，可以申请更正登记。不动产登记簿记载的权利人书面同意更正或者有证据证明登记确有错误的，登记机构应当予以更正。在司法确认物权变动并未发生的同时，将已完成的不动产过户登记解读为错误登记，并由当事人依据司法文书将登记恢复至原先的状态，合乎体系逻辑。

在本案中，不动产登记机关在出卖人和买受人交易时，至多仅可能核实房产登记情况和产权人的离婚情况，在交易双方未提供法院裁判文书的情况下不可能核实涉案房屋是否为夫妻离婚后未分割的财产，④若认为办理过户后买受人无论是否符合善意取得的条件均已当然取得物权，对作为权利人的另一方来说显有不公。该案中法院虽然确认合同有效，但最终仍判决否定了物权变动效果的实际发生，使得权利人得依物权请求权要求两被告配合恢复涉案房屋的登记。

四、无权处分合同买受人可以取得物权的例外——善意取得制度的合理适用

近现代以来，随着经济的发展，民事法律关系日趋复杂，古典民法理论已远远无法满足实践需要。人们在通过观念抽象前述的各种物权变动制度、使得物之占有和所有出现经常性分离，大大提高了无权处分行为出现的风险。虽然确认无权处分合同的有效性是大势所趋，但各国立法对于欠缺处分权前提下的物权变动效果大多持否定态度。为了保护交易安全，各国立法遂纷纷通过善意取得或近似制度保障善意买受人的合法权益。

在法国法中，对动产是以取得时效制度来实现保护善意取得人的效果的，其对动产的取得适用瞬时时效，因此在法国法中又被称作“即时取得”。不过法国法并未规定不动产的善意取得制度，对不动产的真实权利状况若发生争议，总是需要通过诉讼查明实体法上的权利。在德国法中，《德国民法典》在第九百三十二条直接规定了动产的善意取得制度，且虽未直接规定不动产的

④ 事实上，即便已经意识到房屋属夫妻共同财产，我国很多登记机关在实务办理中也未必会对夫妻双方是否已就转让事宜达成一致进行核实，只需登记权利人和买受人到场办理手续即可过户。

善意取得，但在第八百九十二条和第八百九十三条规定了不动产的公示公信原则，也有许多学者认为该规定即属德国法上的不动产善意取得制度，即在不动产登记簿登记的内容与真实的权利状况不相符合时，第三人因信赖登记而能确定地取得该不动产物权的制度。在瑞士法中，对动产的善意取得也是通过取得时效制度来保护的，但时效并非法国法规定的瞬时时效，一般为五年。对于不动产则是参照德国法的不动产公示公信制度来实现的。

由此可见，在大陆法系的一些早期的民法典中，除德国法中对动产的善意取得直接作出规定外，所谓的不动产和动产的善意取得，主要是通过取得时效、公示公信等其他制度来变相保护的。

不过，我国在《物权法》立法中并未规定取得时效制度，在《物权法》草案中曾出现的不动产公信制度在正式稿中亦不见其踪，[⑤] 最终是另辟蹊径，借鉴德国法中关于动产善意取得的规定，一概适用于不动产和动产之上，并创设构成要件如下：受让人受让该不动产或者动产时是善意的；以合理的价格转让；已经登记或交付。

实践中也有观点认为我国立法虽然并未直接规定不动产公信制度，但作为法理在保护无权处分受让人问题上仍得适用，笔者对此难以认同。无论立法回避不动产公信制度的原因为何，也无论立法确立的不动产善意取得制度是否为不动产公信制度的细化，若认为不动产公信制度可单独发挥作用，则受让方的主观过失在判定物权移转的问题上已不再重要，这将与我国的不动产善意取得制度产生矛盾。在目前的立法框架下，宜将善意取得制度作为无权处分受让人取得物权的唯一制度供给。

在我国善意取得制度的三个构成要件中，合理对价、交付或登记较易审查，在具体案件中的认定疑难主要表现在受让人是否善意的认定上。对此，2015年出台的最高人民法院关于适用《中华人民共和国物权法》若干问题的解释（一）第十五条、第十六条规定受让人需无重大过失。由此可见，善意取得的“善意”与前文中恶意串通的“恶意”并不是非此即彼的关系，受让

⑤ 在《物权法》起草过程中，曾在《物权法草案（全民征求意见稿）》第二十三条规定不动产登记簿的公信力，并在第一百一十一条规定了适用于动产与不动产的善意取得制度，但在最后通过的《物权法》中，立法机关将规定不动产登记簿的公信制度的条文删除，在善意取得制度中保留了不动产，形成了我国《物权法》第一百零六条的规定。

人不具有明知无处分权而受让的故意，也并不必然构成善意取得。

结合本案，对夫妻一方擅卖房屋的情况下受让人善意的判断应当作如下理解：首先，夫妻财产共同所有制作为我国的法律推定，是交易双方均应知晓的一个不可忽视的天然前提，买受人对该可能性应当负有注意义务。但是，买受人负有注意义务不代表其在核实不动产登记情况的同时，有义务需对出卖人的婚姻状况和财产分割状况进行调查核实。不动产登记具有公示性，但婚姻状况却不具有公示性，且相关财产是否属夫妻共同财产的认定较为复杂，若卖方未主动告知，买方无从得知，苛求买方调查核实将产生过高的交易成本。因此，买受人在交易过程中未主动调查核实房屋是否属夫妻共同财产并不构成重大过失。不过，若买卖过程中已有材料显示房屋系夫妻共同财产，但买受人因自身的疏漏未能注意，则应当认为买方在交易过程中存在重大过失，从而排除善意取得制度的适用。

（责任编辑：洪　波）

交通事故责任认定在道交赔偿案件中的效力分析

——王某某等诉汪某等机动车交通事故责任纠纷案

邱　灵*

【裁判要旨】

交警部门对交通事故作出的责任认定，是认定当事人交通违法行为与事故之间是否存在因果关系及因果关系大小的鉴定结论。但在道路交通事故赔偿案件中，事故责任认定不等同于赔偿责任认定，也不是确定事故各方过错的直接或唯一依据。法院在审理时应坚持事故责任认定的证据属性，充分保证当事人举证、质证的权利，结合在案证据充分审查后再确定其对事故事实的证明效力。

【案情】

原告：王某某、董某某、王某

被告：汪某、阳光财产保险股份有限公司上海市分公司（以下简称阳光保险公司）

2017年11月26日17时43分许，被告汪某驾驶牌号为××××××中型半挂牵引车牵引牌号为×××××挂重型集装箱半挂车以约28公里时速沿本市浦东新区妙香路由北向南行驶至江山路、妙香路口遇左转绿灯亮时向东左转弯，适遇受害人王某明驾驶牌号为“上海××××××××”的电动自行车以约34公里时速沿妙香路东侧机动车道由南向北遇直行信号灯红灯亮时进入路口直行至此，汪某驾驶车辆车头中部偏右与王某明驾驶车辆左侧前部碰撞后将该电动车卷入车底挤压，造成王某明受伤后经医院抢救无效于

* 邱灵，上海市浦东新区人民法院惠南法庭审判员，法学硕士。

2017年11月27日死亡及两车损坏的道路交通事故。经上海市公安局浦东分局交通警察支队分析认定，汪某驾驶机动车进入路口时疏于观察、未按操作规范安全驾驶的行为，与本起道路交通事故的发生有因果关系；王某明驾驶电动自行车违反交通信号通行、非机动车未在非机动车道内行驶且超速行驶的行为，与本起道路交通事故的发生有因果关系，双方的行为对发生本起道路交通事故所起的作用及过错的严重程度相当，汪某承担本起事故的同等责任，王某明承担本起事故的同等责任。2018年1月4日，上海市公安局浦东分局交通警察支队出具编号为310115-1896057382的公安交通管理简易程序处罚决定书，对被处罚人汪某于2017年11月26日17时43分，在江山路妙香路东约5米实施驾车时有其他妨碍安全行车的违法行为决定予以200元罚款。王某明受伤后被送至上海市第六人民医院东院抢救治疗，后于2017年11月27日死亡。牌号为××××××车辆在被告阳光保险公司处投保了机动车第三者责任强制保险（以下简称交强险）及第三者责任商业保险（以下简称商业三者险），本起交通事故发生在保险期内，商业三者险的保险金额为1000000元，并购买了不计免赔特约险。

原告王某某、董某某、王某分别系死者王某明的父亲、妻子及儿子，三原告共同诉称：本起事故造成原告方损失为医疗费38190.19元（人民币，下同）、住院伙食补助费10元、死亡赔偿金1153840元、丧葬费39024元、精神损害抚慰金50000元、误工费6900元、交通费1000元、衣物损失费500元，要求由被告阳光保险公司先在交强险范围内赔偿；上述损失中超出及不属于交强险范围的部分，要求由被告阳光保险公司在商业三者险范围内按60%比例赔偿；仍不足部分，由被告汪某按60%比例赔偿并赔偿律师费10000元。

被告汪某辩称，对事故经过无异议，对事故责任认定有异议。事故发生时，其专心驾驶车辆，无妨碍安全驾驶的行为。交警部门出具的道路交通事故认定书加重了其承担的责任。要求对事故责任进行重新确定，依据事故事实、事故成因依法确定其在本起事故中无责任。即便其作为驾驶员应承担责任，相应的赔偿也应由保险公司承担。

被告阳光保险公司辩称，对事故经过、责任认定同意被告汪某的意见。对投保事实无异议，商业三者险保险金额1000000元，有不计免赔，事故发生在保险期间内，同意在保险范围内承担赔偿责任。对原告方主张的具体损失有异议，要求法院依法确认。

在本案的审理过程中，被告汪某因不服上海市公安局浦东分局交通警察支队作出的编号为310115-1896057382公安交通管理简易程序处罚决定书的具体行政行为提出行政复议申请，上海市公安局浦东分局于2018年1月25日决定予以受理。后上海市公安局浦东分局交通警察支队八大队于2018年4月28日出具证明，载明“本大队对当事人汪某（身份证号略）开具的公安交通管理处罚决定书编号310115-1896057382予以撤销”。

【审判】

一审法院经审理认为，本案争议的焦点在于：交警部门在本起事故后出具的道路交通事故认定书在诉讼阶段是否应当然地作为认定事故双方过错的依据，从而来确定侵权方的法律责任及赔偿比例。对此，作为事故机动车一方的被告汪某坚持认为其在事故发生时专心驾驶车辆、遵守交通规则且无妨碍安全驾驶的行为，交警部门认定其承担事故同等责任的结论，加重了其责任。被告汪某在本案审理过程中，就其驾驶行为所受的行政处罚向上海市公安局浦东分局提出行政复议，后获支持并撤销了原处罚行为。

在此基础上，法院认为，关于本案的事故责任问题，虽在交警部门出具的道路交通事故认定书中认定被告汪某与受害人王某明各承担事故的同等责任，但事发时王某明驾驶电动自行车存在违反交通信号通行、非机动车未在非机动车道内行驶且超速行驶的行为，以上行为均为严重违反道路通行规定的违法行为，对本起事故的发生存在明显的过错；相应地，交警部门对被告汪某事发时疏于观察、未按操作规范安全驾驶的行为作出行政处罚决定后，经行政复议又予以撤销，足以证明被告汪某的驾驶行为对事故发生的过错程度轻微。法院综合考虑双方过错程度及事发道路状况等因素，依据过失相抵原则，确定被告汪某作为机动车一方对原告方的合理损失承担40%的赔偿责任。结合牌号为××××××车辆的投保情况，对本案原告方的合理损失，法院确认由被告阳光保险公司先在交强险责任限额内承担赔偿责任；不足部分由被告阳光保险公司根据保险合同在商业三者险责任限额内按照被告汪某所负的事故责任比例承担40%的赔偿责任；仍有不足的，由被告汪某承担

40%的赔偿责任。法院最终判决：一、被告阳光财产保险股份有限公司上海市分公司于本判决生效之日起十日内在交强险及商业三者险责任限额内赔偿原告王某某、董某某、王某574577.68元；二、原告王某某、董某某、王某于本判决生效之日起十日内返还被告汪某64000元。

一审判决后，原、被告双方均未上诉。判决生效后，双方各自履行了相应的给付义务。

【评析】

（一）交通事故责任认定的性质

无论在实务界还是理论界，都对交通事故责任认定的性质有着不同的看法，概括起来，主要有书证说、鉴定结论说、勘验检查笔录说及证人证言说四种学说。① 而在《道路交通安全法》颁布之前，还兼有具有行政可诉性的具体行政行为说、不具有行政可诉性的行政证明行为说、不属于具体行政行为的鉴定行为说等。② 之所以会产生诸多分歧，笔者认为主要有以下原因：首先，道路交通事故责任的认定主体和程序影响了人们的判断。事故责任是由公安机关交通管理部门，针对特定的人和事，依据职权作出的认定，容易令人误以为就是一种具体的行政行为。其次，“交通事故责任”本身的文意引起了误会。“责任”一词通常作为法律概念，即指在违反义务后所承担法律后果，因而事故责任常被误认为系已经过法律评价而具有拘束力和强制力。最后，立法和司法上对交通事故民事、行政、刑事责任的规定都以事故责任认定为基础，事故方应否承担相应的法律责任直接依赖于交警部门所作的事故责任认定。由此，围绕交通事故责任认定是“证据”还是“行为”以及是否可诉等问题产生过不少争论。

对此，笔者认为，从道路交通事故责任认定的制度沿革及现行法律规定的角度，已明确道路交通事故认定书的证据属性。根据法条释义，交通事故认定的内容是交通事故的基本事实、成因和当事人的责任；交通事故认定书

① 参见史乃兴：《交通肇事案件中对交通事故认定书的审查判断》，载《人民法院报》2008年1月23日。

② 参见刘东根：《试论道路交通事故责任认定的性质》，载《中国司法鉴定》2003年第1期。

是人民法院处理交通事故损害赔偿案件、确定当事人民事责任的重要证据，也是当事人自行和解或请求公安机关交通管理部门调解的重要依据。这里的“责任”不能理解为法律责任，不能将其和交通事故所引起的民事赔偿、行政或刑事责任等同起来。这是因为公共交通行为受国家法律的规范和约束，在确定道路交通事故的法律责任时以违法行为为前提。交通事故中的违法行为是指道路交通过程中，道路交通参与人违反法律规定的权利的不可侵义务以及保护他人为目的的法律所规定的义务的作为和不作为。③交通事故的责任认定本质上就是交通事故中行为人的违法行为与事故发生之间是否存在因果关系及因果关系大小的一种表达形式，其本身不是法律责任，而是追究法律责任的事实根据之一。如本案中，交警部门认定被告汪某与受害人王某明各承担事故同等责任，即是认定双方的违法驾驶行为对引起本起事故的原因力大小相当。换言之，交通事故责任认定本质上是由具备专门的交通知识及具有交通技术分析水平的公安机关交通管理部门对事故各方的违法行为与事故发生之间的因果关系（及大小）所作的鉴定行为，而该行为又是法律所规定的职责所在。

事实上，早在民国时期，分析事故成因，罗列各方行为对事故发生的作用力大小，认定各方过错比例的工作即被直呼为“鉴定”。我国台湾地区迄今依然沿用“鉴定”这一称谓，并严格区分“鉴定”与“司法”。④从证据形式的角度来看，作为事故责任认定承载形式的道路交通事故认定书在内容上具有一定的复合性，兼具勘验笔录、专家证言等特性，据此可以作为反映相关事实的依据，但其对当事人所作的责任认定是认定书的核心内容，是公安机关交通管理部门对事故发生所作的专业性的鉴定结论。

（二）交通事故责任认定在道交赔偿案件中的效力

如上文所述，现行的立法和司法上对交通事故民事、行政、刑事责任的规定都以事故责任认定为基础，事故方应否承担相应的法律责任直接依赖于交警部门所作的事故责任认定。这一点在交通事故的刑事案件中体现得尤为

③ 杨立新:《侵权责任法》，法律出版社 2012 年版，第 364 页。
④ 参见余凌云:《道路交通事故责任认定研究》，载《法学研究》2016 年第 6 期。

明显，最高人民法院《关于审理交通肇事刑事案件具体应用法律若干问题的解释》第二条、第四条明确将肇事方的事故责任确定为犯罪构成要件要素，⑤交警部门作出有效的事故责任认定直接决定着当事人是否符合犯罪构成要件而承担相应的刑事责任。同样地，在民事道交赔偿案件中，交通事故责任认定往往是认定事故各方过错大小及确定赔偿责任大小直接而唯一的依据。在本案审理过程中，被告汪某对其应承担的赔偿责任并不是最“在意”，其最大的异议恰恰在于交警部门对其所作的事故责任认定。根据被告汪某陈述，其因被认定负事故同等责任而导致其驾驶证资质被降级，从而影响其驾驶运输车辆的资格，故其在本案中不遗余力地要求推翻原事故责任认定。这也正好说明，事故责任认定与当事人的行政责任也直接挂钩。由此，如何看待交通事故责任认定在诉讼过程中的效力，显得尤为重要。

事实上，司法实践中的道路交通事故赔偿案件，因当事人异议或提出相反证据而否定交通事故责任认定结论的情况比较鲜见。笔者认为，其原因主要在于：第一，交警部门作为职能部门，认定事故责任是其法定职责，其在事发后能第一时间到达事故现场，进行现场勘验、采集证据，其对事故情况的掌握及时而客观。第二，交警部门作为职能部门，具有最专业的知识和技术能力，其对事故成因等所作的判断专业而准确。第三，交警部门作为职能部门，其在制作事故认定书时应遵循法定的程序，当事人可行使陈述、申辩的权利。法院在审理道交赔偿案件中，在没有充分的相反证据或理由的情况下，自然会选择默认交警部门所作事故责任认定的真实性和有效性。道路交

⑤ 最高人民法院《关于审理交通肇事刑事案件具体应用法律若干问题的解释》第二条规定：“交通肇事具有下列情形之一的，处三年以下有期徒刑或者拘役：（一）死亡一人或者重伤三人以上，负事故全部或者主要责任的；（二）死亡三人以上，负事故同等责任的；（三）造成公共财产或者他人财产直接损失，负事故全部或者主要责任，无能力赔偿数额在三十万元以上的。交通肇事致一人以上重伤，负事故全部或者主要责任，并具有下列情形之一的，以交通肇事罪定罪处罚：（一）酒后、吸食毒品后驾驶机动车辆的；（二）无驾驶资格驾驶机动车辆的；（三）明知是安全装置不全或者安全机件失灵的机动车辆而驾驶的；（四）明知是无牌证或者已报废的机动车辆而驾驶的；（五）严重超载驾驶的；（六）为逃避法律追究逃离事故现场的。”第四条规定：“交通肇事具有下列情形之一的，属于‘有其他特别恶劣情节’，处三年以上七年以下有期徒刑：（一）死亡二人以上或者重伤五人以上，负事故全部或者主要责任的；（二）死亡六人以上，负事故同等责任的；（三）造成公共财产或者他人财产直接损失，负事故全部或者主要责任，无能力赔偿数额在六十万元以上的。”

通事故认定书作为道路交通事故赔偿案件中的重要证据，也因其认定责任时的行政色彩，显得更具有证明力。

回到本案的判决，如果法院审理时直接采纳交警部门作出的事故责任认定结论，确认其作为证据的效力，便会直接影响到被告汪某相应的行政责任以及被告阳光保险公司的民事赔偿责任。如交通事故涉及刑事处理，更会影响到对当事人的定罪量刑。所以，法院对待交通事故责任认定，应坚持其证据属性，坚持从证据的角度来确定其效力。最高人民法院《关于审理道路交通事故损害赔偿案件适用法律若干问题的解释》第二十七条规定："公安机关交通管理部门制作的交通事故认定书，人民法院应依法审查并确认其相应的证明力，但有相反证据推翻的除外。"交通事故认定书仅是民事诉讼中证据的一种，并不具有高于其他证据的效力，其是否合法、真实，是否具有关联性，还应当在质证、认证过程中进行审查，对公安机关认定道路交通事故责任确有错误的，法院应依法纠正。被告汪某通过对其所受行政处罚行为的复议并获支持，否定了其"驾车时有其他妨碍安全行车的行为"，据此也足以推翻交警部门在事故认定书中认定其"驾驶机动车进入路口时疏于观察、未按操作规范安全驾驶的行为"的事实。法院对于交通事故认定书的证明效力进行了充分的审查，仅确认了其中的部分事实，并依据侵权责任理论的过失相抵原则，在认定被告汪某过错程度及确定其赔偿责任时有所减轻，使裁判结果更符合客观实际与公平正义。

（三）对交通事故责任认定瑕疵的救济与规范

交通事故责任认定是由公安机关交通管理部门依职权作出的确定事故原因的鉴定结论，针对的也是特定交通事故中的各方，并且也会依法对事故各方的违法行为进行法律评价，其呈现出的行政性、表意性、单方性及非规范性等特点，使其与行政机关的具体行政行为具有极大的相似性。当事故责任认定出现偏差或瑕疵时，当事人首先也会想到通过行政复议或诉讼进行救济。理论界与实务界，也对交通事故责任认定是否可诉产生过不少争议。早在1992年，最高人民法院、公安部联合发布的《关于处理道路交通事故案件有关问题的通知》就明确地指出，对责任认定不服，不得提起行政诉讼或民事诉讼，法院有权不采信公安机关出具的责任认定。2002年《最高人民法院公报》刊载了“罗伦富不服道路交通事故责任认定案”，二审法院明确指出责任认定是可诉的，“对道路交通事故进行责任认定，是公安机关根据行政法规的授权实施的一种行政确认行为。该行为……涉及当事人的权利和义务”。直到2003年《道路交通安全法》第七十三条明确了交通事故认定书的性质是“作为处理交通事故的证据”。2005年全国人大常委会法制工作委员会做出《关于交通事故责任认定行为是否属于具体行政行为，可否纳入行政诉讼受案范围的意见》，明确答复，责任认定“作为处理交通事故案件的证据使用”，“不属于具体行政行为，不能向人民法院提起行政诉讼”。⑥

目前来看，无论在法律规定上，还是根据立法机关的咨询意见，都明确了交通事故责任认定并非具体行政行为，而不具有可诉性。因此，当事人在对事故责任认定存有异议时选择行政复议或诉讼时，自然将面临“此路不通”的局面。针对此，2008年的《道路交通事故处理程序规定》（已废止）中为当事人确定了可申请复核的救济方式，该《规定》第五十一条为：“当事人对道路交通事故认定有异议的，可以自道路交通事故认定书送达之日起三日内，向上一级公安机关交通管理部门提出书面复核申请。”但在该《规定》第五十三条中又进一步规定为：“……复核审查期间，任何一方当事人就该事故向人民法院提起诉讼并经法院受理的，公安机关交通管理部门应当终止复核。”也就是说，当一方当事人因有异议提出复核申请，另一方只需提起诉讼，即可终止复核，转由法院在诉讼中来确定事故认定的效力，当事人通过复核进行救济的方式实际上形同虚设。对于法院来说，公安机关的上述规定无异于使其当了一回“甩手掌柜”，事故认定的第一手资料信息均系由公安机关获取，在当事人提出异议后，未经过复核即进入法院审查，无论是确认还是否认其证明力，皆是较为“尴尬”的处理。上述规定因此也多为人诟病。有鉴于此，在2018年5月1日实施的《道路交通事故处理程序规定》中，既保留了当事人申请复核的权利，并在“任何一方当事人就该事故向人民法院提起诉讼并经法院受理的”情况下，删除了“公安机关交通管理部门应当终止复核”的内容，修改为“公安机关交通管理部门应当将受理当事人复核申请的有关情况告知相关人民法院”。因本案的交通事故发生在新《道路交通事

⑥ 参见余凌云：《道路交通事故责任认定研究》，载《法学研究》2016年第6期。

故处理程序规定》实施之前，故被告汪某既无法通过对交通事故责任认定提起行政复议或诉讼的方式进行救济，也因为原告方提起了民事赔偿诉讼而无法通过申请复核的方式进行救济。但因被告汪某的驾驶行为受到过行政处罚，可据此提出行政复议，进而从侧面否定了其有违法驾驶的行为，以此作为证据来减轻其法律责任。

通过本案的审理与判决，笔者认为，法院在处理当事人对事故责任认定有异议的道路交通事故赔偿案件时，应更持审慎的态度。一方面，道路交通事故认定书在性质上是证据，确定其证明力时仍应立足事故事实本身，结合所有在案证据，在充分审查、详细调查后进行科学判断。另一方面，当事人对事故责任认定的救济方式相对较为单一，法院应充分保证其对事故事实进行举证的权利，必要时与公安机关交通管理部门进行沟通，在当事人申请过复核的情况下，及时了解复核情况，确保责任认定的客观性和公正性。

（四）余论

交警部门出具的道路交通事故认定书，是专业机关在第一时间在第一现场对已发生的交通事故所作的专业鉴定，其对于法院审理道交赔偿案件来说，具有举足轻重的作用。在交警部门所调查的事实及所作的责任认定出现瑕疵时，将直接影响到法院判决的公正性。而救济方式的单一和不完善，导致对事故责任的判断压力最终还是更多地集中在法官身上。如果交通事故涉及复杂的专业判断，超出了法官的判断能力，相应地认定还是回溯到公安机关处更为有利。交通事故责任认定效力的问题，实质是由谁承担涉及专业判断的过错认定，并在法院和公安机关之间来回角力。对此，有学者指出的，未来的走向，可供选择的或许有两条：一是尽快完善专家证言制度，另一个是改革责任认定制度。⑦

（责任编辑：王　茜）

⑦　余凌云：《道路交通事故责任认定研究》，载《法学研究》2016 年第 6 期。

法律文书生效后迟延履行期间的债务利息计算

——甲信托公司与邓某金融借款合同纠纷案

朱颖琦　李瑶菲*

【裁判要旨】

金钱给付类法律文书生效后，若债务人不按期履行，应当依法支付迟延履行期间的债务利息。迟延履行期间的债务利息包括一般债务利息和加倍部分债务利息。加倍支付债务利息不等于翻倍支付一般债务利息，具体的计算方式为：加倍部分债务利息＝债务人尚未清偿的生效文书确定的除一般债务利息之外的金钱债务 × 日万分之一点七五 × 迟延履行期间。应当依法并正确理解迟延履行期间债务利息的计算规则，并规范金钱给付类法律文书中对一般债务利息的认定。

【案情】

甲信托公司与邓某签订《贷款合同》，约定贷款本金为1760000元，年利率按借款本金的10.56%计算，借款期限自2017年9月29日起至2018年3月28日止，另约定未按期归还时于逾期之日起支付逾期违约金，计算方式为每日逾期违约金＝贷款合同本金 ×24%÷360日。另有《抵押合同》约定以邓某名下的房产作抵押，并办理了抵押登记。截至2018年4月12日，邓某仍未还款。甲信托公司诉请偿还本金及自逾期至实际清偿之日的利息，并实现抵押权。

* 朱颖琦，上海金融法院综合审判一庭审判员，复旦大学博士研究生。李瑶菲，上海金融法院综合审判一庭法官助理，法学硕士。

【审判】

一审法院作出判决：一、判令邓某归还甲信托公司借款本金 1760000 元；二、支付自 2018 年 4 月 13 日起至判决生效日止以本金 1760000 元为基数按年利率 24% 计收的逾期利息；三、支付律师费用 20 万元；四、以抵押房产折价、拍卖、变卖所得价款优先受偿。

一审判决后，甲信托公司提出上诉，要求改判逾期利息至实际清偿之日止。

二审审理后认为，金融借款合同纠纷中利息支付的截止时间应当根据原告诉请，并结合合同约定进行审查。原告诉请利息支付至实际清偿之日的，应予支持。根据《民事诉讼法》第二百五十三条之规定，债务人迟延履行的，应当加倍支付迟延履行期间的债务利息。根据《最高人民法院关于执行程序中计算迟延履行期间的债务利息适用法律若干问题的解释》，迟延履行期间的债务利息包括生效法律文书中根据实体法规定所确定的一般债务利息，也包括加倍部分债务利息，两者并行适用。一审判决将逾期利息支持至判决生效之日，不当减少了原告在债务人迟延履行期间的合法债权，应予改判。

二审作出判决：一、维持原审判决一、三、四项；二、变更原审判决第二项为"支付自 2018 年 4 月 13 日起至实际清偿之日止以本金 1760000 元为基数按年利率 24% 计收的逾期利息"。

【评析】

《中华人民共和国民事诉讼法》(以下简称《民事诉讼法》）第二百五十三条规定，被执行人迟延履行金钱给付义务的，应当加倍支付迟延履行期间的债务利息。这是要求债务人承担迟延履行判决给付义务相应法律后果的明确依据。但因《民事诉讼法》及其司法解释对迟延履行期间债务利息的规定比较原则，审判实践中存在对法条的不同理解，这导致具体操作时对迟延履行期间债务利息的基数范围、利率标准和计算起止时间存在不同的认定。迟延履行期间债务利息这一法律规定如果不能正确地施行，存在司法裁判的不统一，可能会影响当事人的合法权益，也有悖于法律的公平、公正原则。

一、审判实践中对迟延履行期间加倍部分债务利息的意见分歧

审判实践中对《民事诉讼法》第二百五十三条“加倍支付迟延履行期间的债务利息”的理解存在意见分歧，大致存在以下三种观点：

第一种意见认为：应当以生效法律文书确定的金钱债务利率双倍计算迟延履行期间的债务利息。按照《民事诉讼法》第二百五十三条的字面理解，当事人迟延履行生效判决，应当对其有所惩罚，惩罚的标准是双倍支付利息。具体而言，迟延履行期间，应继续以生效法律文书确定的金钱债务本金为基数，按生效法律文书确定的利率翻倍计算利息。以本案为例，债务人在迟延履行期间应当以借款本金 1760000 元为基数，按生效法律文书确定的年利率 24% 的 2 倍即 48% 计算迟延期间的利息。

第二种意见认为：应当以固定的双倍利率计算迟延履行期间的债务利息。[①] 持此意见的依据主要是 2009 年《最高人民法院关于在执行工作中如何计算迟延履行期间的债务利息等问题的批复》(以下简称《批复》)，上述《批复》认为，履行给付金钱义务，应当按照人民银行同期贷款基准利率的双倍计算迟延履行期间的债务利息。即迟延履行期间的债务利息＝生效法律文书确定的金钱债务 × 同期银行贷款基准利率 ×2× 迟延履行期间。以本案为例，假设债务人完全没有清偿任何债务，债务人在迟延履行期间应当以本金 1760000 元 +2018 年 4 月 13 日起至判决履行期间届满前以年利率 24% 计算的逾期利息 + 律师费 20 万元为基数，按人民银行同期贷款基准利率的 2 倍计算利息。

第三种意见认为：应当并行计算两种利息。首先，债务人应当按照生效法律文书确定的基数和标准支付一般债务利息；其次，债务人还应当按照固定利率日万分之一点七五支付加倍部分债务利息。持这种意见的法律依据是 2015 年《最高人民法院关于执行程序中计算迟延履行期间的债务利息适用法律若干问题的解释》(以下简称《迟延履行期间债务利息适用司法解释》)。

---

① 见薛耀：《从一则案例看双倍支付迟延履行期间的债务利息的执行》，载《政治与法律》2012 年第 8 期。

二、迟延履行期间加倍部分债务利息的性质及认定规则

（一）迟延履行期间加倍部分债务利息的性质辨析

迟延履行期间的加倍部分债务利息具有以下四点特征：一是法定性，加倍部分债务利息的执行由法律直接规定，不以申请人的专项请求为产生条件，无论当事人是否申请，迟延履行期间的加倍部分债务利息均应出现在裁判文书中，并在执行阶段予以计算。二是强制性，不因被执行人履行能力而增减。三是惩罚性，它是在生效法律文书确定的一般债务之外的利息，体现对违法者的惩戒。② 四是迟延履行期间加倍部分债务利息具有补偿性，从金钱补偿和期限利益的角度体现对权益受损害者的安抚和补给。

从迟延履行期间加倍部分债务利息的性质出发审视实践中的以上三种意见分歧，本文认为，第一种意见忽视了迟延履行期间加倍部分债务利息的法定性，体现了较为明显的对违约行为的惩罚意图。以生效法律文书确定的逾期利率翻倍计算迟延履行期间的债务利息，是对《民事诉讼法》第二百五十三条的误解。加倍支付利息不能简单等同于翻倍支付，如按此意见则可能导致迟延履行期间的利率畸高。以本案为例，迟延履行期间的利率高达48%，远远超过了《最高人民法院关于审理民间借贷案件适用法律若干问题的规定》所确定的利率上限，对债务人的惩罚过重，有违违约金的补偿性质，也不利于对社会经济生活中融资活动的规范，在审判实践中应予以避免。

第二种意见注重迟延履行期间债务利息的法定性，对非诚信履约行为的惩罚力度不足。且上述《批复》已经失效，《批复》所持裁判意见在当前的审判实践中已无法继续采用。此种意见还会导致按照银行同期贷款基准利率的双倍计算出来的利息，数额低于法律文书确定的金钱债务利息，体现不出迟延履行期间债务利息的惩罚性。另外，自2019年8月20日起，中国人民银行授权全国银行间同业拆借中心公布贷款市场报价利率，不再公布贷款基准利率，故上述计息标准已经不再具备可操作性。

② 刘卓江：《主动执行中迟延履行利息的性质及衍生问题研究》，载《法治论坛》2011年第1期。

本文认为，第三种意见遵循了债务人承担迟延履行期间加倍利息的法定性，并且较好地兼顾了惩罚性和补偿性，对债权人的利益也有比较完善的考量，司法实践中有法可依，宜予采用。

（二）迟延履行期间加倍部分债务利息的计算方法

根据《迟延履行期间债务利息适用司法解释》的规定，迟延履行期间应当并行计算：迟延履行期间的一般债务利息和加倍部分债务利息。其中，一般债务利息系根据生效法律文书确定的方法计算，即指按生效法律文书确定的基数、标准和期限计算的利息。而加倍部分债务利息由法律和司法解释所明确，其计算规则具体如下：

1．迟延履行期间债务利息的利率标准

《迟延履行期间债务利息适用司法解释》规定加倍部分债务利息的利率是日万分之一点七五，这是一个固定利率，不受生效法律文书确定的一般债务利息利率的影响，和它也不是翻倍的关系。日万分之一点七五，年利率大概在6.39%，一般而言，根据《最高人民法院关于审理民间借贷案件适用法律若干问题的规定》及其他法律法规中规定的债务利息上限为24%，加倍后利率最高可达30.39%，并未超过上述法律中规定的自然债务36%的上限，该利率兼顾了惩罚性和补偿性，相对比较合理。

2．迟延履行期间加倍部分债务利息的计算基数

前文所述审判实践中的意见分歧也体现在了对迟延履行加倍部分债务利息的基数认定：第一种意见认为，只以生效法律文书中的基本债务数额（本金）作为基数计算迟延履行期间加倍部分利息，不包括利息、违约金等。第二种意见认为，以履行期间届满前生效法律文书确定的金钱给付义务总额和诉讼费用为基数计算加倍部分利息。第三种观点认为，应以履行期间届满前生效法律文书主文中确定的金钱给付义务的总额为计算基数计算加倍部分利息，但不应包含诉讼费用。

本文认同上述第三种观点。理由在于，根据《迟延履行期间债务利息适用司法解释》中的计算公式“加倍部分债务利息的＝债务人尚未清偿的生效文书确定的除一般债务利息之外的金钱债务 × 日万分之一点七五 × 迟延履行期间”，迟延履行加倍部分债务利息的计算基数应包括基本债务数额、利息、违约金，但不包括诉讼费用。首先，迟延履行利息是对债务人迟延履行生效法律文书确定的金钱给付义务所作的一种惩罚和对债权人的补偿，是债权人的一种程序性权利。法院判决生效后，债务人必须在判决指定的期限内一次性向债权人全额支付判决确定的欠款本金、债务利息及违约金、赔偿金等。这时，判决书确定的上述各项给付内容就构成一个确定的债务履行总额（或整体），该款额应视作是法律上对债权债务的重新确定。当事人逾期履行的也是判决确定的该债务履行总额，当然应该以该基数计算迟延履行利息。其次，从货币的持有上说，基本债务数额、该基本债务数额产生的孳息及应由债务人支付的违约金等均是由债务人持有，货币的持有会产生收益，迟延履行利息的计算基数若不包括违约金及债务利息，则会使迟延履行判决的违法的人获得利益，这显然与法律规定的本意相悖。而诉讼费不是判决确定的债务总额的一部分，不同于基本债务及违约金等。诉讼费是当事人为查明事实、解决纠纷所预交的，是交由法院上交国库的，最终是归国家所有而非债权人的。根据现有诉讼费用的规定，胜诉方可向人民法院申请退回预交的诉讼费，因此，债权人不会丧失这部分货币的期限利益，故迟延履行加倍部分利息的计算基数不应包括诉讼费用。

3．迟延履行期间债务利息的起止时间

《迟延履行期间债务利息适用司法解释》第二条规定，加倍部分债务利息自生效法律文书确定的履行期间届满之日起计算；生效法律文书确定分期履行的，自每次履行期间届满之日起计算；生效法律文书未确定履行期间的，自法律文书生效之日起计算。第三条规定，双倍部分债务利息计算至被执行人履行完毕之日；被执行人分次履行的，相应部分的加倍部分债务利息计算至每次履行完毕之日。因此，迟延履行利息的计算期限应是自发生法律效力的判决、裁定和其他法律文书指定的履行期限届满的次日起计算至债务人实际偿付债务之日止。

三、正确理解迟延履行期间加倍利息对裁判结果的影响

对迟延履行期间加倍利息性质和计算规则的理解不仅影响加倍部分利息的计算，也会影响生效法律文书对一般债务利息的认定。本文案例中一审判决之所以将原告主张的“支付至实际清偿之日止”的利息调整

至“判决生效之日”，就是因为持前文所述的第一种意见，认为一般债务利息仅规定至法律文书生效之日，法律文书生效之后的利息要按《民事诉讼法》第二百五十三条的规定处理，既然法律规定了迟延履行期间的“双倍”利率，那么《民事诉讼法》的规定对债权人更为有利，而如果直接判决至“清偿之日”，债权人反而无法得到迟延履行期间“双倍”利率的法律保障。

本文认为，上述裁判观点值得商榷。按照《迟延履行期间债务利息适用司法解释》第一条的规定，迟延履行期间的债务利息，包括迟延履行期间的一般债务利息和加倍部分债务利息。迟延履行期间的一般债务利息，根据生效法律文书确定的方法计算；生效法律文书未确定给付该利息的，不予计算。按照本文案例中一审判决的结果，假设债务人最终完全没有清偿任何债务，那么从一审判决生效后履行期间届满后次日开始，债务人所要承担的迟延履行期间的利息是以（本金 1760000 元 +2018 年 4 月 13 日起至判决生效之日以年利率 24% 计算的逾期利息 + 律师费 20 万元）为基数，按日万分之一点七五计算的加倍部分利息，而判决生效后乃至迟延履行期间本来可以并行计算的一般债务利息，由于原审判决仅将利息支持至生效之日，这部分一般债务利息就不再计算。

二审法院将利息支持至“实际清偿之日”，其结果为，在同等条件下，债务人所要承担的迟延履行期间的利息既包括一般债务利息（以本金 1760000 元为基数按年利率 24% 计算），又包括加倍部分债务利息［以（本金 1760000 元 +2018 年 4 月 13 日起至判决履行期间届满前以年利率 24% 计算的逾期利息 + 律师费 20 万元）为基数，按日万分之一点七五计算］。从两者差别可以看出，一审判决的认定不但实际上削减了债权人在判决生效后乃至迟延履行期间应获得的一般债务利息，还减少了加倍部分利息的基数，对债权人的利益保护不足。

此外，法院如判决一般债务利息支付支持至法律文书生效之日，也没有考虑债务人在判决生效前主动偿还部分债务的情况。如果债务人在判决生效前实际支付了款项，但根据法律文书，其所要承担的一般债务利息还是要支付至判决生效之日。而恰恰是判决生效后一直不履行生效判决的，却如前文所述迟延履行期间不需要支付一般债务利息，其合理性也有所欠缺。

四、结论

本文认为，法院在审理涉及金钱给付的案件中，应当正确理解《民事诉讼法》《迟延履行期间债务利息适用司法解释》中关于迟延履行期间债务利息计算的规则，并行适用一般债务利息和加倍债务利息，从保障债权人利益、对迟延履行生效法律文书的行为进行适当惩罚的角度出发，尊重当事人的意思自治，进一步规范金钱给付类法律文书对一般债务利息的司法认定。

（责任编辑：沙　洵）

电子票据代理应适用严格显名主义

——原告甲证券公司与被告乙保理公司、第三人丙银行票据追索权纠纷案

孙　倩*

【裁判要旨】

电子票据代理应适用严格的显名主义。代理人除在电子商业汇票系统中签章外，还应在系统中载明代理关系以及被代理人。电子商业汇票系统中未记载代理事项的，无论相对人是否知晓代理关系，被代理人均不能依据票据之外的约定事项取得票据权利。

【案情】

原告：甲证券公司

被告：乙保理公司

第三人：丙银行

2016 年 2 月 23 日，案外人丁公司与戊公司签订《购销合同》，约定丁公司向戊公司供货，货款结算方式为电子商业承兑汇票。戊公司（出票人）据此向丁公司（收款人）开具了涉案电子商业承兑汇票，并予以承兑。

2016 年 3 月，乙保理公司与丁公司签订《应收账款转让合同》。根据该合同约定，丁公司将其在《购销合同》项下享有的应收账款债权转让给乙保理公司，同时将涉案票据背书转让给乙保理公司。

2016 年 4 月，甲证券公司作为买方、管理人，乙保理公司作为原始权益人、卖方、资产服务机构签订了《财盈二期资产支持专项计划标准条款》《财

* 孙倩，上海金融法院综合审判一庭审判员，法学硕士。

盈二期资产支持专项计划资产买卖协议》。根据该合同约定，甲证券公司为财盈二期资产支持专项计划（以下简称专项计划）的管理人，乙保理公司将包括上述应收账款以及票据项下的收益等若干项资产转让给甲证券公司，甲证券公司将以回收款为主要资金来源向专项计划的资产支持证券持有人兑付本金和预期收益。甲证券公司亦按照约定向乙保理公司支付了相应价款。

2016 年 4 月，甲证券公司作为管理人、乙保理公司作为原始权益人签订《财盈二期资产支持专项计划票据质押协议》，约定甲证券公司作为专项计划的管理人，为专项计划享有该协议约定的权利、履行该协议约定的义务，乙保理公司以涉案票据设定质押，作为《购销合同》项下货款支付义务的担保。乙保理公司认可，甲证券公司有权为设立、保护及执行质押财产质权之目的委托票据服务机构对该协议项下的质押、解除、托收、转付等事宜进行服务。

2016 年 4 月，甲证券公司作为质权人、管理人，乙保理公司作为出质人、原始权益人与丙银行共同签署了《财盈二期资产支持专项计划票据服务协议》，约定由甲证券公司委托丙银行作为票据服务银行，代表甲证券公司通过电子商业汇票系统对涉案票据进行质押签收，并对该票据的审验、保管和提示付款等事宜提供服务。2016 年 4 月 18 日，丙银行通过电子商业汇票系统对涉案票据进行质押签收，并发出付款提示。2017 年 4 月 20 日，涉案票据被拒付，理由为“承兑人不付款、开户行代拒付”。2017 年 6 月 12 日，丙银行通过电子商业汇票系统向乙保理公司以及丁公司、戊公司发出追索提示。

甲证券公司认为，《中华人民共和国票据法》(以下简称《票据法》) 第三十一条规定，以背书转让的汇票，背书应当连续。持票人以背书的连续，证明其汇票权利；非经背书转让，而以其他合法方式取得汇票的，依法举证，证明其汇票权利。甲证券公司系委托丙银行作为代理人持有票据，属于该条规定的“以其他合法方式取得汇票”，故其作为持票人、质权人提起诉讼，请求判令乙保理公司向其支付汇票票面金额 100509300 元及利息。

【审判】

一审法院经审理认为，本案的主要争议焦点在于票据质权人记载为丙银行的情形下、甲证券公司是否享有票据权利，也即甲证券公司与乙保理公司之间的票据质押法律关系是否成立。

《票据法》第五条规定："票据当事人可以委托其代理人在票据上签章，并应当在票据上表明其代理关系。"也即，票据代理行为实行严格的显名主义，代理人在代理他人为票据行为时，必须以被代理人的名义实施。这是由于，票据是完全的有价证券，票据权利的发生以票据作出为必要，票据权利的移转以票据交付为必要，票据权利的行使以票据持有为必要，换言之，在出票、背书、提示付款等票据流转的各个环节中均须以票据为媒介。而票据的便捷流通又进一步要求其适用严格的文义性，票据权利的内容以及与票据有关的一切事项均以票据上记载的文字为准。在票据法律关系中，票据当事人在票据之外的约定事项对票据权利本身没有影响，如果代理人未在票据上记明代理关系，即便其系真正被授权的代理人，被代理人亦不能因此享有票据权利。本案中，因系争汇票上并未记载代理关系，甲证券公司和丙银行之间并不成立票据代理关系。此基础上，甲证券公司主张其系以其他合法方式取得票据、即通过丙银行代表甲证券公司持有及行使票据权利的主张亦不成立。

一审法院遂于2019年4月29日作出判决：驳回甲证券公司的诉讼请求。双方均未提起上诉。一审判决已生效。

【评析】

本案所涉争议是当前电子票据资产证券化业务中出现的典型问题。受制于资产证券化行业监管和电子商业汇票系统（以下简称ECDS）实际操作的双重因素，实践中出现大量电子票据"代持"景象，即在票载权利人的表象之外，直接前后手与第三方另行达成协议，约定票载权利人仅是代理第三方接受票据背书，第三方才是实质权利人。一旦产生纠纷，第三方能否据此享有票据权利不无争议。

一、"代持"原因之探——在证券监管与ECDS夹缝中的票据ABS

根据《票据法》第十条的规定，票据的签发、取得和转让，应当具有真实的交易关系和债权债务关系。在我国，票据产生之初更多的是作为一种结算工具而存在，不能脱离真实交易而直接买卖票据，否则可能被认定为非法贴现而被取缔。

然而，对融资的迫切需求使得市场主体寻求各种可能的路径实现票据的融资、交易或是投资功能。①

本案中，甲证券公司作为管理人设计了一种资产证券化产品（见图 1），通过设立专项计划自乙保理公司处购入基础资产（即乙保理公司收购的对戊公司的应收账款以及涉案票据项下的收益权，该应收账款的支付方式为出具涉案票据），并以基础资产产生的现金流作为偿付支持发行资产支持证券，投资人交付认购资金成为资产支持证券持有人，专项计划将其获得的认购资金作为基础资产购买价款支付给乙保理公司。同时，乙保理公司将涉案票据质押给甲证券公司作为增信措施，当然，其中亦有防止票据继续流转的考量。该产品结构也是当前票据资产证券化中普遍采取的业务模式之一。

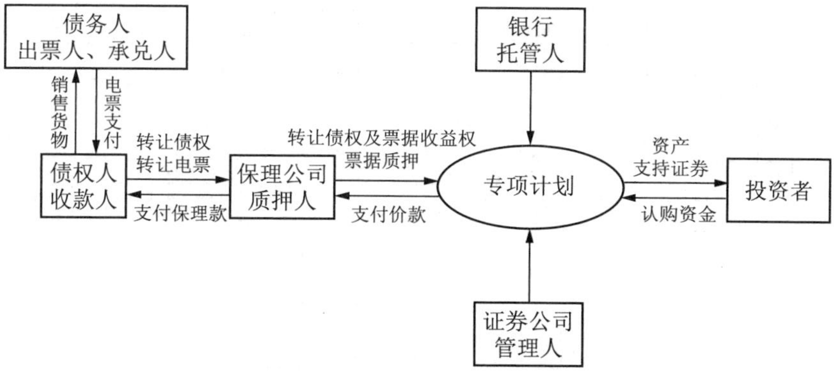

图 1

然而，在 ECDS 中，无法将涉案票据质押背书给专项计划。虽然实践中可以看到大量银行账户以某某专项计划的名义开立，但《电子商业汇票业务管理办法》第七条规定，办理电子商业汇票业务应具备组织机构代码。专项计划并不是独立的民事主体，没有组织机构代码，故不能在 ECDS 中登记为

① 参见《非法金融机构和非法金融业务活动取缔办法》（国务院令〔1998〕第 247 号）第四条，本办法所称非法金融业务活动，是指未经中国人民银行批准，擅自从事的下列活动……（三）非法发放贷款、办理结算、票据贴现、资金拆借、信托投资、金融租赁、融资担保、外汇买卖……

质权人。那么，能否将涉案票据质押背书给管理人甲证券公司？如此则又违反了资产证券化业务的监管要求。根据《证券公司资产证券化业务管理规定》第三条的规定，因专项计划资产的管理、运用、处分或其他情形取得的财产，归入专项计划资产。专项计划资产必须独立于管理人的固有财产，故也不能将质权登记在甲证券公司名下。

于是，甲证券公司与乙保理公司找到丙银行，三方约定乙保理公司将涉案票据质押背书给丙银行，丙银行系代理甲证券公司持有票据，真正质权人为甲证券公司。在当前ECDS的实际操作中，系统无法标注代理关系，乙保理公司只能将票据要么发送给甲证券公司，要么发送给丙银行，而对于丙银行来说，只有“接受”或“拒绝”两个选项，故而从ECDS所登记事项看，丙银行系涉案票据的质权人，同样也是丙银行发起了涉案票据的提示付款和追索（见图2）。

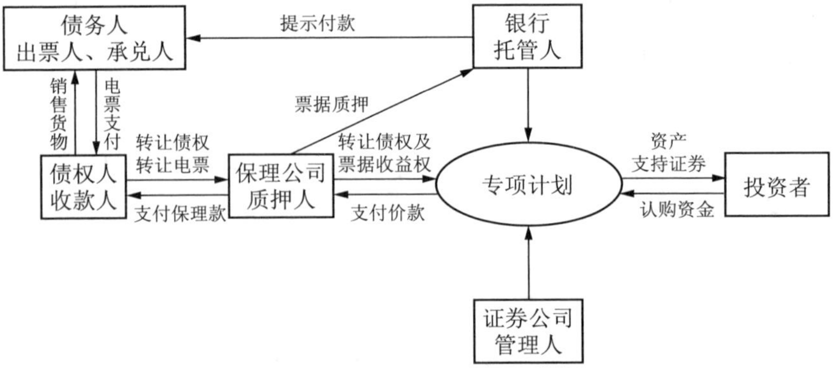

图2

二、观点之争——严守文义性抑或尊重当事人约定

对于甲证券公司能否行使票据追索权，一种观点认为，甲证券公司不享有票据权利。文义性是票据的基本性质，即持票人行使票据权利须以票据表面记载内容为准。按此原则，原告并未在涉案票据上签章，并非票据法意义上的持票人，故不享有票据权利。

另一种观点认为，甲证券公司是实际质权人。本案系票据直接前后手之间的争议，而乙保理公司对于丙银行仅作为代理人持有票据、票据权利由甲证券公司享有是明知的，丙银行对此也予以确认，且从票据的流转来看，质权人为流转的最后一环，对于票据出票人来说，其承担的是最终的付款义务，确认何者系持票人并未额外增加其负担。故甲证券公司对乙保理公司主张权利并不影响其他票据当事人的权利义务。另外，如果认定丙银行为持票人，其可能因与乙保理公司无真实基础交易关系无法主张票据权利，如此则出现无人享有质权的僵局。

三、裁判观点——票据代理应适用严格显名主义

民事主体可以通过代理人实施民事法律行为。代理制度拓宽了民商事主体活动的时间、空间、能力范围，是民商事领域不可或缺的一环。在我国，《民法总则》仅规定了显名代理，故一般民商事法律关系中以显名代理为原则，② 但并不禁止隐名代理。例如，我国《合同法》第四百零二条规定，对于受托人以自己的名义、在委托人授权范围内与第三人订立的合同，第三人在订立合同时明知代理关系的，该合同直接约束委托人和第三人。根据特别规定优于一般规定的原则，在民法典施行前，该条规定可继续适用。有学者认为，这是从法律层级上承认了隐名代理，且隐名代理可转化为直接代理。③ 但是，《票据法》第五条规定："票据当事人可以委托其代理人在票据上签章，并应当在票据上表明其代理关系。"本案中，显然，涉案票据上并未标注代理关系，那么甲证券公司得否援引上述《合同法》的规定，主张乙保理公司明知代理关系从而要求其履行付款义务？笔者认为，与合同关系不同，票据代理应适用严格的显名主义，代理人在代理他人为票据行为时，必须以被代理人的名义实施。

首先，票据是完全的有价证券，有价证券并非仅仅是权利凭证，其所表彰的权利是当事人通过证券本身所创设的权利。票据权利的发生以票据作出为必要，票据权利的移转以票据交付为必要，票据权利的行使以票据持有为必要。换言之，在出票、背书、提示付款等票据流转的各个环节中均须以票据为媒介。而票据的便捷流通又进一步要求其适用严格的文义性，票据行为的内容以及与票据有关的一切事项均以票据上记载的文字为准，即使文字记

② 《中华人民共和国民法总则》第一百六十二条规定，代理人在代理权限内，以被代理人名义实施的民事法律行为，对被代理人发生效力。

③ 参见梁慧星：《中国民法典草案建议稿附理由（总则编）》，法律出版社2004年版，第228页。

载与实际情况不一致，也不允许当事人以票据文字记载以外的证据变更票据文义。④虽然《票据法》出台之际针对的是纸质票据，但票据的文义性等基本原则同样适用于电子票据。

从票据流通性的角度来看票据代理，代理行为由代理人作出，但其行为后果由被代理人承担，这种行为和责任的分离应当在票据上加以体现，使票据当事人可以简便、高效、快捷地识别权利人或责任承担方，否则无法实现票据的便利流转。正因如此，各国立法也通常要求票据代理应当在票据上表明代理关系。例如，《日内瓦统一汇票本票法公约》第十八条规定，如背书上有“为收款”“为托收”“委托代理”或其他表明单纯委托之记载，持票人得行使汇票上之一切权利，但仅得以代理人资格背书。《美国统一商法典》第三至第四百零三条亦明确规定，经授权之代理人签名于票据之上而未在票据上记明被代理人，也未记明他是以代理人资格签名的，应自负其责。1988 年通过的《联合国国际汇票和国际本票公约》尚未生效，不过该公约对票据代理行为作了详尽而细致的规定，指出仅以票载内容判断是否存在代理关系，代理人虽经授权在票据上签字但未表明代理关系的，则应由签字人承担票据责任。上述公约第三十六条规定，代理人经委托人授权在票据上签字，并且票据上显示他是以指明的该一委托人的代表身份签字，或经委托人授权由代理人在票据上签委托人的名字，则此签字应由委托人而非代理人承担责任。经授权签字的代理人在票据上签字但未在票据上显示他是以某一指明的人的代表身份签字，或虽在票据上显示他是以代表身份签字但未指明他所代表的人的姓名，则此签字应由在票据上签字的人而非他声称他所代表的人承担责任。票据上的签字是否以代表身份作出的问题，仅以票据上的内容为准。⑤我国《票据法》第五条也明确规定应当在票据上表明其代理关系。

其次，与合同关系相比，票据法律关系有其自身特殊性。合同具有相对性，合同一方当事人在转让其合同权利或义务后即可自原合同关系中脱离出来，而票据当事人一旦参与票据流转，就应对后手承担票据责任，并不因其

④ 参见谢怀栻：《票据法概论》，法律出版社 2017 年版，第 47 页。

⑤ 见联合国公约与宣言检索系统 https：//www.un.org/zh/documents/treaty/files/A-RES-43-165.shtml，访问日期 2019 年 6 月 10 日。

转让票据权利而免除担保义务。

具体到本案，虽然涉案票据经质押背书后不能再行背书转让，甲证券公司也仅向乙保理公司、也即丙银行的直接前手主张票据权利，乙保理公司又与甲证券公司、丙银行签订了三方协议，似乎本案仅涉及直接前后手之间的权利义务关系，然而，票据流转过程中的其他票据当事人并未退出票据法律关系，在保护质权人权利的同时亦不能损害其他票据当事人的正当权利。由于在 ECDS 中，票据当事人并不持有附着于有形载体之上的票据，不存在空白背书的可能性，因而，当事人只能以系统记载事项来判断持票人。而一旦认定甲证券公司为持票人，则其他当事人将面临向票据记载当事人以外的市场主体承担义务的局面，如此则将不适当地加重了票据其他当事人甄别持票人的负担，也增加了票据的流通成本，与票据本义相悖。

基于以上考虑，本案认定，在电子票据代理法律关系中，代理人应在票据上同时记载如下事项：第一，被代理人的姓名或名称；第二，表明为本人代理的意思；第三，代理人签名或盖章。三者缺一不可。在前述记载事项之外，票据当事人另行约定的事项对票据权利本身没有影响。如果代理人未在票据上记明代理关系，即便其系真正被授权的代理人，被代理人亦不能因此享有票据权利。本案中，因涉案票据上未记载被代理人和为本人代理的意思，甲证券公司与丙银行之间并不成立票据代理关系，故甲证券公司主张其系以其他合法方式取得票据、即通过他人代理持有及行使票据权利的主张亦不成立。最终，法院判决驳回甲证券公司的诉讼请求。

四、结语

票据与资产证券化的结合在一定程度上解决了中小企业融资难的问题，符合市场需求，其存在具有经济实益和商业合理性。而随着中国人民银行开通运行 ECDS、大力推行电子票据，⑥ 目前票据市场上九成商业承兑汇票系

⑥ 2009 年 10 月，中国人民银行建成运行电子商业汇票系统，正式推出电子商业汇票。2016 年 8 月，中国人民银行发布《中国人民银行关于规范和促进电子商业汇票业务发展的通知》，要求自 2017 年 1 月 1 日起，单张出票金额在 300 万元以上的商业汇票应全部通过电票办理；自 2018 年 1 月 1 日起，原则上单张出票金额在 100 万元以上的商业汇票应全部通过电票办理。

以电子形式开具，电子票据取代纸质票据成为大势所趋。市场主体如果采用隐名代理的方式进行票据流转，将导致无法主张票据权利的风险。在此背景下，如何改进金融创新模式，促进票据融资功能的回归，尚有待进一步探索。

（责任编辑：董　庶）

上海市高级人民法院
关于充分发挥审判职能作用　为依法防控疫情
提供司法服务和保障的指导意见

为深入贯彻落实习近平总书记关于新型冠状病毒感染肺炎疫情防控工作的系列重要指示精神，全面落实中央、市委和最高法院关于疫情防控的部署和要求，充分发挥司法职能作用，保障人民群众生命安全和身体健康，保障疫情防控工作顺利开展，保障经济健康发展和社会稳定有序，根据市委、市人大关于疫情防控的相关要求和决定精神，结合上海法院的工作实际，制定以下指导意见。

一、提高站位，充分认识发挥司法职能作用为疫情防控、经济发展和社会稳定提供司法保障的重要意义。做好新型冠状病毒感染的肺炎疫情防控是当前压倒一切的最重要工作。全市各级法院要提高政治站位，充分认识疫情防控工作的重要性、紧迫性和艰巨性，切实把思想和行动统一到中央、市委、最高人民法院的决策部署和工作要求上来；充分发挥好司法职能作用，着力提升依法防控、依法治理能力，大力加强审判执行工作，为打赢疫情防控阻击战、助力经济发展和维护社会稳定提供有力的司法服务和保障。

二、加强网络司法服务，推进民事诉讼程序繁简分流改革，促进矛盾纠纷高效化解。大力推进在线诉讼服务，积极通过上海法院 12368 微信公众号、上海移动微法院和一网通办“诉讼服务”、上海市高级人民法院网站等在线方式办理相关诉讼事务。积极推广网上开庭、网上听证，开展远程视频接待，创新审理方式，加强与当事人的电话、短信平台联系。强化网上多元调解，充分运用上海法院多元解纷平台和委托委派调解等方式，在线开展调解，确保矛盾纠纷高效解决、诉讼服务畅通便利、信访接待规范有序。加快推进民事诉讼程序繁简分流改革试点，优化司法确认程序、完善小额诉讼程序、完善简易程序规则、扩大独任制适用范围、健全电子诉讼规则，对简易民商事案件做到快速立案、快速审理、快速执行。

三、依法惩治与疫情防控有关的刑事犯罪，努力营造安定的社会治安环境。认真贯彻两高两部《关于依法惩治妨害新型冠状病毒感染肺炎疫情防控违法犯罪的意见》以及国家卫生健康委等《关于做好新型冠状病毒肺炎疫情防控期间保障医务人员安全维护良好医疗秩序的通知》，积极履行职责，依法从严惩处抗拒疫情防控措施、故意传播病原体、侵犯医务人员安全、扰乱医疗秩序、制假售假、哄抬物价、诈骗、聚众哄抢、造谣传谣、疫情防控失职渎职、贪污挪用、破坏交通设施、破坏野生动物资源等妨害疫情防控的违法犯罪行为，切实保障人民群众生命安全和身体健康，为企业正常生产经营营造安定的社会治安环境。严格把握刑事犯罪的认定标准，严格界定企业在生产自救过程中的行为性质，审慎把握罪与非罪的界限，坚决防止把经济纠纷认定为刑事犯罪，确保企业安心生产经营。

四、高效化解与疫情防控有关的民商事纠纷，努力营造法治化营商环境。对因疫情影响，当事人不能履约或履约对当事人权益造成重大影响的，应依照公平、诚实信用等原则，综合考量当事人之间的约定、疫情的发展阶段、疫情与履约不能或履约困难之间的因果关系以及疫情影响的程度等因素，根据不可抗力或情势变更等相关规定，并结合案件具体情况，妥善处理。加强与人民调解组织、行业调解组织、仲裁机构之间的协调配合，在平衡各方利益的前提下实质性化解纠纷，最大限度地减少当事人的负担。依法保障当事人在疫情防控期间的诉讼时效利益，对确因疫情影响不能及时行使请求权的，根据当事人申请依法适用诉讼时效中止等规定；对因疫情防控需要，确需中止案件审理或延长审限的，可在审限中予以扣除。

五、充分发挥知识产权司法保护的主导作用，加大涉疫情防控相关药品、商品等的知识产权司法保护力度。充分运用知识产权民事、刑事、行政“三合一”审判机制，依法保护与疫情防治相关的诊断检测技术、抗病毒药物、医用呼吸防护产品、环境消毒与废物处理等方面的知识产权。依法快速审理涉疫情防控相关药品知识产权纠纷，加大对新药产品专利或制造方法专利的保护力度，严厉制裁生产、销售侵犯注册商标专用权、专利权的口罩、医用手套、护目镜、防护服、隔离服等防护用品、消毒用品和抗病毒药品等的违法行为，切实发挥好相关企业在疫情防控防治中的积极作用。

六、健全完善企业救治和退出机制，积极缓解企业融资难题，有效防控金融风险。对企业受疫情影响较大引发的金融借款纠纷，依法审慎审查金融机构提出的借款提前到期、单方解除合同等主张，促进金融机构以展期续贷、分期还款协议等方式协商解决纠纷，努力降低企业融资、解纷成本。依法规范商业银行、融资租赁公司、保理公司、典当公司、小额贷款公司等金融机构和市场主体经营行为，对金融机构变相收取高额利息等情形的，就超出法律、法规和司法解释允许范围的利息部分，依法不予保护。充分运用发布典型案例、司法建议等方式，规范金融机构和市场主体的经营行为，防范金融风险。依法积极稳妥推进破产案件审理，加强涉疫情防控物资生产经营企业的重整、和解工作，促使企业恢复信用和活力，依法、灵活、及时处置涉疫情重要物资。

七、坚持依法维护劳动者合法权益与促进企业生存发展并重的原则，加大疫情防控期间危困企业的支持力度。结合企业的实际情况，依法妥善处理因疫情影响而引发的劳动争议，既充分保护劳动者的合法权益，又要注重保障企业的生存发展。联合人力资源管理部门、劳动仲裁机构，引导企业与职工在疫情防控期间灵活采取调整薪酬、轮岗轮休、缩短工时等方式，促进劳动关系和谐稳定，妥善处理因受疫情影响而导致的追索劳动报酬等案件。加大对危困企业申请诉讼费用减、免、缓的支持力度，适当调低申请财产保全的危困企业的保证金比例或采取灵活担保方式。

八、充分发挥行政审判的职能作用，依法支持保障政府开展疫情防控工作。对市政府出台的疫情防控政策规定、支持服务企业抗疫情稳发展的举措，以及针对隐瞒病史、逃避隔离医学观察等行为采取的行政处罚及强制措施，依法予以保障实施。稳妥审理涉失业保险稳岗返还、推迟调整社保缴费基数、延长社会保险缴费期等政策实施中发生的行政案件，平衡好企业减负与维护职工合法权益之间的关系。依法审理疫情防控期间涉及查处制售假冒伪劣商品以及哄抬物价、不正当竞争等扰乱、破坏市场秩序等违法行为的行政处罚案件，保障市场正常生产经营秩序。

九、强化善意文明执行，提升执行工作的规范化和精准化，保障防疫物资生产企业正常经营。对生产经营受疫情影响暂时困难但能适应市场需要、尚有发展潜力和经营价值的企业，依法慎用强制执行措施，积极促成当事人达成执行和解。因疫情需要生产加工疫情防控产品的被执行人，可暂缓采取查控措施、纳入失信和限制消费措施。对明确专用于疫情防控的资金和物资，不宜采取查封、冻结、扣押、划拨等保全和强制执行措施。对被列入失信名单的疫情防控物资生产经营企业，可根据具体情况，及时恢复企业信用，许可其恢复生产防疫物资。

十、加强组织领导，强化贯彻落实，统筹推进疫情防控期间司法服务保障工作。市高院要加强组织领导，明确职责分工，加强分析研判，各部门要守土有责、守土尽责，强化条线指导，提高疫情防控期间各类案件的审判质效，促进法律适用统一，统筹协调推进好疫情防控期间的司法服务保障工作。全市法院要加强协同配合，及时沟通，形成整体合力，为打赢肺炎疫情阻击战提供坚实的法治保障。

（责任编辑：陈树森）

关于涉新冠肺炎疫情案件法律适用问题的系列问答（一）（二）（三）（四）

上海市高级人民法院课题组*

编者按： 为积极推进涉及新冠肺炎疫情案件的适法统一工作，切实提高疫情防控的法治化水平，上海市高级人民法院根据《关于充分发挥审判职能作用为依法防控疫情提供司法服务和保障的指导意见》，组成涉疫情案件法律适用问题专项课题组，就当前及今后一段时间内涉及疫情案件法律适用的热点、难点问题及程序事项等进行了认真研究，梳理形成了《关于涉新冠肺炎疫情案件法律适用问题的系列问答》（以下简称《问答》），分批印发全市法院，供审判执行工作参考。全市法院在实践中遇到涉及疫情案件法律适用方面的新情况、新问题，请及时通过“上海法院法律适用疑难问题网上咨询系统”向上海市高级人民法院反馈。

关于涉新冠肺炎疫情案件法律适用问题的系列问答（一）

问题 1. 当事人因受疫情影响，无法在起诉期限内向法院提起诉讼的，受疫情影响期间是否应计算在起诉期限内？

答： 原则上不应计算在起诉期限内。当事人在向法院起诉时，主张存在上述应予扣除起诉期限情形的，应提供患新冠肺炎、疑似新冠肺炎患者或者因疫情防控被隔离等受疫情影响的证据。

问题 2. 疫情防控期间是否适用时效中止或者诉讼中止的规定？

答： 2020 年 1 月 20 日，国家卫生健康委员会发布公告，宣布将新冠肺炎

* 课题组由研究室、立案庭、申诉审查庭、民事审判庭、商事审判庭、知识产权审判庭、海事及海商庭、金融审判庭、行政审判庭、审判监督庭、执行局、审判管理办公室等部门组成。

纳入《中华人民共和国传染病防治法》规定的乙类传染病，并采取甲类传染病的预防、控制措施；上海市已启动重大突发公共卫生事件一级响应。因此，在新冠肺炎疫情防控期间，原则上可将政府采取的疫情防控措施理解为不可抗力。当事人因受疫情影响，相关诉讼活动不能正常参加的，根据《中华人民共和国民法总则》《中华人民共和国民事诉讼法》《中华人民共和国突发事件应对法》等相关规定，可以适用有关时效中止和诉讼中止的规定，但法律另有规定的除外。

法律规范：

《中华人民共和国民法总则》

第一百九十四条　诉讼时效期间的最后六个月内，因下列障碍，不能行使请求权的，诉讼时效中止：

（一）不可抗力；

……

（五）其他导致权利人不能行使请求权的障碍。

自中止时效的原因消除之日起满六个月，诉讼时效期间届满。

《中华人民共和国民事诉讼法》

第一百五十条　下列情形之一的，中止诉讼：

（四）一方当事人因不可抗拒的事由，不能参加诉讼的；

……

（六）其他应当中止诉讼的情形。

中止诉讼的原因消除后，恢复诉讼。

《中华人民共和国突发事件应对法》

第三条　本法所称突发事件，是指突然发生，造成或者可能造成严重社会危害，需要采取应急处置措施予以应对的自然灾害、事故灾难、公共卫生事件和社会安全事件。

第十三条　因采取突发事件应对措施，诉讼、行政复议、仲裁活动不能正常进行的，适用有关时效中止和程序中止的规定，但法律另有规定的除外。

问题3. 疫情防控期间，案件是否可延期开庭？公告案件开庭时间能否顺延？

答：疫情防控期间，因受疫情影响，当事人可以向法院申请延期开庭；法院也可依法决定延期开庭，但需提前告知当事人。承办法官对受疫情影响的案件，可视情办理审限中止、延长手续。

在疫情防控期间开庭的公告案件，如具备条件的，可采取在线庭审或线下方式按期开庭；如不具备条件的，可视情延期审理。

问题 4. 疫情防控期间，案件上诉期如何计算？上诉材料如何递交？

答：上诉期届满时间在春节延长假期内的，可顺延至假期结束后第一个工作日。春节假期结束后，当事人因不可抗拒的事由或者其他正当理由耽误期限的，在障碍消除后的十日内，可以申请顺延期限，是否准许，由人民法院决定。上诉材料可通过上海法院 12368 微信公众号、上海移动微法院和一网通办“诉讼服务”等网上渠道递交或通过邮寄方式提交。

问题 5. 疫情防控期间，因邮寄送达诉讼文书不便，经当事人同意后，是否可通过其他途径送达？

答：疫情防控期间，可通过电子送达途径完成诉讼文书送达，包括中国审判流程信息公开网电子送达平台、上海法院 12368 微信公众号、上海移动微法院和一网通办“诉讼服务”等。

问题 6. 疫情防控期间，案件宣判是否可不寄送宣判传票，直接邮寄判决书？

答：如具备条件的，案件宣判可通过在线庭审方式进行；不具备条件的，经当事人同意后，可通过电话、短信等形式向当事人说明情况（含判决内容），并邮寄判决书。

问题 7. 疫情防控期间，当事人举证期限是否可以延长？

答：疫情防控期间，如需向当事人送达举证通知书的，法院可酌情延长举证期限；已经向当事人送达举证通知书的，当事人提出因受疫情影响，在举证期限内提供证据存在困难的，法院可酌情延长举证期限。

法律规范：

《最高人民法院关于民事诉讼证据的若干规定》

第五十二条　当事人在举证期限内提供证据存在客观障碍，属于民事诉讼法第六十五条第二款规定的“当事人在该期限内提供证据确有困难”的情形。

前款情形，人民法院应当根据当事人的举证能力、不能在举证期限内提供证据的原因等因素综合判断。必要时，可以听取对方当事人的意见。

问题8. 在执行和解约定期限内，被执行人因受疫情影响而未按约履行的，是否适用不可抗力条款？执行和解协议履行期限是否可以延长？

答：经查证确因受疫情影响而未按约履行执行和解协议的，可认定适用不可抗力相关规定；申请执行人要求恢复执行的，法院应告知申请执行人，被执行人未按约定期限履行属于不可抗力，不符合申请恢复执行的条件，相关履行期限可适当顺延。

问题9. 疫情防控期间，执行拍卖中无法进行现场查看的，该如何处理？

答：在疫情防控期间，鉴于现场查看等工作难以正常开展，相关拍卖工作可视情撤回拍卖或中止拍卖。

问题10. 本应被采取限制消费或纳入失信被执行人名单、但与疫情防控需要相关的生产经营企业，是否可以免除限制消费或纳入失信被执行人名单的执行措施？

答：根据疫情防控工作的需要，可以从善意文明执行角度出发，针对上述情形对上述企业暂缓采取限制消费或纳入失信被执行人名单措施，以更好地保障疫情防控工作，但应做好备案审批。

问题11. 因受疫情影响，当事人不能在法定六个月期间内向法院提起撤销仲裁裁决申请的，如何处理？

答：参照《中华人民共和国民事诉讼法》有关规定，当事人可在受疫情影响消除后十日内向法院提出顺延期限申请；同时提供如疫情期间其所处地点的证明、当地政府关于防控期限、防控措施的文件等依据，由法院审查决定是否准许。

法律规范：

《中华人民共和国民事诉讼法》

第八十三条　当事人因不可抗拒的事由或者其他正当理由耽误期限的，在障碍消除后的十日内，可以申请顺延期限，是否准许，由人民法院决定。

关于涉新冠肺炎疫情案件法律适用问题的系列问答（二）

问题1. 处理涉新冠肺炎疫情合同纠纷案件的基本原则有哪些？

答：处理涉及新冠疫情肺炎的合同纠纷案件，注重把握四个方面的原则：一是坚持利益衡平原则，妥善化解矛盾纠纷。在具体案件审理中，既要依法平等保护各方当事人的合法权益，又要积极引导当事人秉持调解协商、互谅互让、共担风险、共渡难关等原则，妥善化解矛盾纠纷，切实维护经济发展和社会稳定。二是坚持合同严守原则，鼓励合同按约正常履行。对于疫情防控期间合同可以履行的，应鼓励当事人双方按照合同约定继续履行；对于合同能够履行而拒绝履行的，应承担违约责任。对于确因疫情影响，合同不能按约履行的，应考虑引导当事人协商变更合同，采取替代履行或者延迟履行等方式履行合同义务；如果替代履行不能或者延迟履行将导致合同目的无法实现的，可应当事人请求解除合同。三是坚持公平公正原则，审慎处理合同解除问题。对于因疫情影响，合同目的无法实现或者继续履行合同对一方当事人明显不公，当事人请求法院变更或解除合同的，应综合考虑当事人的约定、疫情的发展阶段、疫情对当事人实际影响的时间、程度等因素，公平处理。四是坚持实事求是原则，依法适用不可抗力或情势变更等原则。对于非金钱债务构成不可抗力情形的，除非法律另有规定，当事人可以根据不可抗力与合同不能履行之间的因果关系及原因力大小，结合案件情况，按照原因与责任相适应原则，主张部分或者全部免除责任；对于金钱债务发生履行障碍的，一般不适用不可抗力条款免责。虽然不构成不可抗力，但受疫情影响履行合同对一方当事人明显不公平的，可以参照情势变更原则处理。需要注意的是，有关情势变更原则的适用程序较为严格，在司法实践中须审慎把握。

法律规范：

《中华人民共和国合同法》

第一百零九条　当事人一方未支付价款或者报酬的，对方可以要求其支付价款或者报酬。

第一百一十条　当事人一方不履行非金钱债务或者履行非金钱债务不符

合约定的，对方可以要求履行，但有下列情形之一的除外：

（一）法律上或者事实上不能履行；

（二）债务的标的不适于强制履行或者履行费用过高；

（三）债权人在合理期限内未要求履行。

《最高人民法院关于适用〈中华人民共和国合同法〉若干问题的解释（二）》

第二十六条　合同成立以后客观情况发生了当事人在订立合同时无法预见的、非不可抗力造成的不属于商业风险的重大变化，继续履行合同对于一方当事人明显不公平或者不能实现合同目的，当事人请求人民法院变更或者解除合同的，人民法院应当根据公平原则，并结合案件的实际情况确定是否变更或者解除。

问题2. 新冠肺炎疫情是否属于不可抗力？

答：根据《中华人民共和国民法总则》第一百八十条和《中华人民共和国合同法》第一百一十七条的规定，新冠肺炎疫情被认定为突发公共卫生事件后，为保护人民群众身体健康和生命安全，政府及有关部门采取了相应疫情防控措施。对于因此不能履行合同或不能及时行使权利的，新冠肺炎疫情发生宜认定属于不能预见、不能避免并不能克服的不可抗力。

法律规范：

《中华人民共和国民法总则》

第一百八十条　因不可抗力不能履行民事义务的，不承担民事责任。法律另有规定的，依照其规定。

不可抗力是指不能预见、不能避免且不能克服的客观情况。

《中华人民共和国合同法》

第一百一十七条　因不可抗力不能履行合同的，根据不可抗力的影响，部分或者全部免除责任，但法律另有规定的除外。当事人迟延履行后发生不可抗力的，不能免除责任。

本法所称不可抗力，是指不能预见、不能避免并不能克服的客观情况。

问题3. 新冠肺炎疫情认定为不可抗力，起止时间如何确定？

答：根据具体案件中新冠肺炎疫情对合同履行、合同目的的实现或当事人行使权利的实际影响来确定。一般可根据合同履行地或当事人住所地的省级人民政府启动和终止重大突发公共卫生事件响应的时间来确定。当事人住所地或合同履行地省级人民政府未启动重大突发公共卫生事件响应的，可依据上海市人民政府启动和终止重大突发公共卫生事件响应的时间来确定。

问题4. 涉新冠肺炎疫情的民商事案件，如何理解与适用《中华人民共和国合同法》第一百一十八条的规定？

答：根据《中华人民共和国合同法》第一百一十八条规定，因受疫情影响发生合同履行障碍时，债务人应基于诚实信用原则及时通知债权人，并在合理期限内提交发生不可抗力事实的证明。对于该条规定的通知义务和证明义务，实践中不宜作过高要求。

法律规范：

《中华人民共和国合同法》

第一百一十八条　当事人一方因不可抗力不能履行合同的，应当及时通知对方，以减轻可能给对方造成的损失，并应当在合理期限内提供证明。

问题5. 因受疫情影响导致合同履行迟延，例如买卖合同的出卖人迟延发货，是否可以适用不可抗力作为免责事由？

答：在疫情防控期间，造成履行迟延等违约责任，当事人以不可抗力主张免责时应区分具体情况，主要看疫情防控措施对义务履行的影响。

对于金钱给付义务，基于疫情防控措施一般不会影响金钱债务的履行，除非涉及金融市场延期开市等特殊情况，一般不能以疫情防控措施主张免责。

对于非金钱债务的履行，例如货物买卖的出卖人因疫情防控需要而迟延复工、被采取隔离措施、国家征用等导致无法正常履行交货义务，一般可以不可抗力为由主张免除或部分免除履行义务或要求延期履行。

问题6. 商业用房承租人能否主张减免疫情期间的房屋租金？

答：应根据具体案情作出相应处理。如受疫情影响房屋无法正常使用，承租人以此要求出租人减免房租的，一般可予支持。如疫情并未影响承租人实际占有使用房屋，仅基于疫情期间客流减少等原因造成承租人营业收益受到影响的，一般不免除承租人的租金给付义务；如对承租人营收产生重大减损的，可依据公平原则酌情调整租金。

问题 7. 居住房屋承租人能否主张减免疫情期间的房屋租金？

答：应引导当事人协商解决。协商不成的，可结合合同约定的租期及履行方式、房屋实际占有使用情况、疫情影响程度等综合考量，按照公平原则妥善处理。如因出租人主动限制或房屋所在地采取管控措施等导致承租人实际无法使用房屋，承租人提出减免租金请求的，一般予以支持。如疫情不影响承租人居住使用房屋，且承租人不存在感染新冠肺炎住院治疗或被隔离等无法使用房屋的客观情形，承租人提出减免租金请求的，一般不予支持。

问题 8. 建设工程因疫情影响而停工的，是否可以适用不可抗力作为免责事由？

答：根据疫情防控工作要求，建设工程停工或迟延复工的，施工人可以以不可抗力为由提出免责或部分免责主张，但其应按合同约定的程序，及时向监理、业主方提交相应签证单，办理相关确认手续。

需要注意的是，在建设工程施工合同下，如果仅是因为疫情防控要求停工或者迟延复工的，则施工方可以主张免除的是逾期完工的违约责任，除非按照发包方要求取消整体施工合同。

问题 9. 当事人基于疫情取消旅游计划，要求解除旅游合同，是否需要承担违约责任？

答：根据疫情防控需要确实无法出行，当事人以不可抗力为由请求解除旅游合同，一般应予支持。

但对于无法退还的实际发生费用如签证费用、境外预订费用等，双方应本着相互理解、共同抵抗疫情原则协商解决；双方难以达成一致意见的，可依据诚实信用原则、公平原则予以处理。

问题 10. 商铺、酒店、船舶、航空器等承包经营合同由于疫情防控措施造成停业或者客流量明显下降，承包人能否要求变更合同？

答：此类承包经营合同具有明显的营利性。当因采取疫情防控措施造成停业或者客流明显减少时，给承包人造成的损失显然超出一般商业风险的，应积极促成当事人协商解决，承包人可以以继续履行合同其明显不公等为由请求减免相应承包期间的费用或请求变更相应的合同内容。

问题 11. 文艺演出、演唱会、体育比赛等因疫情而取消，活动组织方是否需要承担违约责任?

答: 此类活动具有明显的聚众性。疫情发生对于此类合同履行构成不可抗力的，购票人可申请组织方退票处理，且各方均不需要承担合同解除的违约责任。

问题 12. 公共承运人以旅客或者货物来自疫情重点地区而拒绝承运的，是否违反公共运输承运人的强制缔约义务?

答:《中华人民共和国合同法》第二百八十九条规定，从事公共运输的承运人不得拒绝旅客、托运人通常、合理的运输要求。其目的在于避免公共运输承运人的垄断性；而在疫情防控期间，公共运输承运人基于公共利益考虑，为防止疫情传播，拒绝运输有可能造成疫情传播的旅客或者货物的要求并不违反该强制缔约义务。

需要明确的是，上述处理必须是基于有关部门疫情防控的通知要求或者确有必要。没有正当理由，承运人拒绝合理的旅客或者货物运输要求的，应承担违约责任。

法律规范:

《中华人民共和国合同法》

第二百八十九条　从事公共运输的承运人不得拒绝旅客、托运人通常、合理的运输要求。

问题 13. 对于当事人之间签订合同，恶意推动口罩等医用商品与生活物资价格大幅上涨的，合同效力如何认定?

答: 当事人之间恶意推动疫情防控相关物资价格大幅上涨，违反了《中华人民共和国价格法》的强制性规定，应认定价格无效。在处理此类案件的同时，应及时发函建议相关行政部门查处。

法律规范:

《中华人民共和国价格法》

第十四条　经营者不得有下列不正当价格行为:

（一）相互串通，操纵市场价格，损害其他经营者或者消费者的合法权益;

（二）在依法降价处理鲜活商品、季节性商品、积压商品等商品外，为了排挤竞争对手或者独占市场，以低于成本的价格倾销，扰乱正常的生产经营秩序，损害国家利益或者其他经营者的合法权益；

（三）捏造、散布涨价信息，哄抬价格，推动商品价格过高上涨的；

（四）利用虚假的或者使人误解的价格手段，诱骗消费者或者其他经营者与其进行交易；

（五）提供相同商品或者服务，对具有同等交易条件的其他经营者实行价格歧视；

（六）采取抬高等级或者压低等级等手段收购、销售商品或者提供服务，变相提高或者压低价格；

（七）违反法律、法规的规定牟取暴利；

（八）法律、行政法规禁止的其他不正当价格行为。

问题14. 疫情发生后，口罩等防疫物资紧张。个别商家在销售防疫物资时以次充好，销售“二手”口罩、“三无”口罩、以普通口罩冒充医用口罩、虚标口罩防护等级等欺诈行为，销售不合格防疫物资应承担何种法律责任？

答：对于商家销售口罩等防疫物资过程中存在上述欺诈行为的，注重运用《中华人民共和国侵权责任法》第四十七条、《中华人民共和国消费者权益保护法》第五十五条等关于惩罚性赔偿的规定，维护社会市场秩序，保护人民群众合法权益。在处理此类案件的同时，应及时发函建议相关行政部门查处；涉及犯罪的，及时移送公安机关处理。

法律规范：

《中华人民共和国侵权责任法》

第四十七条　明知产品存在缺陷仍然生产、销售，造成他人死亡或者健康严重损害的，被侵权人有权请求相应的惩罚性赔偿。

《中华人民共和国消费者权益保护法》

第五十五条　经营者提供商品或者服务有欺诈行为的，应当按照消费者的要求增加赔偿其受到的损失，增加赔偿的金额为消费者购买商品的价款或者接受服务的费用的三倍；增加赔偿的金额不足五百元的，为五百元。法律另有规定的，依照其规定。

经营者明知商品或者服务存在缺陷，仍然向消费者提供，造成消费者或者其他受害人死亡或者健康严重损害的，受害人有权要求经营者依照本法第四十九条、第五十一条等法律规定赔偿损失，并有权要求所受损失二倍以下的惩罚性赔偿。

问题 15. 电子商务平台经营者对销售假冒伪劣口罩、消毒剂等防疫物资的销售者采取店铺清退、问题商品订单全量自动退款等处置措施，是否需要承担责任？

答：疫情防控期间，口罩、消毒剂等防疫物资的销售影响巨大，事关国家防疫措施的有效落实和广大消费者的人身健康安全。在特殊时期，销售者应依法诚信经营，严格把控进货来源和产品质量，不得销售假冒伪劣产品、三无产品，不得违背公共利益和秩序。电子商务平台经营者发现上述行为后，对违法销售者直接采取店铺清退等措施，符合特殊时期保护社会公共利益的要求的，可以认定系《中华人民共和国电子商务法》第二十九条规定的“依法采取必要的处置措施”。销售者以此起诉要求平台承担相关责任的，一般不予支持。但电子商务平台经营者需要对措施就维护社会公共利益的必要性、适当性予以证明。

法律规范：

《中华人民共和国电子商务法》

第十三条　电子商务经营者销售的商品或者提供的服务应当符合保障人身、财产安全的要求和环境保护要求，不得销售或者提供法律、行政法规禁止交易的商品或者服务。

第二十九条　电子商务平台经营者发现平台内的商品或者服务信息存在违反本法第十二条、第十三条规定情形的，应当依法采取必要的处置措施，并向有关主管部门报告。

《中华人民共和国产品质量法》

第三十三条　销售者应当建立并执行进货检查验收制度，验明产品合格证明和其他标识。

第三十四条　销售者应当采取措施，保持销售产品的质量。

第三十七条　销售者不得伪造产地，不得伪造或者冒用他人的厂名、厂址。

第三十九条　销售者销售产品，不得掺杂、掺假，不得以假充真、以次充好，不得以不合格产品冒充合格产品。

关于涉新冠肺炎疫情案件法律适用问题的系列问答（三）

一、涉及疫情防控破产纠纷相关问题

问题1. 疫情防控期间，如何确定债权申报期限？

答：尚未确定债权申报期限的案件，应根据疫情防控要求，确定适当的债权申报期限，并视情在相关通知书及公告中明确采取非现场申报方式。

问题2. 疫情防控期间，债权申报及延期如何处理？

答：已确定债权申报期限的案件，可通知债权人或发布公告，采取非现场方式申报债权。债权申报期限即将届满的案件，可视情在《中华人民共和国企业破产法》第四十五条规定的最长债权申报期限内适当延长，并依法通知全体债权人。

法律规范：

《中华人民共和国企业破产法》

第四十五条　人民法院受理破产申请后，应当确定债权人申报债权的期限。债权申报期限自人民法院发布受理破产申请公告之日起计算，最短不得少于三十日，最长不得超过三个月。

问题3. 疫情防控期间，债权人会议的召开方式有哪些？确因疫情防控需要无法按期召开债权人会议的，如何处理？

答：疫情防控期间，债权人会议应尽量采用在线网络视频会议或其他非现场方式召开，并可视情采用书面、传真、短信、电子邮件、即时通信、通讯群组网络应用服务等非现场方式进行表决。采用非现场方式召开和表决的，应当对参会和表决人员的身份及代表权进行确认，对会议过程进行有效记录保存，对记载表决内容的电子数据或其他载体及时提取和固定，并由两名以上相关工作人员签字确认。确因疫情防控需要无法按期召开债权人会议的，可视情延期，并依法通知全体债权人。

问题4. 疫情防控期间，延长债权申报期限或延期召开债权人会议的公告

方式及相关要求有哪些？

答：延长债权申报期限或延期召开债权人会议的，应当在全国企业破产重整案件信息网上发布公告并说明理由；条件允许的，还可以选择在破产案件受理法院公告栏张贴、法院官网发布、报纸刊登或者在原定债权申报场所、原定债权人会议召开场所、债务人住所地张贴等方式进行公告。同时，可采用电话、短信、电子邮件、传真、即时通信、通讯群组网络应用服务等能够确认收悉的简便方式通知债权人。

问题5. 疫情防控期间，如何延长破产案件受理期限？

答：对于已提出破产申请的案件，因疫情防控的工作要求，需要延长裁定受理期限的，可依据《中华人民共和国企业破产法》第十条第三款的规定，依法报请延长。

法律规范：

《中华人民共和国企业破产法》

第十条　债权人提出破产申请的，人民法院应当自收到申请之日起五日内通知债务人。债务人对申请有异议的，应当自收到人民法院的通知之日起七日内向人民法院提出。人民法院应当自异议期满之日起十日内裁定是否受理。

除前款规定的情形外，人民法院应当自收到破产申请之日起十五日内裁定是否受理。

有特殊情况需要延长前两款规定的裁定受理期限的，经上一级人民法院批准，可以延长十五日。

问题6. 疫情防控期间，如何摇号指定管理人？

答：疫情防控期间，需通过摇号指定管理人的，采取管理人机构代表参与现场摇号的方式。

问题7. 疫情防控期间，如何协助管理人调查？

答：管理人需要到上海市相关政府部门或上海市以外地区进行现场调查的，法院可以根据管理人的书面申请，向被调查单位出具公函商请其协助调查。

问题8. 疫情防控期间，财产接管如何处理？

答：管理人因疫情防控需要无法及时接管财产的，可视情暂缓交接，但应通知债务人的相关人员做好财产保管及接管的准备工作，并及时向法院报备。法院应督促管理人依法履职。

二、涉及疫情防控海事海商纠纷相关问题

问题1. 当事人能否以目的港所在国宣布不允许中国船只进港属于不可抗力为由主张解除航次租船合同？

答：在船舶开航前卸货港所在国因中国目前的疫情突然宣布不允许中国船只进港，出租人或者承租人以不可抗力为由，依据《中华人民共和国合同法》第九十四条和《中华人民共和国海商法》第九十条规定主张解除合同的，法院在查明合同仅约定了一个卸货港的情况下，可以认定该航次租船合同因不可抗力而无法履行，对当事人解除合同的主张依法予以支持；法院在查明该合同约定有承租人选择卸货港条款，且选卸港中有某个或者几个港口仍允许中国船只进港的，一方当事人以不可抗力为由主张解除合同的，一般不予支持，但合同双方合意解除合同的除外。

法律规范：

《中华人民共和国合同法》

第九十四条　有下列情形之一的，当事人可以解除合同：

（一）因不可抗力致使不能实现合同目的；

（二）在履行期限届满之前，当事人一方明确表示或者以自己的行为表明不履行主要债务；

（三）当事人一方迟延履行主要债务，经催告后在合理期限内仍未履行；

（四）当事人一方迟延履行债务或者有其他违约行为致使不能实现合同目的；

（五）法律规定的其他情形。

《中华人民共和国海商法》

第九十条　船舶在装货港开航前，因不可抗力或者其他不能归责于承运人和托运人的原因致使合同不能履行的，双方均可以解除合同，并互相不负赔偿责任。除合同另有约定外，运费已经支付的，承运人应当将运费退还给

托运人；货物已经装船的，托运人应当承担装卸费用；已经签发提单的，托运人应当将提单退还承运人。

问题 2. 疫情防控期间产生的额外集装箱超期使用费，由谁承担？

答： 因为疫情防控需要导致延迟复工的，收货人无法按照计划到港口提取集装箱，承运人诉请集装箱超期使用费的。考虑到疫情虽不能导致收货人无法提取集装箱，但要求收货人按照原约定支付集装箱超期使用费有失公平，法院可适用情势变更原则平衡各方的利益，公平合理地调整合同约定。在综合考虑承运人的集装箱周转情况和承运人并未因收货人迟延还箱遭受严重损失的基础上，可以适当延长涉案集装箱免费使用期，即将迟延复工的时间计入集装箱免费使用期内。

法律规范：

《最高人民法院关于适用〈中华人民共和国合同法〉若干问题的解释（二）》

第二十六条　合同成立以后客观情况发生了当事人在订立合同时无法预见的、非不可抗力造成的不属于商业风险的重大变化，继续履行合同对于一方当事人明显不公平或者不能实现合同目的，当事人请求人民法院变更或者解除合同的，人民法院应当根据公平原则，并结合案件的实际情况确定是否变更或者解除。

三、涉及疫情防控行政纠纷相关问题

问题 1. 公安机关在疫情防控期间对各类造谣滋事、谎报疫情等扰乱公共秩序行为作出行政处罚后，当事人不服起诉的，应如何处理？

答： 法院应结合信息发布者的主观恶性程度、认知能力、其行为的社会危害程度，综合审查判断。

对故意发布虚假信息，意图制造社会恐慌，公安机关根据《中华人民共和国治安管理处罚法》从重处罚的，法院应依法予以支持。

问题 2. 行政机关在疫情防控期间对拒不执行人民政府在紧急状态情况下依法发布的决定、命令，阻碍国家机关工作人员依法执行职务，阻碍执行紧急任务的救护车、警车等车辆通行，未按照有关规定主动报告其行程或接触史，拒绝接受检验检疫、隔离或治疗，哄抬物价，造假售假等行为，根据《中华人民共和国治安管理处罚法》《中华人民共和国价格法》等规定作出行政处罚，当事人不服起诉到人民法院的，应如何处理？

答：经合法性审查，被诉行政行为认定违法事实清楚，适用法律正确，执法程序合法，行政裁量无明显不当的，依法应予以支持。在疫情防控时期，可视情加快审理节奏，尽量快立、快审、快结；同时加大法制宣传力度，弘扬社会正气。

问题3. 当事人对疫情防控期间的相关行政强制措施不服起诉的，法院在审查时应如何处理？

答：根据《中华人民共和国行政强制法》第三条第二款，发生新冠肺炎疫情的公共卫生事件，法院应优先适用相关法律、行政法规的规定。在案件审理中，着重审查作出行政强制措施是否具有与疫情防控有关的法律依据，如《中华人民共和国传染病防治法》《突发公共卫生事件应急条例》等。在被诉行政行为认定事实清楚，适用法律正确的前提下，依法予以支持。

法律规范：

《中华人民共和国行政强制法》

第三条　行政强制的设定和实施，适用本法。

发生或者即将发生自然灾害、事故灾难、公共卫生事件或者社会安全事件等突发事件，行政机关采取应急措施或者临时措施，依照有关法律、行政法规的规定执行。

行政机关采取金融业审慎监管措施、进出境货物强制性技术监控措施，依照有关法律、行政法规的规定执行。

问题4. 公民、法人或者其他组织申请有关行政机关公开疫情防控信息，因行政机关不予答复或不予公开而向人民法院起诉的，法院应当如何处理？

答：法院应依照《中华人民共和国政府信息公开条例》等相关规定，进行合法性审查，依法保障公民、法人和其他组织依法获取政府信息的权利。上海市自2020年1月24日启动重大突发公共卫生事件一级响应，在此期间，行政机关告知申请人或来信人通过“中国上海”门户网站专栏、“上海发布”

微信微博和上海市政府新闻发布会的途径获取相关疫情信息，或者以便民服务方式予以解答并提供相关材料的，依法予以支持。

申请人申请公开其已知晓的疫情信息，或者请求行政机关制作、搜集疫情信息或对已有疫情信息进行汇总、分析、加工等，进而不服行政机关作出的处理、答复或者未作处理等行为而提起诉讼的，法院依法不予立案。

关于涉新冠肺炎疫情案件法律适用问题的系列问答（四）

问题1. 在金融借款合同纠纷或信用卡纠纷等案件中，个人或企业以受疫情影响失去全部或部分失去收入来源为由，提出延期归还欠款、调减违约金或免除部分还款义务的，应如何处理？

答： 对于金融借款合同或信用卡等以金钱给付为内容的合同，特别是在电子支付广泛使用的背景下，疫情通常并不属于因客观原因导致合同无法履行的障碍，故在该类金融案件中一般不宜以疫情属不可抗力为由免责或减轻责任。如借款人确因疫情住院治疗等客观情况致其无法及时归还欠款，构成不可抗力的，可按《中华人民共和国合同法》第一百一十七条、第一百一十八条规定处理，但应在相关情况解除后的合理期限内及时履行还款义务。如疫情确对个人或企业收入造成较大影响的，法院可在相关案件中组织当事人协商，促进金融机构按照金融监管机构关于疫情防控的相关要求，适度调整信贷还款安排，合理延后还款期限，尽量避免贷款加速到期或提前解除合同等“抽贷”“断贷”行为，有效防范金融市场风险。

此外，对金融机构变相收取高额利息等情形，就超出法律、法规和司法解释允许范围的部分，依法不予保护。

法律规范：

《最高人民法院关于进一步加强金融审判工作的若干意见》

二、以服务实体经济作为出发点和落脚点，引导和规范金融交易

第二条　严格依法规制高利贷，有效降低实体经济的融资成本。金融借款合同的借款人以贷款人同时主张的利息、复利、罚息、违约金和其他费用过高，显著背离实际损失为由，请求对总计超过年利率24%的部分予以调减的，应予支持，以有效降低实体经济的融资成本。规范和引导民间融资秩序，

依法否定民间借贷纠纷案件中预扣本金或者利息、变相高息等规避民间借贷利率司法保护上限的合同条款效力。

《银保监会关于加强银行业保险业金融服务配合做好新型冠状病毒感染的肺炎疫情防控工作的通知》（银保监办发〔2020〕10号）

三、开辟金融服务绿色通道。各银行保险机构要进一步加大对疫区的支持，减免手续费，简化业务流程，开辟快速通道。要充分发挥银行信贷、保险保障、融资担保等多方合力，加强对社会民生重点领域金融支持。对受疫情影响暂时失去收入来源的人群，要在信贷政策上予以适当倾斜，灵活调整住房按揭、信用卡等个人信贷还款安排，合理延后还款期限。对感染新型冠状病毒的出险理赔客户要优先处理，适当扩展责任范围，应赔尽赔。

……

《中国人民银行财政部银保监会证监会外汇局关于进一步强化金融支持防控新型冠状病毒感染肺炎疫情的通知》（银发〔2020〕29号）

（三）对受疫情影响较大的批发零售、住宿餐饮、物流运输、文化旅游等行业，以及有发展前景但受疫情影响暂遇困难的企业，特别是小微企业，不得盲目抽贷、断贷、压贷。对受疫情影响严重的企业到期还款困难的，可予以展期或续贷。通过适当下调贷款利率、增加信用贷款和中长期贷款等方式，支持相关企业战胜疫情灾害影响。

……

问题2：债券持有人以未按期支付利息、交叉违约、预期违约、合同目的不能实现等为由，主张提前还本付息，而发行人以疫情所致进行抗辩的，应如何处理？

答：应当根据债券募集文件约定违约事件以及相关法律规定，综合考虑各种情况予以判断。要依法审查债券持有人提出诉请的法律依据和合同依据，并考察发行人的抗辩是否成立。

关于持券人能否以发行人未按期支付利息主张预期违约或合同目的不能实现解除合同，因债券发行人未按期支付部分利息，并不意味着发行人完全失去偿债能力，故通常情况下不能仅以发行人未按时支付一、二期利息为由，认定发生根本违约并支持持券人提前偿付本金的主张。如果债券发行文件或相关合同中对于未支付利息等情形是否导致合同解除等法律后果有明确约定的，从其约定。

关于是否构成交叉违约情形，应当考虑募集文件约定的有关条件，发生交叉违约主体关系、对象范围、数额大小占比、追加增信措施、还款能力等方面予以认定。如发行人以上述情形为疫情所致进行抗辩的，应根据案件具体情况，考虑疫情发生时间、地区以及影响程度等因素，掌握适当的认定标准，避免债券持有人因疫情发生盲目提出债券提前兑付，而引起发行人流动性紧张，以维护债券市场稳定。

问题 3. 在涉金融征信记录案件中，个人以受疫情影响导致其未能及时归还欠款为由，要求金融机构撤销其不良征信记录的，应如何处理？

答：在涉金融征信记录相关案件中，法院经审查，对确因感染患新冠肺炎、疑似新冠肺炎患者或者因疫情防控被隔离的人员，因疫情影响未能及时归还贷款或信用卡欠款，金融机构将逾期还款记录报送人民银行的，可判令金融机构撤销相关不良记录，依法维护当事人的信用权益。

问题 4. 在保险合同纠纷中，投保人、被保险人以保险公司在疫情防控中作出相关承诺为由，要求保险公司理赔的，应如何处理？

答：在疫情防控期间，如保险公司以通知或公告等方式承诺在疾病险、医疗险、健康险等中对新冠肺炎客户取消等待期（观察期）、免赔额、定点医院等限制，扩展保险责任范围的，应将该承诺作为保险合同内容。法院应据此确定双方权利义务，确定保险公司理赔责任。

问题 5. 疫情期间，部分保险公司向医务人员等相关人员赠送保险产品，后续发生保险纠纷的，应如何处理？

答：赠送保险是指保险人在订立保险合同时，免除投保人支付保险费的义务，或者代替投保人履行支付保险费的义务。根据相关监管规定，保险公司可以以促销或者公益事业为目的赠送人身保险，但不得赠送财产保险；不得以赠送保险为由，变相开展违法违规业务或进行不正当竞争。疫情防控期间，保险公司向医护人员等相关人员赠送人身保险，不违反法律法规强制性规定和公序良俗的，其保险合同效力应予认可。发生保险事故后，被保险人、受益人有权依据受赠的保险产品向保险公司主张赔付保险金。

法律规范：

《中国保监会关于规范人身保险公司赠送保险有关行为的通知》(保监发[2015]12号)

一、赠送保险是指保险人在订立保险合同时，免除投保人支付保险费的义务，或者代替投保人履行支付保险费的义务……

问题6.金融投资者和金融消费者以金融机构利用疫情作不当金融产品经营行为造成其损失为由，要求金融机构承担赔偿责任的，应如何处理？

答：金融机构应切实加强行业自律，维护市场秩序，不得利用疫情进行不当的金融营销宣传。如金融机构违反诚实信用原则，存在虚假产品宣传、违反投资者适当性义务、未依法履行提示与明确说明义务等行为，确对金融投资者、金融消费者造成损害的，法院应根据当事人请求，并综合侵权行为、损害后果、因果关系、过错程度确定相应的责任。

法律规范：

2019年《全国法院民商事审判工作会议纪要》

第七十二条 【适当性义务】适当性义务是指卖方机构在向金融消费者推介、销售银行理财产品……必须履行的了解客户、了解产品、将适当的产品(或者服务)销售(或者提供)给适合的金融消费者等义务……适当性义务的履行是“卖者尽责”的主要内容，也是“买者自负”的前提和基础。

第七十五条 【举证责任分配】在案件审理过程中，金融消费者应当对购买产品(或者接受服务)、遭受的损失等事实承担举证责任。卖方机构对其是否履行了适当性义务承担举证责任。卖方机构不能提供其已经建立了金融产品(或者服务)的风险评估及相应管理制度……应当承担举证不能的法律后果。

第七十六条 【告知说明义务】告知说明义务的履行是金融消费者能够真正了解各类高风险等级金融产品或者高风险等级投资活动的投资风险和收益的关键，人民法院应当根据产品、投资活动的风险和金融消费者的实际情况，综合理性人能够理解的客观标准和金融消费者能够理解的主观标准来确定卖方机构是否已经履行了告知说明义务。

……

问题 7. 在证券虚假陈述责任纠纷案件中，如投资者持股经历了疫情期间，上市公司或其他虚假陈述行为人以疫情构成市场系统风险因素为由请求在损失赔偿金额中予以扣减的，应如何处理？

答：市场系统风险系指对市场中所有证券均产生价格影响的因素，由此产生的投资损失应在证券虚假陈述赔偿责任中予以扣减。在具体案件审理中，法院可综合疫情持续时间、整体市场的走势情况、相关股票交易情况、个股价格变动与大盘指数及行业指数变动的相对关系等因素，判断是否存在市场系统风险，依法、公平、合理地确定当事人应承担的相应损失，以平衡好投资者保护和资本市场稳健发展的关系。

法律规范：

《中华人民共和国证券法》

第五十六条　编造、传播虚假信息或者误导性信息，扰乱证券市场，给投资者造成损失的，应当依法承担赔偿责任。

《最高人民法院关于审理证券市场因虚假陈述引发的民事赔偿案件的若干规定》

第十九条　被告举证证明原告具有以下情形的，人民法院应当认定虚假陈述与损害结果之间不存在因果关系：

……

（四）损失或者部分损失是由证券市场系统风险等其他因素所导致；

……

上海市高级人民法院课题组

2020 年 2 月 17 日

（责任编辑：陈树森）

关于《上海法院关于推进民事诉讼程序繁简分流改革试点的实施方案》制定与实施的解读说明

顾　全　高建清*

为积极稳妥推进民事诉讼程序繁简分流改革试点，推进案件繁简分流、轻重分离、快慢分道，进一步提升司法效能，满足人民群众多元、高效、便捷的司法需求，上海市高级人民法院（以下简称上海高院）司改办根据全国人大常委会《关于授权最高人民法院在部分地区开展民事诉讼程序繁简分流改革试点工作的决定》（以下简称《授权决定》）、最高人民法院《民事诉讼程序繁简分流改革试点方案》（以下简称《试点方案》）、最高人民法院《民事诉讼程序繁简分流改革试点实施办法》（以下简称《实施办法》）规定，通过制度梳理、数据分析、专题讨论、影响评估等方式，深入调查研究，按照"统筹推进、分类施策、配套保障"的思路，结合上海法院工作实际，拟定实施方案，征求上海高院党组成员、上海高院相关部门、全市试点法院以及最高人民法院（以下简称最高法院）司改办意见，反复论证修改，最终形成《上海法院关于推进民事诉讼程序繁简分流改革试点的实施方案》（以下简称《上海方案》）及《重点任务分解表》（经上海高院党组审议通过后，已于2020年2月5日正式印发）。为更好理解适用《上海方案》的精神和内容，依法平稳有序推进民事诉讼程序繁简分流改革试点工作，现就该方案的制定与实施作一说明。

* 顾全，上海市高级人民法院研究室主任、三级高级法官，法学博士。高建清，上海铁路运输法院破产审判庭法官助理，法学硕士。

一、《上海方案》的制定背景

推进民事诉讼程序繁简分流改革试点，是以习近平同志为核心的党中央作出的重大决策部署。2019 年 1 月，习近平总书记在中央政法工作会议上提出，“深化诉讼制度改革，推进案件繁简分流、轻重分离、快慢分道”。同年 5 月，中共中央办公厅印发《关于政法领域全面深化改革的实施意见》，将“推进民事诉讼制度改革”确定为重大改革任务。同年 10 月，党的第十九届四中全会对完善正确处理新形势下人民内部矛盾有效机制作出部署，要求完善人民调解、行政调解、司法调解联动工作体系，完善社会矛盾纠纷多元预防调处化解综合机制，努力将矛盾化解在基层。

2019 年 12 月 28 日，十三届全国人大常委会第十五次会议审议通过《授权决定》。2020 年 1 月 15 日，最高法院组织召开民事诉讼程序程序繁简分流改革试点工作动员部署视频会议，周强院长出席会议并就深入贯彻党中央决策部署、扎实开展试点工作提出具体要求。当天，最高法院印发《试点方案》《实施办法》，正式启动为期两年的民事诉讼程序繁简分流改革试点工作。同年 1 月 18 日，周强院长在全国高级法院院长会上对这项改革再次作出部署。

根据《实施办法》，上海市辖区内所有中级人民法院、基层人民法院（含铁路运输中级法院和基层法院）以及上海知识产权法院、上海金融法院均为试点法院（上海高院、海事法院不纳入试点范围）。为贯彻落实中央改革部署及最高法院《实施办法》具体规定，有必要结合上海法院实际，制定《上海方案》，统筹推进上海法院民事诉讼程序繁简分流改革试点。

二、试点新规亮点及对上海司法实践的影响评估

《上海方案》制定前，上海高院司改办（研究室）调研摸底相关案件数据，梳理试点前后相关制度规范的异同，并就试点新规对上海司法实践的影响进行研究评估，充分夯实制定《上海方案》的实践基础。以下按照最高法院《实施办法》“优化司法确认程序”等五大方面进行分述：

（一）关于“优化司法确认程序”部分

1. 新规亮点：一是扩大管辖法院范围。从民事诉讼法规定的调解组织所

在地基层法院，扩展到作出委派调解的法院、调解组织地法院或调解协议签订地法院，明确上述法院管辖顺位；案件符合级别管辖和专门管辖标准的，中级法院和专门法院应当管辖（最高法院《实施办法》[①] 第四条）。二是拓宽适用范围。除民事诉讼法规定的人民调解外，试点规定经特邀调解组织、特邀调解员依法调解达成民事调解协议的，也可以申请司法确认（第三条）。三是建立特邀调解名册制度。明确规定人民法院应当建立特邀调解名册并进行管理（第二条）。

2. 影响评估： 司法确认程序有利于促进调解协议实效化、降低民事纠纷成讼率，但当前案件量相对不多。[②] 近年来，最高法院相关司法解释已对司法确认的范围有所扩张，上海高院相关规定及司法实践对此也有所体现，[③] 而本次试点是以全国人大常委授权的形式予以明确。应引起注意的是，近年来中央、最高法院着力推进诉源治理、多元解纷机制、"两个一站式"建设工作，司法确认案件的重要性不断凸显，未来相关案件数量也将持续增长。另外，试点新增了中院、专门法院的管辖，故今后当事人可能要求对较大标的金额或金融、知识产权等专业性较强的调解协议进行司法确认。对此，既要严格落实周强院长在动员部署会上对贯彻立案登记制的重申要求，又要加强司法审查，防止虚假调解。

（二）关于"完善小额诉讼程序"部分

1. 新规亮点： 一是提高小额诉讼标的额基准。试点期间采取固定标准，规定 5 万元金额以下均可以适用小额诉讼，5 万元至 10 万元范围内可约定适

①　如无特别说明，"新规亮点"部分相关条文均指最高法院《实施办法》。

②　2017—2019 年上海法院司法确认案件数分别为 0.45 万件、0.61 万件、0.70 万件，分别约占当年基层法院民商事案件的 0.87%、1.19%、1.31%。

③　最高法院在 2012 年及之后出台的多个司法解释中均已规定除人民调解外，经其他组织的调解，相关协议也可以"适用"或"参照适用"司法确认相关规定，如最高法院《关于扩大诉讼与非诉讼相衔接的矛盾纠纷解决机制改革试点总体方案》第十一条、最高法院《关于人民法院进一步深化多元化纠纷解决机制改革的意见》第三十一条等规定。据此，上海高院《上海法院关于民事调解协议司法确认程序的实施细则》第二条对此也未加以限制；上海高院《关于深入推进多元化纠纷解决机制改革的意见》第十四条，明确司法确认案件范围包括"人民调解、行政调解、行业调解、商事调解以及其他具有调解职能的组织达成的调解协议"。

用（第五条），而现行民事诉讼法规定的浮动限额为各省市上一年度平均工资30%以内。[④] 二是明确适用案件范围。除第六条规定的“人身关系、确权纠纷、涉外民事、一方下落不明以及需评估鉴定”的情形不能适用小额诉讼外，符合第五条规定的事实清楚、权利义务关系明确、争议不大的简单金钱给付类案件均可适用（第五条），不再限定案件类型。三是最长答辩期限从15天缩短至7天，而最长举证期限仍为7天（第七条）。四是明确程序简化方式。可比照简易程序，进一步简化传唤、送达、证据交换的方式（第八条）。五是明确裁判文书简化方式。如主要记载当事人基本信息、诉讼请求、答辩意见、主要事实、简要裁判理由、裁判依据、裁判主文和一审终审的告知等内容；庭审录音录像或庭审笔录记载相关内容的，文书中不再载明裁判理由部分（第九条）。六是缩短审理期限。[⑤] 明确审理期限为两个月，特殊情形经批准可延迟一个月（第十条）。对此民事诉讼法没有规定，理论上一般认为应适用简易程序关于审理期限的一般规定，而根据上海高院《关于规范小额诉讼审判工作的实施细则》规定，小额诉讼审限原则上为一个月，累计不得超过六个月。

2. 影响评估：《试点方案》提出要加强小额诉讼程序的适用，《实施办法》提高了小额诉讼案件标的额基准，扩大了适用案件范围，进一步凸显小额诉讼便捷高效、终局解纷的程序优势。故预估试点后小额诉讼案件量将有所增长。[⑥]

（三）关于“完善简易程序规则”部分

1. 新规亮点：一是明确需公告送达的简单案件仍可以适用简易程序（第十二条），而最高法院《关于适用〈中华人民共和国民事诉讼法〉的解释》（以下简称民诉法解释）第二百五十七条规定起诉时被告下落不明的案件不适用简易程序，即新规改变了公告案件应一律适用普通程序的规则。二是进一

---

④ 上海法院2019年7月1日至2020年6月30日适用标的基准额为3.1万元以下。

⑤ 2019年，上海法院小额诉讼平均审理天数为10.12天。

⑥ 2017—2019年，上海法院小额诉讼案件量分别为7.9万件、8.4万件、6.4万件，分别占当年一审民商事案件的15.2%、16.4%、12.0%。2019年，上海基层法院标的额为0—3.1万元和0—5万元的民商事案件分别约为32.9万件、35.6万件。

步明确简易程序的庭审简化方式（第十三条），民诉法及民诉法解释对此仅有原则性规则，《试点办法》在 2003 年最高法院《关于适用简易程序审理民事案件的若干规定》基础上，从事项告知、无争议事实或证据的处理、庭审如何进行等方面进一步予以简化。三是进一步细化裁判文书简化方式（第十四条），民诉法解释第二百七十条规定四种情形下⑦裁判文书可简化事实认定或裁判理由部分，而《试点办法》对可适用简化文书的情形并无限制，并细化规定了要素式文书、简化裁判文书的主要内容、必要保留部分等简化方式。四是明确简易程序审限（第十五条）。将简易程序可以延长的审限从 3 个月缩短为 1 个月（从“3+3”到“3+1”），经本院院长批准即可延长，不再以当事人同意为前提。

2. 影响评估：从案件量的角度，鉴于需公告送达的简单案件仍可以适用简易程序，故预估简易程序（含小额诉讼）转为普通程序的案件将有所减少，即简易程序适用率将小幅上升。⑧

（四）关于“扩大独任制适用范围”部分

1. 新规亮点：一是基层人民法院适用普通程序可采用独任制。即基层法院除小额诉讼、简易程序外，普通程序可以由法官独任审理（第十六条），同时列明普通程序应当组成合议制的九种情形（第十七条）。二是二审法院审理简单上诉案件也可采用独任制。即第一审适用简易程序审结或不服民事裁定的二审案件可以由法官一人独任审理（第十八条），并规定二审独任制可以不开庭审理的四种情形（第二十条）。三是规定独任制转合议制的程序方式（第十九条）。

2. 影响评估：周强院长在动员部署会议上指出，扩大独任制适用范围是

⑦ 四种情形即：“1. 当事人达成调解协议并需要制作民事调解书的；2. 一方当事人明确表示承认对方全部或者部分诉讼请求的；3. 涉及商业秘密、个人隐私的案件，当事人一方要求简化裁判文书中的相关内容，人民法院认为理由正当的；4. 当事人双方同意简化的。”

⑧ 近三年（2017—2019 年），上海法院简易程序适用率分别为 88.6%、88.4%、87.2 %，普通程序适用率分别为 11.4%、11.6%、12.8%。其中，2019 年简易程序（含小额诉讼）立案经公告转为普通程序共约 1 万件，占基层法院普通程序案件量（约 3 万件）的 33.3%。试点后，该部分简单民事案件（未发现重大疑难复杂等情形）进行公告无需转为普通程序，仍可适用简易程序审理。

本次试点的重大制度创新。独任制的合理扩大适用，有助于实现简单案件独任审理、重大疑难复杂案件合议制审理的科学分工，促进司法资源优化配置，提高司法效能。试点后，独任制适用率将有所上升，对基层法院和中院均产生较大影响。按照2019年案件数据进行测算预估，因普通程序可以适用独任制，从基层法院普通程序中释放至少一名参审法官的比例最多约60%；⑨二审法院审理简单上诉案件可以适用独任制，同时释放两名参审法官的比例最多约为76.5%。⑩但应当注意的是，鉴于《实施办法》新增关于独任制扩大适用以及二审独任制书面审理情形的规定，试点要严格按照司法规律和试点要求科学适用独任制，审慎行使独任审判权，在提升审判效能的同时，加强审判监督管理。

（五）关于“健全电子诉讼规则”部分

1. 新规亮点： 一是线上线下同等效力，即明确通过信息化诉讼平台在线完成的诉讼行为与线下诉讼活动具有同等法律效力，即（第二十一条）。二是电子材料经审核视为原件，即电子化方式提交诉讼材料和证据材料，经人民法院审核通过后，可以直接在诉讼中使用，不再提交纸质原件，即（第二十二条）。三是普通程序、简易程序均可以在线开庭（第二十三条），而民诉法解释第二百五十九条只规定了简易程序可在线开庭。四是明确电子送达规则，规定适用条件（第二十四条：当事人明示同意或默示同意）、适用范围（第二十五条：含判决书、裁定书、调解书等诉讼文书，以及证据材料）和生效标准（第二十六条：区分“到达主义”和“收悉主义”）。

2. 影响评估： 近年来，随着互联网特别是移动互联网技术更新发展，电子诉讼蓬勃兴起。以上海法院为例，2017年全市在线庭审仅为752次，2018年为3930次，2019年已剧增至23482次。本次试点将推动上海法院进一步

⑨ 对基层法院而言，2019年，上海法院一审普通程序民商事案件共约3万件（约占全部民商事案件的5.6%）。其中，合议庭成员为法官一人加两名人民陪审员的案件1.23万件，占41%；法官二人加人民陪审员一人的案件共1.48万件，占49.3%；法官三人组成合议庭的约0.29万件，占9.7%。

⑩ 对中院而言，2019年，上海法院共审结二审民商事案件共3.4万件，其中，一审适用简易程序的2.4万件，不服一审民事裁定的共0.2万件，故“简单上诉案件”合占76.5%，即试点后释放两名参审法官的比例达76.5%。

健全完善电子诉讼相关制度规定，有利于为人民群众提供普惠均等、便捷高效、智能精准的司法服务。

三、《上海方案》的制定思路和主要内容

试点工作能否顺利推进，抓好组织实施是关键。制定《上海方案》过程中，上海高院司改办经研究讨论后，明确将“统筹推进、分类施策、配套保障”作为制定方案的总体思路，形成贯穿《上海方案》全文的逻辑主线。

（一）统筹推进：建立上下贯通的组织实施机制

突出组织引领、强化组织保障，既是统筹推进试点工作的第一要务，也是促进科学分工、明确责任落实的重要前提。对此，《上海方案》从以下方面予以体现：

一是发挥试点领导小组的核心作用。方案提出在上海高院成立推进民事诉讼程序繁简分流改革试点工作领导小组，全面负责上海法院推进民事诉讼程序繁简分流改革试点工作。领导小组办公室设在上海高院司改办，办公室在试点工作领导小组的领导下，具体负责试点工作的统筹规划、综合协调、整体推进、适法统一、督促落实等工作。各试点法院分别成立工作专班，负责本院试点工作的具体推进工作。

二是构建常态化联席会议制度。方案提出建立联席会议制度，将作为试点工作中的一个枢纽平台，联席会议应及时掌握试点工作的阶段性进展及存在的问题，重点研究各试点法院在具体操作中需进一步细化明确和统一规范的口径、标准等，协调推动形成共识，及时形成会议纪要，经报领导小组批准后下发指导全市法院。

三是建立改革试点联络员制度。方案提出上海高院相关部门、各试点法院应指定联络专员，具体负责与领导小组办公室的日常沟通联络协调，发挥好联络员在掌握一线法官需求、梳理上报试点情况等方面的纽带作用。

（二）分类施策：准确把握试点规定要求

最高法院《实施办法》是试点法院开展此项试点工作的具体依据。鉴于本次试点涉及民事诉讼基本制度改革和当事人诉权，而最高法院《实施办法》

规定较为具体、操作性较强，并明确由最高法院负责解释。上海高院研究制定的《上海方案》，主要侧重于根据《实施办法》的明确要求，统一试点思路，提供组织保障，明确责任分工，加强配套机制建设，统筹指导并总结经验，确保改革平稳推进、取得实效。《上海方案》强调，各试点法院必须严格在《实施办法》规定事项、范围内正确理解、贯彻执行、积极探索，确保各项机制于法有据。

在坚持依法试点原则下，针对改革试点过程中可能涉及的三类情况，《上海方案》按照分类施策的工作思路提出对策：

一是对于各试点法院在理解《实施办法》具体条文中存在分歧的问题，上海高院试点领导小组办公室进行梳理汇总，加强与最高法院沟通汇报，做好政策解读、专题培训、答疑解惑等工作。

二是对于《实施办法》规定的便利当事人诉讼的庭审及文书简化、电子诉讼等试点内容，以及《上海方案》明确的各项配套机制，各试点法院结合本院实际，积极探索推进，相关经验报联席会议讨论形成纪要后印发全市试点法院参照执行。

三是对于各试点法院在具体操作中需要进一步细化明确、统一口径的重点问题，待试点运行一段时间后，能够达成共识且确有必要对具体案件类型作出明确规定的，经联席会议讨论形成纪要后印发全市试点法院参照执行，适时形成统一规范。对此，《上海方案》配套的《重点任务分解表》已初步梳理了 11 条可能需提交联席会议统一规范总结的问题。这类问题主要是针对《实施方案》中的部分“兜底条款”，比如“可以由法官一人适用普通程序独任审理”的案件范围（《实施办法》第十六条第二款）、“可以由法官一人独任审理”的上诉案件范围（《实施办法》第十八条）、“其他不宜适用小额诉讼程序审理的”例外情形（《实施办法》第六条第五项）等。对于这些问题，方案强调试点法院要树立大局意识，与上海高院保持步调一致，避免各行其是，出现对外执法和宣传舆论口径尺度不统一的问题。

（三）配套保障

试点工作对原有制度规则作出调整，难免会牵一发而动全身，必须通盘考虑。要着眼于试点工作带来的新情况、新变化，将推进民事诉讼程序繁简分流改革试点与深化司法体制综合配套改革一体谋划，积极推进各项配套举措，推动改革和制度在司法效能提升中发生“化学反应”。为此，《上海方案》针对性地梳理了5个方面26项具体配套任务，以最大程度激发改革试点的综合效能。具体如下：

关于“优化司法确认程序”部分：一是修订《上海法院关于民事调解协议司法确认程序的实施细则》；二是同步完善两项配套机制：1.建立协同推进两个一站式建设配套机制。健全特邀调解制度，严格入册程序和条件。建立司法确认联络员机制，完善特邀调解与司法确认的衔接机制。加强特邀调解与三级调解网络的无缝衔接，加强与仲裁机构、知识产权及金融商事调解组织的合作衔接，提高调解工作的专业化、国际化水平。2.健全完善虚假诉讼识别防范机制。加强对调解组织、调解员的业务指导、培训、考核和监督，加强司法确认案件特别是大标的额或知识产权、金融类调解协议的审查，防止虚假调解。

关于“完善小额诉讼程序、完善简易程序规则、扩大独任制适用范围”部分：⑪一是修订《上海市高级人民法院关于规范小额诉讼审判工作的实施细则》；二是根据小额诉讼、简易程序庭审流程变化，调整确定相应审判流程模块、文书格式、裁定书样式等，为试点法院提供统一模板参考；三是及时调整审判流程管理信息节点、司法统计数据和口径；四是根据试点变化，明确繁简分流、团队建设、监督管理等配套机制，具体是：1.健全完善分案制度。调整完善随机分案模式及信息系统，细化具体案件繁简和指定分案标准，实现审判资源精确匹配。2.规范程序衔接转换机制。规范审判程序、审判组织形式的衔接转换，加强对程序转化的节点管控。3.优化审判团队配置模式。加强审判团队特别是速裁办案团队的配置，细化明确几类司法人员的不同职责，促进审判组织与审理程序精准匹配。4.健全完善考核评价机制。修正试点所涉的质效指标，适当调整小额诉讼、司法确认等案件的权重系数，发挥考核激励的导向作用。5.深化细化“四责协同”落实机制。建立落实“四责协同”可量化的考评标准，将“四责协同”责任落实情况纳入审务督察、司

⑪ 考虑到这三块试点内容均涉及简单民事案件繁简分流，故在工作分解与配套任务中予以统筹推进。

法巡查内容。落实好《关于进一步规范法官与律师关系维护司法公正的实施办法（试行）》，并将相关要求及时嵌入“上海法院审判执行监督预警分析系统”。6. 严格落实专业法官会议制度。各试点法院细化明确专业法官会议讨论案件的标准，发挥院庭长、审判团队负责人的作用，加强对独任审理案件的实体监督、简单案件程序规范转化的程序监督，强化院庭长重点参与分流后“繁案”审理的导向。7. 完善适法统一监督保障机制。梳理小额诉讼、简易程序、独任审理的程序规则和办案要件指南，为繁简分流后审慎行使审判权提供配套保障。

关于“健全电子诉讼规则”部分：一是修订《上海市高级人民法院关于网上立案、电子送达、电子归档的若干规定（试行）》；二是完善相关配套机制：1. 推进诉讼材料“无纸化”改革。探索同步录音录像逐步替代人工记录和电子笔录，积极推进网上立案诉状材料和上诉案件无纸化操作。2. 推进电子诉讼材料的深度应用。深化电子卷宗“单套制”试点，推动电子卷宗在要素式文书生成、庭审示证、上诉案卷移送、程序转化等方面的深度应用。3. 优化“移动微法院”应用。加快在线庭审、电子送达平台、司法确认板块的研发应用，加强覆盖平台功能整合，提升群众诉讼体验。

四、推进实施：严格责任落实，推动改革试点工作取得实效

为积极推进试点实施，《上海方案》明确提出各试点法院、上海高院相关部门要积极贯彻落实《上海方案》及《重点任务分解表》相关要求，严格责任落实，确保试点工作取得实效。方案具体提出“凝聚改革共识、严格责任落实、强化试点纪律、加强沟通协调、加强督查问效”五点工作要求。现就推进实施过程中应重点强化的工作要求，进一步详述如下：

一是明确责任分工。方案各试点法院要牢固树立“一盘棋”意识，在上海高院试点工作领导小组指导指挥下，协同推进试点工作。上海高院领导小组办公室抓好试点统筹规划、综合协调、整体推进等工作。上海高院相关部门要严格按照《重点任务分解表》要求，切实履行好对口业务指导职责，牵头或参加具体试点任务，共同保障改革工作顺利推进。各试点法院要切实履行好主体责任，抓好工作落实，其中各试点中院除做好自身试点工作外，还要积极发挥桥梁作用，确保辖区试点法院按照最高法院和上海高院的试点实

施要求，依法、有序推进试点工作。下一步上海高院将强化本次试点推进落实情况的督察问效，加强试点工作的责任落实。

二是加强沟通协调。试点工作领导小组办公室应及时向最高法院汇报改革试点工作整体情况，向政法委、人大汇报改革相关事项。上海高院相关条线、各试点法院要重点加大与司法局、律协、调解组织的对接，协同推进。要充分利用智库与上海各高校战略合作协议，加强学术合作，探索将试点经验做法上升为理论成果，更进一步指导试点工作的推进实施。

三是加强试点管理。上海高院将建立试点工作总台账，做好统筹推进试点工作，各试点法院、上海高院相关部门建立分台账，每月汇集数据并及时上报试点领导小组办公室，定期梳理并上报试点动态、问题建议、经验做法、成果转化等情况。要注意把握宣传口径和尺度，加强新规释明，广泛听取意见，回应社会关切，努力让人民群众有更多改革获得感。

附件：

上海法院关于推进民事诉讼程序繁简分流改革试点的实施方案

为积极稳妥推进民事诉讼程序繁简分流改革试点，根据全国人大常委会《关于授权最高人民法院在部分地区开展民事诉讼程序繁简分流改革试点工作的决定》(以下简称《授权决定》)、最高人民法院《民事诉讼程序繁简分流改革试点方案》(以下简称《试点方案》)、《民事诉讼程序繁简分流改革试点实施办法》(以下简称《实施办法》)规定，结合上海法院工作实际，制定本实施方案。

一、总体目标

按照中央、全国人大、最高法院关于民事诉讼制度改革的整体要求，围绕“努力让人民群众在每一个司法案件中感受到公平正义”的总体目标，紧扣上海高院党组确定的“抓重点、补短板、重协调——推动法院工作高质量发展”的工作思路，有序推进民事诉讼程序繁简分流改革试点，通过优化司法确认程序、完善小额诉讼程序、完善简易程序规则、扩大独任制适用范围、健全电子诉讼规则及试点相关配套机制，推动完善民事诉讼程序规则，进一步优化司法资源配置，推进案件繁简分流、轻重分离、快慢分道，不断满足人民群众司法需求，全面提升上海法院的司法质量、效率和公信力。

二、组织保障与推进实施

（一）成立领导小组

高院成立上海法院推进民事诉讼程序繁简分流改革试点工作领导小组，组长由高院党组书记、院长担任，高院各副院长，一中、二中、三中（知产、铁中）、金融法院院长为小组成员。领导小组全面负责上海法院推进民事诉讼程序繁简分流改革试点工作。领导小组办公室设在高院司改办，主任、副主任分别由高院党组副书记及分管副院长担任，高院研究室、立案庭、民事庭、商事庭、知产庭、金融庭、执行局、申诉庭、审监庭、审管办、信息处、法宣处等相关部门负责人，及各试点法院指定的1名院领导为办公室成员。办公室在试点工作领导小组的领导下，具体负责试点工作的统筹规划、综合协调、整体推进、适法统一、督促落实等工作。各试点法院分别成立工作专班，负责本院试点工作的具体推进工作。

（二）建立联席会议制度

领导小组办公室负责召开成员联席会议，及时掌握试点工作的阶段性进展及存在的问题，重点研究各试点法院在具体操作中需进一步细化明确和统一规范的口径、标准等，协调推动形成共识，及时形成会议纪要，经报领导小组批准后下发指导全市法院。建立改革试点联络员制度，高院相关部门、各试点法院应指定1名联络专员，具体负责与领导小组办公室的日常沟通联络协调。

（三）明确试点依据和分工

1. 高院相关部门加强对本次试点工作的统筹协调和对口指导。高院立案庭负责优化司法确认程序试点的对口指导，高院民事庭负责完善小额诉讼程序试点的对口指导，高院审管办及相关业务庭负责完善简易程序规则、扩大独任制适用范围试点的对口指导，高院研究室、信息处负责健全电子诉讼规则试点的对口指导。

2. 根据《实施办法》明确的试点内容，高院相关部门牵头修订上海法院《关于规范小额诉讼审判工作的实施细则》《关于民事调解协议司法确认程序的实施细则》《关于网上立案、电子送达、电子归档的若干规定（试行）》等制度规定，进一步完善相应操作规则；根据小额诉讼、简易程序庭审流程变化，调整确定相应审判流程模块、文书格式、裁定书样式等，为试点法院提供统一模板参考；及时调整审判流程管理信息节点、司法统计数据和口径，确保试点期间日常审判流程和管理工作有序开展。

3. 本次试点自《实施办法》印发之日起启动，试点时间二年。《实施办法》实施后，各试点法院受理的案件应严格按照《实施办法》规定的试点范围、事项等要求执行，并充分保障当事人的诉讼权利和程序选择权。

对于《实施办法》规定的便利当事人诉讼的庭审及文书简化、电子诉讼等试点内容，以及本方案明确的各项配套机制，各试点法院应结合本院实际，积极探索推进，相关经验报联席会议讨论形成纪要后印发全市法院参照执行。

对于《实施办法》规定的“其他不宜适用小额诉讼程序审理的”例外情形，适用小额诉讼程序审理的案件“比照简易程序进一步简化传唤、送达、证据交换的”方式，基层法院“可以由法官一人适用普通程序独任审理”的案件范围，二审法院“可以由法官一人独任审理”的上诉案件范围等规定，各试点法院可按照《实施办法》精神，结合本院实际依法进行细化规范。对能够达成共识且确有必要对具体案件类型作出明确规定的，应报联席会议讨论形成纪要后印发全市法院参照执行，适时形成统一规范，以确保上海法院试点工作步调及适法尺度统一。

（四）积极稳妥推进试点

试点工作领导小组适时召开上海法院民事诉讼程序繁简分流改革试点推进会，下发实施方案，对试点工作进行动员部署，并对全市试点法院进行业务培训。梳理研判试点法院在理解《实施办法》具体条文过程中可能存在的问题以及在具体试点执行中需要进一步明确的事项，加强与最高法院的汇报沟通，做好政策解读、专题培训、答疑解惑等工作。

高院建立改革试点总台账，对试点工作的推进情况进行动态跟踪，督促各试点法院严格按照《实施办法》开展试点。各试点法院建立分台账，定期梳理总结并向试点工作领导小组上报改革试点推进情况。适时开展改革试点的中期检查，做好改革试点的经验总结和成果转化工作，推动形成有决策参考价值的成果，力争为最高法院完善相关司法解释和推动修改民事诉讼法等相关条文提供实践经验。

三、配套机制

以激发制度活力、提升司法效能为重点，本次改革试点应同步推进相关配套改革工作。重点加强多元化纠纷解决、繁简分流、审判团队、审判监督管理、电子诉讼应用等机制的衔接和配套完善。

（一）完善多元化纠纷解决配套机制

1. 协同推进两个“一站式”建设。各试点法院建立特邀调解名册，严格入册程序和条件，规范确定特邀调解组织和特邀调解员。建立司法确认联络员机制，完善特邀调解与司法确认的衔接机制，发挥好法院在诉源治理中的对外分流作用。加强特邀调解与“市—区—街镇”三级调解网络的无缝衔接，推动多元纠纷化解的纵深发展，结合国际商事、知识产权和金融审判专业化需求，加强与仲裁机构、知识产权及金融商事调解组织的合作衔接，提高调解工作的专业化、国际化水平。

2. 健全完善虚假诉讼识别防范机制。加强对入册调解组织和调解员的业务指导、培训、考核和监督，规范司法确认案件的立案管辖，加强司法确认案件特别是大标的额或知识产权、金融类调解协议的审查，防止虚假调解或虚假确认损害当事人或第三人合法权益。

（二）完善案件繁简分流配套机制

1. 健全完善分案制度。根据试点工作带来的案件资源和审判组织分配关系的变化，调整完善随机分案模式及信息系统，细化具体案件繁简分流和指定分案标准及规范，进一步提高随机分案和指定分案的精确度和合理性，优化人案匹配度。

2. 规范程序衔接转换机制。严格规范司法确认程序、小额诉讼程序、简易程序、普通程序、在线诉讼流程和审判组织形式的衔接转换，并将转化流程与内部审判管理规定无缝对接，加强对程序转化的节点管控，促进审判质量和效率相统一。

（三）深化完善审判团队配套建设

1. 优化审判团队配置模式。根据司法确认、小额诉讼案件审理及繁简分流和专业化分工的需要，按照市高院《关于审判团队建设的指导意见》，加强速裁办案团队配置，细化明确不同类型审判团队中法官、法官助理和书记员的职责，推动形成多层次、梯队化的办案组织模式，促进审判组织与审理程序精准匹配。

2. 健全完善考核评价机制。重点关注、修正与试点所涉案件相关的质效指标，适当调整小额诉讼、司法确认等案件的权重系数，加大对试点工作及重点事项的常态化管理，充分发挥考核激励的导向作用。

（四）完善审判权力监督配套机制

1. 深化细化“四责协同”落实机制。建立落实“四责协同”可量化的考评标准，压实责任链条，将“四责协同”责任落实情况纳入审务督察、司法巡查内容，探索党建工作和审判工作有机融合的工作制度和机制。落实好《关于进一步规范法官与律师关系维护司法公正的实施办法（试行）》，并将相关要求及时嵌入“上海法院审判执行监督预警分析系统”，加强对审判权运行的监督、预警。

2. 严格落实专业法官会议制度。根据审判组织调整带来的权责行使变化，调整优化权责清单，进一步规范明确权责行使界限。各试点法院按照市高院《关于专业法官会议的规定》，细化明确本院专业法官会议讨论案件的标准。通过落实专业法官会议制度，发挥院庭长、审判团队负责人的作用，加强对独任审理普通程序等案件实体监督和对小额诉讼程序与简易程序、普通程序的转换适用的程序监督，强化院庭长重点参与分流后“繁案”审理的导向。

3. 完善适法统一监督保障机制。梳理小额诉讼、简易程序、适用普通程序独任审理案件的程序规则和办案要件指南，依托上海法院案例库，类案及关联案件检索制度，民商事、行政智能辅助办案系统，适法疑难问题专家咨询平台的推广应用等，为繁简分流后审慎行使审判权提供配套保障。

（五）深化电子诉讼应用配套机制

1. 推进诉讼材料“无纸化”改革。探索试点在小额诉讼、适用简易程序等部分民商事案件中同步录音录像逐步替代人工记录和电子笔录，积极推进网上立案诉状材料和上诉案件无纸化操作，提高诉讼效率。

2. 推进电子诉讼材料的深度应用。深化电子卷宗“单套制”试点，根据小额诉讼、简易程序案件庭审简化和繁简分流需要，推动电子卷宗在要素式文书生成、庭审示证、上诉案卷移送、程序转化等方面的深度应用。

3. 优化“移动微法院”应用。加快在线庭审、电子送达平台、司法确认板块的研发应用，加强覆盖全市法院的移动端网上立案、缴费、质证、开庭、送达、联系法官等功能整合，提升群众诉讼体验。

四、工作要求

1. 凝聚改革共识。各试点法院要充分认识民事诉讼程序繁简分流改革试点的重要意义，将试点工作作为重大政治任务，提高政治站位，增强改革使命感、责任感和紧迫性。发挥求真务实、真抓实干的工作作风，以敢于担当、不怕困难的改革精神，切实抓好改革试点的各项工作。

2. 严格责任落实。各试点法院要牢固树立“一盘棋”意识，高院领导小组及办公室发挥试点工作枢纽作用，各试点法院要抓好工作落实，形成上下贯通、有序衔接、分工负责的组织实施机制。高院相关部门做好条线对口指导工作，保障改革工作顺利推进。

3. 强化试点纪律。对于涉及当事人诉权的事项，各试点法院要严格按照《实施办法》的规定执行，不得任意突破和扩大。对于有利于减少讼累、节约成本的庭审简化、文书简化等事项，各试点法院可积极探索，但不得减损当事人的诉讼权利，并充分保障当事人的程序选择权。对于涉及细化标准的事项，各试点法院应及时报联席会议研究推进，避免具体操作中的适法不一。

4. 加强沟通协调。各试点法院要主动加强与相关对口单位的沟通协调，并在诉讼服务中心或立案时主动告知改革试点情况带来的变化情况。对于优化司法确认程序，重点加大与司法局和各调解组织对接；在小额诉讼、简易程序适用上，重点加大与司法局、律协对接，加强对当事人的程序释明。高院及时向最高法院汇报改革试点工作整体情况，向政法委、人大汇报改革相关事项。加强试点宣传力度，广泛听取意见，回应社会关切，努力让人民群众有更多获得感。

5. 加强督察问效。加强对改革试点推进落实情况的督察问效，完善督察指导常态化工作机制，建立督察情况反馈、问题通报、挂账整改机制，加大督察力度，推动督察工作常态化。扎实做好试点总结评估工作，健全完善评估机制，探索引入第三方参与评估工作，切实增强评估结果客观性、权威性和公信力。

（责任编辑：俞小海）

2019 年上海市高级人民法院参考性案例综述

陈树森　牛晨光*

2019 年上海市高级人民法院发布 4 批共计 24 篇参考性案例供全市法院在审判类似案件时参考。案例的类型涵盖刑事、民事、商事、知产、海事、金融、行政及执行 8 大类，案由主要包含盗窃罪、诈骗罪、名誉权纠纷、公司决议纠纷、侵犯著作权及不正当竞争纠纷、金融服务合同纠纷、股权转让纠纷、虚假陈述纠纷、不服行政处罚等 21 类，涉及的法律问题包含“新型侵财类犯罪的区别认定”“高空抛物行为入罪认定”“第三方对未成年人的财产监管”“抵押登记范围与抵押合同不一致情况下，抵押权优先受偿范围的认定”“网络环境下名誉权的司法保护”“因恶意提起知识产权诉讼损害责任的认定”“网络环境下反不正当竞争行为评价”“股权代持协议效力认定”“证券纠纷示范判决机制适用”“环境法律规范交叉竞合下的选择适用”等 19 个法律问题。现就相关情况综述如下：

一、刑事方面案例

2019 年共发布刑事方面参考性案例 3 件，分别为“（2018）沪 01 刑终 1204 号王晓东盗窃案”“（2018）沪 0109 刑初 708 号李某诈骗案”和“（2019）沪 0112 刑初 2501 号蒋某以危险方法危害公共安全案”。

（一）新型侵财类犯罪的区别认定

“王晓东盗窃案”“李某诈骗案”为关联案件，均系发生在互联网环境下

* 陈树森，上海市高级人民法院研究室副主任，法学博士。牛晨光，上海市高级人民法院研究室法官助理，法学硕士。

的新型侵财类犯罪。行为人利用计算机系统漏洞或者网络平台规则漏洞非法获取财物行为的认定在全国各地存在较大争议，上述两案对该类罪名适用予以区分。

“王晓东盗窃案”认为，互联网交易平台签约商户（铺）的所有人或其他实际控制人，明知平台交易系统存在错误，仍利用系统错误，采用在其商户自买自卖的“刷单”方式套取平台钱款，数额较大的，构成盗窃罪。“李某诈骗案”认为，行为人明知网络结算平台的结算规则存在漏洞，仍以非法占有为目的，进行虚假交易，进而利用规则漏洞非法获取财物，数额较大的，构成诈骗罪。

（二）高空抛物行为入罪认定

“蒋某以危险方法危害公共安全案”系最高人民法院《关于依法妥善审理高空抛物、坠物案件的意见》施行后上海首例高空抛物入刑案件，发布后入选人民法院报“2019年度人民法院十大刑事案件”。该案针对高空抛物行为如何全面考量其社会危害程度与行为性质，正确适用罪名并准确裁量刑罚提供了具体的裁判规则。该案认为，1. 高空抛物的行为人明知所处公共场所的客观情况、抛掷物品的性质、高空抛物可能危害他人生命健康或造成重大公私财物损失，仍未采取任何防范措施的，应认定其具有危害公共安全的间接故意。2. 行为人明知抛掷的物品本身具有高度危险的自然属性，或因高空抛掷后具有严重致人伤亡或重大财物毁损后果，仍抛掷物品，在一定范围内足以影响或者威胁不特定多数人人身或财产安全的，应以以危险方法危害公共安全罪定罪处罚。

二、民事方面案例

2019年共发布民事方面的参考性案例3件，分别为“（2017）沪0105民特19号姜某某、孟某某与乔某某申请变更监护人案”“（2018）沪0106民初3616号刘某诉上海市静安区某小区业主委员会等业主撤销权纠纷案”和“（2018）沪民再14号平安银行股份有限公司上海分行诉瞿某、潘某执行分配方案异议之诉纠纷案”。

（一）第三方对未成年人的财产监管

“姜某某、孟某某与乔某某申请变更监护人案”系全国首例判决由第三方对未成年被监护人财产予以监管的案件，发布后入选“最高法院未成年人权益保护与少年司法制度创新典型案例”，该案旨在解决当前我国对被监护人的财产保护立法仍较为原则的情况下，如何在被监护人利益最大化的原则指导下，探索新的监管办法的问题。该案认为，在申请变更监护人、离婚诉讼、变更抚养关系等需要确认未成年人、无行为能力或者限制行为能力的成年人财产监管责任的案件中，如监护人因自身年龄偏高、身体欠佳等原因导致财产监管能力不足，或者监护人与被监护人的财产利益存在冲突等情况，造成监护人无法有效管理被监护人财产，可能造成其财产利益受损的，经监护人与第三方协商一致，由法院审查认可，并听取被监护人意见，可将被监护人财产委托第三方监管。

（二）民法总则“绿色原则”的适用

“刘某诉上海市静安区某小区业主委员会等业主撤销权纠纷案”系上海市首例因业主大会禁止业主在私人车位安装充电桩引发的业主诉请撤销业主大会决议的案件。该案涉及科技进步带来的新生活领域和法律空白点。该案的处理上适用了民法总则提出的“绿色原则”，在法律适用上有较大的新颖性。该案认为，业主大会或其业主委员会无正当理由，作出禁止业主在其私有产权车位上安装车辆充电桩的相关决议，构成对业主合法权益的侵犯。业主起诉要求撤销该决议的，人民法院应予支持。

（三）抵押登记范围与抵押合同不一致情况下，抵押权优先受偿范围的认定

“平安银行股份有限公司上海分行诉瞿某、潘某执行分配方案异议之诉纠纷案”旨在解决抵押登记范围与抵押合同约定不一致时，抵押权优先受偿范围的认定问题。我国法律及司法解释关于该问题无明确规定。该案认为，登记的抵押权担保范围与抵押合同约定的担保范围不一致的，在确定行使抵押权所得价款优先受偿范围时，应以登记的抵押权担保范围为准。但当抵押权优先受偿范围登记不明确，或者形式上仅登记债权本金数额时，人民法院可依照据以登记的抵押合同约定来确定抵押权人的优先受偿范围。该观点被后发布的《全国法院民商事审判工作会议纪要》确认。

三、商事方面案例

2019年共发布商事方面的参考性案例4件，分别为"（2016）沪01协外认1号来宝资源国际私人有限公司诉上海信泰国际贸易有限公司申请承认与执行外国仲裁裁决案""（2018）沪0105民初6801号上海寻梦信息技术有限公司诉厦门空白文化创意公司名誉权纠纷案""（2017）沪02民终2507号上海法率信息技术有限公司诉北京奇虎科技有限公司名誉权纠纷案"和"（2018）沪01民终11780号华某诉圣甲虫公司公司决议纠纷案"。

（一）国际商事仲裁中当事人的特别约定与当事人选择适用的仲裁规则之间的冲突及司法审查

"来宝资源国际私人有限公司诉上海信泰国际贸易有限公司申请承认与执行外国仲裁裁决案"系全国首例涉及仲裁条款约定与仲裁规则关系的仲裁司法审查案件，同时系上海首例不予承认和执行外国仲裁裁决纠纷案，也是新加坡国际仲裁中心快速程序裁决在境外被拒绝承认与执行的第一例。该案引发了国际商事仲裁界对仲裁效率与当事人意思自治两种法益孰高孰低、仲裁机构管理与当事人意思自治的边界如何界定等问题的广泛探讨。该案认为，当事人在仲裁条款中的约定与当事人援引的仲裁规则相冲突时，在仲裁条款的相关约定不违背仲裁地强制性规定的前提下，仲裁条款的约定应当优于仲裁规则的规定；仲裁机构作为经当事人授权而取得仲裁管辖权的仲裁程序管控方，应当对该特别约定予以充分尊重并优先适用，否则相关的仲裁裁决不应当被承认与执行。

（二）网络环境下名誉权的司法保护

"上海寻梦信息技术有限公司诉厦门空白文化创意公司名誉权纠纷案""上海法率信息技术有限公司诉北京奇虎科技有限公司名誉权纠纷案"均为网络环境下，个体就其名誉权侵权寻求司法救助的典型案例。

“上海寻梦信息技术有限公司诉厦门空白文化创意公司名誉权纠纷案”体现了行为保全制度在名誉权纠纷案件中的创新运用。网络名誉权侵权具有侵权信息传播途径多、速度快、范围广、损害后果难以量化等特点，而司法规律决定案件审理需要一定周期，等案件判决生效后再停止侵权信息的传播，客观上不利于防止损害的扩大，且难以通过恢复名誉、赔礼道歉以及赔偿损失等后续救济措施进行完全填补。本案的价值在于为互联网名誉权纠纷案件中被侵权人提供了新的维权路径。该案认为，名誉权纠纷诉讼中，申请人申请法院采取行为保全措施的，如被申请人行为构成侵权可能性较高、不停止行为会使申请人合法权益遭受难以弥补的损害，且停止行为对被申请人造成的损害不会明显大于申请人所受损害的，法院可在不损害社会公共利益的前提下，采取行为保全措施，责令被申请人停止相关行为。

“上海法率信息技术有限公司诉北京奇虎科技有限公司名誉权纠纷案”系上海首例因安全软件平台对来电号码展示“骚扰电话”标注引发的名誉权纠纷，发布后入选“2019 中国互联网司法典型案例”。该案结合侵害名誉权的构成要件，对应用软件标注行为及其后果进行了审查，确立了相关裁判规则，不仅肯定了公众评价行为的正当性，也对有效治理骚扰电话、维护公众信息安全具有积极意义。该案认为，手机用户使用安全软件对呼入号码进行评价性标注属于公众正当社会评价的范畴。安全软件平台根据公众用户的标注，将被标注号码的负面性评价在手机用户接听界面中予以自动展示的，其行为不具有违法性；除号码权利人能够证明平台故意捏造虚假评价外，平台不构成名誉权侵权或帮助侵权。

（三）定向减资协议效力认定

“华某诉圣甲虫公司公司决议纠纷案”旨在解决我国公司法对减资制度的规定相对简单，如对减资未进行类型区分，对减资的方式和条件未作规定，以致对减资决议的合法性进行司法审查时具有较大的不确定性的情况下，弥补法律规定的不足而发布。该案认为，除公司章程或者全体股东另有约定以外，公司通过定向减资导致的股权结构变化须经全体股东一致同意，否则构成公司法司法解释四规定的决议不成立的情形。在公司处于严重亏损的情形下未经弥补亏损，通过减资程序向股东返还投资款，将导致公司净资产减少，损害了公司股东和其他债权人利益，应认定为无效。

四、知识产权方面案例

2019年共发布知识产权方面的参考性案例6件，分别为“（2015）浦刑（知）初字第12号北京易查无限信息技术有限公司、于东侵犯著作权案”“（2016）沪民终501号华奇（中国）化工有限公司诉圣莱科特化工（上海）有限公司因恶意提起知识产权诉讼损害责任纠纷案”“（2019）沪民终139号深圳市乔安科技有限公司诉张某、上海凯聪电子科技有限公司因恶意提起知识产权诉讼损害责任纠纷及因申请诉中财产保全损害责任纠纷案”“（2018）沪73民终5号上海二三四五网络科技有限公司诉北京猎豹网络科技有限公司等不正当竞争案”“（2018）沪73民终420号北京爱奇艺科技有限公司诉北京搜狗信息服务有限公司等不正当竞争纠纷案”和“（2016）沪73民终190号上海壮游信息科技有限公司诉广州硕星信息科技股份有限公司等著作权侵权及不正当竞争纠纷案”。

（一）因恶意提起知识产权诉讼损害责任的认定

“华奇（中国）化工有限公司诉圣莱科特化工（上海）有限公司因恶意提起知识产权诉讼损害责任纠纷案”和“深圳市乔安科技有限公司诉张某、上海凯聪电子科技有限公司因恶意提起知识产权诉讼损害责任纠纷及因申请诉中财产保全损害责任纠纷案”均系因恶意提起知识产权诉讼引发损害责任纠纷案件，该类案件类型新颖并涉及疑难法律问题。目前，我国现行法律中针对恶意诉讼没有明确的规定，所依据的基本法律规范仍为侵权责任法的一般规定。两案判决在侵权责任一般构成要件的基础上，提炼出因恶意提起知识产权诉讼损害责任纠纷案件的侵权责任认定规则，尤其对“主观恶意”的判断规则进行了提炼。其价值判断为，民事诉讼是彰显权利、保障权利的重要途径，为充分保护诉权、保障并鼓励权利人保护其知识产权，法院对权利人的依法维权行为应予以支持，但不能以维权诉讼的不利结果推定原告的诉讼恶意；同时对因恶意提起知识产权诉讼应依法秉持较高的认定标准。

“华奇（中国）化工有限公司诉圣莱科特化工（上海）有限公司因恶意提起知识产权诉讼损害责任纠纷案”认为，恶意提起知识产权诉讼造成他人损害应负赔偿责任，法理基础在于权利不得滥用。责任是否成立取决于提起诉讼是权利行使行为还是权利滥用行为，而恶意是两者区分的关键。对于恶意的认定，不能仅以原告起诉的胜诉或者败诉结果为标准，而应当结合原告起诉是否以加害被告为目的、原告权利是否明显无效或者明显不应获得保护、原告取得权利是否违反诚实信用原则、原告在诉讼中是否违反诚实信用原则等主客观因素综合判断。

“深圳市乔安科技有限公司诉张某、上海凯聪电子科技有限公司因恶意提起知识产权诉讼损害责任纠纷及因申请诉中财产保全损害责任纠纷案”认为，1. 行为人明知其诉讼行为缺乏法律依据和事实根据，以损害对方当事人利益或者为自己谋取不正当利益为目的，在诉讼中存在明显不当且有违诚信的诉讼行为，造成对方当事人损失的，构成恶意诉讼，应承担损害赔偿责任。2. 因财产保全申请人存在过错，造成财产保全错误，导致被保全人遭受损失的，申请人应承担相应的损害赔偿责任。

（二）网络环境下反不正当竞争行为评价

“上海二三四五网络科技有限公司诉北京猎豹网络科技有限公司等不正当竞争案”“上海壮游信息科技有限公司诉广州硕星信息科技股份有限公司等著作权侵权及不正当竞争纠纷案”和“北京爱奇艺科技有限公司诉北京搜狗信息服务有限公司等不正当竞争纠纷案”三件案例皆涉及互联网环境下知识产权领域不正当竞争行为的认定问题。上海法院结合我国反不正当竞争法等相关规定并考虑互联网环境的特点和互联网产业发展需要，一面对明显侵权行为予以认定，一面对合理的市场竞争行为保持必要克制。

“上海二三四五网络科技有限公司诉北京猎豹网络科技有限公司等不正当竞争案”认为，安全类软件经营者超出软件运营合理限度，以保障计算机系统安全为名，通过虚假弹窗、恐吓弹窗等方式擅自变更或诱导用户变更其浏览器主页，干预其他软件运行或实施区别对待其他软件的行为，使对方不能享有平等的被选择权，损害其他经营者或消费者合法权益的，构成不正当竞争。

“上海壮游信息科技有限公司诉广州硕星信息科技股份有限公司等著作权侵权及不正当竞争纠纷案”认为，网络游戏整体画面的表现形式、创作方法均与电影作品较为相似，当其具有独创性时，可认定为类电影作品予以保护。虽然游戏玩家的互动性操作会产生不同的连续动态画面，但难以超出游戏开发者的预设，不影响对游戏画面的定性。对构成要素较多的集合性作品，可通过比对情节、角色、地图、场景、武器装备等游戏素材的方式，坚持整体比对原则，以相关公众的一般注意力为标准来判断两款游戏画面的相似度。

"北京爱奇艺科技有限公司诉北京搜狗信息服务有限公司等不正当竞争纠纷案"认为，互联网环境下的新型竞争行为是否构成反不正当竞争法中的不正当竞争，应综合考量该行为给其他经营者造成损害的程度，以及对消费者合法权益和市场竞争秩序造成的影响。对于未实质妨碍其他经营者正常经营，亦未扭曲和破坏市场竞争秩序，相反使消费者获得更充分的市场信息，并能推动技术创新和产品服务升级的竞争行为，人民法院不应认定为不正当竞争行为。

（三）转码行为入罪认定

"北京易查无限信息技术有限公司、于东侵犯著作权案"系全国首例移动阅读网站不当使用转码技术入罪案件，该案判决对"转码"技术的特点及必要限度进行了详细阐释，从信息网络传播行为的本质出发，厘清了"转码"行为罪与非罪的界限。该案认为，在网页转码过程中，将转码内容传输给触发转码的用户后，仍将该内容存储在自己的服务器中供其他用户直接获取的行为，超出了转码所必需的技术过程，属于对他人作品的复制和信息网络传播，构成侵权；情节严重的，构成侵犯著作权罪。

五、金融方面案例

2019年共发布金融方面的参考性案例3件，分别为"（2017）沪02民终9139号沈某诉广发银行股份有限公司上海虹口支行金融服务合同纠纷案""（2018）沪74民初585号杉浦立身诉龚某股权转让纠纷案"和"（2019）沪民终263号卢某等诉方正科技集团股份有限公司证券虚假陈述责任纠纷案"。

（一）理财合同中双方权利义务划分

"沈某诉广发银行股份有限公司上海虹口支行金融服务合同纠纷案"系上

海首例明确商业银行在代销金融理财产品时负有对消费者的适格审查义务和自身风险披露、风险提示义务的生效判决，该案裁判有助于推动金融市场服务的规范。该案认为，金融商品的销售服务业者在提供金融服务时，应当履行对金融消费者适格性的审查义务以及自身信息披露及风险揭示义务。如金融商品的销售服务业者未履行上述义务，造成金融消费者损失的，应当承担相应的赔偿责任。因金融消费者自身填写风险等级测评材料不真实，导致其购买商品或者接受服务不适当，金融商品的销售服务业者请求免除相应责任的，人民法院应予支持。

（二）股权代持协议效力认定

近年来有关股权代持协议的效力争议较大。“杉浦立身诉龚某股权转让纠纷案”系我国首例认定外国人委托中国人代持境内上市公司股权因违反证券市场公共秩序而无效的案件。该案围绕证券市场公共秩序的认定、隐名代持协议的效力认定以及股份代持协议无效后收益分配的原则等问题进行论证说理并确立了裁判规则。该案认为，1. 判断法律法规以外的其他规则是否构成证券市场公共秩序性规则时，应从规则保护证券市场利益的社会整体性、规则制订发布的主体、程序以及公众知晓度和认同度等方面进行综合考量认定。2. 上市公司在证券发行过程中如实披露股份权属情况，禁止发行人的股权存在隐名代持，属于证券市场的公共秩序性规则。行为人违反该公共秩序性规则，签订隐名代持证券发行人股权协议的，应认定为无效。3. 股权代持协议被认定为无效，投资收益不宜适用恢复原状的，应根据公平原则，在充分考虑对投资收益的贡献程度以及对投资风险的承受程度等情形下进行合理分配；当事人主张以标的股票变现所得返还投资款并分配收益的，符合意思自治原则，可予支持。

（三）证券纠纷示范判决机制适用

“卢某等诉方正科技集团股份有限公司证券虚假陈述责任纠纷案”系我国首例证券纠纷示范案件，该案在示范案件诉讼程序、引入第三方专业机构、多元化解金融纠纷以及投资者损失计算方法等方面进行了积极探索，发布后入选人民法院报 2019 年度人民法院十大民事行政及国家赔偿案件。该案认为，1. 只要投资者证券买入时间符合《最高人民法院关于审理证券市场因虚假陈述引发的民事赔偿案件的若干规定》规定的买入时间要求，即可推定虚假陈述与证券交易之间因果关系的成立，无需证实虚假陈述系投资者买入证券的唯一原因。2. 在损失计算中，可采用“第一笔有效买入后的移动加权平均法”确定证券买入均价，使得投资差额损失认定更为符合每个投资者的实际情况。3. 在系统风险扣除中，可采用个性化的“同步指数对比法”扣除相应的系统风险比例，体现每个投资者经历的不同风险阶段，更具合理性。

六、行政方面案例

2019 年共发布行政方面的参考性案例 3 件，分别为“(2017）沪 0116 行初 3 号上海鑫晶山建材开发有限公司诉上海市金山区环境保护局行政处罚决定案”“(2018）沪 03 行终 34 号郑某诉中国证券监督管理委员会上海监管局、中国证券监督管理委员会行政监管措施决定及行政复议决定案”和“(2018）沪 03 行终 300 号上海中燃船舶燃料有限公司诉上海市质量技术监督局行政处罚决定案”。

（一）环境法律规范交叉竞合下的选择适用

环境法律规范交叉竞合较多，环境行政诉讼中如何正确选择适用法律规范往往成为案件的焦点和难点。“上海鑫晶山建材开发有限公司诉上海市金山区环境保护局行政处罚决定案”的审理及裁判确立当固体废弃物产生的臭气浓度超过国家标准、我国大气污染防治法与固体废物防治法发生竞合时的法律适用标准。该案发布后入选最高人民法院第 139 号指导案例。该案认为，针对堆积有固体废物的企业产生臭气情形，《中华人民共和国大气污染防治法》与《中华人民共和国固体废物污染环境防治法》在行政处罚法律适用上发生竞合，在无法适用一般法律适用规则的情形下，应当根据适用对象、行为方式、行为后果及处罚幅度等要素进行判定。固体废物产生的臭气浓度超过大气污染物排放标准的，应当适用《中华人民共和国大气污染防治法》进行处罚；臭气浓度未超过国家标准的，应当适用《中华人民共和国固体废物污染环境防治法》进行处罚。

（二）证券公司合规和风控负责人正当履职标准

在金融监管中，鉴于证券公司违反风险管理规定，对公司经营管理行为负有合法合规性审查和监督检查的合规和风控负责人如何进行追责一直是审判实践与理论界探讨的热点与难点问题。“郑某诉中国证券监督管理委员会上海监管局、中国证券监督管理委员会行政监管措施决定及行政复议决定案”确定了对合规和风控相关责任人员追责的司法审查原则，明确了相关负责人尽职履责的相关内容。该案认为，在证券公司违反风险管理规定的情况下，对合规和风控负责人是否正当履行职责的审查应综合考量如下因素：是否书面出具过合规审查意见等与履行职责有关的文件、资料；在法律、法规和准则发生变动时，是否及时主动向公司提出过评估、修改和完善公司管理制度的建议；当难以对公司行为合规性作出判断时，是否事前向证券监管机构或者自律组织咨询；在发现公司违法违规行为发生后，是否及时履行报告义务，提出处理意见，并督促整改，以有效避免违法违规行为的再次发生。

（三）行政规范性文件实施在行政处罚中的衡平问题

“上海中燃船舶燃料有限公司诉上海市质量技术监督局行政处罚决定案”从行政处罚裁量适当性的角度调整处罚基数，变更了被诉行政处罚决定的处罚金额，较好地兼顾了保障行政法秩序和保护企业合法权益两者之间的平衡，提升了被诉行政处罚决定的适当性、可接受性，实质解决了行政争议。该案认为，1. 行政规范性文件经制定、发布、公布、施行，具备作为实施行政处罚依据的行政法律效力，其是否报送备案并非行政规范性文件的生效要件；行政规范性文件应当报备而未报备的，行政机关可通过内部督查等方式予以整治，但该行政规范性文件效力应予确认。2. 地方政府根据有关法律、法规、规章规定，制定与国家标准、地方标准、行业标准和企业标准有区别的行政规范性文件，并将该行政规范性文件作为地方检验判定生产、销售产品质量及相关行政执法的依据，司法机关应当在行政处罚适当性审查中综合考量该争议所涉及国家政策调整后产品质量评定标准变动的特殊性以及相关行政规范性文件出台的缓冲期等因素。

七、海事海商方面案例

2019年共发布海事海商方面的参考性案例1件，“（2015）沪海法商初字第3049号葡萄牙忠诚保险有限公司诉史带财产保险股份有限公司海上保险合同纠纷案”涉及重复报保险分摊方面问题，该类纠纷属于新类型纠纷，该案系全国首例海上重复保险分摊之诉。该案的审理为《中华人民共和国海商法》第二百二十五条“重复保险分摊”的概括规定阐明了具体的裁判方法也对该条规定做了补充阐述。该案认为，1.依照《中华人民共和国海商法》第二百二十五条，重复保险分摊请求的构成要件包括：第一赔付保险人向被保险人作出的赔付是合理和谨慎的；分摊保险人对被保险人负有赔偿责任；第一赔付保险人支付的赔偿金额超过其在重复保险法律关系下应当承担的赔偿责任。2.重复保险分摊不以向责任人主张代位求偿为前提，分摊保险人不得以第一赔付保险人未行使代位求偿权为由拒绝分摊请求。

八、执行方面案例

2019年共发布执行方面的参考性案例1件，“（2017）沪0113执1333号上海中义家具有限公司申请执行上海大侠电子商务有限公司合作合同纠纷案”涉及网络店铺保证金执行问题。该案系上海首例关停网络店铺及扣划网络保证金执行案件。涉电商案件执行往往具有难度大、范围广、实体财产难以掌握等特点，因此需要创新高效、快捷的执行手段以应对执行难题。该案认为，1.被执行人在网络电商平台开有网络店铺的，执行法院可以要求网络电商平台（或其授权的第三方支付平台）提供有关该被执行人的第三方收付款账户、账户余额、绑定手机号、发货地址等相关信息用以配合执行。必要时，执行法院可要求网络电商平台（或其授权的第三方支付平台）对该网络店铺实施限制性措施直至关闭店铺。2.被执行人在网络电商平台开有网络店铺，并在第三方支付平台开设账户用于收付款的，执行法院可以执行该第三方支付平台内被执行人名下账户的款项余额。3.被执行人在网络电商平台开有网络店铺并已交付保证金给网络电商平台（或关联的第三方支付平台）的，当网络店铺关停时，执行法院可以要求网络电商平台（或关联的第三方支付平台）协助执行将该保证金交付给法院。

（责任编辑：李瑞霞）

《上海法院 2020 年司法体制综合配套改革重点任务分解表》的解读

丁戈文　俞小海*

根据《上海法院改革五年规划》，上海市高级人民法院（以下简称“上海高院”）司改办（研究室）在对上海法院当前改革推进情况进行全面认真梳理的基础上，结合“党组 2019 年工作调研座谈会”情况和 2020 年上海法院工作要点，经征求上海高院党组成员及相关部门（重点任务分解表确定的各责任部门负责人）意见并反复修改完善，起草形成了《上海法院 2020 年司法体制综合配套改革任务分解表》(以下简称《分解表》)，现就《分解表》重点制定有关情况作一说明和解读。

一、《分解表》起草背景及总体思路

2019 年，上海法院综配改革 136 项任务基本完成，并逐步推动形成了 6 大司法运行基础制度体系，改革制度框架和总体制度布局基本确立。按照党组确定的“抓重点、补短板、重协调——推动法院工作高质量发展”的思路，司改办（研究室）在对已有改革制度分类施策的基础上，针对改革推进中仍需重点关注和解决的问题，并结合中央《关于政法领域全面深化改革的实施意见》、最高人民法院（以下简称最高法院）“五五改革纲要”、上海市委《上海贯彻〈关于政法领域全面深化改革的实施意见〉的改革任务纲要（2019—2021）》等改革新变量，初步梳理了 2020 年改革的 17 项重点任务，包括审

* 丁戈文，上海市高级人民法院研究室副主任，法学硕士。俞小海，上海市高级人民法院研究室科长，博士研究生。

判权力监督、专业法官会议、类案适法统一、审判团队建设、随机分案、两个“一站式”、民事诉讼程序繁简分流改革试点等。这些都是跨部门、跨领域，在已有制度框架中居于基础和关键地位，牵一发而动全身，关系到整体实效的重点任务，通过抓住这些重点任务方向促进改革整体效能提升；围绕如何抓好这些重点任务，我们还梳理了47项需要重点协调、集中攻坚或者狠抓落实的具体配套工作（每项重点任务对应2—5项），这些都是针对大家反映比较集中的问题、短板和需求，通过配套补齐短板、回应实际需求推动改革各项任务的细化完善；考虑到各项重点任务之间、重点任务和具体配套工作之间以及各项具体配套工作之间均是有机整体，需要统筹协调推进落实，我们明确了三类重点协调的方向：一是需要上海高院各个部门之间通力合作推进（A类）；二是需要上海高院统一制度标准与各级法院实际需求之间的细化落地（B类）；三是需要与上级或者外部职能单位之间的协调攻关（C类），通过系统集成关联举措发挥改革综合效能，确保各项改革举措真正落地见效。

二、《分解表》主要内容

（一）以权责清单为重点，实现审判权责行使和质效管控的标准化、可视化

两年多来，上海高院已梳理形成上海法院权责清单指引，并逐步将审判权责清单细化为质效指标、考核标准、工作流程或风险提示点，嵌入日常办案、监督、考核系统。但仍存在权责清单使用避重就轻，重数量、轻质量，院庭长办案案均权重系数有下降趋势等问题，有的法院反映院庭长办案过多可能影响监督管理权的行使。为此，拟抓好2项重点工作：一是梳理完善《上海法院审判权责清单指引（2020年版）》，修改完善案件权重系数和质效评估体系，确保各项权责嵌入办案考核、风险预警、质效评估系统（如拟将院庭长参加审委会、专业法官会议工作量计入办案权重），力争为审判管理和考核提供更全面、科学的基础数据；二是重点加大反映权责行使、案件质量和效果等指标权重的合理使用，进一步强化院庭长带头办理重大疑难复杂案件和对重大案件监督管理的导向（如将权责清单应用聚焦于压存案、清理长

期未结案、提高审限内结案率以及规范延期开庭、延长审限报审批、细化院庭长参与审理和监督“四类案件”标准等方面）。反映质效的相关指标数据在资源配置、审判管理、考核激励中如何理解、使用、讲评甚至发挥引导作用，怎样去和其他主观因素和工作实际结合，也需要相关职能部门和各级法院发挥自己的主观能动性。

（二）以专业法官会议为抓手，发挥其审判权力监督指导中的枢纽作用

上海高院制定《专业法官会议规定》以来，专业法官会议制度在对合议庭办案的监督指导和审委会讨论案件的宏观过滤方面发挥了良好的作用，已经成为规范审判权运行、确保审判监督和管理有效实施的关键环节和重要平台。① 但在制度落实中仍存在刚性标准执行不到位、各院讨论案件标准不统一、执行案件未能纳入讨论范围等问题。为此，拟抓好 2 项重点工作：一是督促各院细化制定本院专业法官会议讨论案件的标准，并要求各院将标准细化情况统一报高院审管办备案。同时开展专业法官会议执行情况的专项督查（重点督查应提交讨论而未讨论、不采纳专业法官会议意见后未上审委会、上审委会案件未经专业法官会议讨论等违反刚性规定的情况），并将各院落实情况纳入季度质效讲评；二是补充细化应提交讨论的执行案件范围，加强对执行类案件的监督。上述工作，既涉及对已有规定的补充完善，也涉及已有规定的督促落实。②

（三）以编撰类案办案要件指南为重点，健全完善多层次适法统一制度链

两年多来，上海高院通过发布参考性案例③、开通全市统一的适法疑难问题专家咨询平台、启动编撰类案要件指南三年计划等举措，为法官办

① 2019 年，全市法院提起召开专业法官会议共 4168 次（件），占比 0.48%。专业法官会议意见采纳 4107 件，占比 98.54%。

② 具体到落实层面，既需要审管办、研究室等职能部门牵头做好督促督查、意见修订和纳入季度讲评工作，也需要执行局等业务部门根据执行条线案件实际研究确定拟提交专业法官会议讨论的执行案件标准。

③ 两年多来，上海高院审委会讨论发布参考性案例 10 批 85 件、典型案例 300 余件。

案提供智力支持。但根据调研中基层法院反映，仍存在上海高院条线指导力度不够、中院层面执法尺度不统一等问题。同时，2020 年将是“调法年”，④ 超过 50% 的民法规范会发生变化调整，基层办案一线法官在理解与消化的过程中，会产生大量适法分歧和前后衔接问题，对司法责任制的落实带来较大压力。为此，拟抓好 2 项重点工作：一是落实好编撰类案办案要件指南三年规划，分批编撰上海法院类案办案要件指南（2020 年一季度完成计划内首批 14 个类案的编撰、审核、发布等工作），并推动符合条件的类案要件指南转化并嵌入民商事、行政智能辅助办案系统，提高成果转化应用率，⑤ 同时健全完善上海法院案例库，加强对指导性案例、公报案例和各类典型案例的梳理整合，为类案及关联案件检索提供配套保障；二是开展民法典辅导读本编写及培训活动。在前期《民法典分编》研究兴趣小组系列研讨活动的基础上，⑥ 做好新法理解与适用解读工作，满足基层办案一线法官在业务指导和适法统一方面的需求。上述工作，我们一方面拟与各个业务条线和干培处通力配合，另一方面将充分利用院校合作的智力资源，依托民商事、行政智能辅助办案系统，上海司法智库“一轴七库”和适法疑难问题专家咨询平台的推广应用等，打好适法统一工作的“组合拳”。

（四）以审判团队为抓手，健全新型审判组织架构运行格局

2019 年，全市法院按照专业化、扁平化的要求稳步推进审判团队建设，基本形成以速裁团队、普通办案团队，重大复杂案件机动团队为骨干，集约

④ 基层办案一线法官在业务指导和适法统一方面的需求将会特别巨大：《全国法院民商事审判工作会议纪要》还在学习吸收中，《最高人民法院关于民事诉讼证据的若干规定》修订版和《最高人民法院关于适用〈中华人民共和国外商投资法〉若干问题的解释》刚刚新鲜出炉，即将通过的《中华人民共和国民法典》通过后，超过 50% 的民法规范会发生变化，而上海的实体案件中民事案件超过 90%。

⑤ 2019 年，已初步完成 14 个类案办案要件指南的编撰工作，并分别于 2019 年 12 月 31 日、2020 年 1 月 10 日召开类案办案要件指南工作检查会，对 14 个类案要件指南进行了年度检查。2020 年 3 月 25 日，上海市高级人民法院已印发《股权转让类案办案要件指南》和《政府信息公开类案办案要件指南》两个类案办案要件指南。

⑥ 截至 2020 年 3 月，上海高院《民法典分编》研究兴趣小组已举办 24 次研讨活动，针对其中的 50 多项专题进行了深入研究。

化辅助团队为补充的新型审判团队配置模式。⑦但在推进落实中仍存在团队负责人作用尚未充分发挥、团队成员组合仍需磨合优化、配套考核机制尚未完全跟进等问题。为此，拟抓好2项重点工作：一是在总结全市法院审判团队试点经验的基础上，完善审判团队负责人的选任、激励、保障等制度。通过把好团队负责人这一关口，强化团队负责人的审判监督及在审判团队、质效管理中的“领头羊”作用，同时细化明确不同类型审判团队中法官、法官助理和书记员的职责，理顺优化团队成员之间的协作关系，并以此为基础建立以量化考核为主、兼顾团队配置客观情况，能科学反映团队成员个人实绩及团队贡献度的绩效考核方案；二是完成上海高院审判团队组建及相关配套工作，实现全市高级、中级、基层法院审判团队全覆盖。考虑到审判团队建设既要与人员分类管理、绩效考核、随机分案、审判监督管理等配套衔接，也需要实现与人事档案系统的嵌入对接，从而形成有机整体，这项工作的推进需要各相关职能部门和干部处通力配合。

（五）以随机分案为重点，健全与资源优化、专业分工衔接的分案规则

两年多来，上海高院通过研发随机分案系统、设置四种“套餐形式”、⑧开展试点等举措，已基本建立随机为主、指定为辅的分案规则。但在具体落实中仍存在随机分案率偏低且不平衡、指定分案标准不够明确、考核不到位等问题。这些问题也是我们在调研中发现的各院反映较为突出的痛点。为此，拟抓好2项重点工作：一是完善随机分案信息系统和“四种分案模式”，从信息化配套角度为随机分案提供助力，提高随机分案率，同时建立随机分案与繁简分流、审判团队、监督管理、绩效考核等配套衔接机制，提高随机分案工作的整体效能；二是细化指定分案标准，着重解决指定分案规则难统一、案件识别难的问题，并对随机分案和指定分案在办案系统内全程留痕，以更好地适应各院指定分案的需求。通过抓住指定分案标准和随机分案系统以及

---

⑦ 截至2020年3月，全市法院已组建各类审判团队560个。

⑧ 大随机模式：在承办部门所有法官范围内随机分案；中随机模式：在承办部门下多个审判团队范围内随机分案；小随机模式：在承办部门下特定的审判团队范围内随机分案；多部门随机模式：在多个业务庭范围内随机分案。

配套机制这两个关键要素，集立案庭、信息处、干部处、研究室、商事庭等多个部门合力协同深化落实该项工作。

（六）以两个“一站式”为重心，推进纠纷化解和诉讼服务的全面升级

推进两个“一站式”建设是中央、最高法院的最新要求，⑨对于上海法院已有的诉源治理、诉前分流和多元化纠纷解决工作尤其是内部的诉调对接和外部的合作衔接等都提出了新的要求。为此，拟抓好2项重点工作：一是推进“一站式”诉讼服务中心、多元化解纷平台和诉调对接中心建设，⑩进一步做好诉讼服务和纠纷多元化解制度链的转型升级和深度整合工作，重点聚焦诉讼服务工作的整体规划、标准规范以及矛盾纠纷多元化解的高效性、专业性、精准度和成功率，同时通过加强审判辅助事务集约化管理和深化“分调裁审”机制改革，提高线上线下纠纷联动化解实效；二是结合法院职能，对接做好社区治理、公共法律服务体系建设、联合调解、司法确认等工作，发挥好法院在诉源治理中的参与、推动、规范、保障和对外分流作用。努力推动形成线上线下集成联动、内外有机高效衔接，纵向覆盖诉前、中、后端，横向跨专业领域的多元纠纷解决格局。

（七）以民事诉讼程序繁简分流改革试点为契机，深化完善民事诉讼制度运行机制

2019年12月28日，全国人大常委会正式作出《关于授权最高人民法院在部分地区开展民事诉讼程序繁简分流改革试点工作的决定》，拟在全国部分中基层法院和专门法院进行为期两年的民事诉讼程序繁简分流改革试点，上海市辖区内中级法院、基层法院及知识产权法院、金融法院均被纳入试点范围。试点涉及5个方面部分措施将对现行民事诉讼制度运行产生重大

⑨ 2019年8月，最高法院发布《关于建设一站式多元解纷机制、一站式诉讼服务中心的意见》（法发〔2019〕19号），明确人民法院“两个一站式”建设的总体布局和实施举措。“两个一站式”对于从源头上减少诉讼增量，提高法院解决纠纷和服务群众的能力水平具有重要意义。

⑩ 2019年11月25日，“上海法院一站式多元解纷平台”正式上线运行。12月11日，上海高院与市司法局共同制定了《关于进一步加强诉调对接工作的若干意见》。

影响。[11] 为稳妥推进改革试点工作，我们拟与审管办、立案庭、民事庭、商事庭、信息处等相关部门和试点法院通力配合，抓好5项重点工作：一是制定试点工作实施细则，协调做好组织保障、制度修订、沟通联络、统计口径调整等工作（前期，我们已梳理形成了关于改革试点特色亮点、制度突破及对现有制度的影响以及新旧制度对比等综合评估材料）；二是扩大简易程序案件适用范围和独任制适用范围，明确需公告送达的简单民事案件可适用简易程序，明确基层法院适用独任制审理第一审普通程序案件、[12] 二审法院（中院、专门法院）民事上诉案件 [13] 可独任审理的具体情形，同步推进简易程序案件庭审简化、文书简化，二审独任审理方式、独任制转合议制程序等工作；三是健全电子诉讼规则，优化在线办理、电子化提交材料、视频庭审、电子送达、电子卷宗与档案流转使用等工作 [14]（1月9日，上海高院下发通知，要求全面落实网上立案诉状材料无纸化工作）；四是优化司法确认程序，扩大司法确认案件的地域管辖范围，[15] 新增中院管辖和专门法院管辖规则，[16] 完善司法确认案件申请、[17] 虚假调解惩处、特邀调解名册管理等制度；五是扩大小额诉讼程序适用范围，适当提高小额诉讼案件标的额

---

[11] 试点涉及的5个方面分别是：优化司法确认程序、完善小额诉讼程序、完善简易程序规则、扩大独任制适用范围、健全电子诉讼规则。5个方面部分措施对现行法律法规作了较大突破。

[12] 根据《征求意见稿》第九条规定："基层法院适用小额诉讼、简易程序和普通程序审理的民事案件，可以由法官一人独任审理"。第十条则列举了九类应当组成合议庭适用普通程序审理的情况。

[13] 即：1. 第一审案件适用简易程序审理结案；2. 不服民事裁定的上诉案件。

[14] 明确诉讼参与人通过人民法院信息化平台在线完成的诉讼行为的法律效力。当事人选择以在线方式诉讼的，可以以电子化方式提交诉讼材料和证据材料，经人民法院审核通过后，可以不再提交纸质原件。经当事人同意，适用简易程序或者普通程序审理的案件，可以采取在线视频方式开庭。明确电子送达的适用条件、适用范围和生效标准，经受送达人同意，可以采用电子方式送达判决书、裁定书、调解书。

[15] 从民诉法规定的调解组织所在地基层法院，扩展到作出委派调解的法院、调解组织地法院或当事人住所地法院。

[16] 即案件符合级别管辖和专门管辖标准的，中级法院和专门法院应当管辖。

[17] 经律师调解工作室（中心）等特邀调解组织、特邀调解员，或者行政机关、人民调解委员会依法调解达成民事调解协议的，当事人均可以向人民法院申请司法确认。民诉法只明确民事调解协议的司法确认。

基准，[18] 明确适用小额诉讼程序的案件范围，[19] 同步推进案件范围、答辩期限、程序简化、文书简化、审理期限、程序转化等配套调整工作。通过抓好上述5项重点工作，确保试点工作取得预期效果。

（八）以刑事“206 系统”扩大应用为契机，落实庭审实质化改革各项举措

两年多来，上海高院通过深化认罪认罚从宽和刑事速裁改革，配套细化“三项规程”机制，[20] 编制各类刑事案由的证据指引和量刑指南，并通过刑事“206 系统”系统的开发应用，推动落实以审判为中心的刑事诉讼制度改革各项举措。但在改革推进中仍存在刑事“206 系统”的庭审辅助应用力度和广度不够[21]、证人鉴定人出庭以及非法证据排除比例偏低[22]、庭审实质性作用需进一步发挥等问题。为此，拟抓好2项重点工作：一是推广刑事“206 系统”的庭审辅助应用，通过案件要素智能抓取、辅助构建证据链条、智能化全面展示证据材料、自动提示证据瑕疵等人工智能技术功能，提高全市法院应用刑事“206 系统”庭审辅助的智能化水平，推动实现庭审流程再造；二是全面总结并制定指导意见规范认罪认罚工作，进一步完善纪监、检察、法院联席会议制度等工作机制，调研、总结并完善全市法院“三项规程”各项机制，充分发挥庭审实质性作用。

（九）以“切实解决执行难”为导向，健全巩固基本解决执行难成果的长效机制

两年多来，“基本解决执行难”阶段性目标如期实现后，上海高院坚持执

[18] 基准提升至5万元，而5万—10万元可以约定适用。根据民诉法解释原有规定，采取浮动标准，即就业人员年平均工资百分之三十以下（2019年7月1日至2020年6月30日，上海法院小额诉讼基准为3.1万以下）。

[19] 金钱给付类的简单合同案件均可以适用；知识产权案件可以适用；“涉及摄影作品、美术作品的信息网络传播权纠纷”的简单案件应当适用。

[20] “三项规程”：庭前会议规程、非法证据排除规程、法庭调查规程（一审普通程序）。

[21] 刑事“206系统”辅助庭审应用尚未完全推开。2019年1月23日，二中院首次运用“206系统”智能辅助庭审后，徐汇法院分别于4月24日、7月10日使用“206系统”辅助开庭审理刑事案件。9月，二中院再次利用刑事“206系统”完成一个内幕交易案的庭审。

[22] 两年多来，上海法院刑事案件证人鉴定人出庭1078人次，排除非法证据18件。

行攻坚不松劲，健全执行长效机制，保持执行工作高水平运行，被最高法院确定为“基本解决执行难”工作无需整改的五个地区之一。但在改革推进中仍存在执行精细化管理与执行规范化不够到位、执行强制措施力度需进一步加强等问题。近期，中央和最高法院提出要落实“一案双查”制度、推进执行信息化的深度运用、完善“一案一账号”案款管理系统等三项重点管理工作。[23] 根据执行改革当前存在的问题并结合最新改革要求，拟抓好3项重点工作：一是依法突出执行的强制性，依法用足用好法定强制措施，增强执行工作威慑力，包括提高罚款、拘留、强制搜查、追究拒执犯罪等强制措施的适用比例，提高执行到位率，贯彻善意文明执行理念和要求，杜绝超标的查封和乱执行行为，依法准确适用失信名单，有效保护相关人员合法权益等；二是推进智慧执行信息化建设，不断完善执行办案智能化系统，实现执行信息自动回填、格式文书自动生成、过程自动公开、刑事财产案件执行自动统计等九个功能应用；三是加强执行规范化建设，强化执行过程管理和监督，提高案件评查合格率，抓好执行信访管理，有效降低执行信访率和提高信访办结率，落实“一案双查”工作制度，提升案件质量和防范廉政风险。通过抓好上述3项工作，不断巩固“基本解决执行难”成果，持续提升执行工作水平。

（十）以人员分类管理制度为重心，提升三类人员管理的科学化、规范化水平

两年多来，上海高院在总结前一轮员额制改革经验的基础上，严格执行“以案定额”“岗额适配”的基本原则，继续深化人员分类管理改革，建成以法官为核心，以辅助人员、行政人员为保障的司法人员分类管理模式。但在改革深化中仍存在员额动态调整机制尚未完全建立、跨序列人员交流制度尚需细化落地、套改落地后法官等级管理制度需进一步完善、法官入额遴选标准和高中院法官、法官助理、行政人员逐级遴选（选调）方案仍不完善等问题。

---

[23] 2019年10月15日，最高法院印发《关于对执行工作实行“一案双查”的规定》；2019年6月3日，最高法院发布《关于深化执行改革健全解决执行难长效机制的意见——人民法院执行工作纲要（2019—2023）》，对“一案双查”制度、执行信息化的深度运用、“一案一账号”案款管理系统作出规定。

为此，拟抓好3项重点工作：一是完善员额动态管理规定，促进各院案件量和员额的合理匹配，引导审判力量向人案矛盾突出的法院倾斜，进一步优化司法资源配置；二是健全完善法官等级管理制度，有序开展初任法官等级首评、法官等级按期晋升、高级法官择优选升等工作并制度化，落实职业保障政策红利；三是健全完善法官入额遴选标准和高中院法官、法官助理、行政人员逐级遴选（选调）机制，有序开展相关遴选工作，进一步拓宽审判辅助人员、司法行政人员的职业发展通道。这些具体工作，有的涉及上下级法院的协调，有些则有待上级或有关部门政策明确后推进，需要通盘考虑谋划。

（十一）以队伍约束为重点，发挥"四责协同"在队伍建设方面的牵引作用

两年多来，上海高院通过开展"不忘初心、牢记使命"主题教育、开展专题警示教育、推进"四责协同"机制、明确法官和律师交往的"负面清单"、完善审务督察等，法院队伍约束机制建设取得良好成效。但在推进中仍存在党建工作与审判工作的融合度有待提高、"四责协同"机制需细化完善、廉政风险防范的信息化手段需进一步优化等问题。为此，拟抓好2项重点工作：一是建立落实"四责协同"可量化的考评标准，压实责任链条，将"四责协同"责任落实情况纳入审务督察、司法巡查内容，探索完善党建工作和审判工作有机融合的工作制度和机制；二是落实好《关于进一步规范法官与律师关系维护司法公正的实施办法（试行）》，并将相关要求及时嵌入"上海法院审判执行监督预警分析系统"，大力推进系统应用，加强对审判权运行进行全流程实时监督、预警。通过抓好上述2项重点工作，进一步健全完善队伍约束长效机制。

（十二）以激励考核为重点，建设革命化、正规化、专业化、职业化的人才梯队

两年多来，上海高院将审判权责清单、案件权重系数、调研成果参考标准等作为"指挥棒"并不断予以优化，推进高素质人才培养，并基本建立以审判质效为导向，与奖惩激励挂钩的绩效考核评估配套机制。但在人才梯队培养方面仍存在考核精准度与人才培养匹配度不高、人才培养和选拔标准不

够细化、一线法官的能力培训需进一步优化等问题。[24]同时，服务保障营商环境、“新三项任务”、上海“五个中心”建设等对法官能力素质，特别是对既精通国内法律又熟悉国际规则的高素质复合型人才培养提出了新的要求。为此，拟抓好3项重点工作：一是优化班子结构和年轻干部梯队，完善上海法院优秀人才库建设，通过“传帮带”等方式，充分发挥“邹碧华式”好法官、好领导、好干部和审判业务专家等先进典型的激励引领作用；二是制定完善法官、法官助理、书记员、司法行政人员绩效考核管理办法，并运用信息化手段研发绩效考核综合评估系统，全面客观记录、评价法院干警工作业绩；三是制定审判业务骨干培养方案，通过业务培训、对外交流、院校合作、实务部门挂职锻炼等方式，完善分层分类按需培训机制，加强对一线法官法律政策运用、群众工作等能力培训，促进队伍能力水平的提升。

（十三）以长三角一体化为目标，服务保障上海发挥核心城市功能和长三角龙头带动作用

2019年，上海高院针对长三角一体化作出了积极回应，有针对性地研究制定了一系列司法保障意见或方案，得到了上海市委及最高法院主要领导的肯定。2020年服务保障长三角一体化的工作重心要放在抓落实、见成效上。具体拟抓好3项重点工作：一是调整优化环境资源审判机制，落实《关于加强环境资源司法保护推进审判专业化建设的若干意见》，加强长三角跨区域环境资源保护协作力度，[25]推动环资“三合一”审判模式落地；二是会同江浙皖三地高院联合发布长三角地区法院典型案例，推动长三角地区适法统一；三是推动建设长三角地区智慧法院信息数据资源共享平台和长三角司法大数据中心，全面接入长三角“一网通办”平台。拟协同江浙皖法院和高院相关部门抓好上述3项重点工作，推动形成长效工作机制，确保长三角一体化司法协作各个具体项目的落地。

㉔ 如：绩效考核项目指标及权重设置的科学化、精准度以及与三类人员培养考核的匹配度有待进一步提高；人才培养和人才选拔的标准需进一步细化完善，选拔和使用紧密结合的培养导向仍需进一步强化；针对一线法官法律政策运用、群众工作等能力培训需进一步优化等。

㉕ 2019年11月5日，上海、江苏、浙江、安徽四地高院联合印发了《长江三角洲地区人民法院环境资源司法协作框架协议》。

（十四）以世行评估标准为对标，推动法治化营商环境持续优化

两年多来，上海高院通过制定服务保障营商环境意见、实施方案及重点任务分解，设立涉外商事纠纷一站式解决工作室，[26] 发布典型案例和白皮书，对接世行营商环境迎评和磋商等工作，形成了服务保障营商环境长效机制。2020年的工作重点在于对照中央及上海市委、最高法院的部署要求，对照市场主体及广大人民群众的现实需求，抓好纵深推进、落实落地和效果评估工作。拟抓好4项重点工作：一是建立营商环境相关工作常态化管理机制，重点将“执行合同”“办理破产”“网上立案”等重点工作和质效情况纳入审判流程管理平台和质效评估体系，加强对相关工作的考评考核，定期发布为企业家创新创业营造良好法治环境典型案例；[27] 二是深化破产审判专业化机制改革，修订《上海法院破产审判工作指引》，加强破产重整、典型案例发布等工作，提高办理破产质效，完善繁简分流、府院联动、破产管理人等配套制度；三是健全涉外商事争端诉讼、调解、仲裁“一站式”衔接工作站和服务保障进博会长效机制，在浦东法院自贸区法庭、青浦法院进博会法庭前期试点的基础上，继续深化涉外商事争端多元化解机制，为中外当事人提供多元、便捷、高效的纠纷解决途径和一站式平台服务；四是建立完善自贸区新片区服务保障机制，[28] 重点建立与自贸区新片区“境内关外”等功能、政策相适应的司法管辖、专家咨询、证据开示、域外法查明等审判体制机制。通过抓好上述4项工作，推动服务保障营商环境各项举措落地见效。

（十五）以金融、知产、海事、行政等审判工作为依托，提高司法服务保障的专业化水平

两年多来，上海高院推进重大案件跨区划集中管辖，创新知产、金融、

---

[26] 浦东法院在前期试点的基础上，于9月26日建立了涉外商事纠纷“诉讼、调解、仲裁”一站式工作室。2019年12月30日，上海高院发布《上海法院涉外商事纠纷诉讼、调解、仲裁多元化解决一站式工作机制的指引（试行）》。

[27] 2019年3月，上海高院已发布上海法院依法保障民营企业健康发展为企业家创新创业营造良好法治环境十大典型案例。今年两会前，拟发布上海法院依法保障民营企业健康发展为企业家创新创业营造良好法治环境第二批典型案例。

[28] 2019年12月30日，上海高院发布《上海法院服务保障中国（上海）自由贸易试验区临港新片区建设的实施意见》。

海事、行政等专业化审判体制机制，基本形成符合上海国际化大都市和“五个中心”城市定位的专门化管辖和专业化审判机制。2020年的工作重心，一方面根据专门法院的特点和新形势新要求，继续深化完善金融、知产、海事、行政等案件集中管辖改革和相应审判工作机制；另一方面要争取推动重大改革项目取得进展。为此，拟抓好5项重点工作：一是进一步深化金融审判体制机制改革，依托金融法院，重点聚焦金融风险防范预警、科创板注册制、涉外金融审判、示范判决、代表人诉讼和公益诉讼制度试点等举措；二是进一步完善知识产权司法保护审判体制机制，依托知产法院，重点聚焦证据调查收集和保全制度、加大惩罚性赔偿力度、多元化纠纷溯源治理以及知产法院单独设置等举措；三是进一步深化海事审判体制机制改革，依托海事法院，重点聚焦调整后的派出法庭功能定位、涉外案件集中管辖、审判机制创新、裁判规则国际接轨等举措；四是进一步完善与集中管辖相适应的配套审判工作机制，依托三中院，深化环资、破产、食药品安全、行政等重大案件跨区划集中管辖改革，提升集约化审理效能；五是按照《中国（上海）自由贸易试验区临港新片区总体方案》关于“支持新片区加强国际商事纠纷审判组织建设”的要求，积极推动设立上海国际商事审判专门组织，加快形成与新片区建设发展要求相适应的专业化审判体制机制。通过上述5项工作，提高司法服务保障的专业化水平。

（十六）以信息化系统整合优化为重点，提升系统的实用性和感受度

两年多来，上海高院在以往信息化建设的基础上，通过对内建设“三朵云”[29]和大数据综合管理平台，[30]对外积极对接上海市大数据中心和以诉讼服务入驻“一网通办”平台为样板，基本实现了数据交互集成和内外共享，为新一轮三年规划发展奠定了扎实的基础。但一方面，在信息化研发端仍存在

[29] 作为全国首家以省为单位实施整体“迁网上云”工程的法院，已完成全市法院115个网络接入点、1.3万余台计算机、850余台服务器、120个主要业务系统、1397T数据向政务外网及政务云的迁移部署，形成了“三张网”“三朵云”的基本框架格局。

[30] 通过研发审判综合、诉讼服务、司法公开、司法政务、队伍管理、信息安全6大信息系统，57个专业化子库，130余个应用软件等，基本形成“一盘棋”建设格局。

核心应用的基础能力有待提升、系统融合度有待提高、系统实用性和简便性以及系统与审判执行工作需要的贴合度有待加强等问题，[31] 离“管用、好用、愿意用”的目标尚有差距；另一方面，信息化对重点改革任务和日常工作系统的资源投入和配套跟进仍需加强。为此，拟抓好3项重点工作：一是围绕建好云网一体的基础设施能力体系这一目标，根据“迁网上云”后的新要求，建立数据、应用、安全等全要素标准规范体系和安全运维综合管理中心，为智慧审判、智慧执行、智慧诉讼服务、智慧法院管理四大平台提供一体化支撑，确保法院信息化基础系统整体运行规范有序、安全可控；二是优化“移动微法院”应用，加强覆盖全市法院的移动端网上立案、缴费、质证、开庭、送达、联系法官等功能整合，提升群众诉讼体验；三是将大数据、人工智能等信息化优势资源聚合运用到办案、监督、考核、智能辅助等日常工作系统，提高信息化与重点改革任务、法官使用需求的贴合度，提升为法官服务的精细化水平。

（十七）以信息化应用为导向，推动现代科技与审判执行工作的深度融合

两年多来，上海高院以刑事“206系统”，民商事、行政智能辅助办案系统，司法智库一体化平台等应用为重点，为诉讼服务、类案检索、证据校验、庭审、法律文书制作、考核管理、司法分析等各项工作提供了助力。但在信息化应用端仍存在各院在信息化应用推进力度上不平衡、信息化应用培训不够及时等问题。[32] 信息化应用涉及审判执行工作各环节、全流程，也涉及诉讼理念重塑、模式重构和流程再造。除了进一步推广应用已有软件系统、加

㉛ 如：支撑审判执行等核心应用的基础能力有待进一步提升，对图文语音的识别、理解、抽取能力需要不断持续加强，特别要提升对于各类案件证据材料全面识别校验、基于案情的量刑参考和类案精准推送、庭审方言语音识别等能力；又如：系统的实用性和简便性尚需完善，对一些系统使用过程中的细节问题缺乏精细打磨和跟踪完善；再如：系统融合度、体验度仍需提高，在系统整合、精确性、减少重复输入方面还有较大改善空间，系统与实际业务需求之间仍有距离，与审判执行工作实务的贴合度还有待加强等。

㉜ 如：各法院在信息化应用推进力度上存在不平衡，有些法院重视程度不够；又如：信息化应用培训不够及时，特别是人工智能辅助办案系统等，一些干警对人工智能技术了解不够充分，缺乏操作技能，实际应用率有待提高。

强对信息化应用培训等常规工作以外，根据调研中反馈的需求并结合已开展的试点情况，拟抓好2项重点工作：一是推进庭审记录方式改革，探索试点在适用简易程序等部分民商事案件中同步录音录像逐步替代人工记录和电子笔录；二是推进电子卷宗“单套制”试点，推动电子卷宗在要素式文书生成、庭审示证、上诉案卷移送、电子送达、移动微法院等方面的深度应用。通过重点聚焦上述2项工作，逐步破解现代科技与审判执行工作融合的难题，推动实现“无纸化办公”和办案流程再造。

三、下一步打算

综配改革的制度框架体系已经基本形成，下一步工作主线是通过“抓重点、补短板、重协调”，切实推进2020年综配改革工作整体落地见效。

1. 按照《分解表》确定的工作任务和协调重点分类情况，扎实有序推进具体工作。全市各法院和上海高院各部门针对问题、需求和短板，进一步细化对接方案和任务，抓好所属任务的推进落实、对口指导工作，确保逐一对照，及时跟进，相关任务推进完成情况纳入各部门、各法院年终绩效考核。

2. 上海高院司改办将建立总台账，对各项改革任务的推进情况、阶段性成果等进行督察督办和动态跟踪，并定期对任务进度、完成情况等进行综合评估。

（责任编辑：陈树森）

上海市高级人民法院 2019 年度重点司法政策综述

高佳运 邓梦婷*

服务经济社会发展是人民法院的重要使命，人民法院工作发展必须融入党和国家工作大局之中。2019 年，上海法院根据上海市高级人民法院（以下简称“上海高院”）党组“办好案、服好务、改好革、建好队”的工作要求，紧紧围绕“三项重大任务”等国家重大战略实施和面向全球面向未来提升上海城市能级和核心竞争力的目标，充分发挥职能作用，先后研究制定了服务保障国家战略实施的相关制度性文件 22 件，指导全市法院制定服务上海（各区）经济社会发展的相关制度性文件 38 件，树立正确的审判理念指导审判实践，积极为上海“五个中心”“四大战略支撑”和社会主义现代化国际大都市建设提供有力的司法服务保障，为上海经济社会发展营造良好的法治环境。现就其中较受关注、社会影响较大的司法政策予以总结回顾。

司法政策一（服务保障长三角一体化发展）：《上海市高级人民法院关于贯彻落实〈上海市贯彻《长江三角洲区域一体化发展规划纲要》实施方案〉的行动计划》（沪高法［2019］677 号）——重点从服务助推上海发挥核心城市功能和长三角龙头带动作用，服务保障长三角生态绿色一体化发展示范区、中国（上海）自由贸易试验区临港新片区、上海虹桥商务区建设，推动长三角地区法院之间司法协作交流合作三大方面提出 14 项重点任务和 46 个具体工作项目，为长三角更高质量一体化发展提供更加优质的司法服务和保障，助推上海建成具有国际竞争力的世界级城市群的核心城市，引领长三

* 高佳运，上海市高级人民法院研究室科长，法学博士。邓梦婷，上海市高级人民法院研究室法官助理，法学硕士。

角成为全国最具影响力和带动力的强劲活跃增长极。2019年11月5日，第十一届长三角地区法院司法协作工作会议召开，专题研讨强化环境资源司法保护，共筑绿色美丽长三角。会上，四地高院共同签署了《长江三角洲地区人民法院环境资源司法协作框架协议》等，并联合发布长三角地区法院加强环境资源司法保护典型案例。11月19日，青浦法院发布《服务保障长三角生态绿色一体化发展示范区建设的实施意见》，加强工作机制建设，提升司法服务保障综合效能。

司法政策二（服务保障法治化营商环境建设）：《上海法院进一步推进法治化营商环境建设实施方案》（沪高法［2019］75号）——重点从加强产权司法保护、审判执行机制改革、破产体制机制改革完善、司法信息化创新实践、司法透明公开五大方面提出16项意见，不断提升立案、审判、执行、破产质效，进一步拓展司法领域涉营商环境改革措施的广度和深度，努力保持上海在商事纠纷解决领域的全球领先地位，使上海成为全球商事纠纷解决成本最低、质效最好、司法公信最高的城市之一，为上海加快打造贸易投资最便利、行政效率最高、服务管理最规范、法治体系最完善的国际一流营商环境提供更优质的司法服务和有力的司法保障。聚焦企业家普遍关心的问题，2019年3月，上海高院发布依法保障民营企业健康发展十大典型案例，集中展示了上海法院在审判执行工作中依法保障民营企业健康发展的司法原则和政策，取得较好社会反响。根据世界银行发布的《2020年营商环境报告》，中国位列第31位。其中，与法院工作有关的执行合同、办理破产、中小投资者保护三项指标的全球排名均有显著提升，“执行合同”指标上升1位，位列全球第5位；“办理破产”指标上升10位，位列全球第51位；“中小投资者保护”指标大幅上升36位，位列全球第28位。上海“司法程序质量指数”在满分18分中得16.5分，位居全球第一。

司法政策三（服务保障自贸区建设）：《上海法院服务保障中国（上海）自由贸易试验区临港新片区建设的若干意见》（沪高法［2019］767号）——重点从在自贸区临港新片区着力营造全球最优法治化营商环境、努力在新片区构建开放型商事审判体系、加快建立完善与新片区相适应的司法体制机制、加快建设高端国际商事法官队伍五个方面提出21项举措和39个具体工作任务，为高标准高质量建设自贸区临港新片区、加快打造更具国际市场影响力和竞争力的特殊经济功能区提供优质司法服务和有力司法保障。2019 年，全市法院依法高效审理涉自贸区案件 1.74 万件。上海一中院和浦东法院联合发布自贸区司法保障十大典型案例，以规范和指导涉自贸区案件审判，促进适法统一，引领、推动自贸区法治建设向更高标准、更好水平发展。

司法政策四（服务保障科创板并试点注册制）:《上海市高级人民法院关于服务保障设立科创板并试点注册制的若干意见》（沪高法〔2019〕178号）——重点从建立健全与科创板及注册制司法需求相适应的审判机制、妥善处理涉科创板纠纷案件、为设立科创板并试点注册制营造良好法治环境等方面提出 19 条意见，充分发挥金融审判职能作用，切实回应设立科创板并试点注册制的司法需求，着力保障证券发行上市、上市公司持续监管和证券交易制度等各项改革措施，为服务保障上海国际金融中心和科创中心建设发挥应有的作用。2019 年，全市法院依法公正审理涉金融借款、证券期货等各类金融案件 19.47 万件；妥善审理涉“乐视系公司”“华信集团”等重大案件以及涉证券欺诈、P2P 网络借款等涉众型金融案件，依法审结全国首例涉“港股通”案件，有效防范金融市场风险。上海高院还发布中英文版《2018 年度上海法院金融商事审判白皮书》及十大典型案例，积极延伸拓展审判职能，着力营造良好的金融法治环境。上海金融法院制定《关于证券纠纷示范判决机制的规定》，建立“示范判决＋专业调解＋司法确认”全链条金融纠纷化解机制，实现群体性证券纠纷案件的整体、全面有效化解。

司法政策五（服务保障“四大品牌”建设）:《上海市高级人民法院为全力打响“上海购物”品牌　加快国际消费城市建设提供司法服务和保障的意见》（沪高法〔2019〕102号）——重点从依法保护食药品安全、网络购物合法权益、跨境消费合法权益、健康消费合法权益、高端品牌消费合法权益、旅游消费合法权益、文化消费合法权益以及依法维护消费领域公共利益等方面提出 20 条意见，服务保障全力打响“上海购物”品牌加快国际消费城市建设，促进消费体制机制完善，激发居民消费潜力，进一步提升上海经济发展中的消费贡献度、消费创新度、品牌集聚度、时尚引领度、消费满意度。2019 年，全市法院共审理涉消费合同纠纷案件 2.4 万件，充分保障消费者的合法权益。黄浦法院立足南京路这一世界级商业街及由其辐射出的卓越商圈，设立全市首个商圈巡回审判（调解）工作站，通过就地化解消费矛盾纠纷，营造健康有序的商圈消费环境、街区消费文化，让中外各地的消费者感受到上海对消费者权益司法保护的力度与高效。

司法政策六（服务保障浦东新区改革开放再出发）：《上海市高级人民法院关于服务保障浦东新区改革开放再出发实现新时代高质量发展的若干意见》（沪高法〔2019〕660号）——重点从健全完善与浦东新区改革开放再出发相适应的现代化诉讼服务体系、健全完善符合浦东新区改革发展定位的多元化纠纷解决机制、为浦东新区发展营造良好的社会治安环境等方面提出31项重点任务和67个具体举措，以服务保障浦东新区全面深化改革、提升服务保障的能力水平为宗旨，全方位、多领域地健全完善服务保障浦东开发开放的工作机制，助推浦东新区改革开放再出发、实现新时代高质量发展。浦东新区法院同步发布《服务保障浦东新区改革开放再出发十项重点工作举措》，确保各项服务保障任务落地生效。

司法政策七（服务保障平安上海建设）：《上海市高级人民法院关于进一步加大审判工作力度　依法严惩恶势力违法犯罪的意见》（沪高法〔2019〕454号）——重点从贯彻落实中央开展扫黑除恶专项斗争的部署要求出发，明确了依法严惩恶势力违法犯罪的指导方针、总体要求以及法律适用，为准确认定恶势力及恶势力犯罪集团，实现精准打击，提高审判质量，不断推进扫黑除恶专项斗争向纵深发展提供了有效指导。自开展扫黑除恶专项斗争以来，上海法院一审审结涉黑恶势力犯罪190件569人，判处五年有期徒刑以上刑罚223人；惩治“套路贷”犯罪106件347人，向公安机关移送线索100余件，依法保护人民群众财产安全。坚持“打财断血”，积极运用追缴、罚金、没收财产等手段，累计判处罚金及没收财产1亿余元。

司法政策八（深入推进司法体制综合配套改革）：《上海市高级人民法院关于进一步深化司法体制综合配套改革的实施意见——上海法院发展五年规划纲要（2019—2023）》（沪高法〔2019〕542号）——重点以全面建成审判权力运行、司法资源配置、诉讼制度运行、队伍建设管理、司法服务保障、智慧法院支撑六大司法运行基础制度体系和18项综合配套长效机制为依托，提出18项重点任务和62个具体举措，进一步深化新时代上海法院司法体制综合配套改革，全面落实司法责任制，推动形成系统完备、科学规范、运行有效的司法制度体系，实现上海审判体系和审判能力现代化。2019年，上海法院综配改革136项任务基本完成，并逐步推动形成了六大司法运行基础制度体系，改革制度框架和总体制度布局基本确立。被最高法院刊载司法改革案例12篇，刊载数量位居全国法院前列。目前，已梳理了2020年需要着力推进的17项重点任务和需要重点协调、集中攻坚或者狠抓落实的47项具体配套工作，确保各项改革举措真正落地见效。

司法政策九（加强环境资源司法保护）：《上海市高级人民法院关于加强环境资源司法保护推进审判专业化建设的若干意见》（沪高法［2019］715号）——重点从推进环境资源审判体制机制专业化建设、加强环境资源审判机构组织队伍专业化建设、促进环境资源审判理念和规则统一以及建立相关配套保障机制六大方面提出20条意见，对全市三级法院环境资源案件实行审判机构、团队、人员相对集中的民事、行政、刑事“三合一”审判机制，着力优化全市环境资源审判机构格局，崇明法院、金山法院、青浦法院、上海铁路运输法院四家基层法院，及市三中院和上海高院，分别依托本院环境资源审判庭（与民事审判庭合署），结合环境资源案件“三合一”审判机制及相关管辖调整，形成三级联动、审级监督、各有侧重的功能格局。2019年，全市法院共审理环境资源案件325件。上海高院制定《关于环境资源案件范围的规定》，并与市检察院、市公安局、市司法局联合发布《关于进一步调整本市破坏环境资源保护刑事案件管辖的规定》，着力优化完善全市环境资源案件管辖格局。

司法政策十（推进长三角地区法律适用统一）：上海市高级人民法院、江苏省高级人民法院、浙江省高级人民法院、安徽省高级人民法院联合发布《关于长三角地区人民法院联合发布典型案例 推进法律适用统一的实施办法》（沪高法［2019］693号）——重点从建立长三角地区法院典型案例定期征集汇总机制、案例评选机制、案例适用机制和案例宣传机制等方面提出促进长三角地区法律适用统一的办法举措。将典型案例纳入上海法院案例库和四地法院联合建立的典型案例信息数据库，便于法官查询、参考借鉴，切实发挥好典型案例对类似案件审理的参考指引功能，促进长三角地区法院提升审判质量效率，提高司法公信力。2019年3月，上海高院还发布《关于进一步加强和规范上海法院案例工作的实施意见》，健全完善案例工作各项机制，形成与全面落实司法责任制相配套的类案指导和参考制度，并通过加强案例指导、建立法律适用疑难问题网上咨询平台、编撰类案办案要件指南三项配套机制，着力推进类案裁判思路、裁判方法、执法尺度的统一。

2019 年上海法院制定服务保障大局工作相关文件一览表

序号	国家战略及地区工作大局	高院（22 个）	中、基层院（38 个）
1	“五个中心”“四大品牌”	《上海市高级人民法院服务保障设立科创板并试点注册制的若干意见》《上海法院涉外商事纠纷诉讼、调解、仲裁多元化解决一站式工作机制的指引（试行）》《上海市高级人民法院为全力打响“上海购物”品牌　加快国际消费城市建设提供司法服务和保障的意见》	《上海金融法院关于服务保障设立科创板并试点注册制改革的实施意见》《上海金融法院关于证券纠纷示范判决机制的规定（试行）》《上海金融法院关于执行程序中处置上市公司股票的规定（试行）》《上海市青浦区人民法院关于涉外商事纠纷诉讼、调解、仲裁“一站式”解决平台工作规则（试行）》《上海市杨浦区人民法院关于为杨浦双创升级版建设提供知识产权司法保障的意见》
2	自贸区临港新片区建设	《上海法院服务保障中国（上海）自由贸易试验区临港新片区建设的实施意见》《上海市高级人民法院关于服务保障浦东新区改革开放再出发实现新时代高质量发展的若干意见》	《上海市浦东新区人民法院服务保障浦东新区改革开放再出发十项重点工作举措》《上海市浦东新区人民法院自贸区法庭自贸区知识产权法庭临港新片区审判站运行规程(试行)》
3	长三角一体化发展	《关于贯彻落实〈上海市贯彻《长江三角洲区域一体化发展规划纲要》实施方案〉的行动计划》《上海法院服务保障长江经济带发展十大典型案例》《长三角地区人民法院环境资源司法协作框架协议》《长三角地区人民法院联合发布典型案例推进法律适用统一办法》	《上海海事法院服务保障长江三角洲区域一体化发展的实施意见》《上海市青浦区人民法院服务保障长三角生态绿色一体化发展示范区建设的实施意见》、青嘉吴三地法院人民法庭签署《长三角一体化法院执行协作备忘录》《服务保障长三角生态绿色一体化建设司法协作协议》《长三角生态绿色一体化发展示范区人民法庭司法协作备忘录》
4	生态环境可持续发展	《上海市高级人民法院关于加强环境资源司法保护推进审判专业化建设的若干意见》《上海市高级人民法院关于审理政府提起生态环境损害赔偿民事案件的若干意见（试行）》《关于进一步调整本市破坏环境资源保护刑事案件管辖的规定》《关于环境资源案件范围的规定》	《上海市崇明区人民法院关于进一步加强生态环境司法保护工作服务保障崇明世界级生态岛建设的意见》《上海市奉贤区人民法院关于司法服务保障“美丽乡村美丽约定”行动的实施意见》《上海市金山区人民法院关于进一步加强环境资源审判工作服务保障杭州湾北岸生态湾区建设的实施意见》

续表

序号	国家战略及地区工作大局	高院（22个）	中、基层院（38个）
5	优化法治化营商环境	《上海法院进一步推进法治化营商环境建设实施方案》《上海法院充分发挥审判职能依法保障民营企业健康发展十大典型案例》，上海市高级人民法院、上海市市场监督管理局发布《关于企业注销若干问题的会商纪要》	《上海市第二中级人民法院进一步优化法治化营商环境的八项举措》《上海市浦东新区人民法院进一步推进法治化营商环境建设的实施方案》《上海市浦东新区人民法院关于充分发挥司法职能服务保障民营经济发展的若干意见》《上海市黄浦区人民法院关于服务保障法治化营商环境建设的实施意见》《上海市长宁区人民法院关于服务保障民营经济发展的实施意见》《上海市长宁区人民法院进一步推进法治化营商环境建设实施方案》,《上海市闵行区人民法院进一步推进法治化营商环境建设实施方案》，上海市宝山区人民法院、上海市宝山区市场监督管理局《关于完善市场监管领域行政处罚强制执行和协作执行工作机制的若干纪要》,《上海市杨浦区人民法院关于进一步推进法治化营商环境建设2019年工作方案》《上海市崇明区人民法院关于进一步推进崇明世界级生态岛法治化营商环境建设的意见》《上海市金山区人民法院关于进一步推进法治化营商环境建设的实施意见》
6	“平安上海”建设	《上海市高级人民法院关于进一步加大审判工作力度 依法严惩恶势力违法犯罪的意见》	《上海市浦东新区人民法院关于健全扫黑除恶专项斗争长效机制的意见》《上海市黄浦区人民法院建立健全扫黑除恶专项斗争协调配合机制的工作意见》《上海市黄浦区人民法院强化刑事案件追赃挽损工作的意见》《上海市黄浦区人民法院完善在民商事、执行案件中发现犯罪线索工作的意见》《上海市闵行区人民法院关于联合推进民事诉讼案件中涉嫌犯罪线索移送工作的意见》《上海市宝山区人民法院关于审理民商事案件中发现当事人涉嫌“套路贷”犯罪行为的处置办法（试行）》《上海市奉贤区人民法院扫黑除恶专项斗争立行立改工作方案》《上海市青浦区人民法院关于配合做好中央扫黑除恶专项斗争督导工作的实施方案》

续表

序号	国家战略及地区工作大局	高院（22个）	中、基层院（38个）
7	“法治上海”建设	上海市高级人民法院、上海市民政局发布《关于适用〈离婚证明书〉相关事项》,《上海市高级人民法院关于网上立案、电子送达、电子归档的若干规定（试行）》《上海市高级人民法院关于在互联网公开相关司法数据的若干规定（试行）》，上海高院、华东政法制定《外国法查明专项合作机制操作指引（试行）》，上海市高级人民法院、上海市司法局《关于进一步加强诉调对接工作的意见》	《上海市第二中级人民法院关于切实解决执行难的实施意见》《上海市嘉定区人民法院关于加强嘉定区法治乡村建设的意见》《上海市崇明区人民法院关于为第十届中国花卉博览会提供司法服务和保障的意见》《上海市虹口区人民法院关于现代化诉讼服务体系建设的实施方案》

（责任编辑：俞小海）

《上海审判实践》征稿启事

《上海审判实践》是由上海市高级人民法院主办的应用法学类刊物。为进一步提升《上海审判实践》的办刊质量，更好地服务法官执法办案，更好地汇聚法律共同体的真知灼见，进一步扩大刊物的社会影响力，自 2018 年 5 月起，《上海审判实践》将改版公开发行。在改版之际，本刊编辑部正式向全市法院系统及社会公开征稿，欢迎全市法院干部、法学理论界和司法实务界同仁惠赐佳作。

一、办刊宗旨

《上海审判实践》将秉持求真务实的原则，秉承兼容并蓄的风格，倡导实务研究，鼓励理论创新，传递"法律人共同的声音"，努力构筑法学理论界、司法实务界探索交流的实践与学术高地。刊物以季刊形式每年四辑公开出版。

二、栏目简介

1. 专稿：主要展示司法实务部门业务专家、权威学者等的理论研究佳作。

2. 专题策划：以相关法律热点为专题开展深入探讨，形成对热点问题的系统、全面解读。

3. 司法实务：主要展示对司法实践突出问题的深入分析与认真思考，突出文章的现实指导意义和实践参考价值。

4. 学术争鸣：主要展示专家学者、实务界精英对前沿理论问题的思考。

5. 司法大数据分析：以司法大数据为基础，梳理实践中的突出问题，深入剖析内在原因，探索解决路径。

6. 改革前沿：主要展示司法改革的内容、成效以及相关思考。

7. 案例精解：精选最高人民法院指导性案例、公报案例、上海法院精品案例等，进行深度解读。

8. 审判业务文件：对最高人民法院、上海市高级人民法院等发布的审判业务文件进行研究解读。

9. 审判答疑：对审判实务中的热点、难点，尤其是法律适用不统一问题，组织经验交流和总结答疑。

三、征稿要求

1. 字数：《上海审判实践》以稿件的学术水平及文稿质量作为辑录依据。普通稿件 8000—10000 字为宜，最多不超过 15000 字；案例分析 6000—7000 字为宜。

2. 稿件要求：《上海审判实践》编辑部拥有《上海审判实践》辑录作品的相关知识产权。来稿需未在任何纸质和电子媒介上发表过；译稿请同时寄送原文稿，并附作者或出版者的翻译书面授权许可；作者应保证对其作品具有著作权并不侵犯其他个人或组织的著作权。稿件需注明作者身份、联系方式和投稿栏目信息。

3. 格式要求（见附件）。

四、来稿方式

上海法院内部的稿件可通过《上海审判实践》投稿系统直接投送；其他稿件可以电子邮件方式发送至电子邮箱 zgshsfzk@163.com。同时，请寄送稿件纸质版至上海市高级人民法院《上海审判实践》编辑部，地址：上海市徐汇区肇嘉浜路 308 号。

五、辑录说明

1.《上海审判实践》公开出版发行后，“中国上海司法智库”微信公众号将作为其唯一电子版及电子增刊发布平台。除作者在来稿时声明保留外，则视为同意将《上海审判实践》投稿作品供“中国上海司法智库”微信公众号进行编辑推送。

2.“中国上海司法智库”微信公众号已发布的优秀原创作品，将择优辑录入《上海审判实践》；未辑录入《上海审判实践》的作品，也将择优以

《上海审判实践》电子增刊形式在“中国上海司法智库”微信公众号进行编辑推送。

3.《上海审判实践》及“中国上海司法智库”微信公众号上刊登的上海法院原创来稿，将录入上海法院调研工作考核系统。

《上海审判实践》辑录所有文章的转载、摘登、翻译和结集出版事宜，均须得到编辑部的书面许可。

上海市高级人民法院研究室

《上海审判实践》编辑部

2018 年 4 月 2 日

请扫右侧二维码

即时关注《上海审判实践》网络版及电子增刊发布平台

附：注释体例

来稿一般应有摘要及关键词，应做到“三统一”，即体例统一、数字用法统一和注释规范统一。

（一）本书提倡引用正式出版物，出版时间应精确到年；根据被引资料性质，可在作者姓名后加“主编”、“编译”、“编著”、“编选”等字样。

（二）文中注释一律采用脚注，全文连续注码，注码样式为：①②③等。

（三）非直接引用原文时，注释前加“参见”；非引用原始资料时，应注明“转引自”。

（四）数个注释引自同一资料时，注释体例为：前引①，哈耶克书，第48 页。

（五）引文出自同一资料相邻数页时，注释体例为：……，第 67 页以下。

（六）引用自己的作品时，请直接标明作者姓名，不要使用“拙文”等自谦词。

（七）具体注释体例：

1. 著作类

① 胡长清：《中国民法总论》，中国政法大学出版社 1997 年版，第 20 页。

2. 论文类

① 苏永钦：《私法自治中的国家强制》，载《中外法学》2001 年第 1 期。

3. 文集类

①［美］J. 萨利斯：《想象的真理》，载［英］安东尼·弗卢等著：《西方哲学演讲录》，李超杰译，商务印书馆 2000 年版，第 112 页。

4. 译作类

①［法］卢梭：《社会契约论》，何兆武译，商务印书馆 1980 年版，第 55 页。

5. 报纸类

① 刘均庸：《论反腐倡廉的二元机制》，载《法制日报》2004 年 1 月 3 日。

6. 古籍类

①《史记·秦始皇本纪》。

7. 辞书类

①《新英汉法律词典》，法律出版社 1998 年版，第 24 页。

8. 外文类

依从该文种注释习惯。

《上海审判实践》(网络版）目录

序号	栏目	题　　目	作　者	编　辑
1	精品案例	用工录用意向书的法律性质认定	周逸敏 董文俭	牛晨光
2	决策参考	借鉴与移植：国家综合配套改革试验区对深化司法体制综合配套改革的启示	朱　川 玄玉宝 卢腾达	高佳运
3	法官论坛	运用 APP 大数据创新解决“执行难”问题研究	毛译宇 潘　涔 张丽利	高佳运
4	决策参考	对标世界银行营商环境指标营造法治化营商环境的路径思考	汤黎明 罗培新 张文研 卢　颖 俞　悦	高佳运
5	精品案例	当事人对诉讼中放弃的诉请另行起诉属于重复起诉	徐　驰	牛晨光
6	精品案例	诈骗罪与一般经济纠纷认定的界限	公绪龙	牛晨光
7	法官论坛	域外合同法的履行不能理论对我国审理涉疫情案件的借鉴与思考	王　飞	高佳运
8	精品案例	未届认缴期的股东应对经执行不能的公司劳动债务承担补充清偿责任	徐子良	牛晨光
9	决策参考	试论司法体制改革背景下司法廉洁建设的重要性以及具体路径分析	俞如祥	高佳运
10	精品案例	“假离婚”的离婚协议效力认定	薛桂蓉 曹　静	牛晨光
11	决策参考	从涉网络谣言刑法规制大数据分析谈社会综合治理模式的创新与优化	吴金水 俞　波 余　韬 江　帆 罗晓楠	高佳运

序号	栏目	题目	作者	编辑
12	精品案例	殴打防疫志愿者造成轻伤构成寻衅滋事罪	朱妙 黄娄莹 陈帅	牛晨光
13	精品案例	消费者体验VR游戏遭受人身损害中侵权责任的司法认定	韩朝炜	牛晨光
14	决策参考	长三角区域一体化建设的法治保障问题研究	米振荣 许凯 孙海峰 周嘉禾 周晓宇	高佳运
15	精品案例	善意执行理念在企业执行案件中的司法价值	郑岗	牛晨光
16	法官论坛	法院内设机构改革背景下审判辅助事务管理“三化”改革的实践审视与路径优化	席建林 张倩 李岳 章国栋 李震	高佳运
17	精品案例	使用轻微暴力超额追索欠付嫖资的行为定性	宋召远	孟猛 牛晨光
18	决策参考	《外商投资法》背景下司法服务保障法治化营商环境的实施路径研究	王朝晖 蒋浩 陈育超 罗荟 陈怡晨	高佳运
19	精品案例	“祭奠权”之有无？	杨庆堂 邱波	牛晨光
20	论文精选	论预备性合并之诉的功能与规制	周量 徐驰	李瑞霞 高建清
21	法官论坛	强制执行立法背景下对债权执行的统一立法问题研究	鲍慧民 金殿军 徐昺颢 洪宁 周广元	张丽利 高佳运